市场调研

——流程管理与操作方法

汪劲松　著

科学出版社
北京

内 容 简 介

本书共分为两篇十一章。第一篇为第1～6章，从市场调研企业的角度，系统地阐述了从客户接洽、初步调研直至调研报告与成果展示的全部业务流程，以委托客户调研项目的实际运作为线索，重点分析了调研企业在组织初步调研、制订调查计划、项目实施准备、实地调查流程、研究成果展示等环节的管理策略、操作要点和质量控制。第二篇为第7～11章，系统地介绍了市场调查的抽样方法和调查方法的原理、流程与技术以及调查工具的设计和运用，归纳和总结了作者多年从事市场调研活动的实践经验和研究成果。

本书适合作为工商管理类特别是市场营销专业的本科生、研究生的教材和教学参考书。每个章节后面均附有案例、思考与讨论和相关阅读材料，便于教师教学和读者自学。对于市场调研企业的经营管理者，本书可为其规划、组织、指挥和控制市场调研过程，完成委托项目的调研服务提供系统指南和操作规范。

图书在版编目(CIP)数据

市场调研：流程管理与操作方法／汪劲松著. —北京：科学出版社，2013

ISBN 978-7-03-038113-2

Ⅰ.①市… Ⅱ.①汪… Ⅲ.①市场调研—高等学校—教材 Ⅳ.①F713.52

中国版本图书馆CIP数据核字(2013)第148922号

责任编辑：王京苏／责任校对：刘文娟
责任印制：赵　博／封面设计：蓝正设计

科学出版社出版
北京东黄城根北街16号
邮政编码：100717
http://www.sciencep.com
北京虎彩文化传播有限公司 印刷

科学出版社发行　各地新华书店经销

*

2013年8月第　一　版　开本：787×1092　1/16
2024年1月第十次印刷　印张：20
字数：475 000

定价：56.00 元

(如有印装质量问题，我社负责调换)

前　言

市场调研是根据特定目的，采用科学的调查手段，运用现代技术工具和研究方法，进行市场信息调查、收集、整理和分析，为企业营运决策提供及时、全面、准确的信息。市场调研行业是现代信息咨询业的重要分支，是第三产业中有效利用信息资源服务于客户的智力密集型产业。在发达国家市场调研行业已经进入一个非常成熟的阶段。美国企业每年花在市场调查上的费用超过100亿美元。我国的市场调研行业产生于20世纪80年代初期，并随着我国社会主义市场经济体制的建立和加入世界贸易组织（WTO）而蓬勃发展起来。据全国市场研究行业协会测算，2008年，全国市场调研和咨询业营业额达到63亿元，以市场调查研究为主的各类调查咨询机构总量为6 300家左右，已成为具有相当规模的朝阳行业和服务产业新的经济增长点之一。

随着我国经济的高速增长和经济体制的转型，市场调查日益成为各类工商企业把握市场趋势、评估投资机会、制定营销策略的基础和依据。我国企业市场调查意识的增强给各类市场调研企业的发展带来了前所未有的机遇。2008年，我国的市场调研行业营业收入总额世界排名第7位，20年来其增长速度高居世界首位。本土调查企业中涌现出了如零点咨询集团、央视市场研究公司、新华信国际信息咨询公司等享誉业界的大型市场调研公司，但对于绝大部分的内地市场调研企业来说，其经营效益和发展状况却不容乐观，面临如营销意识不强、市场定位模糊、缺乏研究特色、技术能力不足、专业人才匮乏、服务质量不高、营运效率低下、管理缺失规范等问题。面对愈来愈激烈的市场竞争挑战，如何突破制约其发展的障碍和瓶颈，打造企业的核心竞争力是国内市场调查企业亟待解决的重大课题。

笔者认为，缺乏对行业的深入理解、有效的营销策略和完善的服务管理模式，正是导致市场调研企业营运状况不良、发展后劲不足的根本原因。市场调研公司要实现企业的可持续发展，提升市场竞争能力，必须从深入分析和研究市场调研行业的特殊性和规律性开始，树立正确的营销观念，建立顾客满意战略，制定有效的营销组合策略，建立高效的服务营销模式，提升客户信任度和满意度。

自20世纪90年代，笔者开始持续跟踪和研究我国的市场调研行业发展和企业营运，并长期在各类市场调查和研究企业中从事委托项目管理、调研组织策划和调研企业管理工作，主持和完成了120多个市场调查委托项目，同时在高校中从事市场调研课程的教学和研究近20年，积累了较丰富的理论知识和实践经验。笔者在充分吸收国内外当代市场调研理论的基础上，结合我国市场调研行业的发展情况，以现代市场营销理论为基础，从专业市场调研公司的角度对市场调研行业的发展和市场调研企业的营运模式进行研讨与探索，系统地阐述了市场调研企业的市场战略、服务流程和管理体系，较完整地总结了市场调研技术、方法和工具的实践运用，同时将市场调研行业发展中涌现的新理念、新技术、新方法介绍给读者。本书填补了我国在市场调研行业发展和企业运营这一领域的研究空白，具有开拓性、独创性和领先性，并同时兼顾理论策略和实践操作两个层面。

汪劲松

2013年5月

目　录

前言

第一篇　市场调研项目流程管理

第一篇

市场调研项目流程管理

第1章

市场调研概述

1.1 市场调研的引入与内涵

1.1.1 市场调研的概念

企业的营运方式的变化和发展是由整个市场环境的变化和发展决定的。我国市场环境和企业经营观念的变革大致经历了三个阶段(表 1-1)。

表 1-1 国内企业经营观念的变革

时间	20 世纪 70 年代前	20 世纪 70～90 年代	20 世纪 90 年代后期
市场状况	卖方市场	供求基本平衡	买方市场
消费阶段	理性	感性	个性
企业经营观念	生产、产品	推销	市场营销
企业与消费者关系	企业主权	消费者主权	互惠双赢
企业经营工作的重心	生产、质量	促销	市场需求
主要营销策略	推销	USP 诉求	市场定位和整合营销

在以市场机制为主导的现代市场经济体制和买方市场的条件下，企业要在激烈的竞争环境中求得生存与扩张，实现企业的盈利和发展目标，必须以尽可能快的速度将企业产品或服务导向市场，并顺利实现商品的价值。其核心就是企业必须以现代营销思想为指导，面向消费者需求，开发出适销对路的产品或服务，并以适当的方式送达消费者和用户的手中。现代企业的营运模式可简单地概述为：明晰市场需求—制定经营战略—设计营销组合—产品开发—规模化生产—整合营销传播—销售及服务。现代企业的经营过程实际就是这一系列环节不断循环转化的过程。其核心是制定符合企业实际和市场趋势的整体营销策略，其前提和关键就是对市场需求的透彻而准确的分析。

今天的企业已普遍接受了消费者导向、目标营销、系统整合的营销观念，要实现真正的消费者导向，即以目标消费群的需求为中心来组织企业的营运，首先必须及时识别和正确应对市场环境的变化、审视消费者的需求，以此发掘蕴藏其中的营销机会。明晰市场需求是企业营销的首要和关键的环节，也是市场调研的根本任务。

国内外学者关于市场调研的定义达数十种之多，对市场调研的内涵存在不同的理解和观点。一种观点是从企业营销的角度将市场视为某种商品潜在与现实的消费者的需求总和，因而亦将市场调研理解为对消费者或特定顾客的调查和分析，即市场营销方面的调研；另一种观点是从宏观经济学角度出发，将市场视为全部商品交换关系的总和，因而相应地将市场调研看做广泛地对市场和市场方法进行科学的研究，美国学者 Lrndon O. Brown 即持此观点。中国台湾营销学家樊志育将市场调研分为广义和狭义两种，狭义的市场调研(market research)是针对顾客主要是目标消费群和潜在消费群的调研，即以购买和消费商品的个人或组织为对象，搜集和分析其消费的现状、动机、趋势等特征；而广义的市场调研(marketing research)则包括所有组织、市场及企业营运的诸方面，以各类社会组织营销的所有功能、阶段、作用作为调查对象。美国市场营销协会(American Marketing Association)对市场调研的含义所做的正式阐述为：市场调研是一种通过信息将消费者、顾客、公众与营销者连接起来的职能。这些信息用于识别和确定营销机会及问题，产生、提炼和评估营销活动，监督营销绩效，改进人们对营销过程的理解。市场调研规定了解决这些问题所需要的信息，设计收集信息的方法，管理并实施信息的收集过程，分析结果，最后要沟通所得的结论及其意义。笔者认为，这一定义比较完整地阐述了市场调研工作的基本目标，概括了各类定义对市场调研概念内涵的共性特征。

1.1.2 市场调研的特征

作为市场调研企业的规范化、流程化的经营活动，以及向委托方提供用于决策依据的信息服务工作，市场调研活动具有以下特征。

(1)系统性。首先，市场调研应将影响企业营销的种种因素视为一个有机的整体，从各个市场因素的内在联系和相互作用的角度把握市场的变化趋势对企业营销的影响。其次，市场调查工作是一系列具有完整的计划、严谨的程序、科学的技术手段的活动过程。

(2)客观性。市场调研的结论不是个人经验的猜测或主观臆断，而是建立在对真实、准确的市场数据进行科学分析的基础上的结果。市场调研机构的责任和义务是为委托企业的营销决策提供客观真实的市场信息和营销情报，实事求是是市场调研最基本的要求，也是企业制定正确营销决策的前提。

(3)应用性。市场调研的理论和方法具有显著技术性和可操作性特征。市场调研的结果直接用于营销决策的制定和选择过程，协助企业解决具体的营销问题。

1.1.3 市场调研的原则

一项高质量的市场调研应达到以下标准：①准确。市场调研的结论能客观、准确地反映市场的现实状况，并尽可能以定量化的数据形式表达出来。②可靠。市场调研所获取的信息必须是对调查对象的意见的真实无误的表达。③适用。市场调研的结论必须有充分的信息数据支撑，研究结论清晰、简明，并以适合委托方需要的形式反馈给委托方组织的决策人。④及时。市场调研的成果应用于经营决策的速度与其可能为企业带来的效益成正比。⑤经济。在确保市场调研信息达到委托方所要求的精度与效度的条件下，最大限度地减少调研的成本和时间。

1.2　市场调研项目的类型

不同的市场调研项目由于其主体、客体、目标、范围、功能、研究角度等方面存在着差异，具有不同的操作模式与技术，按不同的标准可划分为不同的类型。下面首先列出目前常用的对市场调研项目的分类方式(表 1-2)，再分别阐述各类调研项目的性质与特征。

表 1-2　市场调研项目的分类

分类标准	类　别
课题性质	描述性、诊断性、预测性、规划性
主要调查工具	结构化、非结构化
分析量化程度	定性调研、定量调研
作用	计划性、选择性、评估性
组织形式	专题委托、定期咨询、日常调查
方向	社会观念、大众媒体、商业产品、服务、投资
企业调研内容	产品服务、企业、营销、消费者、竞争、环境
对象	目标市场、现有市场、潜在市场
时间层面	短期、近期、中期、长期
空间层面	当地市场、地区市场、全国市场、全球市场
产品层面	单品牌单项、品牌同类、同类产品、行业总量

1.2.1　有关调研项目特征的分类

1. 描述性、诊断性、预测性、规划性调研

描述性调研只需面向某一特定的市场，描述其客观架构和基本特征，其重点是了解目标市场的现状而不必向委托人提供营销意见或建议。它主要回答“是什么”的问题，侧重于对现实数据的搜集、统计和归纳。描述性调研是最常见和最基础的调研项目，企业开发新市场、投资新领域时通常需要进行描述性调研。

诊断性调研是针对委托企业经营管理中出现的各种问题，通过特定的调查和分析，探求企业经营活动成败的原因，它主要回答“为什么”的问题，侧重于对当前现象产生的根源的深层次探索，其操作的难度比描述性调研大，从事诊断性调研的人员除具备市场调查的基本技能外，还需要具有相当丰富的企业经营管理经验和较强的判断分析能力。国外许多企业大都聘用专业管理咨询公司来完成此类调研。

预测性调研除具有描述性调研的职能外，调查人员还须以市场调查所搜集的数据为基础，通过一定的定量或定性方法，预测市场未来的变化趋势和发展规律，为企业未来的营销计划和经营决策提供可行性分析的依据。预测性调研需要更多相关领域的专家参

与，并辅以计算机等现代化数据处理手段。

规划性调研在所有调研项目中难度最大、复杂度最高。它是在对市场和组织进行深入调查和分析研究的基础上，依据未来市场的发展趋势，为企业设计和提供一套或数套可行的市场战略规划和营销操作方案。它回答的是“怎样做”的问题，包含了上述三种调研的全部内容，需要调查人员具备全面、丰富的产品知识和市场运作经验。实际上它常常被归入市场(营销)策划或管理咨询行业的业务范畴，所需的时间长、费用高。

描述性、诊断性、预测性、规划性调研的分类方法对市场调研实践具有重要的意义。

2. 结构化与非结构化调研

市场调研经常采用的测量工具有两类，一是以封闭式问卷为基础，采用高度限制性的问题进行调查，它要求调查对象在既定的答案范围内做出选择；二是以开放式问题为基础，调查人员只向调查对象提出问题的框架而不限定对方的回答范围，调查人员与调查对象进行无限制的交流或采用开放式询问来进行调研。前者称为结构化调研，后者称为非结构化调研。

3. 定性调研与定量调研

定性调研一般用于初步调查中，主要是指对市场进行非定量化的探测，侧重于了解消费者动机、目标市场的基本特性和需求发展的趋向等方面信息。调研结果不作定量化统计分析。定量调研则主要用于详细和系统的正式调研中，它建立在市场调查所搜集的大量规范化的市场数据基础上，利用特定的数学模型和统计公式进行定量化处理，侧重对消费行为、销售数据的分析研究。

4. 计划性、选择性与评估性调研

按市场调研的用途，企业所进行的市场调研可分为计划性、选择性和评估性三类。计划性调研是通过对调查信息的分类分析，进行市场细分和寻找市场机会，研究消费者的需求趋势来制订具体的营销方案。选择性调研是对不同的营销方案进行检测，分析其盈利前景和承受市场风险的能力，从而选择合理的经营计划。评估性调研主要是对企业的营运状况和销售业绩进行评价，检测营销方案的执行效果。

5. 专题委托、定期咨询与日常调查

企业可选择的市场调研组织形式主要有三种。专题委托主要是针对企业某一时期的特定的研究项目，以合同方式委托独立的市场调查机构进行的调研，调研过程完全由专业化的市场调查人员进行计划和操作，通常能获得较完整、全面、高质量的市场信息，尤其适用于系统性大规模的描述性课题。定期咨询也是国外大型企业较常采用的调研方式，市场调研行业的发展产生了一批从事日常消费动态信息搜集和市场统计研究的大型调研公司，如AC尼尔森公司、信息资源公司等，企业定期向这些机构进行营销咨询或付费购买相应的数据资料，这样可以节省企业自行完成市场调研所需的大量人力和时间，且即时性和有效性均较强，尤其对企业的动态决策有很大帮助。日常调查是指企业平时对市场信息和消费者数据的收集，其收集程序和方法通常以企业内部制度的形式加以规定，主要为决策者分析企业的日常营运状况和短期决策提供依据，其工作量较小，信息范围也较窄，一般由企业一线销售人员或相关营销管理部门承担。

6. 社会环境、媒体、产品、服务及投资调研

市场调研项目按涉及的方向可分为五个方面，不同行业的企业的主要调研内容与重点不同(表 1-3)。例如，新闻媒体和广告公司的调研主要侧重于媒体影响力方面，普通企业多侧重于产品或服务方面，大型企业集团和跨国公司则经常进行社会环境和投资方向的调研。

表 1-3　调研内容的分类

调研方向	主要调研内容	调研重点
社会环境	生活形态、价值观念、社会观念、审美意识、地域风俗等	生活习惯与消费心理
媒体	发行量、读者群特征、广告反映、版面质量、内容评价	传播力、影响力、广告效果
产品	市场容量、品牌形象、营销效果、竞争程度、消费者属性、购买特征、选择标准	市场潜力、目标市场结构、需求趋势
服务	市场容量、服务信誉、推广效果、竞争程度、消费者属性、消费特征、选择标准	市场前景、服务质量
投资	项目投入、市场效应、投资效益、经营风险、技术引进	项目可行性

1.2.2　有关企业营销调研的分类

据统计，在各类的调研项目中，与企业营销有关的市场调研占 85%以上，尤其对产品及消费者方面的调研频率最高。企业营销调研按内容或对象又可分为不同的类别。

1. 内容

企业营销调研按其主要内容划分，主要包括产品或服务、企业、营销、消费者需求、营销环境、竞争者六个方面。

1)产品或服务

产品调研的任务主要是从消费者的角度对商品的使用价值和产品的市场要素如品牌、功能、色彩、造型等进行测试(不涉及产品的物质要素如物理组织、化学结构等方面)，调查其满足市场需求的能力和程度。促进企业改进产品的设计和生产，开发新市场，推广新产品，从而提高企业的竞争力。

企业向社会提供的产品按消费目的不同大致可分为消费品、工业品、服务三大类，目标市场、消费特征不同，产品的调研重点也不相同。

对于大多数生活消费品而言，市场调研侧重于评估：①使用便利程度，如重量、便携性、包装规格适用性等；②外观要素，如品牌名称、色彩、造型、包装、款式等；③销售服务，如售前、售中、售后服务项目对消费者的满足程度；④产品行销周期，如产品销售的季节性、生命周期阶段等。

对于工业品和中间产品，市场调研侧重于评估：①产品的技术水平，如产品的技术含量、外观质量等；②产品功能，如主要功能、辅助功能、附加功能等；③产品质量，如产品的耐用性、持久性、性能稳定性等；④销售服务，如服务效率、服务及时性、专业化程度等。

2)企业调研

企业调研的重点是研究和分析企业的社会公众形象和营运能力。其主要包括以下几个方面。

(1)企业形象方面：员工形象、公众形象、企业信誉、公共关系；

(2)企业经营方面：营运能力、偿债能力、盈利能力、融资能力；

(3)企业管理方面：组织活力、经营机制、管理模式、激励机制、适应机制、创新能力等；

(4)经营战略方面：企业发展战略、投资可行性、经营规划、竞争战略、营销策略等；

(5)企业资源方面：人才储备、资金规模、生产能力等。

3)营销调研

营销调研是企业市场调研工作的重点，其目的是通过对企业营销组合的影响力和销售业绩的全面调查和诊断，评估企业营销策略的有效性和销售管理效率。其主要包括以下几个方面。

(1)广告：广告影响力、广告媒体选择、广告诉求、广告表现力等；

(2)促销：促销策略、促销方式、促销效果等；

(3)定价：定价目标、定价技巧、价格体系、价格调整等；

(4)分销：渠道结构、渠道政策、分销商、售后服务等。

4)消费者需求调研

消费者需求调研是营销调研的核心内容，其任务是通过调查、分析各种类型消费者需求动机、购买行为特征，有针对性地开发适销对路的产品，有效地设计营销组合，从而取得较高的市场占有率，占据市场竞争的制高点。

消费者需求调研的实质是清晰地勾画企业营销对象的整体轮廓，其内容可归纳为“5W1H2U”，即产品或服务(what)、需求动机(why)、购买地点(where)、购买时间(when)、决策人(who)、购买方式(how)、使用方式(use)、效用(utility)。

整个消费者市场大致可分为个体(家庭)市场和组织市场两大类，具有完全不同的需求特性和购买决策模式，消费者的需求调研也因此有不同的侧重面。

5)环境调研

环境调研是针对影响企业营销的各种外部的、不可控的因素进行调研，主要是对企业生产和经营所在国家或地区的政策、法律、经济、文化、自然、技术等方面进行研究和分析，明晰企业的宏观经营环境，寻找市场机会，预防市场威胁。

6)竞争调研

竞争调研的目标是了解企业主要竞争对手的特征、营销能力、市场策略等，对企业的竞争优势和劣势进行分析和评估，以此制定正确的竞争策略，竞争调研的主要内容如下。

(1)竞争者类别：主要竞争者、跟随竞争者、潜在竞争者；

(2)竞争者策略：竞争策略、竞争反应模式、竞争能力；

(3)企业竞争能力：竞争优势、竞争劣势、竞争手段；

(4)竞争动态：相对市场地位、市场影响力、市场吸引力。

2. 对象

企业的市场调研按针对的消费群体不同可分为目标市场调研、现有市场调研、潜在市场调研。

1)目标市场调研

目标市场调研的重点是研究目标市场的消费形态和变化趋势，为企业制订市场促销计划、售后服务方案提供依据。其主要内容如下：①目标市场结构，如年龄、收入、性别、文化程度等层次结构；②消费心理，如购买选择标准、购买决策过程、时尚偏好等；③消费模式，如购买方式、时间、地点、购买行为特征等。

2)现有市场调研

现有市场调研的重点是了解企业产品当前消费群的特征和稳定性，为企业巩固现有市场、调整和改进经营方案提供依据。其主要内容如下：①现有市场结构，如年龄、收入、性别、家庭周期等；②消费方式，如购买目的、用途、使用方式等；③消费稳定性，如顾客净存量、顾客流失率、消费频率等；④消费反馈，如产品吸引力、顾客反馈意见、投诉情况等。

3)潜在市场调研

潜在市场调研的重点是了解企业产品未来可能的主要消费群体的结构，判断产品的目标市场未来的变化趋势，尤其是经济发展比较迅速的地区，潜在市场调研对企业制定中长期的价格策略和竞争策略具有重要的意义。潜在市场调研的主要内容如下：①潜在消费群的主要特征和结构；②消费心理与行为特征；③未转化为现实市场的原因；④潜在购买转化为现实购买的条件。

1.2.3　关于调研项目实施的分类

市场调研目标是搜集对企业经营活动有指导意义的市场信息。市场信息的价值取决于信息的时效性和针对性。显然，对一个时装厂商而言，有关本年或本季度时装的流行趋势的情报肯定比去年或上一季度的时尚款式的信息更有指导意义；一份具体针对女性职业套装的地区需求调研报告比笼统地描述整个服装市场更有实际的运用价值。因此，调研项目要具备现实意义和可操作性，首先必须明确市场调研所要搜集的信息的属性，即市场调研所涉及的时间、空间、对象等内容，对市场调研的工作范畴做出界定。一个可操作的调研项目应完整地包含下列三个因素。

1. 时间层面

时间层面，即市场调研所搜集的是哪一个时间区段的市场信息。调研项目按其时间跨度，大致可分为短期、近期、中期、长期四种类型。短期调研所搜集的市场信息通常在一个季度之内，近期调研则为一个季度以上到一年，这两类调研都具有较强的时效性，往往是企业季度促销计划或年度营销计划的依据。中期调研的信息时间跨度在 1～3 年，长期调研搜集的信息则在 3 年以上，企业通常运用这两类信息进行发展战略研究和产品开发投资决策。

2. 空间层面

空间层面，即调研所搜集的信息的涵盖区域，空间层面主要由企业产品的分销区域或辐射范围决定，与企业未来的市场扩展导向有关。从地域范围来说，它大致可分为当地市场调研、地区市场调研、全国市场调研、国际市场调研和全球市场调研五类。其中，当地市场调研范围限定在某个县、市区域内；地区市场调研大致在一省范围内，两者均为企业经常性的调研工作。全国市场调研活动覆盖几省乃至本国全部市场；国际市场调研则主要是指对国外一定区域(如日本市场、北美市场、欧洲市场)内市场状况和需求特征的调研；仅有少数大型跨国集团如日本松下、美国通用电器、安联保险开展全球市场调研活动。后三者搜集的信息比较全面细致，但工作量大、调研时间长、成本高。开展全球市场调研活动许多企业通常委托全球性或地区专业市场调研公司来完成。

3. 产品层面

产品层面，即市场调研的对象范畴，调研覆盖的产品层面取决于企业的产品线规模或经营范围，一般中、小企业的调研仅涉及单一品种或品牌，操作简单，而大型企业特别是跨行业从事多种经营的企业集团，涉及的产品线众多、结构复杂，部分产品线之间还存在着替代关系和互补关系，调研运作的难度要大得多。通常我们从产品层面上可将市场调研项目划分为单项产品调研、品牌调研、同类产品调研、行业总量调研四个层次。其区别是针对的对象类别有所不同。单项产品调研是指一类产品中同一档次、规格的产品，如 34 寸彩色电视机的市场调研；品牌调研的对象是同一品牌产品在各个细分市场上的营销状况，如菲利浦小家电的市场调研；同类产品调研则针对市场上同一类产品的所有品牌、档次、规格、款式，如进口家电的市场调研；行业总量调研是对某一行业全部产品和相关产品市场的总体调研，如农业机械产品生产经营总体情况调研。前两类是企业经常进行的调研工作，后两类侧重于宏观信息，一般由国家行业管理部门进行，主要用做制定产业政策和消费政策的依据。

1.3 市场调研的作用

1.3.1 开展市场调研的时机

随着企业外部环境的变化和市场竞争的激烈化，营销经理经常会面对这样的问题："我们面临怎样的市场"、"企业市场拓展的瓶颈是什么"、"什么导致了企业目前的营销困境"、"我们应该改变现行的营销策略吗"，"如果是，那么如何改变"。市场调研可以用来评估产品、促销、分销或定价的选择，也可以用于发现和评估新的市场机会。市场调研是市场信息搜集和分析的前导，但并不是所有的问题都必须用市场调研来解决，因为市场调研自身需要耗费一定的时间、成本，需要占用企业资源，也就是说，需要企业付出相当的代价，市场调研的价值也与市场环境、调研目标相联系。一般而言，企业开展营销调研的前提条件如下。

1. 资源

首先，企业必须能提供足以保证调研信息质量所需的资金和人力资源。其次，企业必须具备按照调研结论制定营销决策、调整和实施营销组合的能力。否则所作的市场调研要么半途而废，要么其结论被束之高阁。

2. 市场时机

在企业新产品处于开发期时，市场调研能为产品未来的市场前景的评估提供数据资料；在产品的上市或成长期，市场调研能帮助企业制定市场推广战略；在产品的成熟期前期，市场调研能为企业制订竞争策略和促销计划提供参考信息。但如果企业的产品已进入成熟期后期或衰退期，市场调研的结论已无助于企业提升营销业绩，则没有必要进行市场调研。

3. 决策时机

营销调研的一个主要目标是提供有用的决策信息，回答与营销计划与方案有关的一些具体问题。管理者将这些信息同自己的经验和其他信息相结合，对备选方案进行可行性评估，从而做出正确的决策。因此，市场营销调研必须在决策前展开和完成。如果企业已就某项营销问题达成了一致决定，营销计划业已付诸行动，营销调研将毫无意义，还可能动摇决策者的决心，对决策的实施过程产生干扰。

4. 目标

虽然企业可以通过初步调研来明确问题和制定未来目标，但正式的营销调研必须是在企业决策目标确定之后而不是之前进行，市场调研的主要任务是为企业制订实现目标的具体方案提供思路和评估依据，而不是用来确定企业未来的发展目标。否则市场调研活动将失去方向，陷入盲目。

5. 替代

营销调研提供的应该是企业稀缺的决策信息，如企业已充分了解目标市场状况，或者可以有其他成本更低、时间更短的获取市场信息的方式，则不必费时劳神去做市场调研。

6. 成本

作为企业的营销活动之一，与其他方面的投资一样，企业开展市场调研的基本前提是产出大于投入，即只有当调研信息带来的预期收益价值(或避免的风险损失)大于获取信息的成本(时间、费用)时，决策者才可能考虑进行市场调研。

1.3.2　市场调研的功能

市场调研是通过对市场信息的搜集和分析，了解市场和企业营销活动的历史与现状，系统地研究影响市场营销的各种因素，预见市场未来的发展趋势，为企业制定正确的经营决策提供科学的依据(表 1-4)。具体来说，在企业的实际营销过程中，市场调研直接提供决策依据的功能侧重体现在以下几个方面。

表 1-4　美国 435 家企业的市场调研活动统计

调研类型	占公司总数/%	调研类型	占公司总数/%
一、业务/经济与公司		4. 国际市场研究	32
1. 行业/市场特征	92	五、促销	
2. 购并/多元化研究	50	1. 动机研究	56
3. 市场占有率分析	85	2. 媒体研究	70

续表

调研类型	占公司总数/%	调研类型	占公司总数/%
4. 内部员工研究	72	3. 文稿研究	68
二、定价		4. 广告效果	
1. 成本分析	57	(1)上市前	67
2. 利润分析	55	(2)上市中	66
3. 价格弹性	56	5. 竞争广告研究	43
4. 需求分析		6. 公众形象研究	65
(1)市场潜量	78	7. 销售员报酬研究	34
(2)销售潜量	75	8. 销售员定额研究	28
(3)销售预测	71	9. 销售员地区分布	32
5. 竞争性定价分析	71	10. 优惠促销方式研究	47
三、产品		六、购买行为	
1. 观念开发和测试	78	1. 品牌偏好	78
2. 品牌产生和测试	55	2. 品牌态度	76
3. 市场试销	55	3. 产品满意度	87
4. 现行产品测试	63	4. 采购行为	80
四、分销		5. 采购意图	79
1. 工厂/仓库地址研究	25	6. 品牌知晓度	80
2. 渠道行为研究	39	7. 市场细分研究	84
3. 渠道覆盖研究	31		

1. SWOT 分析

SWOT 分析的基本任务是分析影响企业营销的内外部因素，评估企业竞争的优势和劣势，SWOT 分析必须建立在对企业内部组织调研、外部环境调研和竞争状态调研的基础上。

2. 新产品立项与开发

制订正确的新产品开发计划和市场推广计划，必须了解新产品的市场接受程度，评估产品的市场潜力。这些都要依赖于对消费者需求特征和变化趋势的调查与预测。

3. 技术引进与改造

企业进行技术改造的前提是引进技术具备先进性、效益性和合理性，既要评估引进技术在国内同行业中的相对先进程度，同时也需考虑引进技术所开发的产品的市场前景，以及是否适合企业自身的吸收能力。这一系列的工作都要依赖市场调研的数据作为测算的依据。

4. 原材料采购计划、生产计划

市场调研获得的信息可协助企业制定和控制原材料采购、生产、库存定额，帮助企业减少周转所需的资金，提高企业资金运用效益。

5. 市场开发规划与费用预算

不同市场的进入费用、开发费用和广告投入是完全不同的。企业进入新的消费区域前，必须详细地了解分销地的市场环境及目标消费者特征，跨国营销还需对目标国的经济发展水平、购买力投向及消费习俗进行调研，才能确定正确的产品入市策略及合理的费用成本标准，做出有说服力的预算方案。

6. 分销渠道选择

生产商需要经常对产品销售渠道的状况进行调查，评估中间商信用与经营业绩，分析产品周转和交换速度，以选择更有效的分销方式。

7. 定价和促销推广策划

市场调研在定价和促销方面是必不可少的工作，价格的制定需要考虑到消费者的心理及竞争对手的定价策略，并使企业的产品价格更有竞争力和灵活性。促销推广的方案则必须建立在对顾客需求弹性分析和购买行为模式的分析上，这些同样需要市场调研来提供相关的情报。

8. CI 设计

现代企业形象识别系统(corporate identity，CI)中，市场调研扮演着传递公司文化与价值观念的角色，通过对企业内部员工和外部客户的调研，企业决策人或 CI 设计人可获取各类公众对企业形象的认知，从而有效地提炼企业的良好评价与传统，将其融入 CI 系统的设计构架中。

1.4　市场信息

1.4.1　市场信息与市场调研

市场信息是关于市场及企业营销活动的各种数据表格、文字资料、商业情报等的总称，是市场调研的基本工作对象。市场调研的实质，是对企业所需的市场信息进行收集—处理—分析—运用的过程。研究市场调研的运作模式就是寻求如何准确、及时、有效地收集和处理市场信息的方法和手段。

市场信息既有普通信息的共有特性，可识别、可转换、可存贮，不断膨胀及依赖于媒介，又有其自身独特的表现形式，市场调研中所涉及的市场信息具有下列显著的特点。

(1)目标清晰：所有市场调研收集的信息都是为了解决特定的营销或管理问题，从大量现象和数据中甄别出来。

(2)来源复杂：事实上，调研者很难对所需的市场信息内容进行界定，只要对企业营销活动具有影响力和指导意义的消息都可归入营销调研信息之内。例如，天气预报对制伞厂、地区饮食文化对食品厂的影响力是显而易见的。

(3)时效：显然，市场信息的采集与利用时间越短，则信息的运用给企业带来的可能的收益越大。

1.4.2　市场信息的分类

市场信息具有多样化和多层次的特征。一条完整的市场信息，可从信源、信宿、信道、信容、信值五个方面加以界定和描述。这里，我们对极为复杂的市场信息作一些较为粗浅的分类。

(1)按信息的结构，可以分为原始信息和二手信息。原始信息来自企业经营活动中最基本的记录或市场调研活动的第一线，它是市场调研和营销分析的基础。原始信息的特点是信息相对客观真实，时效性强，但比较零散杂乱，而且原始数据的表现形式大多数因其他用途而设计，不一定能直接用于调研分析。二手信息是按既定目标加工形成的统计汇总资料，如企业财务报表、销售报表、顾客意见分析报告、数据地图、地方经济统计年鉴等，结构化程度较高，获取比较方便，但时效性较弱。

(2)按信息的来源，可以分为内部信息与外部信息。内部信息反映了企业经营与管理的动态过程，便于收集和调查，统计分析较为简单。外部信息来源于企业的外部市场环境，构成比较复杂，其收集或调研需要较长的时间和较高的费用。

(3)按信息产生的时间，可以分为历史信息、现时信息与未来信息。历史信息是对过去的市场现象或企业营运状况的记录，通常以档案、文献形式存贮起来，可供调研者研判市场变化的规律或作动态对比分析之用。现时信息主要反映企业和市场的当前状态，时效性极强，可直接对企业目前的营销活动提供决策依据。未来信息则是指各类揭示市场未来变化趋势的情报，其利用价值最大，但存在较明显的不确定性和风险性。

(4)按信息内容的变更频率，可以分为固定信息和变动信息。固定信息一般是其数据已不可能改变的历史信息和企业比较长的营运期内相对稳定的信息，如以往的销售业绩、标准化定额、资金与生产规模方面的信息。变动信息则是调整和变化频率较高的时效性信息，如价格变动、资金周转量等，时效性强，但通常只有一次性的使用价值。

1.5 市场调研的基本流程

1.5.1 市场调研的服务流程

按照目前业内公认的规范，一个市场调研如果为客户提供市场调研项目的全程服务，其服务流程可划分为准备、规划、设计、实施与报告 5 个主要阶段，大致包含了 21 个基本环节(子流程)，如图 1-1 所示。其中，市场调研项目运作的核心业务包括初步调研、制订市场调查(调研)计划、拟定执行方案、设计调查工具、实施与督导、数据复核与编录、统计分析、撰写调研报告 8 个基本步骤。以后各章将按这一线索逐个介绍市场调研每一步骤的操作程序、技术方法等相关问题。

1.5.2 调研项目流程的环节

1. 客户调查

调研企业通过了解企业需求，对当地市场进行初步摸底调查，搜集市场环境和企业需求的基本信息，明确哪些组织最有希望成为本调研企业的客户，它们所在的行业及其竞争状况如何，并据此制订出将潜在客户转变为现实客户的可行方案，为潜在客户的开发做好准备。

2. 客户接洽

当客户向调研公司表露委托意向或调研公司通过主动接触了解其产生一定的调研需

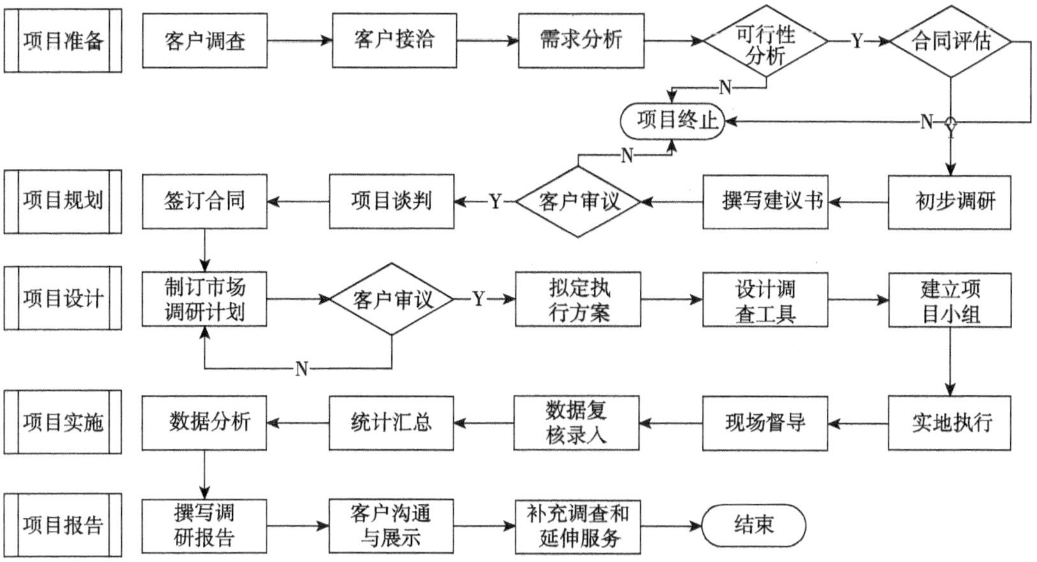

图 1-1　调研项目的基本流程

求后，调研公司应立即与客户取得联系，进行初步洽商。对明确表达委托调研意愿的客户，调研公司应立即与客户进行面谈。

客户接洽与访谈的主要目的有三个方面：一是明晰客户的合作意愿、了解客户的委托目标；二是促进客户对市场调研行业特性与合作形式的了解和认同；三是传播公司形象与服务，增进客户的信任，通过与委托组织决策人的充分沟通，为调研双方未来的合作奠定基础。与组织决策人(客户)访谈的主要内容有：①了解委托方的基本状况；②研究和判断客户存在的营销问题；③了解客户委托目的；④探测调研项目的可行性；⑤了解委托方的合作条件与要求；⑥介绍营销调研行业的作用、范畴、性质；⑦介绍我方(市场调研公司)的性质与实力；⑧简述营销调研的一般性操作方式；⑨强化客户的合作意愿；⑩征询客户对委托方式与项目的选择。

通过与委托客户决策层的反复沟通，确认对方的委托目的，征询决策层对调研内容的需求。企业主访谈是达成客户沟通和寻求共同点的关键，对确保双方合作顺利和市场调研项目成功极为重要。

3. 需求分析

对客户的合作意向及其强度进行判断，了解客户对调研服务的具体要求，并了解和判断委托客户的支付能力、信誉度、是否具有支持该项目的资源，以及能否调动必需资源支持项目进行等因素。需求分析帮助调研企业规避经营风险，同时也便于针对不同的客户制定相应的营销和服务策略。

4. 可行性分析

在需求分析的基础上，围绕委托调研项目进行系统的技术论证和经济合理性综合分析。分析论证调研项目技术上的可行性和经济合理性，确定是否能够承接该项目，并选择最优的调研方案。

5. 合同评估

调研企业对(可能与委托客户签订的)调研项目合同未来可能产生的收益程度、占用资源的需求、可能的风险及概率等因素进行评估，即对调研合同的“投入-产出”比进行预算。

6. 初步调研

在委托方与受托方就调研项目达成初步意向后，调研公司所做的第一件工作就是对委托项目进行初步的探索性调研。初步调研以定性调研为主，侧重搜集有关委托项目的基本信息，分析调研项目实施的可行性，并对客户的主要问题与症结进行研判。

由于任何调研公司在初步调研之前均无法评估调研项目的可行程度，初步调研的费用成本可能会由于调研项目难以操作或不能与委托方达成一致而无法弥补，因此，初步调研的费用对调研公司而言相当于一种风险性投资。当然，如调研公司最终与客户签订调研委托合同，此项费用应计入本次调研项目合同的预算成本栏目中，从委托方支付的合同金额中得到补偿。

初步调研的具体操作详见相关章节。

7. 撰写建议书

撰写建议书是指调研企业就调研项目提出的框架性的总体设想。对调研项目实施的必要性、总体思路和方案，以及调研费用估算进行论证，为调研项目的委托方和调研企业的正式谈判和签约打下基础。

8. 项目谈判

调研企业通过谈判与委托客户之间就调研目标、地域范围、调研方法、完成时间、实施组织等相关细节问题展开讨论，对调研期限、样本数量、知识产权等敏感问题交换意见。其内容将成为起草正式委托合同的基础和依据。

9. 签订合同

调研企业和客户通过谈判解决双方在时间、费用、内容方面的争议，达成一致后，由委托客户和市场调研公司正式订立协议条文。市场调研服务合同明确界定了委托客户和市场调研公司之间在开展调研活动时各自的权利、责任和义务。调研合同是解决双方在合作期间可能产生的争议和法律仲裁的基础。

10. 制订市场调查计划

市场调查计划规定了整个市场调研活动过程的内容、原则、步骤、成本等方面的范畴，并界定了调研受托方的权利、责任和义务，是市场调研活动的操作指南。制订市场调查计划的实质是对市场调研活动的总体策划，是整个调研过程的核心步骤和重要环节，它决定了未来市场调研的方向和质量。一个完整的可操作的市场调查计划，至少应包括以下内容。

1)调研目标和信息目标

调研目标和信息目标，即本次调研所要解决的问题，所搜集的信息的主要内容、时段、地域、覆盖的组织或个人层面等框架性因素。

2)调研项目表

调研计划需详细列举出所有调研项目，以及相应的调查对象、抽样方式、调查方式。本章附表 1-1 列出了市场调研中经常涉及的调查项目及其子项目的一览表，供读者参考。

3)调查对象

调查对象，即界定调研所涉及的总体及其样本框，也就是将要从中抽取样本的群体。它应该包括其观点、行为、偏好、态度等对调研问题有影响的所有的人。

4)各类样本量

样本是总体抽样框中的一个子集。良好的样本应是总体的一个“缩影”，调研人员需要结合实际调研课题的精度要求和资源条件，确定各类调查对象的样本量。样本量越大，调研精度越高，所需的时间和费用也越多。

5)抽样方式

制订抽样计划实际上是调研设计的一部分，但在调研过程中是一个独立的步骤。在设计抽样计划前，必须先评估每种抽样方式的优劣，随机样本的特点是总体中每个要素的抽选概率相等。采用这样的样本，调查人员可以估算出调研结论中的抽样偏差程度。非随机样本比随机样本要容易获得，但不能确保其完全涵盖总体的各部分。调查人员无法利用统计方法计算非随机样本的可信度。也就是说，无法确定抽样误差。

6)调查方式

调查人员可以根据调研目标的要求和调研项目的特征选择搜集数据的具体手段。传统的调研方法有四种，即访问法、实验法、观察法、资料调研法。访问法通常用于描述性或因果性的课题；实验法基本用于因果性调研课题；观察法通常用于描述性调研的课题。随着科学技术的进步和互联网(internet)的日益普及，可选择的市场调研方式更加多样化，其内容将在相关章节中作详细介绍。

7)费用预算

调研成本大致可划分为固定成本与变动成本两类。变动成本即单位调研费用，与调查对象的接近难度、目标群体在市场整体中的比率、调查方式等因素相关，可按照单位调研费用×样本数量的公式来计算；固定成本主要是指用于调研策划、组织、调查人员培训、问卷设计等方面的费用，与整个调研课题的复杂度及规模成正向变动的关系，但在一定幅度内是一个相对固定的数额。合同预算的编制必须详细考虑到调研中可能发生的一切费用，并适当考虑“意外”支出和无效样本量的费用。具体预算方式和成本结构详见相关章节内容。

8)调研项目组

调研项目组是专项课题的临时性管理组织，其职能是负责制订和实施调研日程计划，管理、监控调研过程。调研项目组通常由调研公司决策层高级管理人员出任项目总监，由各专业职能部门(如策划部、调查部等)抽调人员负责各调研环节如问卷设计、统计分析等专业技术工作，调研项目组在完成本次调研项目后即自行解散，其具体职责详见相关章节。

9)实施程序

市场调研活动是一个系统性的工作，成功的调研活动必须有完整、具体的执行方案和详尽严谨的工作时间表，制定实施程序的重点是调查工作量的分解和执行日程的确定，同时须与委托方进行充分的沟通并及时反馈调研进程信息。

11. 拟定执行方案

根据市场调查计划对调研项目的内容进行分割，确定各调查子项目实施的时间、地点、样本量、调查方法，并根据实施方案和日程向调查人员下达工作计划和工作说明书，将工作内容具体落实到人。同时确定每位调查人员的工作计划、调查资金和工具的分配。

12. 设计调查工具

调研企业的专业技术人员根据调查计划，对市场调查中需要使用的各种调查工具，如调查问卷、访问表、观察记录表、调查日志等记录调查信息的文档进行设计和规范，对市场调查中所需使用的专业技术设备列出详细的清单和使用计划，如录音录像设备的使用数量、时间、地点及使用规范等。

13. 建立项目小组

调研企业根据委托合同和调查计划的要求，选拔项目经理，从相应的部门选拔和抽调相关专业人员，组成跨部门项目协作小组。并根据项目实施的需要，聘用相应的调查人员、督导人员和其他技术支持人员，对小组人员进行项目实施培训，举行项目准备会，为调研项目的执行做好人力、知识和技术的准备。

14. 实地执行

小型的市场调研课题的数据搜集工作由调研公司组织下属的调查人员完成，大规模的市场调研特别是全国性或跨国性市场调研，需要以访谈法、观察法或其他半接触形式进行调研的，则必须委托其他地区或国家的调研公司来共同完成，一般是先由课题的主要承担者完成前期的初步调研和项目策划工作，然后采用分包形式委托其他地区或国家的机构完成，否则费用与人力支付都会相当巨大。某些大型调研公司在全国各地设有分支机构(分公司)，也可承担正式调研的任务。在国外，大多数数据搜集工作由专门化的营销调研现场服务公司完成。遍布全国的现场服务公司根据分包合同，通过各种形式的调查来搜集数据。一项大型的调研项目往往需要在几个城市中搜集数据，需要同许多现场服务公司一起工作。

为确保所有的取得分包合同的调研机构按照统一的方式工作，主要承担者需要对每一件工作都要制定详细的说明和操作要点，分包商必须严格执行规定的程序。

15. 现场督导

在调研项目的执行过程中，调研企业必须派出专职督导人员，对所有调查人员的访问和信息搜集工作进行管理、指导、督促和监控，保证调查人员严格按照项目要求，按时、按量完成数据的实地采集工作，并及时处理实地调查中出现的各种意外问题，保证数据采集的有效性和准确性。

在正式调查过程中，无论由现场服务公司还是调研企业自设分支机构来实施具体调查，均需不定时地进行抽样检查，以了解调查效果、考核调查人员的工作质量。调研完成后，调研管理者或督导人员通常还要与15%的调查对象联系，以便确认是否真正进行了调查以及调查是否是按规定的程序进行的。

16. 数据复核录入

在调查结束、资料回收后，首先对数据的有效性进行检查，检验原始资料和数据的完整性和准确性，剔除不可靠、不准确或与调查目的无关的资料，对于有遗漏的资料进行补充调查。对有效的、可靠的信息进行整理、编辑、编号、归档，并按照既定的编码录入电脑系统，形成项目数据库，为下一步的统计分析工作打好基础。

17. 统计汇总

数据搜集完成后，调研过程的下一步骤首先是对市场调查所搜集的原始数据资料进行校对、检查、审核、编号、归档等基础工作，并在此基础上展开统计汇总工作。统计汇总的目的是将大量单个数据转化为整体综合指标。调查人员开始时需要进行简单的频次分析，最后可能会使用复杂的多变量的分析技术。此外，还常常应用 Excel、SPSS、SAS 等统计处理软件，将单个的调查数据进行汇总，并按照预定的公式或模型，计算转化为一系列可用于项目分析的综合统计指标，并对数据进行相关性、可靠性检验，测算和评估数据误差。

18. 数据分析

调研企业的研究人员根据调查项目的要求，运用统计方法及数据模型，分析和解释统计数据，对调研数据所反映的问题做出一定结论，并在此基础上进行趋势预测，向客户提供决策建议。

19. 撰写调研报告

市场调研报告是对数据分析完成后形成的书面报告，是调研工作成果的集中体现。市场调研报告的内容：一是向客户详述市场调研的结果，使客户清楚地了解本次市场调研得出的基本结论；二是说明市场调研的方法和过程，向客户证明调查数据和结论的可信度。要让调研结论发挥指导决策的作用，营销调查人员必须使委托方确信本次调研所搜集的数据得出的结论是可靠的、公正的。

20. 客户沟通与展示

调研企业应向客户提交经正式印刷并装订成册的市场调研报告，以表明对客户项目的重视和严谨、认真的态度。此外，调研企业应主动与客户进行沟通，以召开结题会、成果展示会、专题研讨会等形式举行一次正式的交流活动，对调研结论及其来源进行说明，解答客户问题，听取客户意见。

通常情况下，委托客户会要求调研企业就项目进行书面的和口头的报告。调查人员在准备和提交报告时，一定要考虑委托人的特点。由于大多数项目委托人只是调研结论的使用者而不是市场调查和数据分析的专业人士，故调研报告需要将专业性与通俗性结合起来，侧重阐述市场分析的主要发现和结论，而不是简单堆砌调查数据。

向委托方提交正式调研报告后，作为“售后”服务的一项重要内容，调研公司应将整理完成的统计数据和分析报告也一并提交给委托方，必要时还需向委托方提供原始材料和记录。这些将给予调研结论强有力的数据支持，使调研报告更具可信度和说服力。

21. 补充调查和延伸服务

市场调查项目完成后，客户可能提出增加某些调查内容或扩大调查范围的要求，如果客户的额外要求不会产生太多的成本和时间，调研企业可以考虑帮助完成一些辅助调查或补充调查，这样能很好地提高客户的满意度。此外，必须牢记的是，项目完成不等于服务终结，市场调研的价值是调研结论协助和参与企业营销决策。因此，调研完成后，调研企业要对客户使用调研成果的情况进行回访和定期跟踪，及时了解委托方从报告中得到些什么，如何应用这些信息，是否采纳了调研方提出的建议，为什么不予采纳。这些内容对于调研公司评估调研项目、发展未来的业务，总结调研经验是非常重要的，还可能因此获得潜在的合作机会。

➤思考与讨论

1. 在与委托客户签订调研合同之前，为什么要做需求分析和可行性分析？
2. 下列市场调查项目按产品、空间、时间划分，分别属于什么层次？
(1)2013～2015年百雀羚护肤品西南地区市场销量预测；
(2)2013年第二季度广州市体育用品消费市场调查；
(3)2013年2月内地鲜啤酒市场消费调查。
3. 试根据“湖南省啤酒消费市场调查”这一课题，设计和制订一个调查计划。

附录 市场调查常用项目分解表

附表1-1 市场调查常用项目分解表

分类	项目	子项目	搜集调查途径(调研方法)
消费者调查	一般市场特征	市场总容量 市场购买力 市场潜力 当前市场净存量 顾客流失率	行业管理部门访问 资料调研
	目标市场特征	性别 年龄 职业 生理状况 行业 职位 家庭人数 家庭构成 学历(文化程度)	资料调研 街头观察 拦路访问
	家庭消费模式	总收入 家庭经济主体 家庭经济主体收入比例 总支出 家庭经济分配 储蓄状况 耐用消费品 不动产 房屋所有权 房屋形态 居住年数 迁居经验及次数 交通工具 家居设备情况	资料调研 入户访问

续表

分类	项目	子项目	搜集调查途径(调研方法)
消费者调查	生活模式	阶层 生活观念与目标 工作观念 对流行的态度 对生活环境的评价 生活时间结构 休闲方式 休闲旅行内容 休闲旅行频数 饮食习惯 服装偏好 其他个人嗜好 兴趣爱好 娱乐趋向和数量 读书趋向和数量	消费者访问
	行为特征	购买经验 购买品牌名 购买品牌的特征 买入价 购买决策人 购买影响人 预定购买计划 购买场所 购买数量 购买频数 付款结算方式 购买时间 选择购买场所的原因 选择购买时间的原因 选择品牌的标准 选择品牌的原因 购买方式 不购买的原因	入户留置问卷 目标消费群访谈
	消费心理	流行趋势 购买目标(用途) 物质需求 心理需求 各类型用户差异 选择标准序位 影响选择的因素 产品评价标准	现场问卷 现场访问
产品调查	产品品质特征	特色与风格 品牌 包装 款式 色彩 外形 产品组合与产品线 替代品效果 新产品开发	样品研究 (竞争者与本企业)

续表

分类	项目	子项目	搜集调查途径(调研方法)
产品调查	产品市场特征	类型 规格 定位重点诉求 价格 促销方式 分销策略 产品形象 企业形象	用户访问 中间商访问 (竞争者)
	品牌销售状态	市场占有率 指名购买率 知名度 重点市场 月(年)均销量 月(年)均消费量 用户反映	零售点访问 用户访问 (竞争者与本企业)
	品牌认知	认知层次 认知时期 认知来源 商标特征的了解 商标的了解渠道 品牌总体印象 品牌个别特性印象	消费者访问
	品牌使用状况	当前使用的品牌 当前使用的品牌特征 使用者特征 使用量 使用开始时间 使用场所 使用频度 使用期 用途 停止使用的原因 更换品牌的原因	用户访问
	品牌评价	产品、品牌的特征 产品品质 使用效果 使用感受 售后服务	用户访问
	竞争状态	营销策略 竞争反应策略 供应商能力 分销商态度 分销力度 网点布局	内部追踪 (竞争者)

续表

分类	项目	子项目	搜集调查途径（调研方法）
环境调查	环境要素	人口状况 科研 公众 营销中介 地方政策 法律、法规 经济发展状况 自然环境 文化认同性	当地代理商访问 关系户访问 当地政府部门访问
行销调查	营销策略	总体策略 市场目标	企业决策者访谈
	销售渠道	主要分销区域 主渠道 中间商关系 中间商政策 零售点状况 主要目标市场	中间商访谈
	定价	基本定价策略 价格级差 折扣	企业主访谈 消费者访问
	促销	广告计划 广告效果 促销活动 销售人员管理 销售政策 公共关系活动	
广告调查	广告企划	主体诉求一致性 主体诉求连续性 广告主题评估 广告文案评估 广告诉求方式评估 分镜头剧本评价	广告目标分析
	广告媒体	媒体分配 频度 容量 传播率	广告个案分析
	广告媒体的消费群接触状态	消费者购买的媒体 消费者视听的媒体 消费者视、听、阅读内容 媒体知名度 媒体了解度 消费者对媒体的意见 消费者对媒体的忠诚度 消费者记忆程度 消费者对广告的接触频度 消费者对广告的印象 消费者对广告的评价	消费者调查

续表

分类	项目	子项目	搜集调查途径(调研方法)
广告调查	广告效果	目标到达率 消费者识别度 消费者记忆度 消费者认知度 消费者接受度 消费者忠诚度	消费者访谈
企业调查	企业规模	投资总规模 固定资产规模 流动资金规模 组织结构 管理体系与决策模式 管理制度	企业主访谈 内部部门资料调研 内部员工访谈
	营运绩效	经营范围 经营模式 销售总额 经营能力 营运业绩结构 成长水平	
	员工状况	职员来源 员工结构 职员忠诚度 职员素质	
	市场地位	市场位置 竞争优势 竞争劣势	顾客调研 资料调研
	企业形象	企业标志认知度 消费者认知来源 消费者认知时间 职员了解企业程度 职员评价 公众了解企业程度 公众评价 关系企业评价 企业信用	
竞争调查	竞争者	竞争者实力 竞争产品特色 竞争者市场占有率 市场反应灵敏度	市场试验 资料调研
	竞争模式	竞争策略 主要竞争优势 竞争反应模式 合作意向	

第2章

初步调研与谈判签约

开展初步调研意味着市场调查的项目已经正式启动。初步调研是市场调研的首要步骤，也是制订整个市场调研计划的起点。初步调研的意义在于为未来的市场调查项目的实施打下储备专业知识和奠定客户沟通的基础。初步调研运作质量越高，以后正式调研工作的开展就越顺利。据行业相关资料统计，实施初步调研的工作量占调研过程中全部工作总量的15%～20%。因此，初步调研是市场调研全过程中最重要的环节。

2.1 初步调研的目标

初步调研的目标是确定整个调研项目的方向与重点，它是促进调研机构与委托方达成合作的关键环节，其完成质量的高低将决定整个市场调研的成败。

通常委托人向调研公司首次提出委托调研的要求时，往往存在着下述诸多问题与困难。

(1)委托人经常是根据自身的经验感受和主观愿望来表述其需求，但可能并不是真正的调查重点或调研企业真正需要的信息，有时甚至连调查目的也较为笼统模糊。因此，调研机构的专业接洽人员需要具备相当敏锐的观察力与专业分析能力，才能及时从对方试探性咨询中发现问题实质，尤其要避免被对方的表面陈述“牵着鼻子走”。

(2)委托人对问题的陈述往往是琐碎的、零散的，涉及面较宽。市场调研接洽人员需要具备相关行业的知识及经验，及时将委托方散乱的各类问题的内在逻辑关系整理出来，才能明确地界定所调研的课题。

(3)提出委托的客户可能来自各个行业、社会层面和组织机构，而调研者仅是具备了市场调研的能力，不可能对各类委托客户所在行业特征及企业营运知识都有较深入的了解。

(4)委托客户与调查人员对问题的审视角度和观察方式多存在相当差异，在调研的初期，双方在专业意识的沟通上将存在一定的困难，甚至个性和表达方式的差异也会造成一定的沟通障碍。

(5)委托客户可能对市场调研机构的定位存在误解，有些企业误将市场调研公司视为营销代理、广告设计或促销推广机构，因此，调研接洽人员亦需及时向客户说明自身的服务功能并明确所委托项目的范围和可行性。

(6)出于某些原因，如顾虑调研计划被竞争对手所了解而得不到真实的信息，担心因调研企业可能泄密而使竞争对手有所防范，一些委托客户不愿意直接把调查目的直接告诉调研公司，搞声东击西的“迂回战术”，也可能使调研企业误判委托客户的真实需要，造成调研方向和重点的偏离。

初步调研就是针对上述困难，在调研合同签订及正式调研之前进行的工作，其基本目标如下：①分析客户委托的真实目的，明晰委托客户真实的需要。②调研企业要先确认委托客户所需要的信息和结论是否能通过市场调研获得，企业是否具备获得和处理这些信息的渠道、手段和方法，判断项目的可行性和可操作性。③让客户了解市场调研服务的基本方式、工作流程，以及市场调研的作用和价值，澄清客户误解。④让客户了解他们在调研服务中的角色，明晰调研双方的权责利。⑤向委托方展示企业实力和研究水平，表明合作诚意，增强委托方的信任度。⑥了解委托客户行业及企业基本情况，为详细的市场调研作准备。⑦分析委托客户存在的问题和可能的原因，确定调研的方向和主题。⑧确定调研项目的重点与难点。

值得注意的是，市场调查人员应反复向委托方说明本机构的服务范畴、职能与作用，可以承担的服务是什么，对本机构不可能承担的项目应申明理由并予以婉拒。

2.2 初步调研的内容

初步调研是项目运作前的非正式的调查，多采用定性调研方法，在较小范围内对项目相关情况进行摸底，要求受托者(市场调研企业)在较短时间(多为一周至半个月左右)内了解以下内容，为初步调研分析提供依据和信息。

(1)委托客户所在行业：①基本行业术语；②专业知识；③客户在行业中的位置(前续部门和销售方向)；④客户所在行业的结构、特征；⑤客户所在行业的发展历史和现状、专业化程度、技术层次和竞争水平；⑥客户在行业市场上的竞争地位；⑦客户所在行业的发展规律和“潜规律”；⑧客户的竞争策略。

(2)委托客户的基本状态：①企业(组织)历史；②企业(组织)的性质、资源(人、财、物)规模、业务范围和实力；③生产营运规模；④市场行销策略与效果；⑤组织结构；⑥营运效益。

(3)委托方的产品(服务)：①产品(服务)范围；②技术层次；③产品结构(档次、规格、主流品牌)；④产品与技术的更新状况；⑤产品或服务的主要专业术语。

(4)基本消费者特征：①产品(服务)的基本消费群体；②委托客户的当前消费群体及其结构；③影响消费标准和差异的主要因素；④消费群体的心理和行为特征；⑤委托客户未来预定的目标消费群体。

(5)委托方行业和企业的基本环境：①国家和地方政府的产业(行业)政策；②行业法律法规；③自然资源对该行业的支持和约束；④科学技术水平对该行业的支持和约

束；⑤地域文化和公众对该行业的评价、支持和约束；⑥社会经济发展水平对该行业的支持和约束；⑦委托客户所在市场区域的人口数量、结构及其特征。

(6)调研方式：①调查对象总量；②适当的抽样方式；③适当的调研时间和地点；④调查对象对调研的接受度；⑤各种调查方式的适用性；⑥访问的成功率。

在上述诸多内容中，客户所在行业的发展规律、专业知识和专业术语、消费者数量、消费者结构和行为特征、影响消费标准和差异的主要因素、调查方式的适用性、访问的成功率这七个方面的内容是必不可少的，它们直接影响了市场调查计划的制订，如表 2-1 所示。

表 2-1　初步调研对调研计划的影响

初步调研内容	对调研计划及实施的影响
行业的发展规律	调查方法
专业知识和专业术语	访问沟通技巧、调查工具设计
消费者数量	样本总量
消费者结构和行为特征	抽样方法、配额方式
影响消费标准和差异的主要因素	抽样误差、样本分配
调查方式的适用性	信息来源、调查方法
访问的成功率	样本总量、有效率

2.3　初步调研分析

初步调研分析的目的是明晰委托方需求，初步分析的重点内容如下：①委托客户的市场地位；②委托客户所在行业的基本特征；③委托客户的营销现状；④管理或营销问题的主要症结或可能根源；⑤详细市场调查的内容和主攻方向；⑥确定详细市场调研的调查对象及其结构。

市场调查人员通过初步调研必须明晰和回答的问题如下：

(1)目标与意向：①调研的用途和目标是什么？②委托方究竟需要什么信息？③委托方为什么要寻求市场调研？④市场调研对委托方的重要性有多大？

(2)内容与方向：①委托方所提出的问题真的是管理或营销的主要症结吗？②委托方需要的信息是否已经存在？③委托方需要的信息通过调研能得到吗？④调研结果能达到委托方的目的吗？⑤通过本次调研能够给委托方提供合理的建议吗？

(3)资源与限制：①委托方能为市场调研提供的资源边界是什么？②委托方对本次调研的时间、精度与信度的要求是什么？

(4)市场调查对象：①市场调查对象的基本特征是什么？②如何接近市场调查对象？③市场调查对象的内部结构和层面如何？

必须注意不可单凭主观经验确定调查对象。例如，作净菜消费调研时，某些调研者错将经常在蔬菜市场购货的家庭主妇当成主要调查群体，而实际上净菜消费的主体消费群基本上是生活节奏较快、收入较高的“单身贵族”。

通过初步调研和分析，调研公司能够比较全面地了解委托客户的行业状况和企业现状，明晰委托方调研需求的基本目标、调查对象的特征、调研搜集的信息的主要内容，以及进一步了解后续调研所需获取的信息的可能来源，协同客户一起明确下一步的调研方向和重点。

2.4 初步调研的流程与操作方法

2.4.1 初步调研的流程

在调研企业中，初步调研一般由项目经理制订计划，由调查执行部门负责具体实施，并形成初步调查报告，初步调查报告将同时提交项目经理和客户，便于下一步制订详细的调查计划。初步调研工作大致包括如表 2-2 所示的 6 个步骤。

表 2-2 初步调研工作流程

流程环节	步 骤	流程内容描述	责任人	成 果
1	确定内容	围绕项目确定背景调查的主要内容和重点	项目经理	
2	制订方案	确定调查实施的日程和工作方案	调查部经理	初步调查方案
3	任务分配	向调查人员下达调查指令	调查部经理	
4	实施调查	按方案实施摸底调查	调查人员	
5	信息处理	汇总调查信息，进行初步分析	调查人员	
6	生成报告	撰写初步调查报告	调查部经理	初步调查数据分析报告

2.4.2 初步调研的基本方法

初步调研是详细调查前的试探性调研，也是市场调研中最为关键的环节，它决定了未来正式的市场调研的方向是否正确和整个调研工作是否令客户满意，即市场调研的成功率。因而要求市场调查人员必须严谨而细致地予以执行，并在调研过程中与委托客户保持充分的沟通。初步调研所采用的方法主要是决策者访谈、企业(行业)资料分析、座谈会与员工访谈、第三方初访四种。

1. 决策者访谈

初步调研首先是与企业主(决策者)进行沟通和交流。通过讨论，一方面，调查人员可以从决策人处得到有关调研委托目的和调研问题的性质，以及了解委托人对影响决策问题的何种信息感兴趣、希望从调研中获得什么信息；另一方面，使委托项目的决策人了解哪些信息可以从市场调研中获得，市场调研有哪些作用和局限、需要付出什么代价，并使委托人了解调研公司的性质、操作方式和服务水平。通过沟通使调研委托人和受托人双方达成共识。通常决策者往往是通过他人介绍、广告或直觉来接触调研公司的，对调研问题和调研公司的作用仅有粗浅认识，因此，决策者访谈实质上也是调研企业进行“消费者教育”的过程。

调查人员一般需要与企业主共同探讨以下几个问题：①委托企业的历史、发展、与调研需求的关系；②调研需求提出的背景；③公司的经营观念与价值观念；④为什么公司要将调研问题提到目前的议事日程上来；⑤除委托调研之外，公司还可能采取哪些替代方案或行动；⑥是否需要进一步作初步调研和市场探访；⑦其评价经营效果(包括调研活动)的主要标准是什么；⑧公司根据调研结论可能采取哪些措施；⑨企业决策者面临怎样的问题，其实质是什么；⑩要解决和回答企业决策人的问题，需要哪些信息；⑪这些信息能得到吗，是否已经存在；⑫市场调研能提供哪些信息，能为公司决策提供哪些帮助；⑬市场调研是如何运作的。

决策者访谈的核心在于帮助委托人澄清和明确决策问题，确定调研的大体方向。实际上，大部分企业主因工作的忙碌或主观原因很难清晰地探究企业问题产生的原因，多数对问题只有一个模糊的、表面的认识，访谈的作用就是帮助决策者分析和确认潜在的原因，准确地定义调研问题。

2. 企业（行业）资料分析

收集并分析企业现有的二手资料有助于调研者研判委托企业过去的经营行为和目前的状态，了解调研委托需求的成因和背景，对调研问题的潜在原因进行详细的诊断。我们在对某地一个中型棉纺厂进行调研时，企业决策人及大部分部门经理均反映企业仓库系统管理不善造成了与之相关的销售、材料采购、生产等部门运作效率低下。我们通过对其近两年的财务资料、销售报表、采购合同、库存台账的分析，发现其问题实质上是产、供、销三个环节的配合不协调，造成淡季时仓库因闲置无用而效率低下，旺季时原材料产品同时集中存放导致壅塞和混乱。根本原因是产、供、销三个环节由不同的经理管理，彼此之间缺乏沟通，与仓库系统自身管理水平的关系不大。

初步调研中通常需要收集的企业二手资料如下：①产品简介、产品线结构资料；②年经营计划和投资计划；③市场开发方案；④销售网络和主要客户名单；⑤销售月(周、季、年)报表；⑥应收待收款回款记录；⑦与调研问题相关的财务报表；⑧员工基本情况名册；⑨员工薪资制度和核算、发放方式；⑩分公司(员工)销售业绩表；⑪广告、促销宣传资料，如图册、产品目录、广告册等；⑫广告促销计划。

3. 座谈会与员工访谈

详细了解营销调研问题有关信息的另一主要形式是座谈会或员工访谈。企业骨干员工尤其是销售第一线的员工，因其目睹企业发展过程且直接与客户接触，往往有其独特的看法，能较直观地反映企业目前存在的问题。调查人员在委托企业的配合下进行员工个人访谈或召开小范围内的员工座谈会，其目的是以另一个视角分析调研问题的实质。

调查人员与员工之间的交流与讨论主要涉及以下问题：①如何看待企业营销现状；②员工对企业的满意度和发展前景的预期；③企业效益与你自身的收入如何关联，多大程度上有关联；④企业的薪资制度是否合理与员工的行为反馈；⑤各级员工的决策权限与范围；⑥你工作中最大的困难与障碍是什么，来自哪一方面；⑦与你目前工作相关的其他部门给予你工作的支持程度如何；⑧你希望公司加大哪些方面的支持力度；⑨目前企业营销的主要问题是什么；⑩造成企业目前困境或难题的原因是什么；⑪如何解决公司面临的难题；⑫公司需要调整或改善的问题有哪些；⑬其他建议或意见。

4. 第三方初访

这里的“第三方”是指除调研企业和委托客户之外的，与调研项目相关的组织或个人，如委托企业的消费者、行业协会、上游和下游企业等。第三方初访是通过市场反馈从外部获得有关企业决策问题和调研问题的信息，是探索和确认调研问题的另一重要渠道。企业主访谈和员工座谈是从主观(主体)的角度反映调研需求，存在一定的主观性。调查人员从委托企业的消费者、经销商处获取的信息则更为客观、真实、可信，有助于调查人员较全面地剖析委托企业的营销现状和问题。市场初访的目的是通过消费者和客户关联单位的反馈，验证企业主及员工对调研问题的认识是否确切无误，调研问题产生的根源是否有其他的解释。

调查人员需要事先拟定一些相对"宏观"的调查问题，如"你认为××产品在市场上的知名度、信誉度如何"、"公司给予你哪些优惠、服务和促销支持"等，然后从委托客户处获取第三方资料或名册，随机选择部分对象来进行初步访问。初步调查虽然是一种比较定性的探测式调查，但调查人员也要尽可能隐藏真实目的而以第三方的身份进行，对调查对象的询问要保持客观中立态度。调查人员通过市场初访所了解的问题一般如下：①中间商从该公司的进货频率如何；②中间商销售状况；③该公司给予中间商哪些优惠、服务和促销支持；④中间商要求取得或改善哪些营销支持；⑤该公司产品和其他同类产品的销售趋势；⑥该公司产品与同类产品相比的优势和劣势；⑦中间商如何推广和分销该公司产品；⑧产品在目标消费群中的知名度、信誉度；⑨消费者如何使用该公司产品；⑩目标消费群对该产品要素(包装、价格、质量)的反映；⑪消费者如何了解该产品(产品信息的来源和渠道)；⑫该产品的使用效果如何。

2.5 因素分析

完成初步调研后，调查人员关键性的工作是通过初步调查进行总结和回顾，进一步分析和明确调研问题，界定具体的调研目标。

因素分析是将可能造成企业目前营销问题的原因逐一寻找和列举出来，特别是对复杂的营销课题进行调研时，需要对所有可能影响企业目前营销的因素都进行初步调查，通过对初步调研资料的分析，运用"剪枝"方法，去掉与企业当前营销问题关联性不大或次要的因素，确定下一步详细调研的重点目标。一般来说，由于时间、成本等因素的限制，实地执行的调研项目总是局限在整个市场要素中的一小部分。初步分析就是界定下一步重点分析的因素范围、确定问题焦点的过程。

2.6 形成调研目标

完成初步调研分析后，调查人员要进一步分析和明确调研问题，界定具体的调研目标，也就是要具体回答下列四个问题：①企业的营销问题是什么；②我们要调查和分析什么；③通过市场调研能否给委托者提供足以解决问题的信息；④市场调研如何取得这些所需要的信息。

初步调研的结果就是形成调研目标。调研公司在制订具体调研计划之前，应对解决营销问题所需的信息进行书面描述——列出一份调研目标清单，调研目标清单主要就组织现状与问题、问题产生的可能原因、调研项目重点三个内容进行说明，调研目标清单提交委托客户决策人审核，并根据其意见加以修订，最后由委托客户加以确认并签字认可。这既是调研企业向委托客户表明合作诚意，增强委托方的信任度的方式，也为详细的市场调研做好了准备。

由于任何调研公司在初步调研之前均无法评估调研项目的可行程度，初步调研的费用成本可能会由于调研项目难以操作或不能与委托方达成一致而无法弥补，因此，初步调研的费用对调研公司而言相当于一种风险性投资。当然，如调研公司最终与客户签订调研委托合同，此项费用应计入本次调研项目合同的预算成本栏目中，从委托方支付的合同金额中得到补偿。

2.7　调研项目谈判

调研目标清单通过委托客户审定并确认后，调研公司与委托客户双方就调研合同的谈判和签订展开准备工作。首先，调研公司在调研目标清单和初步调研成果的基础上，针对客户需求撰写调研项目建议书(某些行业也称为立项申请书)。

1. 撰写项目建议书

项目建议书是调研公司就委托项目的相关事项向委托客户递交的书面申请文件，是对拟承担的调研项目提出的框架性的总体设想。在实践中，建议书的实质往往是市场调研计划和调查委托合同的初稿。项目建议书主要论证了调研项目实施的必要性、总体思路和方案，以及对调研项目费用和效益的估算。项目建议书为调研项目的委托方和受托方下一步的谈判和签约打下基础。

项目建议书包括的内容主要有：①总论，包括项目名称、背景、调研公司概况；②项目的可行性；③调研内容、范围、规模；④调研组织和实施的主要方式；⑤费用预算和必需的条件；⑥完成时间和项目成果形式；⑦项目预期效益和服务；⑧知识产权及其他。

2. 调研项目谈判

调研公司与客户就项目建议书的主要内容达成一致后，双方即进入调研正式合同的谈判阶段。与普通的商务谈判相似，一个委托调研项目谈判也可以分为开局、报价、磋商和成交四个阶段。具体而言，调研项目谈判大致包括以下几个步骤(图 2-1)。

图 2-1　调研项目谈判的主要步骤

1)第一阶段：开局对接

双方介绍参与谈判的己方人员身份、职位，互致敬意。受托方(调研公司)向委托客户的信任表示感谢，表达自己对项目的重视，简要说明自己为项目开展所做的前期准备工作及成果，对双方未来的合作表达良好的期望并承诺为委托方提供良好的服务。委托客户对项目的背景进行简单说明，并表达对项目的未来成果的期待目标。该阶段的主要目的是为谈判创造一个和谐的气氛。

2)第二阶段：方案陈述

由调研公司向委托方详细陈述调研方案，包括调研目的、项目内容、抽样方式、调研方法、调研时间、项目组人员构成、工作条件和调研费用等具体问题，并回答委托客户的相关咨询。该阶段是委托客户认真了解调研运作方式和双方加强合作意向的阶段。

3)第三阶段：方案讨论

该阶段是双方就调研项目和由调研公司提供的调研计划进行讨论的阶段。双方展开对调研目标、地域范围、调研方法、完成时间、实施组织等细节问题的讨论，对调研期限、样本数量、知识产权等敏感问题进行谈判。由于双方利益要求存在差别，故产生分歧也是正常的。例如，委托客户都想在尽快的时间内得到调研结果，因为市场是随着时间不断变化的，时间对于委托方而言就是“金钱”，但是调研公司又必须尽可能为自己赢得较宽裕的调研时间，降低工作压力，保证调研的质量。对于有可能达成协议的项目，解决双方争议的方法是相互谅解和协议让步。因此，调研公司的谈判人员需要掌握住让步的条件、时机、原则，以灵活的、较小的让步，换取对方较大的让步或其他方面的“补偿”。在谈判中要注意的一个原则是把较容易协商的条款放到最前面，随着达成的共识越来越多，双方在某些问题上让步的可能性就越大。

4)第四阶段：讨价还价

主要技术问题明确以后，双方将对交易条件(主要是项目预算和费用)进行讨价还价，分析彼此报价差距，通过询问交流解决这些分歧和矛盾。该阶段是谈判中最艰难也是最敏感的阶段。委托客户自然是希望能找到价廉质高的市场调研公司为自己服务，但高质量的调研意味着更多的时间和投入，也就意味着费用的增加。调研公司的项目预算要详细、合理，又要有自身的价格优势。需要注意的是，项目预算是与调研内容、调查规模、付款条件等密切相关的。双方应本着保证质量、节约成本的原则进行积极磋商。若对方坚持不同意调研公司的报价，不妨在调研项目内容、样本规模、调研精度方面做出一些调整，以此作为让步。当然最重要的是，调研公司必须说明这种“让步”可能产生的结果，能保证本次调研的基本质量，并得到对方高度认同。对于调研公司而言，关键是要通过反复的分析和衡量，找到己方所能获得的利益和对方可能承受和接受的价格之间的最佳结合点。

5)第五阶段：达成协议

在谈判双方经历了各种条件的“争议—让步—成交”环节之后，交易条件在双方可接受的范围内原则上已全部达成协议，意味着谈判的结束时间也即将到来。达成协议阶段既是调研项目谈判的终结，又是调研项目签约履约的开始。这一阶段双方将回顾和总结谈判成果，最重要的工作是整理、撰写会谈纪要，把达成协议的每一点记录在案并向双方公布，这样不仅加深彼此对谈判进程的了解，更是以文字性材料作为催促对方做最后决定的有效保证。会谈纪要必须由双方共同确认并签字认可，其内容将成为起草书面合同的基础和主要依据。

2.8 签订市场调研委托合同

委托客户和市场调研公司双方的关系实质上就是一种商业买卖关系。市场调研委托合同是由委托客户和市场调研公司正式依法订立的、对调研服务内容进行规定的、共同遵守的协议条文。市场调研委托合同明确界定了委托客户和市场调研公司之间在进行调研活动合作时各自的权利、责任和义务，双方的服务要求和合作条件须在合同或协议书上明确载明。在正式委托或承接某项具体的市场调研工作之前，由双方协助订立一份完整而又明细的市场调研委托合同，可以尽量避免浪费时间和日后可能产生的误解或其他某些不愉快的争议。

市场调研委托合同的基本内容一般包括下列各项：①调研目的；②调研项目内容；③调查的时间、地域范围；④调查对象和抽样方式；⑤调查方式和工具；⑥组织与人员配置；⑦调查工作的期限；⑧调查费用及付款方式；⑨调研成果形式和产权归属。

在签订调查合同时，要注意以下几个方面的问题。

1. 调查的内容、方法与程序

应在合同上明文详尽地列出本次调查涉及的项目内容、主要数据、主要统计指标，既避免日后可能产生的争议，也有利于检查和确认调研成果。可采用调查项目表(单)的方式，使双方对调查内容均有清晰的认知；抽样方法必须注明抽样数量、样本来源、调查方法，并明确当实际操作时如果出现不可抗力因素不能全部完成预定抽样方案时，将对样本和数据如何调整和处理。其他的一些工作细节如执行日程、人员访谈的次数等工作安排也尽可能作为一项条款列明在合同上；如果需要委托方给予支持和配合，如提供调查纪念品、企业员工协助、提供内部资料等条件，应明确列明在合同上。此外，对调研过程中反馈的情况取得的阶段成果，应规定委托客户向调研公司表示确认或认可的时间、形式，以及需要经双方协商确定的事项，也要在合同上注明。

2. 费用及付款条件

调查费用预算必须绝对明确、清晰，最好逐项载明。实际操作中，通常市场调研公司要求的付款条件如下：签约时按双方确认的付款金额预付 50%～60%，其余部分在调研项目全部工作结束、调研公司向委托方提交成果后付清。如有其他费用开支需要另作安排结算偿付，具体各项费用的最高限额、结算方式、结算时间等，均应在合同中细加规定。如果委托方可能根据调研结果增加额外服务，须写明额外服务的费用金额、追加方式，或说明条款另议；如有可能发生因委托方某些意外情况而需要增加预算开支，须写明增加的幅度，其通常不能超过原定预算金额的 10%。

3. 组织和人员配备

市场调研公司中通常会挑选一批专业人员组成调研项目组，负责承担和完成委托调研项目的全部工作，市场调研公司指派负责完成这一调研项目的全体工作人员名单及各自担负的职务均应在合同中具体列明。作为调研项目的委托客户，有权与全体项目人员经常保持直接的个人接触并对其工作进行监督。同时，为了便于及时沟通、协调，也让委托客户及时了解调研工作的进展并对过程质量进行监控，调研公司会要求委托客户派出 2～3 名人员进入项目组。但他们不参与项目调研的具体工作，仅是作为调研项目的监督者和协调者，向公司报告项目进展，当调研公司需要提供内部资料、与企业内部员工或管理者座谈时，由他们负责协调和沟通。如果承接该项调研工作的市场调研代理公司将其中部分工作再转包给其他机构代办，如聘请当地现场调研公司负责现场问卷的发放等，也须将转包机构的名单列入合同之内。

4. 调查时限

调查时限包含了两个内容：一是完成全部调查工作的期限，以及各个阶段的工作进程的期限；二是根据调查目的界定的，所需搜集的信息覆盖的时段，这些都应在合同中分别加以明文规定。

5. 成果形式

市场调研的成果形式可分为阶段性成果和最终成果两类。一些委托客户需要市场调研公司在执行调查合同过程中，及时将调研中取得的部分成果和已经搜集到的资料做出临时性报告，即公布阶段性成果。调研公司可以将其作为一项合同条件提出来与对方进行协商，并将双方一致同意的安排，包括提交这些临时性报告的次数、报告的形式和具体时间，作为一项双方必须遵照的条款明确地写进合同。

整个调查项目的工作结束后，承接项目的市场调研公司会向委托客户提交一份终结性的市场调研报告，即市场调研的最终成果。有的企业不仅要求市场调研公司报告调查结果，还要求其对数据进行深度分析，提出有关的行动的建议或可行性方案。从理论上讲，这类工作已经属于咨询服务的范围了。如果委托人有类似特定要求，经过双方协商一致同意后，须在合同中相应加列条款，以示明确。此外，委托客户有时候还会要求调研公司提供调查过程的附件性文件，如原始访谈记录、回收的调查问卷、录音录像资料、调查对象名单等，以便日后进行核查或用于其他商务活动，这也是调研公司应尽的义务，但同样需要先在合同上明文加以规定。

6. 知识产权

对调研成果的知识产权必须明确界定并写入合同，调研成果的归属和使用是合同中必不可少的一项。现在许多调研项目结束后的“扯皮”现象多是由这个问题引起的，所以双方都必须在谈判过程中谨慎对待。

对于知识产权的界定，有一些基本的规则。对于可从公开渠道获取的公共信息，如国家相关部门发布的数据、新闻媒体刊载的信息、通过向其他机构购买可获取的信息等，其知识产权归双方所有；而对于私有性的信息，如关于委托方的公司营运、产品、形象等的调研结果，知识产权归委托方所有；对于一些市场调研公司通过市场调查得到，但与委托方调研项目不直接相关的信息，如地区居民购买力、人均消费水平、某行业整体发展趋势等，知识产权归调研公司所有，调研公司可以重复利用，与委托方无关。

➢案例：电信宽带网络需求市场调查合同书

项目市场调查合同书

委托方(以下简称甲方)：__××市电信宽带网络需求调查__

受托方(以下简称乙方)：__××市场调查公司__

乙方受甲方委托，独家承担 ××市电信宽带网络需求 市场调研项目的全程运作。为明确双方责权利及相应义务，建立诚信互助的良好合作关系，顺利完成委托调查的项目，以达到为甲方制定营销整体规划和市场推广策略提供依据的目的，特订立本协议。

一、甲、乙双方经过协商一致，由乙方以书面报告或电子媒体的形式向甲方提供关于《2012 年××市电信宽带网络需求调查》的市场调研报告，作为调研项目的最终成果。

二、调研项目内容、形式、验收标准和进度要求：详见合同附件。

三、协议酬金总金额和支付方式

1. 本合同酬金总金额为人民币 陆拾万 (大写)元。

2. 本协议签订之日起 5 日内，甲方付给乙方本协议调查费用总金额 50 %的预付款，作为调查前期启动费用(人员组织、培训、初步调查、抽样测试等)。

3. 乙方按照本协议及附件之约定，如期完成项目并提交规定调查文档后，经甲方验收合格，甲方于验收合格之日起 5 日内付清余款。

4. 费用总预算见《市场调查计划》。

四、乙方责任

1. 以甲、乙双方商定的市场调查计划(见合同附件)为基本指南，本着“客观、准确、及时、系统、反馈”的原则，按计划既定的时段、区划、数量及质量标准完成调查过程并提交相应文档。

2. 将调研项目的进程情况及项目进行中遇到的问题及时向甲方报告。

3. 乙方保证在为甲方提供服务时，未经甲方书面同意，不把该服务项目的全部或部分工作委托给第三方。

4. 乙方保证提交甲方的数据、资料及任何信息没有侵犯任何第三方的知识产权及其他权益。

5. 乙方确保严守甲方公司及其他相关协作企业的全部商务秘密，同时遵守合同期间内不得承接其他同类产品企业的调研项目。

6. 乙方承诺在调研项目进程中接受甲方的监督检查。

7. 乙方应告知并要求参与本调研项目的雇员遵守本合同的保密规定及其他规定，若参与本调研项目的雇员违反本条规定，乙方应承担连带责任。

五、甲方责任

1. 甲方应按双方商定的市场调查计划(见合同附件)向乙方提供有关企业或产品的必要的真实信息、资料文档。

2. 甲方应按乙方要求的时间向乙方提供样品，以便乙方随问卷一并赠送给被调查家庭或个人。

六、知识产权及保密条款

1. 本调研项目的成果特指乙方因完成本协议项下市场调研工作而形成的所有原始数据、分析报告、调研结论。调研结论(报告)的所有权归乙方。但在约定的保密期限内，乙方不得将上述报告、数据、结论向第三方提供并从中获利。

2. 保密期限约定为 5 年 ，自本协议签订之日起计算，保密期限不受本协议有效期的限制。

3. 在该保密期限届满后，乙方仍应尊重并保证不侵犯甲方因本调研项目获得的成果及其所附的一切权益。

4. 保密期限届满后，乙方对于报告中所涉及的基础数据享有再次使用并提供给第三方的权利。

七、调研项目的进行和验收

1. 甲方有权对乙方为调研项目所做工作进行监督检查。

2. 乙方应按照协议及附件约定的方式及进度进行调研工作，并于 2011 年 11 月 20 日前按照协议和附件的约定向甲方提交调研报告及有关文件。

3. 甲方在收到乙方调研报告之日起 7 日内按照附件约定的标准进行验收，验收不合格但甲方认为调研报告经过补充或修改能够达到约定标准的，乙方应在收到甲方通知之日起__7__个工作日内按照甲方要求修改完成并提交甲方，否则乙方应承担违约责任。

八、违约责任

1. 乙方未按照约定日期完成调研项目并向甲方提交有关文件的，每逾期一天乙方应向甲方支付本协议酬金总金额__1__%的违约金。

2. 超过协议约定时间__15__日（宽限期）仍未完成项目的，甲方有权解除协议。乙方除退还甲方已付酬金外，还应向甲方支付本协议酬金总金额__50__%的违约金。

3. 乙方虽按期完成任务，但提交的结果不符合双方所约定的标准时，若甲方认为调研报告经过补充或修改能够达到约定标准的，乙方应在收到甲方通知之日起__15__日（宽限期）内按照甲方要求修改完成并提交甲方，每延期一天，乙方应向甲方支付本协议酬金总金额__1__%的违约金。

4. 乙方虽按期或在宽限期内完成任务，但提交的结果不符合双方所约定的标准时，视乙方违约，甲方有权解除协议，乙方除退还甲方已付酬金外，还应向甲方支付本协议酬金总金额__50__%的违约金。

5. 甲方未按照第三款的约定向乙方支付调研项目合同规定费用，每逾期一天，甲方应向乙方支付本项调研工作酬金总金额__1__%的违约金；逾期超过__15__日，甲方除继续履行协议外，应向乙方支付本协议酬金总金额__5__%的违约金。

九、争议的解决

因本协议引起的一切争议，双方首先应当友好协商解决，协商不成，可向本协议签订地法院提起诉讼。

十、报告文档

乙方应向甲方提交的全部文档如下：①市场调查计划；②消费者留置（入户）调查问卷；③市场调查统计分析报告；④市场调查综合分析及营销建议报告。

十一、市场调查计划由乙方提交并由甲方签字认可后，双方均不得擅自变更。

十二、本协议一式两份，甲、乙双方各执一份。

十三、本协议签订于__2011__年__9__月__5__日，于签订之日生效，任何于协议签订前经双方协商但未记载于本协议的事项，对双方皆无约束力。

十四、本协议及其附件对双方具有同等法律约束力，但若附件与本协议相抵触时以本协议为准。

十五、本协议自签字之日起生效执行，有效期至调查计划所规定终结日止。

十六、未尽事宜由双方友好协商解决。

甲方签字：盖章　　　　　　　　　　乙方签字：盖章

2011 年 9 月 5 日

➤思考与讨论

1. 初步调研的作用是什么？它对委托项目双方具有什么意义？

2. 某调研公司在完成客户委托项目时，使用了工商管理部门的商标登记注册信息，该信息的所有权应归何方？

3. 试拟一个调查委托项目的谈判计划。

第3章

制订市场调研计划

完成初步调研，通过与委托客户谈判，签订正式市场调研委托合同后，调研企业下一步的工作是制定调研项目运作的总体框架和工作规划。对调研项目活动的地域范围、调查对象、技术方法、实施日程、运作程序和费用预算进行总体设计、规划和论证，并与客户共同确定调研项目实施的总体方案。

3.1 市场调研计划的概念与作用

市场调研计划是调研企业为即将开展的市场调研项目活动而制定的说明市场调研项目运作过程和方式的规范化、标准化的文本。市场调研计划是整个市场调研活动的总体规划和纲要，它详细阐述了未来市场调查和分析工作的目标、范畴、重点，规定了调研项目的基本内容，包括调研目标、调查对象的选择、应搜集的信息内容、调研方式和工具、调查组织和日程、费用预算等，是对整个市场调研活动的整体策划和规定，是市场调研活动未来的操作指南。与一般企业内部制订的工作计划不同的是，市场调研计划具有界定双方责权利、规范双方行为和保护双方合法利益的作用。具体而言，对于调研项目的委托方和调研企业来说，市场调研计划具有如下几方面作用。

1. 调研合同的必备附件

市场调研计划是市场调研委托合同书必不可少的附件之一，具有与委托合同书同等的法律效力。在委托方与调研企业之间出现执行责任或经济纠纷，诉诸仲裁或法律时，市场调研计划将是判定双方是否遵守合同约定的重要依据。

2. 调查活动的指南

市场调研计划是对整个市场调研活动的安排和部署，它规定了市场调研全部活动的“边界”，也是调研企业组织调查活动的基本依据。市场调研计划一旦由双方签字认可后，调研企业必须严格按照其规定的日程、内容进行工作，以保证市场调研的质量水平。

3. 调查成果的评估标准

市场调研计划是评价调研质量的基本标准。在项目完成之后，委托方将对调研项目是否按质、按量、按期完成进行评估，与调研公司进行财务结算。其评估的主要依据就是调查内容和结果是否与市场调研计划中所规定的时限、内容及质量相符。

4. 统计分析工作的基础

调研计划中明确规定了统计分析的内容和要求。市场调查工作结束后，调研项目组将对调查数据进行审核、统计汇总和信息分析，计算哪些统计指标、进行哪些项目的分析都取决于调研计划所规定的内容。

3.2 市场调研计划的制订流程

市场调研计划的制订过程实质上就是对调研项目的内容、方法、工具、进程的总体设计和安排，并将调研构想诉诸书面的过程。调研计划必须提交委托方进行反复沟通，并由双方签字认可方能付诸实施。其工作流程如表 3-1 所示。

表 3-1　市场调研计划的制订流程

流程环节	步骤	流程环节内容描述	责任人
1	确定调研目标	界定调研问题，确定调研项目的预期目标	项目策划部
2	界定调研范围	确定调查对象、地域、统计时段	项目策划部
3	编制调查项目	设计调查项目和子项目	项目策划部
4	选择抽样方法	确定抽样框、抽样方法和样本量	项目策划部
5	选择调查方法	确定获取调查信息的手段、方法和工具	项目策划部
6	确定分析指标	确定体现项目主旨的统计分析指标	调查执行部
7	制订实施方案	确定调查任务的分工、执行方案和日程	调查执行部
8	设立调查组织	确定调查项目组的人员数量、结构和要求	调查执行部
9	编制费用预算	编制项目费用详表，进行成本和利润预算	财务部
10	撰写调查计划	根据上述内容和规范撰写调查计划	调查执行部
11	内部审批	审核批准调查计划	项目总监
12	客户确认	交客户签字批准调查计划	项目总监
13	印制存档	正式印制调查计划，存档和提交相关职能部门	调查执行部

其中，第 1～9 步骤是市场调研计划编制的核心环节，其成果就是市场调研计划的主体内容。

市场调研计划一经双方认定后，即成为委托双方一致遵循的活动准则和调研合同必备的附件。任何一方均不得随意进行修改或调整，如在调研活动的实施中因环境变化或其他原因确需修改时，应重新制订新的调研计划，由双方协商同意后，重新认定和签字。

3.3 市场调研计划的编制

作为市场调查活动的灵魂纲要和行动指南，市场调研计划必须要解决以下几个重要的问题：①调研目标，通过调查要研究哪些内容，用于何种决策；②项目内容，要获得哪些信息，得到哪些结论；③抽样方式，如何选择调查对象，选择哪些对象具有代表性；④调查方法，如何接触调查对象，使用何种工具搜集信息；⑤统计分析，如何处理数据，如何提炼出所需的信息；⑥报告展示：如何完善地向客户展示成果。

以下我们将按照调研计划编制的基本路径和顺序，逐一说明如何设计市场调研的各个环节，如何构思和确定调研计划的主要内容。

3.3.1 确定调研问题和目标

编制市场调研计划的第一步是识别和明晰委托客户通过本次调研需要解决的问题，对本次调研的具体目标和范围进行定义。市场调研是为了获得解决经营管理问题所需的信息，对调研目标进行准确界定，为整个调研活动过程提供保证和方向，是通过市场调研解决委托客户的问题、满足客户需求的基础。因此，调查人员的首要工作是与企业的营销决策人一同研讨企业目前或潜在的营销问题，制定与应用有关的信息目标。

定义调研问题应遵循的两个基本法则：①要让委托者得到与营销决策问题有关的全部信息；②使调研者能具体着手进行并完成这一项目。

调研者在定义问题时常犯两类错误：第一类错误是将调研问题定义得太宽或过于空洞，无法为项目的后续步骤提供明确的指引路线，如将调研问题界定为研究品牌的市场营销战略、改善公司的竞争能力等。调研问题的定义必须具体化，才能明确解决问题的途径或方案设计的途径，如定义为“如何吸引更多的顾客光临本商场”。第二类错误正好相反，将调研问题定义得太窄了。这就有可能限制或影响到企业对未来解决方案或营销计划的创意，还有可能妨碍调研者去深入考虑经营决策问题中更重要的部分。例如，在一项为某消费品公司进行的调研中，消费品公司决策人把问题定义为如何对付某竞争对手发动的降价行动。结果调研企业的研究人员通过走访市场得出的备选行动方案为：①作相应的减价以适应该竞争者的价格；②维持原价格但加重广告力度；③适当减价，但也适当削减广告量。然而，消费者经常将价格看做产品质量的一个“标识”，多数消费者也不能明确地区分这类产品不同品牌之间的实际差异。因此，应将问题重新定义为：如何提高市场占有率，增加企业总体盈利。这样引导出了另一个更有创造性的备选方案：提高现有品牌的价格同时引进两个新品牌，一个价格与竞争者相适应，另一个将价格削得更低些。

为了减少定义问题时常犯的两类错误，可以将调研问题用比较宽泛的术语来陈述，但是同时具体地规定其各个组成部分。比较宽泛的陈述可以为问题提供较广阔的视角以避免出现第二类错误。而具体的组成部分集中了问题的关键方面，从而可以为如何进一步操作提供清楚的指南。

3.3.2 界定调研范围

一个完整的可操作的市场调研项目，必须要明确三个基本要素，即调查对象、信息时段、地域范围。

调查对象是指接受调查、提供自身情况的组织或个人，调查对象是调查人员今后要走访的对象和获取调查信息的来源。调查计划首先必须要明确调查对象是特定的消费群体、商家，还是企业员工。调查对象的选择取决于调研主题，当然一个调研项目可能只有一个特定的调查对象，也可能同时涉及多个调查对象。

信息时段是指调查所要搜集的信息的时间区段范围。任何市场因素和调查对象的活动都是随着时间推移不断发生变化的，市场调查所统计的时间范围不同，调查项目的数据也不同。因此，调查计划应明确调查要搜集的是哪一个时间段的信息。

地域范围是指调查对象的地理分布范围或隶属范围，并对范围的"边界"和标志进行明确定义。例如，对贵阳市居民休闲消费调查，什么人可以视为贵阳市居民？是常住贵阳市还是户籍属于贵阳？又如，对某单位员工的薪酬满意度调查，单位员工如何界定？仅指单位的正式职工还是包括了临时聘用的人员？这些都要给予明确界定。

市场调研项目的三个要素缺一不可，否则项目运作将失控或者出现数据失真。例如，"贵阳市居民啤酒消费状况调查"这一项目就缺乏可操作性，居民啤酒消费是指今年3月以来，去年下半年，还是本年上一季度？消费信息的统计时段不同则结论大相径庭。又如，"2012年百事可乐消费反馈调查"这一项目也无法操作，调查哪一个区域内百事可乐的消费者？贵阳市，贵州省，抑还是全国？

3.3.3 编制调查项目

调查项目规定了本次市场调查所要搜集的信息的范畴，决定了调研课题或整个项目的主要方向和具体内容，是整个市场调研计划的核心。调研项目的策划人员要根据既定的调查目标，把调查主题细化为调查项目群，使调研内容具体化、要素化。这也是整个调研工作中最关键、难度最大的工作。它主要包括确立主题、项目细分、调研设计、项目归集四个基本步骤。

1. 确立主题

确定调研项目的目标和范围后，调研项目的执行人首先要定义调研主题，据此确定本次调研所需搜集的信息主项，明确信息搜集的重点方向和边界。例如，调研公司接受某市一家百货商场委托，确定的委托调查服务的目标如下：为商场改善服务质量、提升消费者满意度和企业形象提供决策依据。那么调研的主题可以定义为商场服务形象。信息主项的定义如下：消费者对本商场环境和服务的评价和反映，以及影响消费者评价的相关因素。信息搜集的重点是本商场的顾客对商场的环境、服务设施、服务人员、服务过程、产品、价格、促销及商场整体形象的反馈和评价。信息搜集的边界是该商场当前的状况，调查对象就是本商场的目标顾客群。

2. 项目细分

项目细分是基于系统论思维，应用工作结构分解(word breakdown structure, WBS)等系统分析方法，将确认的信息主项细化为可操作的、具体明确的调研问题族的过程。调研执行人通过项目细分，先把信息主项分解为一组调研项目(主项目)，再将每一个调研项目细化为更为明晰的调研项目组(子项目)，然后再进一步细分为可直接操作的项目点(问题点)，如上述的商场服务形象调查。可将商场形象分解为消费者特征、商品评价与价格评价、购物环境评价、服务评价、总体印象等方面，而服务评价又可以细分为服务设施设备、服务过程、服务人员三项内容，服务人员评价还可以进一步细分为服务态度、专业技能、安全性、响应性、移情性等子项目。项目细分就是对调研内容(信息主项)不断进行分解的过程，项目执行者通过系统分解过程获得了"树状"的调研问题群。一个项目持续细分下去直到形成的每个项目点只包含一个简单的、明确的问题为止，如图3-1所示。本章附录给出了一些常见市场调研项目的细分项目表，便于实际运用时选择。

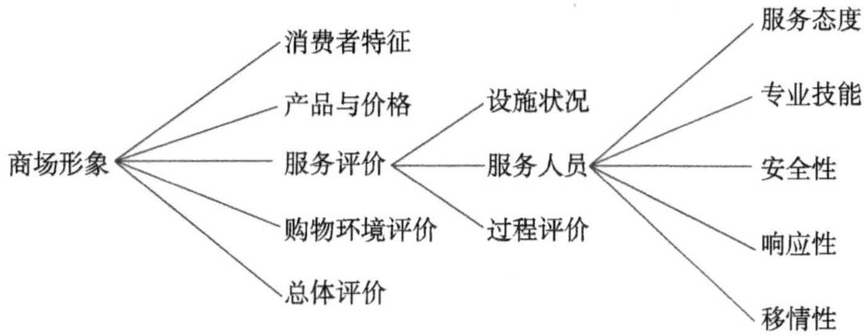

图 3-1　市场调研项目的细分

3. 调研设计

调研设计是指调查人员根据调研目标或者检验调研假设的需要设定每一调查项目点的调查方式、抽样方式、抽样地点及其具体实施的方案。客观上不存在最好的调研设计。相反，调查人员可以有很多可选择的方式。每一种方式各有其优点和缺点，调查人员需要进行权衡选择。一般来说，选择时主要考虑调研成本和决策信息的质量。通常情况下，所获得的信息越精确、错误越少则成本越高。另外需要权衡的是时间局限性和调研类型。总之，调查人员必须在各种约束条件下，向管理者提供尽可能好的信息。表3-2 是调查项目点设计的一个示例。

表 3-2　某百货企业服务形象调查项目点设计表

项目点	对象	最佳时间	最佳地点	抽样方式	调查方式
品牌展示	消费者	节假日	店内	任意抽样	访问
投诉处理	消费者	节假日	店内	配额抽样	拦截问卷
结算速度	供货商	任意	收银台	配额抽样	电话访问
货品齐全度	库管员	19:00 后	配送中心	任意抽样	档案调取
配送速度	零售经理	季末	店内	配额抽样	访问

4. 项目归集

确定调研的具体项目后，调查人员通常需要按照调查对象、抽样地域、调查方式三个标准对调研项目重新划分类别，调查项目的归集就是以调研实施的方式为标准将分解和设计完成的调研项目群重新进行归类，其目的是为制订市场调查方案和市场调研执行计划做好准备。

3.3.4　确定抽样方案

抽样是指从全体研究对象(也称抽样总体或总体)中抽选一部分个体作为调查对象

(样本)，通过对样本的调查来推断总体的特征。其基本要求是要保证样本单位具有充分的代表性和典型性，即样本应该是全体研究对象(抽样总体)的良好的“缩影”。

抽样方案是为实施抽样而制定的基本策略，主要包括确定有效样本量、样本总量、抽样方法、样本配额、抽样框判断准则、抽样时间和地点七个方面。

有效样本量是指在未来实施调查时，必须保证能够成功访问的最少的样本数量，是保障调查质量和调查有效性的基础。有效样本量的确定需要考虑精度、费用、时限和操作的可行性等几个相互冲突的限制条件。从调查实践经验来看，有效样本量通常选取总体数量的0.1%～10%，研究对象涉及的变量越多，采用的统计方法越复杂，分析越详细，总体指标的差异程度越大，调研的精度越高，需要的有效样本量就越高。

样本总量是指未来实施调查时，实际需要访问的样本数量。部分调查对象可能由于种种原因拒绝访问，调查过程中也会因为工作失误或意外情况出现一部分无效的样本。因此，实际访问的样本量要比有效样本量大。调研企业在初步市场调查时就要对访问的有效率进行计算和评估，在此基础上测算出样本总量。

样本总量＝有效样本量÷访问有效率

市场调查可以选用的抽样方法有很多(详见第4章)，实践中采用配额抽样方法的调研项目比例较高，这是因为许多项目在实际操作中难以找到和确定抽样总体。例如，对某品牌白酒消费反馈的调查，我们很难找到和确认该品牌白酒的所有消费者。使用配额抽样既比较简便易行，又能较好地保证抽样质量。

抽样时间和地点主要取决于调查对象的活动方式和活动规律。这也是调研企业在初步调查中要解决的主要问题之一。了解和掌握调查对象的活动特征有助于调查人员快捷、便利、经济地寻找到调查对象，开展实地调查，并提高调查的成功率。例如，对某市出租汽车服务满意度的调查，调研企业需要在初步调查中了解和掌握出租汽车司机的活动特征，如休息时段、早中晚餐的地点、洗车时间等，才能制订出符合实际的访问计划。

3.3.5 确定样本配额

样本配额是根据总体的内部结构确定样本内部结构，并按内部结构将样本总量分配到样本的各个层次中去，使调查样本的内部结构与总体的内部结构保持一致，这是保证样本与总体具有相似性和一致性的前提。

样本配额后，要明确各个层次的抽样框的判断准则，即清晰地界定一个个体是否属于某个样本抽样框的判断标准。例如，对某城市的居民消费调查，将该城市居民按年收入分为高、中、低三个层次，那么年收入在多少以上划分为“高收入”层次？这时必须清晰地说明各收入层次的判定标准。

例如，某电脑公司对笔记本电脑使用情况的调查，在初步调查中了解到，影响用户选择标准和使用模式的因素主要是收入和年龄，全部用户按这两个因素(也称为“控制特性”)可划分为不同的层次，各层次的比例如表3-3所示。

表 3-3　笔记本电脑用户结构表

控制特性	收入			年龄		
	类别	分类标准（月收入）	约占用户总数的比例/%	类别	分类标准	约占用户总数的比例/%
	高	10 000 元以上	10	老	60 岁以上	15
	中	3 000～10 000 元	60	中	30～60 岁	35
	低	3 000 元以下	30	青	30 岁以下	50

如果该次调查预定的样本量为 600 人，则各层次的样本量分配如表 3-4 所示。

表 3-4　用户调查样本结构表

收入 / 年龄	高		中		低		合计	
	比例/%	人数/人	比例/%	人数/人	比例/%	人数/人	比例/%	人数/人
老	1.5	9	9	54	4.5	27	15	90
中	3.5	21	21	126	10.5	63	35	210
青	5	30	30	180	15	90	50	300
合计	10	60	60	360	30	180	100	600

3.3.6　选择调查方法

调查方法是指调研企业和调查人员用何种方法向预定的样本群体搜集和取得调研所需信息。市场调查方法有很多种类(详见第 7～9 章)，具体选择何种调查方式应根据课题要求、所调查项目的重要性、精确度、环境、时间费用及可使用的调查工具等条件加以选择。常用的市场调查方法如表 3-5 所示。

表 3-5　常用的市场调查方法

类别	调查方法	操作方式
直接调查技术	接触式	个人深度访谈、入户访问、小组访问、焦点小组访谈、拦截访谈、虚拟角色访谈
	半接触式	电话访谈、入户留置调查、现场留置调查、固定日记调查、电脑问卷调查
	非接触式	邮寄调查、德尔菲调查、互联网调查
间接调查技术	人员观察	单向观察、行动跟踪、账簿审计
	仪器记录	行为分析、定点流量统计
	实验方法	现场实验、实验室实验
	痕迹跟踪	垃圾物分析法、“损失分析”、票据统计、内部数据跟踪、维修记录跟踪、回收追踪
	二手数据调研	资料调查、咨询、网上在线数据库
其他调查方式		产品演示会调查、义务咨询活动调查、促销调查、寻呼台(信息台)调查、广告反馈统计

3.3.7　设定调查工具

无论采用何种调查方法，都需要使用一定的调查工具，调查工具是调查人员向调查对象搜集信息时所使用的表单、问卷、设备等标准化的数据采集工具。如进行实地观察，需要使用观察记录表；如实施邮寄调查，需要使用市场调查问卷；如进行现场访问，录音笔、针孔摄像机等暗访设备必不可少。调查工具是确保调查按既定方案实施，保障调查数据搜集的规范化和完整性的必要手段。调查工具的设计详见第 8～11 章。调查方法一旦选定后，下一步就是要设计相应的调查工具，并按调查计划准备所需的数量。

3.3.8 确定主要统计指标

对调查项目进行定量分析，揭示其发展趋势是市场调查中必不可少的。调查项目可以通过一些主要的统计数据和综合指标来反映其基本状态和变化趋势。例如，对某连锁餐饮店的顾客意见调查，客流量、平均消费额、餐台(座)的日均周转率都是反映其经营状况的重要指标。在调研计划中要列举出用于市场调研项目分析和报告的主要市场数据和统计指标，并注明每一统计项目指标的计算依据，即指标计算中所需的数据可以由哪些调查项目的数据汇总取得，同时也从另一个方面验证了调查项目设计的合理性和统计用途。

3.3.9 制订实施方案

调查实施方案是对调查活动各阶段和环节的工作计划和日程安排。其中，现场实施的时间通常占整个调查项目时间(从合同签订到调研报告展示的时间)的 70%以上。现场实施的时间长短主要取决于调研范围、内容和样本量。调研覆盖的地域范围越广，涉及的内容越多，样本量越大，则调查活动的耗时越长。当然如果投入的调查人员较多，可以减少一些调查工作的时间。表 3-6 是一个旅游景点游客调查实施方案的范例。

表 3-6 ××旅游景点游客调查实施方案

日期	步骤	内容	需时/天
5 月 27 日～31 日	初步调查	游客初步走访、二手资料搜集	4
6 月 1 日～2 日	分析和调整	初步调查分析，项目增减及确定	2
6 月 3 日～6 日	撰写计划书	确定调查方案及主要统计分析指标	4
6 月 7 日～9 日	工具设计	问卷设计、设备准备和调查问题的补充	2
6 月 10 日～12 日	问卷测试及印制	测试、修订调查问卷，问卷印刷	2
6 月 13 日～28 日	实地调查	对游客进行访问调查	15
6 月 29 日～7 月 3 日	统计分析	数据汇总、检验和统计分析	6
7 月 3 日～6 日	调查报告	整理分析结论，撰写市场调研报告、准备成果展示会议	4
7 月 7 日	沟通和展示	向客户提交正式调研报告，与客户交流	1
合计			40

3.3.10 设立调查组织

调查组织，在这里是指在调研企业中，承担本次调查项目全部工作的人员所形成的组织形式及其内部分工。目前国内调研企业在管理和运作调研项目中应用最广泛的模式有两种，即职能式和项目团队制。

职能式组织形式是最基本的，是多数中小调研企业目前使用比较广泛的项目组织形式。调研企业将一个调研项目按照公司的客户营销、项目策划、调查执行、财务管理、督导、分析研究等职能部门的分工与职责，分解成若干部分的任务，调研项目按照工作顺序在各个部门之间流动，每个任务由相应的专业部门完成，由企业的项目总监或总经理负责调研项目的总体组织和指挥。大型的调研企业则是由公司按不同行业分成相应的业务部门，公司的调研项目按专业不同分给相对应的专业部门来完成。职能式项目组织的优点是员工能得到部门的充分支持和专业技术的支撑，调研项目的运作形成了类似生产企业的“流水线”形式，有利于发挥各职能部门的专业特长，提高内部的效率。但因项目成员分散于各职能部门，也存在着对项目的投入不足、不利于团队成员之间的交流、协调比较困难的缺点。职能式项目组织形式如图 3-2 所示。

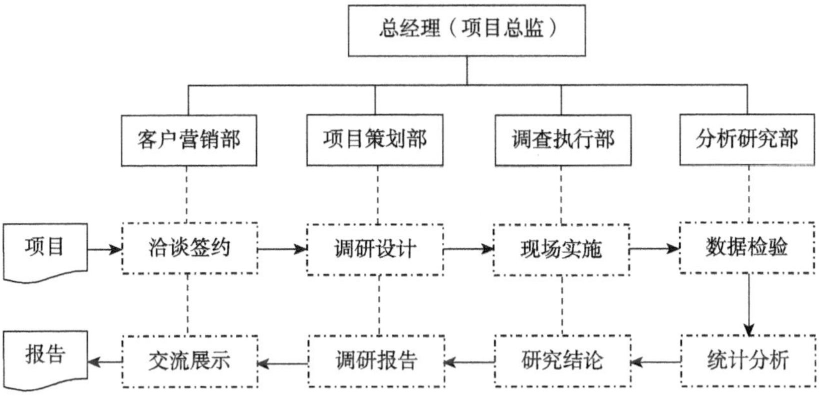

图 3-2　职能式项目组织

项目团队是指为完成调研项目而建立起来的，保障项目的有效协调和实施的项目人力资源的聚集体。项目团队制是采用跨部门组织项目小组的方式，来完成调研项目的具体运作。调研企业在签订项目委托合同后，根据项目的需要，由各专业部门抽调相应的专业人员，组成项目小组或项目管理团队，并由企业指定一名高级主管担任项目经理，负责指挥和协调项目的整体运作。一个跨部门的项目团队由来自多个部门或组织的成员组成，这种情况下企业的组织结构常常体现为矩阵式管理。项目团队制是现代调研企业经常采用的一种动态、灵活、高效的项目组织和运作方式。其优点是强化了项目的执行力和协调性，项目团队的凝聚力强，协作紧密，此外，项目团队随着项目的产生而产生，随着项目任务的完成而解散，管理机动灵活，成本较低。但其也存在一定的缺陷，因为参加项目的人员隶属于不同部门，项目负责人的管理难度较大，项目成员容易产生临时观念，工作协调上存在双重管理和双重领导的矛盾。项目团队制组织形式如图 3-3 所示。

3.3.11　编制项目预算

1．项目预算的作用

市场调研项目的财务预算是判断和确定调研项目可行性的基础，也是调研企业确定合理报价的前提。对市场调研项目编制财务预算的主要作用如下：

(1)保障机制。企业可以按预算合理分配调研项目所需的人、财、物资源，以保证

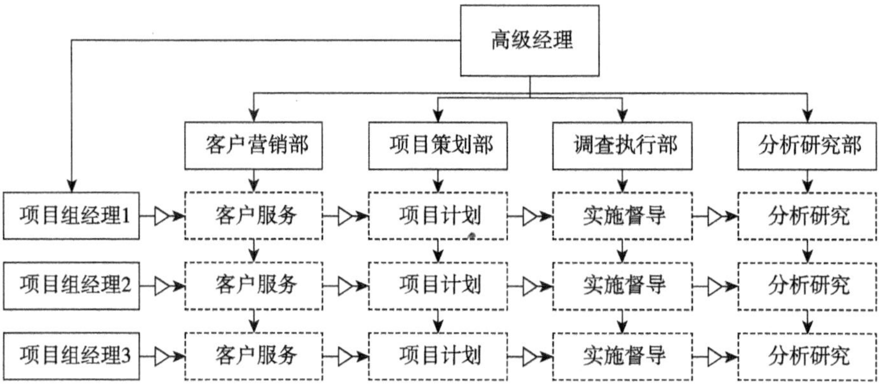

图 3-3 项目团队制组织

调研活动开展时能够获得所需要的各种资源，并保证调研项目的按时、顺利推进。

(2)控制机制。调研项目预算也是衡量调研实施过程中各项活动资源使用数量和效率的标准，项目的各种活动的实际成本应该尽量控制在预算成本的限度以内。

(3)督促机制。制定项目预算为项目管理人员监控项目执行进度提供了一把标尺。项目成本总和要与一定的实施进度相联系，在项目执行的任何时间点上，都应该有确定的预算成本支出。

(4)管理机制。项目财务预算明确了项目管理的权责。项目费用预算及相应的各项管理制度进一步明确了项目决策、管理、实施、监督评价等各类主体的权利与责任，强化了项目管理责任制。

2. 项目预算的类别

项目预算的编制主要是对项目各项费用支出的预算。调研项目的费用支出所涉及的因素很多，既有外部的也有内部的，如支付给调查人员的访问劳务费，其费用标准取决于单位调查对象的访问工作量、调查人员完成的访问数量和调查活动所在地的工资水平；而支付给项目策划、设计人员的报酬，则主要与项目和调查工具的复杂度、难度相关，还要参照同类劳动的单位价格。项目成本的预算标准也比较复杂，调研项目成本的预算既要考虑到尽可能节省费用开支，又要确保市场调研的工作质量，并使委托客户能够理解和接受。

从成本与工作量的关系来划分，调研项目成本大致可以划分为直接成本和间接成本两部分。前者与调查人员的工作量(访问数量)直接相关，如访问劳务费、问卷印制费、统计分析费、交通费等；后者与调查工作量没有直接的量化关系，如策划费用、培训费、问卷设计费。从成本结构上说，人力资源或智力资源的投入占市场调研成本的80%以上。市场调研的单位成本基本上取决于当地同等素质劳动力的价格和调研服务的劳动生产率。

3. 调研成本结构

根据实际操作的经验，一般市场调研项目的成本费用构成以及每一费用项目在调研项目成本总额中所占的大致比例如表 3-7 所示，仅供参考。

表 3-7　调研项目成本结构表

项目	与项目内容的关系	占成本总额的比例
调查人员培训	相对固定	4%～5%
初步调查费	前期已支付	10%～15%
调查工具设计费	相对固定	5%左右
问卷印制费	单位印刷费×样本量	2%～3%
问卷测试费	相对固定	1%以下
访问费(赠品费)	单位访问费×样本量	5%～8%
调查劳务费	单位调查费×样本量	30%～36%
交通费及误餐补贴	调查时间×日补贴	5%～10%
统计分析	单位统计费×样本量	16%～20%
公共关系	相对固定	5%左右
报告与展示	相对固定	2%～3%
其他杂费		5%左右

4. 涉及项目预算的几个因素

调研企业在进行项目预算时，除企业自身的项目运作外，还需要考虑以下几个方面的问题。

1)策划与组织

项目的策划、组织与协调所产生的费用支出属于项目运作的固定成本之一。它与项目复杂度和难度相关。但在多项目交叉并行时，实际上是难以准确核算的。通常调研企业在财务核算时将其归入现金流量表中“支付的其他与经营活动有关的现金”一栏，不作为项目成本单独列支。

一些调研企业在向客户提交的成本费用预算中列有“项目管理费”、“组织策划费”等项目。实际上这种项目的内涵就是调研企业的“隐性”毛利润，即项目总价减去项目直接成本后的项目盈利。一般情况下，调研企业会在全部成本(预算)总额的基础上，增加30%～60%的“项目管理成本”，作为该项目企业获得的毛利和用于支付的其他与项目运作活动有关的不可预计的费用。

2)税收

市场调研服务属于营业税应税劳务，主要交纳的税种有营业税、城市维护建设税(简称城建税)、教育费附加，以及其他地方性税费，如印花税、堤围费、价格调节基金、地方教育费附加等，各地规定不一。其中，营业税＝营业收入×5%；城建税＝营业税×7%；教育费附加＝营业税×3%。

3)初步调查费用

在市场调查委托合同签订之前，调研企业都会对客户委托的项目进行探索性摸底调查，以确认该项目是否可行。初步调查费用在调查委托合同正式签订时已经发生，无论企业是否承接调研项目都不能改变，相当于经济学上的“沉没成本”。因此，虽然初步调查费用不属于项目成本的预算，但在向客户提交项目成本与预算时应将其列入该项目的成本之中。

5. 调研项目的报价

企业对市场调研项目进行定价时，除涉及调查规模、客户需求强度、行业惯例、市场竞争之外，还必须综合考虑企业战略、课题深度、调查难度、质量要求、公司信誉与地位等因素。由于调研项目的成本中人力成本占相当大的比例，而我国各地区的薪酬水平差异较大，因此，调研项目的报价没有严格可遵循的标准。此外，调研费用的预算需要考虑到调研过程中一切可能支出的项目，并根据当地的实际情况，参照同业竞争者报价来制定。调研企业既要注意避免陷入无序的价格竞争之中无限制地一再降低价格，进而降低调研质量，也要避免漫天要价而失去客户的信任。

3.4 市场调研计划的内容

规范的市场调研计划的标准文本包括以下内容。

1. 封面

作为调研合同附件的规范文本，市场调研计划应有规范的、正式的印刷文体，封面的设计应显著标明调研项目计划书的标题，具有良好的版式风格并配有精美的背景图画或底纹。

2. 首页

调研计划的首页通常为项目提要。用简洁的文字构图说明调研合作的背景、项目构想、调研目标。项目要点可用各种符号或指示性标志加以强调，但内容不可过于庞杂繁琐。

3. 目录

目录是对市场调研计划内容和结构的说明，目录应列出市场调研(调查)计划的各主要部分的标题和目次。

4. 项目概要

项目概要主要包括以下内容：①调研项目名称。②委托方与受托方。③调研目标。以简要的文字说明本项调研的目标、重点、范畴及所要解决的营销问题。④调查对象。本次调研的调查对象，可以是人或组织。如果一个项目有多个调查对象，要一一列出。⑤调研区域。本次调研活动覆盖的地理范围或行政区划范围。⑥统计信息时段。即本次所搜集的信息的时间跨度，任何调研项目的数据必须注明其包容的时间值，根据项目的不同又可分为时点值和时期值，如价格、固定资产净存量等以时点为计量基础，而销售量、顾客总数等以时期为统计基础。

5. 样本及抽样方式

1)样本总量

样本总量是指需调查的各类对象和单位的总数，包括有效样本量和样本总量。

2)样本对象

样本对象说明调查对象的性质、特征、鉴别方式。

3)抽样方式

如采用随机抽样方法，应说明抽样过程；如采用非随机抽样方式，判断抽样应说明选样判断的标准和理由，配额抽样应说明样本分类的标准和来源依据，并列出配额控制表，说明各类调查对象的预定访问数量、占样本总量的比例。

4)抽样地点

抽样地点规定各类调查对象的选取在何地段或区域内进行。抽样地点应明确到某区(乡、辖区)的具体的街道或具体单位。

5)总有效率预估

依据初步调研中获得的情况和调研项目的难度，结合以往经验估算拒访的数量和比例，由此推算出调查成功的概率。评估调查的有效性主要有回收率(成功率)和有效率两个指标。前者是指接受调查的对象数量占调查对象总数的比例，后者是指回收的样本信息中符合调查要求的样本量占接受调查的对象数量的比例。

样本总量＝有效样本量÷初步调查回收率÷初步调查有效率

6)实际抽样数量

实际抽样数量＝预定抽样数量/回收率(成功率)

6. 调查项目

调查项目是调查计划的核心内容，其规定了所要完成的具体调查的主要内容和细分项目。它由调查人员根据初步调研结论与调研目标加以选择和确定，通常以表格形式列举。

7. 调查方法

1)调查形式

调查形式是向调查对象搜集信息的途径和手段。应具体说明调查方法及其工具的使用过程和操作要求。

2)主要统计指标及其信息来源

主要统计指标及其信息来源，即列举出与调查项目相关的重要指标。由二手资料获得的信息应说明信息来源。

8. 调研组织

调研组织是描述调研项目团队的基本结构，即调研项目组中完成各类专业化工作的人员数量、构成以及调研项目的主要负责人。

9. 实施程序

实施程序要说明调研工作由哪些基本环节和步骤构成，以及实施调研的日程安排和调研项目完成所需的全部时间(调查总时段)。

10. 市场调查费用预算

市场调查的全部成本和各项费用的构成及核算标准。

➢思考与讨论

1. 市场调研计划对界定委托调查项目双方的权责利有何意义?

2. 试以所在城市为例，讨论和完成以“××城市旅游形象”为主题的市场调查方案相关内容的设计：

(1)拟定调查项目并进行项目细分。

(2)对每一调查项目点设计调查方式、抽样方式、抽样地点，并做出调查项目点设计表。

(3)编制该调查课题的项目预算。

3. 职能制和项目团队制在组织调查项目时各有何优缺点？各适用于什么情况?

附录　常见市场调查项目的主题及项目结构

附表 3-1　××地区行业(产业)发展情况调查

主项目	子项目	次子项目(内容)
行业发展情况	行业概述	行业定义(产品定义)、特征 产品种类、应用领域 行业产业链结构(产品价值链)
	国际市场发展现状	行业发展历程 发达国家(或代表性区域)市场发展现状 国际标杆企业分析
	国内市场发展现状	行业发展历程 行业发展现状、规模、企业结构 行业相关政策、法律、法规等 行业存在问题、发展瓶颈 行业(产品)技术应用现状、替代产品和技术
市场发展状况	国内市场发展情况	产品产能、产量 产品销量、销售额 产品销售渠道 主要产品销售价格 市场规模、细分产品规模及占比 市场需求影响因素 市场需求结构 进出口现状、主要进出口国家和地区
	重点区域市场分析	行业重点省市现状、全国各大区域市场现状分析
细分市场及关联行业分析	细分产品	产品细分市场的产销状况 产品细分市场规模分析 下游应用领域、客户定位
	关联行业分析	上游行业(原材料供应商)分析及对本行业的影响 下游行业分析及对本行业的影响程度 替代产品情况及对本行业的影响
行业竞争分析	行业/市场竞争格局	竞争格局、市场集中度 标杆企业市场占有率 不同性质企业市场占有率
	标杆企业分析	行业内企业数量及变化 标杆企业分析(基本情况、产品及市场定位、研发能力、销售情况、下游客户、上游供应商、行业地位、优势与劣势、市场开拓计划、发展战略等)
行业发展趋势与建议	行业发展前景	未来 3～5 年行业发展趋势预测、市场潜力及前景 技术开发趋势、替代产品的技术发展趋势 销售模式的发展趋势 竞争格局的变化趋势 关联产业变化趋势及对本行业的影响程度 国际市场发展动态 经济环境变换及影响 政策环境变换及影响 进出口发展趋势及对国内市场的影响

续表

主项目	子项目	次子项目(内容)
行业发展趋势与建议	行业投资与SWOT分析	投资机会、风险分析 产业 SWOT 分析 行业进入壁垒与退出机制
	企业发展战略建议	行业发展的宏观对策 新进入企业进入市场的策略 销售模式建议 产品建议 市场建议 竞争策略建议

附表 3-2　××产品(服务)品牌影响力调查

主项目	子项目	次子项目(内容)
市场现状	市场营销力	销售规模、销售量 用户(顾客)数量 市场占有率 市场覆盖区域 行业排名 市场集中度 替代品影响力
	品牌评价	品牌知名度 品牌认知度 品牌理解度 品牌偏好度 品牌美誉度 品牌满意度 品牌忠诚度
品牌要素	要素识别度	名称识别度 标志识别度 VI 要素识别度
	品牌组合	产品线结构 主力产品 产品定位 产品延伸
服务	服务	售前、售中、售后服务政策和措施 服务认知度 服务评价

附表 3-3　××景区(景点)旅游形象调查

主项目	子项目	次子项目(内容)
游客结构	年龄	
	收入	
	职业	
	地区	

续表

主项目	子项目	次子项目(内容)
特色产品	食品	价格 味道
	工艺品	独特性 价格
环境卫生	街巷	整洁度
	景点	
服务态度	工作人员	热情度 服务速度
	商家	热情度 服务速度
基础设施	厕所	卫生程度 位置便利度
	指示牌	明显度
	垃圾桶	数量
	餐饮	价格评价 质量评价 口味评价
	住宿	环境评价 设施评价 服务评价 价格评价
交通条件	道路指示牌	明显度
	停车场	使用程度 停车费用价格
	交通工具	交通工具 交通便利度
安全问题	治安问题	
	消防措施	

附表 3-4 ××超市(百货商场、服务店……)消费者满意度调查

主项目	子项目	次子项目(内容)
消费者特征	年龄	
	性别	
	收入	
	购买经历	
商品	种类	
	质量	
	价格	

续表

主项目	子项目	次子项目(内容)	
服务评价	基础设施	齐全度	厕所 电梯 前台 等候区
		整洁度	
		充足度	
		适用度	
		完整度	
		便利度	
	服务人员	情绪态度	
		专业程度	
		服务速度	
		主动性	
	过程评价	包装结账速度	
		赠品获得	
		服务水平	
	售后服务	服务效率	
		专业程度	
购物环境	内部环境	灯光	
		指示牌	
		商场布局	
		音响	
		门面	
		陈列方式	
		卫生	
	外部环境	交通	
		大门	
总体评价	档次		
	特色		
	品牌形象		
促销	促销广告	实现性	
		吸引度	
	宣传力度		
有形展示	品牌标识	明示度	
		准确度	
		设置方式	
	形象标识	明示度	
		准确度	
		设置方式	
	价格标签	明示度	
		准确度	
		设置方式	

续表

主项目	子项目	次子项目(内容)
有形展示	友情提示	明示度
		准确度
		设置方式
	指示牌	明示度
		准确度
		设置方式

附表 3-5　××产品市场需求与消费模式调查

主项目	子项目	次子项目(内容)
消费者特征	收入	
	年龄	
	性别	
	职业	
消费现状	品类	
	规格	
	产地	
	数量	
	频率	
	购买地点	
	购买时间	
目的与动机	动机	购买原因
		用途
		选择标准
		选择标准序位
	影响因素	收入
		文化
		自然
信息来源	广告	广告方式的接受度
		广告记忆度
营销组合	促销方式	促销方式接受度
		促销方式评价
	定价	价格接受度
		价格评价

第4章

调研项目实施准备

4.1 市场调研实施流程

调研企业与客户签订委托合同后，拟定的调研计划一经客户确认，即进入了调研项目的实地操作和执行阶段。通常调研企业首先在高层管理者(如项目经理、项目总监、公司副总)中遴选1名人员担任项目经理，对委托项目的实施过程进行计划、组织、指挥和控制，负责项目总体管理以及公司与委托客户之间的协调。其次，由项目经理制订调研的执行计划和工作预算，从相关部门中选择专业人员组建项目工作团队，进行项目培训和项目操作准备工作，组织项目的实施和现场管理，搜集调查信息，对调研数据进行审核、汇总、录入。最后，对调研数据进行统计分析，撰写研究报告，完成客户委托项目。

客户委托项目的组织实施主要有两种方式。一是职能式，即由项目经理(总监)牵头，各专业部门按职能分工分别完成项目的各个环节工作，委托项目的运作类似产品“流水线”生产，即调研项目按照调研流程的工作逻辑，顺序通过各专业部门，最终完成委托项目的全部调研工作程序，取得分析成果，项目经理主要负责指挥和协调各部门完成按分工要求所承担的工作；二是矩阵式，即由项目经理(总监)从各专业部门中遴选相关人员，组成独立的项目小组，统一指挥和管理项目小组，完成从初步调查到撰写分析报告的全部工作流程，项目小组成员按照其专业特长进行内部分工，项目运作期间小组的所有成员只向项目经理负责。两种运作方式各有利弊，调研企业可根据项目的实际要求(如完成时限、调查范围、研究规模等)来选择运作方式。

从一个委托项目运作流程的角度来看，市场调研项目执行的工作通常可以划分为项目准备、项目实施、信息处理3个阶段共28个主要环节，如表4-1所示。

在本章及第5章中，我们将对调研项目运作过程中的项目准备和项目实施两个阶段中主要的工作环节(表4-1)的操作要点和管控方法进行分析。在《市场调研——数据处理与信息分析》中，我们将详细说明信息处理阶段中各个环节的主要统计方法和相关操作技术。

表 4-1 调研项目运作流程

阶段	顺序	步骤	内容	矩阵制模式下的分工	职能制模式下的分工
项目准备	1	分解调查任务	根据调查计划细分调查工作，任务归集和确定分工	项目经理（项目总监）	调查执行部门
	2	拟定执行计划	拟定实施方案和工作日程，报客户和公司确认	项目经理（项目总监）	调查执行部门
	3	设计调查工具	设计工作表单、问卷，列出设备清单	策划员 项目督导	项目策划部门
	4	调查工具测试	试用和检查调查工具的有效性，并进行修订	策划员 项目督导	项目策划部门
	5	筹建项目小组	按项目要求配置和选聘专业人员，组建项目团队	项目经理（项目总监）	
	6	人员分工	按项目要求确定项目团队内的人员分工	项目经理（项目总监）	
	7	下达工作任务书	编写工作任务书，逐一下达给所有参与调查的人员	项目助理	调查执行部门
	8	项目培训	进行项目情况说明和相关技能培训，让参加者了解工作内容和步骤	项目助理	项目策划部门
	9	项目准备	调查人员按任务领取和准备调查用表单，领取调查经费和设备工具	调查员 督导员	调查执行部门
项目实施	10	下达指令	向调查人员下达工作单和工作说明书	项目助理	
	11	实地调查	调查人员根据工作任务书按时、按质、按量实施信息收集	调查员	调查执行部门
	12	执行监控	对调查人员工作情况进行监控、记录和核实	督导员	质量管控部门
	13	现场指导	对调查人员进行现场指导	督导员	质量管控部门
	14	意外处置	处理意外情况或调查失误	项目经理 项目助理	调查执行部门
	15	补充调查	对遗漏的样本、不确定的信息进行补充收集	调查员	调查执行部门
	16	资料汇总	汇总原始数据和调查材料	调查员	调查执行部门
	17	数据复核	对数据和调查结果进行检验、复查和核实	督导员 统计员	质量管控部门
	18	数据录入	对有效数据进行整理、编码，录入电脑	统计员	统计研究部门
	19	信息归档	将原始调查资料封存归档	统计员	统计研究部门

续表

阶段	顺序	步骤	内容	矩阵制模式下的分工	职能制模式下的分工
信息处理	20	制订研究方案	根据项目要求选择分析工具和模型，确定研究内容、方法、步骤和重点	研究员 市场研究专家	统计研究部门
	21	确定统计规范	确定统计分析的内容、顺序、指标规范、要求	统计员	统计研究部门
	22	指标汇算	选择统计指标的模型和公式，汇总和计算调研所需的各个综合指标	统计员	统计研究部门
	23	统计检验	对统计指标进行误差水平、有效性和相关性检验	统计员	统计研究部门
	24	数据分析	对统计指标和调查数据进行统计分析	研究员 市场研究专家	统计研究部门
	25	结论复核	对研究结论进行检验和复核	研究员 市场研究专家	统计研究部门
	26	撰写报告	根据分析数据和结论撰写统计分析报告	项目经理 项目助理	统计研究部门
	27	成本核算	归集各项费用支出，调查执行阶段财务成本核算	项目经理 财务人员	财务部门
	28	费用结算	根据个人绩效结算参与人员的报酬	项目经理 财务人员	财务部门

4.2　拟定执行计划

调查执行计划是指针对特定委托调查项目的组织协调、人员配备、任务分工、质量管控、实施进度、完成时间、费用预算和绩效考核等内容的具体安排和事先规定。其目的是使实地调查工作能够高效有序地进行，以保证调查工作的质量，及时完成调研项目。小型调研项目的调研计划和执行计划可以是一体的，大型的调研项目应分别制订调研计划和执行计划。

调研项目的执行计划一般包括下列内容。

1. 样本量和样本结构（配额）

要规定和说明样本总量、各种抽样方式的样本量、各种调查方式的样本量、按配额标准划分的各类别的样本数量、实际调查数量。需要注意的是，由于存在调查成功率和有效率的问题，实际调查数量与样本量有一定的差异。

实际调查数量＝预定有效调查数量÷有效率

2. 抽样方式

规定抽样方法及具体的操作步骤，样本个体的判断特征，抽样的地点和时间。对于现场抽样的项目，把握选样条件及选样时机对保障选样的成功是十分重要的。应注意哪些时段比较容易找到调查对象，哪些状态下的顾客比较容易接近和接受访问，以便调查人员能够较容易地找到调查对象，提高抽样的成功率。例如，在综合商业体中进行消费者调查，周末和18:00以后往往是人流量的高峰期，调查人员在这个时间就比较容易找到消费者；处于等待或休闲状态的消费者如滞留于商场休息厅、小吃店、电影院、咖啡吧等场所的消费者，也比其他环境下的消费者更容易接近和访问。

如果是事先已完成抽样的项目，必须详细地列出样本信息。如调研方式是街头访问，那么在执行计划中必须详细列出抽选的街道名称；如调研方式是入户访问，那么则需要罗列出被抽选中的小区及住户；如调研方式是电话访问，那么则需要罗列被选中的电话号码；等等。

3. 调查方法

规定向调查对象收集信息的方式，以及使用每种调查方法要完成的样本数量。详细说明每种调查方法的操作流程、调查规范和注意事项，给调查人员提供详尽的操作指南。如使用访问调查，须说明调查人员应如果与调查对象接近和攀谈，如何与调查对象形成良好的沟通，如何避免和排除外在环境的干扰；如使用问卷调查，须说明发放问卷时给予调查对象哪些提示信息，如何指导调查对象正确地填写问卷；如使用观察记录方式，要说明观察的细节和要领，填写观察表时应注意的事项；等等。

4. 人员配置和任务分工

人员配置和任务分工是项目成本预算的基础。市场调查项目团队的人员配置数量和结构主要取决于调查内容、项目限定时间、分工方式和工作效率。执行计划中首先要明确项目团队的组织结构即任务分工，并说明每组或每个岗位职能的工作目标、工作内容和要求，各职能岗位的人员的具体条件和要求(如职级、性别、年龄、学历、经验等)，所需的人员数量。无论采用项目小组方式还是职能制，项目任务的分工基本上都要遵循专业化的原则，即按照员工的专业背景赋予相应的工作任务，以实现分工效率的最大化。

5. 工作进度

工作进度(日程)是对开展调查工作的时间进度的规划，也是对调查执行过程实施控制的指导标准。负责实地执行的小组负责人将依据工作日程向调查人员下达工作任务书，并据此管理和监督工作进程。工作日程表分三种，即项目总体进程表、项目任务日程表和个人工作日程表。前两者由项目经理(总监)和各职能组负责人拟定，如表 4-2 和表 4-3 所示。个人工作日程表一般与工作任务书一并下达给各类专业(职能)人员。

表 4-2 项目总体进程表

日期	步骤	内容	需时/天
2011 年 10 月 1 日～3 日	建立团队	指定“××酒店消费者满意度”调查项目负责人，组建项目小组	3
2011 年 10 月 4 日～5 日	项目培训	项目前培训，研讨背景资料，分析调查重点和难点	2
2011 年 10 月 6 日～7 日	任务分工	确定工作分工和岗位职责	2
2011 年 10 月 8～11 日	拟定执行计划	撰写“××酒店消费者满意度”调查执行计划，确定项目日程	4
2011 年 10 月 12～13 日	计划确定	上报计划，获得公司和客户认可，协调财务和技术部门	2

续表

日期	步骤	内容	需时/天
2011 年 10 月 14～17 日	调查工具设计	问卷设计、观察表设计，调查设备工具的准备、下达工作任务书	4
2011 年 10 月 18～20 日	工具测试	问卷综合测试和印制	3
2011 年 10 月 21～31 日	实地调查	对××酒店实施实地调查	11
2011 年 11 月 1～3 日	复核	审核调查材料和数据，补充调查	3
2011 年 11 月 4～7 日	初步统计	调查数据的编码、录入、初步统计	4
2011 年 11 月 8～13 日	研究分析	统计分析和项目研究	6
2011 年 11 月 14～16 日	撰写报告	根据研究成果撰写市场调查报告	3
2011 年 11 月 17～18 日	展示准备	PPT 制作和材料准备	2
2011 年 11 月 19 日	成果展示	向客户展示调研成果，提交市场调查报告和相关资料	1
合计			50

表 4-3　项目任务日程表

日期		项目总监（经理）	项目策划人员	调查员	督导员	统计分析员	研究专家	客户服务人员
10 月	1 日	小组人员选拔，建立团队						
	2 日							
	3 日		受聘	受聘	受聘	受聘	受聘	受聘
	4 日	组织研讨	接受培训	接受培训	培训	接受培训	培训	接受培训
	5 日							
	6 日	任务分工	工作研讨	工作研讨	工作研讨	工作研讨	工作研讨	工作研讨
	7 日							
	8 日	组织拟定执行计划	参与计划制订		参与计划制订			参与计划制订
	9 日							
	10 日							
	11 日							
	12 日	确定计划工作协调						客户沟通
	13 日							
	14 日	任务分配	工具设计					
	15 日			接受任务，工作准备	接受任务，工作准备	接受任务，工作准备	接受任务，工作准备	
	16 日							
	17 日							
	18 日		工具测试和准备					接受任务，工作准备
	19 日							
	20 日							
	……	……	……	……	……	……	……	……

6. 质量控制方案

质量控制是保证调研结论准确性和调查工作质量的重要环节。能否确保调研项目的质量，涉及调研工作的全过程和参与工作的全体员工。必须树立和贯彻全员质量管理观念，在执行方案中对调研工作过程中的各个环节明确规定质量标准和操作规范。其主要包括以下内容：①客户接触和沟通要求(包括语言、礼仪、外在形象)；②抽样控制标准和管理制度；③调查工具设计规范；④调查方法(工具)使用规范；⑤访问制度及现场操作守则；⑥督导制度及操作流程守则；⑦项目调查培训制度；⑧调查资料审核标准及流程；⑨调查信息复核制度；⑩数据处理和基本统计规则；⑪成果展示规范。

7. 资源预算及分配

这里的资源主要是指调查所使用的设备(工具)、调查时间、调查预算费用三个内容。市场调查执行计划中要根据调查方法和抽样方案的要求，对调查所需企业提供的各种资源，如人员、工具、时间、费用等进行细化和量化，做出清晰的预算。对调查内容的各个子项目，都要有具体的完成时间表和费用明细表。

在项目小组制下，调研资源的分配通常由项目经理(总监)来完成；在职能制下调研资源的分配则由项目策划部门和财务部门共同完成。主要内容包括人员、车辆、设备(如摄影机、流量测定仪等)、设施(访问室、单面镜会谈室等)、工具(如调查问卷、赠品等)、经费等的数量和使用分配。按照整个项目的执行计划，将所需资源合理地分配到每一个调查小组手中，并且要准备好一定的预备资源，确保在出现特殊情况、意外情况或补充调查时能及时提供。

8. 工作要求和绩效考核

执行计划中要明确项目团队中每一个职能岗位的工作内容和应达到的要求，明确每个岗位的绩效考核标准，以便对调查过程调查人员的活动进行有效管理和控制。绩效考核标准是计算工作量和工作报酬的基础，也是决定员工晋升、奖罚的依据。绩效考核主要涉及的内容和指标包括：①工作量(访问数量、统计数量、复核数量等)；②工作完成时间；③差错率或有效率；④事务性(管理)工作完成质量；⑤客户满意度；⑥团队协作效率。

4.3 任务分工和工作量预算

4.3.1 任务分工

任务分工是人员配置的基础。调研项目组织者首先要根据项目要求和内容进行工作分工，即将整个调研过程按照工作流程划分为若干环节，再根据各工作环节的性质和要求对其进行合并，形成“职能组”或“专业岗位”。例如，项目谈判和调研成果展示都属于客户沟通的工作，可由专职客户服务经理来承担；调查方案设计和调查问卷设计都是与调查工作规划有关的工作，通常由项目策划专职人员来负责；职能岗位设定后，调查资料预处理和统计汇总都属于数据的加工处理工作，一般由统计人员来完成。

调查项目的实地执行人员按照工作对象和性质不同通常分为两类，即调查人员和督导人员。其中，调查人员通常按其使用的调查方法来分工，如分为问卷调查人员、访谈人员、现场观察员等。这是由于不同的调查方法的操作技术对调查人员的素质和能力有不同的要求。例如，承担消费者座谈、焦点小组访谈的人员要求具有较强的组织协调和现场控制能力；现场访谈人员要求有较高的语言表达技巧，反应敏捷，擅长沟通；现场观察员则需要具备较敏锐的能力和判断能力。

4.3.2　工作量预算

工作量预算是测算调查人员薪酬和项目成本的基础。调查项目的总体工作量主要取决于三个因素，即项目(问题)数量和复杂度、样本数量、调查范围。调查内容越多，样本数量越大，调查范围越广，则调查工作量越大。而前两者又有一定的关联性，在一定的调查信度和效度下，调查项目的内容越复杂，涉及的调查对象和因素越多，则需要更多的样本量，才能达到相应的精确度要求。而且调查人员访问一个调查对象的时间也会延长，相应地，每日的调查数量就会降低。例如，调查计划要求的实际抽样数量为 2 000 份，实际调查时间为 10 天，采用问卷调查方法，每份标准问卷有 15 个问题，调查人员平均每天工作 8 小时。一个调查问题的解释、思考、答疑、填写共需要 2 分钟，复核、录入、汇总需要 2 分钟。那么完成整个项目的工作量和调查人员配置数量如下：

实地调查总工作量＝2 000(份)×15(题/份)×2(分/题)＝60 000(分)

调查人员平均每天完成调查量＝[8(小时)×60(分/小时)] ÷[15(题/份)×2(分)]＝16(份)

工作调查人员数量＝2 000(份)÷10(天)÷16[份/(天・人)]＝12.5(人)

即约需调查人员 13 人。督导人员、统计研究人员的工作量预算和数量配置的计算方式与调查人员相同。

表 4-4 是市场调查执行过程中各环节时间、人员和费用占比的经验数据(我们把市场调查执行过程的各种资源消耗的总量视作 100%)。

表 4-4　市场调查执行过程的资源占用经验数据(单位:%)

市场调研执行环节	时间分配	人员分配	费用分配
制订执行计划	4～10	6～8	5～10
组织和人员配置	2～4		
调查工具准备	2～4	3～5	10～12
项目培训	5～10	1～3	5～10
实地调查	30～40	40～50	35～45
数据复核	2～6	3～5	5～10
资料整理与录入	10～15	16～22	10～15
统计分析	15～20	10～20	15～20
撰写报告	5～10	1～3	5～10
结算和客户沟通	2～4	1～3	

4.4　调研工具准备

这里所称的调研工具，不仅仅指调查问卷，而是调查人员用于搜集和记录调查项目信息的一系列标准化的工作表单或规范化的文档格式的总称。项目团队在执行调查计划、进行实地调研之前，首先要根据调查项目的内容和调查方法的要求，确定在调查过程中要使用哪些表格、文档或问卷，来搜集调查对象的信息；其次，对这些表格、文档或问卷的框架和格式进行统一规范和设计，并通过测试检验这些信息表单的有效性；最后，根据调查实施方案和样本数量确定这些调查工具的使用数量，印制和准备好相应的信息表单或调查工具。

4.4.1 调研工具的类型

市场调查中常用的调研工具大致可分为两类：一是由调查人员自行填写的调查信息表单；二是由调查对象填写的调查问题表单。

1. 调查问卷

调查问卷是市场调研中最常用的调查工具之一。其具体使用有拦截访问、入户留置、现场留置、电话访问、邮寄问卷、网络问卷等多种方式。市场调查问卷将需要向调查对象了解的信息以问题集的形式合并在一个文档上，按统一标准和规范印制。调查问卷的设计涉及语言学、心理学、消费学、统计学等多方面的知识，技术要求较高，关于调查问卷的设计我们将在第 9 章中详细阐述。

2. 访谈（访问）记录表

访谈(访问)记录表主要用于调查人员与调查对象通过语言交流的方式来进行的市场调查，包括个人深度访谈(一对一)、焦点小组访谈(一对多)、小组访问(多对一)、电话访谈、入户访问等多种形式的直接调查方式，由调查人员根据调查对象的表述回答来自行填写和记录所获得的信息。访谈(访问)记录表也要事先设计好并经过测试。表 4-5 是访谈(访问)记录表的一个示例。

表 4-5 ××企业员工调查访谈(访问)记录表

企业员工调查访谈(访问)记录表		
项目名称：		编号：
访谈时间：　月　日　时—　时		访谈地点：
调查对象特征		
姓名：	性别：	年龄：
所在单位：	单位性质：	单位地点：
工龄(公司龄)：	部门：	职位：
调查问题		
问题 1：你认为公司的薪资水平相比同类企业如何？		
回答：		
问题 2：你认为公司的工资制度合理吗？存在什么问题？		
回答：		
问题 3：你认为目前公司发展的最大障碍是什么？为什么？		
回答：		
……		
访谈对象所处状态：		
访谈对象的其他看法：		
访谈的意外事件及处理：		
访谈真实度评估：		
访谈人员签名：		督导员签名：

3. 观察记录表

观察记录表主要用于调查人员通过从侧面观察和记录调查对象的言行和活动方式，或对某一静态环境的观察来获取调研信息的市场调查活动。观察记录表也可以通过标准化设计具有良好的结构，便于调查人员操作。表 4-6 和表 4-7 是观察记录表的两个示例。

表 4-6　××商场营业区域清洁情况调查表

调查内容			等级分	评价得分
整洁度	地面清洁程度	无垃圾，无积水	5	
		有少量垃圾，无积水	4	
		有少量垃圾，有少量积水	3	
		垃圾和积水较多	2	
		垃圾满地，积水很多	1	
	墙面清洁程度	洁白光亮	5	
		有少量斑痕，无涂鸦	4	
		有少量不易见斑痕和涂鸦	3	
		涂鸦和斑痕明显较多	2	
		墙面脏乱不堪	1	
	促销灯箱清洁程度	画面色彩清晰，远观可见	5	
		画面比较清晰，可视度高	4	
		画面个别地方灰暗	3	
		画面整体灰暗，有积尘	2	
		整体积尘，画面模糊	1	
	陈列品的洁净程度	洁净如新，无灰尘	5	
		角落或侧面有少许灰尘	4	
		灰尘较多	3	
		商品上可见明显灰尘	2	
		灰尘覆盖商品	1	

表 4-7　××商场柜组营业人员客户接待情况测试表

柜组编号：	测试时间：	
类别：素质类问题	回答情况	评分/分
能详细介绍这种产品的功能和特点吗？（调查人员已事先了解了产品）	准确详细，回答无误	10
	能说明主要特点	5
	回答含糊、笼统	0
这款时装是什么面料的？（调查人员已记忆过面料配比）	迅速准确说出面料配比	10
	只说出大致比例，不准确	5
	不能答出或需翻看标签	0
类别：态度类问题	营业人员表现	评分/分
我暂时不想购买，请拿给我看看，我试一下行吗？	热情真诚，鼓励顾客试用	10
	表情冷淡，仍给出商品	5
	态度冷漠，生硬拒绝	0
我能否试用(穿)一下？（本商品是不宜试用的商品）	婉拒，道歉，说明原因	10
	说明原因，拒绝	5
	生硬拒绝或出言不逊	0

4.4.2 调研工具的设计

1. 调研工具标准化

调研工具设计的目标就是调查工具的标准化和统一化。一些调研企业往往认为只有调查问卷需要进行统一设计。实际上，所有的调查工具都应该实现标准化。调查工具的标准化是能极大地提高调查工作的效率的重要途径，其主要作用如下：

(1)简化填报工作量。通过归纳和预设调查问题的各种备选答案，调查人员可以根据调查对象的表述选择预设答案而不是直接记录调查对象的回答，从而有效地减少调查人员填写文字的时间，降低调查人员的工作负担。

(2)降低了调查失误。调查问题特别是开放式问题，往往因为调查人员和调查对象的个人语言习惯和表述方式不同，有时同样的信息可能有不同的表达方式，有时因为判断标准的差异，不同含义的语言表达方式却相同，给数据统计人员带来困扰。

(3)便于统计汇总。对调查项目备选答案进行标准化设计，可以使部分“开放式”问题转换为相对“封闭式”问题，从而减少了调查信息汇总时对文字信息的再解读和再转换过程，提高了统计分析的效率。

2. 调研工具的设计要求

调研工具的设计及其标准化应遵循以下几个原则。

(1)全面涵盖：调研工具所搜集的信息内容应覆盖所有调研项目所要求的内容。

(2)适当归集：调研工具应该在依据调查对象和方法对调查项目进行适当归类的基础上形成。

(3)简明易用：逻辑连贯、结构清晰，便于调查人员填报。

(4)统一规范：每种调研工具应具有统一的、标准的格式。

(5)定义清晰：调研工具中预设的各种问题及备选答案应有明确、清晰的界定标准。

(6)便于统计：尽可能减少调查人员填报的工作量，预设的问题答案便于归纳和汇总。

调查工具设计完成后，还需要通过测试和试用，检查调查工具的有效性和准确性，并进行适当修订。

4.5 调查人员准备

在拟订调查执行计划和设计完成调查工具后，项目经理(总监)的一项重要工作就是根据调查任务分工的需要和调查项目的要求选聘专业人员，组建项目团队。

4.5.1 人员遴选

项目团队是调研项目实施的人力资源基础，遴选项目团队不仅要考虑每个成员的个人特长和专业能力，更重要的是考虑团队成员之间是否能各司其职又能默契合作，优势互补又能协同一致，从而产生 1+1>2 的团队效应。调研项目完成的效率和质量在很大程度上往往取决于项目团队的管理和协作水平，而不是其中某个成员的才华和能力。因此，在组建一个调研项目团队时应该注意考虑以下因素。

(1)分工。团队内部分工细化，有利于发挥成员的专业特长，提高项目运作效率。但分工过细，则需聘用更多的人员，并容易因成员过多导致协调的工作量陡然增大。

(2)能力。列出完成调研项目的每项工作任务或工作所需要的技能。所遴选的团队成员应能涵盖项目工作任务所需要的全部技能。如果某项能力是团队成员都不具备的，那么需考虑如何寻找外部资源，聘请外部协作者(如调研指导顾问、技术专家等)或实行业务外包，需要支付多少成本。

(3)角色。对于一项工作任务而言，应考虑其承担者需要具体的专业技能，还是更需要综合的协作能力，两者之间存在矛盾时如何取舍。通常一个项目团队至少要有 1～2 个“多面手”。

(4)个性。在挑选项目团队成员时，既要考虑队员的专业素质和技能，更要考虑他们之间个性的差异和相容性。

(5)意愿。被挑选的团队成员必须非常乐于加入项目团队，有时间并愿意从事相应的工作。这是发挥团队效力的前提。

(6)成本。所遴选的团队成员专业能力较强，工作效率较高，其本人所要求获得的报酬也会较高，但也可能因为其能够身兼多职，或者“一人能干几人的活”，反而节约了项目总体的人力成本。

4.5.2　组织项目团队

调研项目团队是针对某个委托项目组建的临时性执行机构。其职能是负责制订和实施调研日程计划，管理、监控调研过程。调研项目团队通常由调研公司决策层高级管理人员出任项目总监，负责全盘操控；由各专业职能部门(如策划部、调查部等)抽调人员组成项目团队，负责承担调研项目的相关技术环节工作，如问卷设计、统计分析、撰写调研报告等；项目团队还可聘请经验丰富的相关机构专业人员、行业技术权威、业内公认的研究专家担任项目顾问或特别指导，督促调查人员按预定执行计划展开实地调查工作，处理调研过程中的意外情况，解决现场的技术问题。此外，项目经理还应聘请有较丰富调研实践经验的人员作为项目督导人员，对已调查对象进行复查，监控和考核调查人员的工作。此外，为保证大型的调研项目如期开展和推进，许多调研公司会积极与委托客户沟通，要求委托方至少派出 1 名部门经理及 1～2 名职员，与调研公司相关人员组成项目协调小组，监督和配合调研小组完成项目工作。在涉及企业内部调查或固定客户调查时，协调小组应尽可能为调研组工作提供便利条件和有关资料。

对于选择项目小组制形式的调研企业，常见的市场调研项目组的内部组织结构如图 4-1 所示；对于选择职能制形式的调研企业，常见的调研企业的内部组织结构如图 4-2 所示。

4.5.3　调查人员的选择

由于委托项目业务一般是不稳定和随机性的，国内许多调研企业通常不设立固定的调查访问队伍。对于小型调研企业来说，在一年的大多数时间中调查人员都是闲置的，

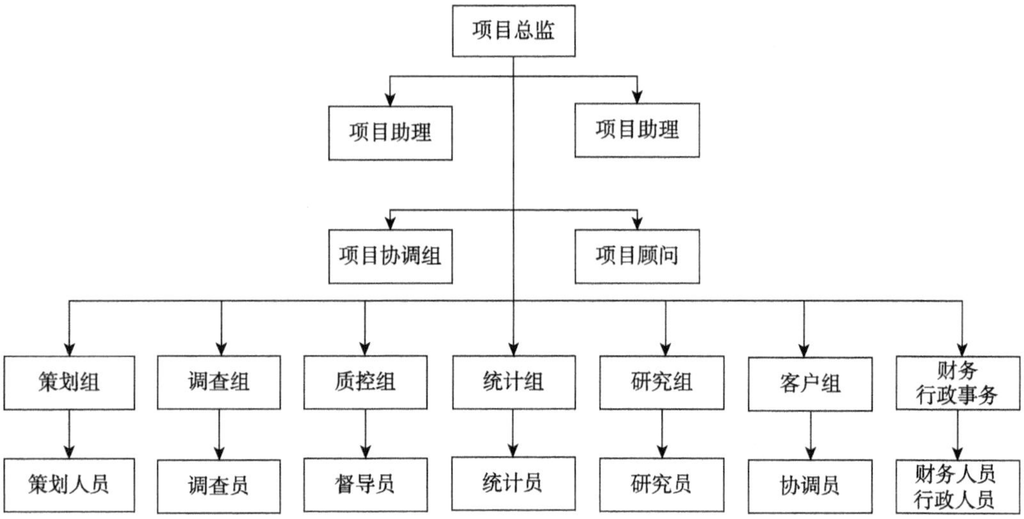

图 4-1　项目小组制形式的调研团队组织结构图

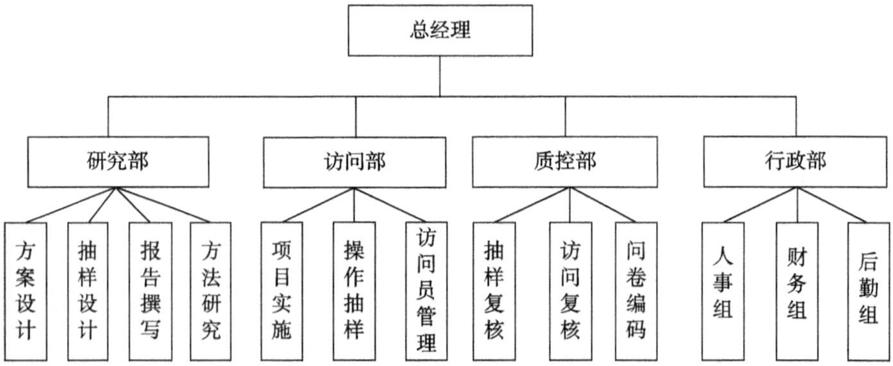

图 4-2　职能制形式的调研团队组织结构图

日常维持的成本非常大。即使是大型调研企业，各个时期的调查业务量也有很大的差异，有时候可能同时有几个调查项目在操作，需要较多的调查人员，而有时候又可能暂时没有委托业务，不需要调查人员。此外，有些委托业务调查范围广，可能涉及多个区域或城市，任何一家调研企业都无力在每个城市设立一支专属的调查访问队伍，而只能在接受委托项目后，到预定调查的区域或城市临时招聘兼职人员。因此，调研企业通常不会建立一支长期聘用的调查人员队伍，大多数采用兼职调查人员的形式，企业中只保留若干名项目经理和项目督导，在有访问任务时临时招聘调查人员参加工作，平时则不进行调查人员的维护。

从调查人员的人力成本来说，使用调查人员的文化水平越高，单位成本也就越大，有时差异可达到一两倍以上。根据调查内容的要求使用特定文化水平的调查人员是商业调查公司控制成本的重要途径。对于一般性小范围的消费调查，调查内容比较简单，调查访问过程也不需要太多的技巧，那么使用一些待业工人或者普通务工人员，可以降低调查成本；对于需要较多沟通交流的、有一定深度的调查，则必须使用具有一定经验和文化素质较高的调查人员，因为项目内容需要调查人员具有一定的文化水平才能充分了解，一些调查方法的操作也要求调查人员必须具备较高的综合素质。因此，目前许多调研企业选聘在校大学生作为兼职调查人员，实践表明这是一种比较好的选择。在校大学生一般能够有充足的时间保证完成调查任务，文化水平较高，可以比较容易地理解调查内容和调查方法。同时，他们的体力一般较好，在管理上也更有组织性。某些特殊领域、专业度较高的调查，则要求调查人员具有较强的专业知识或丰富的实践经验，这就必须聘请该行业或领域的专业人士来担任调查工作，其成本就比较高昂了。

4.5.4　选择督导人员

市场调研企业中的调研督导是由企业的市场督导一职演变而来的，市场督导又可称为市场督察，原指企业派遣专门人员对市场营销工作的实施进行督促、监察和指导，是现代市场营销工作的一项常规管理机制。市场调研企业的督导是通过培训、指导、检查、跟踪、复核等方式，对委托调查项目的执行过程进行有效监督，控制项目进度，管理项目质量，及时发现调研过程中出现的异常问题，纠正实地调查工作的偏差，督促调查人员按既定标准和执行计划完成实地调查具体工作。不同的调研企业对督导工作的具体规定存在一些差别，但督导人员岗位的基本职责是相同的。一般包括以下内容：①协助制订项目执行计划，跟进及控制项目执行的进度；②根据项目要求招募、培训调查人员；③负责对项目团队中专兼职调查人员的工作进行指导、检查、考核，保证项目的顺利开展；④组织、实施并监控实地调查和数据现场采集工作，处理异常情况或意外问题，保证项目推进；⑤对调查问卷和数据进行复核、审核，管理和控制项目执行质量；⑥及时与项目研究人员和客户沟通，反馈调研进程，协调双方需求；⑦负责项目综合管理的部分工作(如数据录入管理、项目预决算控制、劳务费结算等)。

督导人员在调研项目团队中实际上具有管理和执行的双重角色，处于项目执行层(调查人员)和项目决策层(项目经理或总监)之间，起着承上启下的作用。一方面，他们负责根据项目经理或总监的指令和预定的执行方案对调查人员和调查工作过程进行管控；另一方面，将项目执行的实际情况反馈到决策层和客户，并根据反馈及时调整调查工作进程。因此，督导人员的工作在调研项目团队乃至调研企业中都是必不可少的。一般调研企业都会设立专职和固定的督导岗位，对督导人员的素质和综合能力的要求也比较高。通常调研企业的督导人员都要求具备如下几个基本素质和条件：①大专以上学历；②熟悉市场研究各类项目的运作，具有全面的市场调研的理论知识，熟悉各种市场调查方法的操作流程和操作技巧；③至少具有 2 年以上担任市场调查人员工作经验，或 1 年以上市场调研项目管理工作的经验；④能独立开展工作，对各种调查环境有较强的适应能力；⑤有良好的敬业意识和认真踏实的工作作风，工作责任心强，能够承担一定的工作压力；⑥具有良好的团队合作精神、沟通能力、观察能力和组织协调能力；⑦具有较强的分析、鉴别、综合情报资料的能力；⑧具有良好的计算机使用技能，能熟练使用各类办公软件。

调研企业选聘督导人员有三种途径，一是从公司优秀的市场调查人员中选拔，然后通过系统培训产生。这种选聘方式的特点是成本低、效率高，督导队伍相对稳定，工作适应期短，但容易造成“近亲繁殖”，不利于形成良好的监控机制。二是对外招聘曾经担任过督导人员或具有相关从业经验的人员。这种选聘方式的特点是选择余地大，有利于企业吸纳人才和刺激人员的合理流动，形成“鲶鱼效应”，但招聘时间长，工作适应期长，离职率较高。三是从研究人员中选拔充任，这种方式的特点与第一种相似，比较适合专业性要求较高或特殊领域的项目。

由于督导人员也各有专长，所以在选择具体某一项目的督导人员时要综合考虑各种因素，如果新的调研项目对督导人员都是陌生的，那么就需要项目主管或更高层管理者加强对督导人员的培训，在某些特殊情况下也需要项目主管或更高层管理者直接充当督导人员的角色。某些市场调研企业直接招聘市场营销、公共关系、企业管理、工商管理等相关专业的大学生担任督导人员，虽然这种方式快捷便利，但实际上是不可取的。做好督导工作必须以丰富的市场调查项目运作和管理工作经验的积累为前提。

4.6 项目培训

4.6.1 项目执行的培训

访问调查人员培训是调查的预备工作。在项目执行前对访问调查人员进行培训是非常重要的。在执行调研项目前，项目团队的所有成员尤其是负责项目执行的各职能组的负责人，都必须熟悉整个调研项目流程的每一个环节、调查重点、工作难点。调研项目团队对项目的熟悉和了解直接关系到调研项目团队的执行力，直接影响到调查工作的质量和调查信息的真实性、有效性，也决定了整个项目的实施水平和工作进度。因此，在正式调研之前，调研项目经理(总监)或企业项目策划部必须对项目团队的成员进行有针对性的培训，对本次调研的操作要点和重点进行详细的解释说明，使每一调查人员了解项目背景，熟悉项目操作流程，确保有效地提高工作质量。

项目执行的培训通常包括三个部分，即基础培训、操作培训和项目培训。基础培训是针对各个成员的岗位职责和工作内容的培训，主要目的是使项目团队的每个成员明确自己的工作职责，以及该岗位的业绩考核标准、薪资报酬核算和奖惩规定，对自己所承担的职位工作的权责利有清晰明确的认识。操作培训是让项目团队的每个成员熟悉和掌握调查中所要采用的技术方法，了解相关技术的操作流程、实施原则和实施规范，建立自我检查和自我控制的质量标准。项目培训是针对委托项目的具体内容进行讲解，其目的是让项目团队的成员了解调研项目的主要内容、客户的需求、所涉及的行业特征、该项目操作的特殊要求，使每个成员明晰调查工作的重点和要点，有针对性地做好准备工作。

项目执行的培训包括了项目团队的全体成员，但培训重点是直接从事一线调查工作的两类人员，即项目督导人员和调查人员，其培训的内容、方法、要求有很大差异。

4.6.2　调查人员的培训

调查人员培训的目的是确保所有招募的调查人员经过培训以后都能达到公司所要求的工作质量和技术规范。对调查人员的培训主要由项目督导、研究人员和调查组长负责。调查人员的培训中需要强调的内容有两方面。

1. 调查内容

调查内容是指与本次调查有关的特定项目背景和所调查内容的专业知识。大多数调查人员对于所调查的内容都是不甚了解的，即使调查的内容是普通消费品也存在这种情况。因为作为项目分析所需要的信息，在具体询问时与日常所关心的内容是不同的，调查人员对其内容的认识与设计人员是不一致的。因此，需要在培训时进行介绍。

对专业知识的介绍需要充分考虑到调查对象可能提出的各种问题，如果是涉及新产品的调查，调查人员应当亲自观看新产品的实物和实际使用过程，对于专业性较强的产品，还需要对有关专业指标进行介绍。

为了便于在调查过程中把握调查对象提供的一些意外信息，设计人员应当向调查人员介绍设计时的考虑，并交代本次调查所希望了解的信息内容。但这些工作应当注意不要对调查人员形成误导，如果调查人员对于设计人员的某些猜想过于重视，在调查中就可能会利用这种猜想去诱导调查对象。

2. 调查技巧

调查技巧包括特定调查的技巧和普通调查技巧。普通调查技巧包括如何劝说调查对象接受调查、如何进行访问等，有经验的调查人员并不缺乏此方面的知识。需要向调查人员特别声明的是对问卷和调查设计的尊重，在实践中经常发现有调查人员由于具有过去从事调查工作的经验，喜欢对正在实施的调查项目评头论足，并且按自己的理解擅自修改调查设计。这种心态从本意上说是好的，调查人员可能认为设计人员不如自己高明，擅自修改设计有益无害。在培训时需要特别强调一致性对于调查来说是高于科学性的要求，问卷和调查指令具有权威性，不容擅自修改。

特定调查的技巧主要是针对某次调查的调查对象、问题等进行的培训，培训人员需要向调查人员介绍抽选样本的方法、询问方法和记录方法等，这些方法都是针对特定的一次调查进行的。

所有需要向调查人员说明的内容都应该在培训手册中进行说明，重要的指令应以书面形式下达给调查人员。

4.6.3　调查人员培训的过程

1. 阅读有关背景材料

向调查人员发放有关调查的资料，由督导进行讲解或者由调查人员自己进行阅读，通过这些来帮助调查人员了解调查内容。由于调查人员大多是兼职人员，如果有可能，聘请具有此方面专业知识的人员从事访问工作会有较高的效率。例如，在进行计算机产品调查时，聘请一些计算机专业的大学生可能会减少很多差错。

2. 阅读及讲解问卷和调查指令

由督导向调查人员介绍问卷结构和调查指令，调查人员应当认真阅读这两项文件中的文字，确保能够理解。在问卷结构比较复杂时，督导应当用框图的形式进行解释。培训手册中对于问卷结构的描述应当不厌其烦，对每一个细节都应当提到。

3. 督导介绍调查技巧和其他调查注意事项

督导向调查人员介绍调查中应注意的事项及过去访问中的一些技巧，其包括敲门时的节奏和征询调查对象合作时的用语等。有关的调查情况也应当向调查人员介绍清楚。实践表明，如果在培训时告诉调查人员未来可能会有10%的拒访率，那么一名新调查人员在遇到拒访的情况时就不会感到特别的沮丧。

除了督导的介绍之外，有经验的调查人员向新调查人员介绍调查经验也是一种有效的方法，而且说服力更强。新调查人员需要知道有经验的调查人员经历过一些什么挫折，才会在未来的操作中对挫折有更多的抵抗能力。

4. 观看有关的录像

如果能够将调查内容及调查过程用录像形式介绍，则对于调查人员的影响是最大的。尤其是对于未从事过调查活动的新调查人员来说，通过看录像了解整个调查过程是非常重要的，也是十分直观的。

5. 试访问

试访问有两种形式，一种是在培训课堂上调查人员相互之间利用问卷进行询问，借以了解问卷的结构及可能在哪些地方出错；另一种是调查人员进行实地访问，对一个小样本进行正规的操作，在这个过程中了解调查对象的真实情况及可能遇到的问题。如果试访问中出现了较大的问题，则需要进行检查，如果原因是调查人员能力欠佳，则需要考虑更换调查人员，如果是问卷或者指令中有致命的错误，则需要进行修改。

6. 陪访

陪访是指由有经验的调查人员或者督导陪同新调查人员到实际的调查对象家中进行试访问，在这一过程中督导可以演示调查方法给调查人员看，也可以由调查人员进行调查，事后由督导进行讲评。在使用新调查人员的时候，陪访是一种非常有效的培训方法。

7. 事中讲评

对于连续性的调查项目，除了调查开始前的培训之外，还应当安排中途的调查效果讲评，由督导对一个阶段的调查情况进行总结，同时调查人员之间相互交流调查心得。连续性调查一般在各个阶段的要求有一些变化，利用中途讲评的机会正好进行这方面要求的调整。

4.6.4 调查人员的分类培训

调查人员又分为两类，一类是新入职的调查人员；另一类是公司原有的老调查人员。两者的培训内容和重点有所不同。

1. 老调查人员的执行培训

在基础培训、操作培训和项目培训中，老调查人员通常只进行项目培训。但还要重点进行抽样方法培训和调查方法培训。抽样方法培训是使调查人员对入户、拦访或电话访问中所采用的具体的抽样原则有明确的认识，并在实地工作中按原则实施；调查方法培训则以讲解具体的调查内容为主，统一调查人员对每个内容含义的理解和问法，统一数据的记录方式。

2. 新调查人员的执行培训

新调查人员除完成老调查人员应接受的培训项目，还需要进行“双基”(基础知识和基本素质)的培训，以尽快提高个人职业素质，熟悉企业环境，了解行业规范，掌握调查工作所需的操作技能。新调查人员的培训内容一般包括：①公司概况和规章制度；②行业规范和相关法规；③调查工作的流程和操作规程；④团队精神和合作意识；⑤语言交流和沟通协调技巧；⑥调查专业方法和操作技巧。

如果调查时间要求比较紧迫，无法进行系统的入职培训时，企业也可以通过在职培训对新员工进行培训，如指定资深调查人员、督导人员，采用“传帮带”的形式，吸纳新员工参与项目实际操作，在实践中进行指导和现场培训，或者由人力资源管理部门派专人对新调查人员最初几次工作进行观察，将他们在实地操作中存在的问题及时反馈给他们。新员工培训结束以后，公司相关部门应组织考核，向考核合格的新员工发放《培训证明书》，以证明和确认此调查人员已具备参与调查项目工作的基本能力，同时也是对新员工入职的一种褒奖和激励。

4.6.5 督导人员的培训

督导人员一般是公司固定和长期聘用的资深调查人员，他们熟悉公司文化和环境，熟悉调研项目的运作流程，谙熟调查方法和技术规范。因此，对于重复性、经常性的项目，他们不必经过专门培训，通常按照公司编写的《督导工作手册》执行即可，但在以下情况下，在委托调研项目执行前，调研企业也需要针对项目对督导人员进行重新培训：①公司从未接触或很少承揽的项目；②委托调查的内容涉及大量敏感性内容；③项目需要使用的调查技术比较特殊；④特殊行业或较复杂的专业领域。

对督导人员的培训主要由项目经理或总监负责。一般包括：①信息(项目)保密制度；②项目预决算控制；③访问调查人员的培训和管理技巧；④与客户、研究人员、访问调查人员的沟通技巧；⑤项目进度控制；⑥项目质量管控点和控制标准；⑦数据统计技术；⑧信息和问卷复核审查技术。

4.7 其他准备工作

4.7.1 调研项目研讨

调研企业确定项目实施的负责人(项目经理或总监)和调研项目团队的人员名单后，公司业务负责人通常会召集项目策划部门、数据研究部、客户部等相关部门，与项目经理(总监)一起，对调研项目及合同计划进行详细研讨，以期对项目有更加全面深刻的理解，并就项目未来的运作方式和实施要点达成一致，明确各方面应做好的准备工作，建立职能部门之间、职能部门与调研项目组之间的沟通机制，为项目的执行和部门协作奠定基础。研讨的主要内容如下：①客户需求和调研项目的目标；②调研项目的要点和难点；③各部门的准备工作事项和完成时间；④各部门的项目联络人和负责人；⑤项目决策、沟通机制和分工协调方式；⑥实施过程的信息反馈机制；⑦调研小组的管理；⑧可能出现的意外情况及控制方式。

4.7.2 计划反馈与认定

调研项目小组在规划实施方案和工作日程，拟出执行计划草案后，还需要呈报调研企业业务负责人(一般是公司的项目总监，负责业务的副总经理、总经理)，由业务负责人召集主要职能部门(通常包括项目策划部门、数据研究部门、质量管控部门和财务部门)，对调查执行计划进行审议，并进一步听取相关部门和研究顾问的意见，最后由业务负责人签字审批。执行计划审核的主要内容如下：①调查执行计划是否与调研计划保持一致；②实施方案和工作日程的安排是否合理；③人财物力的预算及分配是否合理；④调研活动的各个关键环节是否建立了明确的质量控制标准；⑤项目工作量在时间(日程)上的分配是否均衡；⑥抽样方法及其操作是否具有良好的可控性；⑦调查方法及其操作是否具有良好的可控性。

经修订、审批后的执行计划，还需由客户部或调研项目组再次交给委托客户审阅，并与客户进行充分沟通，详细说明调研执行计划的各项内容，由对方确认无误后签字认可，最后才能交调研项目组具体实施。

4.7.3 下达工作任务书

1. 工作任务书的作用

工作任务书通常是指由上级下达或上下级共同确认的，对未来工作的具体内容和相关规定的描述。工作任务书界定了任务下达者和工作承担者双方的责权利，工作任务书实质上是一种工作合同，一旦经双方签字认可，将取代此前双方有关工作的任何书面或口头的承诺。项目小组成员的职能岗位和分工确定，调查项目实施的全部准备工作完成后，调研项目团队的负责人将每个调研小组或项目团队成员的工作任务编写制作成书面的调研工作任务书，通过下达工作任务书，将项目执行工作逐一分派给所有参与调查项目的工作小组或项目团队成员。

工作任务书在项目实施中具有多重作用。首先，工作任务书可以让调查人员或小组明确自身在项目实施过程中的位置，明确工作的要求和相应的权力、责任、义务和利益；其次，可以提醒自己或小组把握工作节奏，控制工作进程；再次，工作任务书中所载明的工作标准和规范，可以促使工作承担人进行自我检查，努力按时、按质、按量完成工作任务，并避免团队成员或工作小组之间职能交叉混乱的情况；最后，工作任务书也是任务下达者对工作承担者的业绩考核和奖惩依据。

2. 工作任务书的内容

一份完善的调研工作任务书，应包括以下内容：①调查项目名称和编号；②任务下达人(部门)和任务责任人(小组、部门)；③调查任务类别；④调查任务目标/阶段目标；

⑤调查任务内容和范围，其包括需要搜集的信息内容、日程安排、区域安排、调查对象、调查方法与工具、抽样比例与数量、日访问量等；⑥调查任务起始和完成时间；⑦任务完成标准(验收质量标准)；⑧内部检查点和验收办法；⑨工作规范和要求；⑩工作完成条件(前续部门和输入信息)；⑪资源需求；⑫绩效考核及奖惩标准；⑬成果、成果形式和报送(输出)对象。

工作任务书格式示例如表 4-8 所示。

表 4-8　调查工作任务书

啤酒消费现场问卷调查 工作任务书			
编号：PJDS-0013			
项目名称	××啤酒消费调查	项目编号	DS-0083
任务名称	啤酒消费现场问卷调查		
任务类别	□策划组织　□培训　□设计　■实施　□统计　□研究		
开始时间	2012 年 4 月 11 日	结束时间	2012 年 4 月 20 日
任务目标	了解消费者对××啤酒的消费感受和意见		
任务内容和范围	调查内容：见调查项目表和调查问卷 调查对象：××啤酒当前消费者 调查区域：××酒店 抽样计划：现场消费××啤酒的顾客 400 名 调查方法：现场发放和回收调查问卷 调查工具：消费者访问问卷，小礼品 日程安排：每日完成问卷访问量 40 名		
工作规范和要求	1. 向顾客详细说明问卷填写要求 2. 现场检查问卷是否填写完整 3. 被调查顾客不得重复或参加过类似调查		
内部检查点	1. 4 月 15 日前至少完成 60%的访问量 2. 4 月 19 日完成问卷汇总和统计报告		
任务完成验收标准	1. 问卷回收率不低于 78% 2. 问卷有效率不低于 80% 3. 4 月 20 日前完成 400 份有效问卷的整理、汇总 4. 4 月 20 日前按标准规范录入数据		
验收办法	1. 调查督导对问卷进行复核和审查 2. 项目助理对统计报告进行评审验收		
绩效考核及奖惩	1. 回收问卷有效率低于 80%，每 1%扣罚 10%业绩奖 2. 回收问卷低于预定数量，每份扣罚调查报酬 30 元 3. 每提前 1 日完成调查工作，增加 1%业绩奖		
资源需求	1. 调查人员 4 名，统计人员 1 名 2. 调查期间交通、误餐及工作补助每人每日 20 元，共 1 000 元 3. 配属录音笔 5 支，照相机 1 部		
调查工具	调查问卷	信息输入部门	项目策划部
成果形式	统计报告	成果输出对象	市场研究部
任务下达人签字		任务承接人签字	
日期(时间)：			

工作任务书由项目经理与项目小组或团队成员双方签字后，项目小组和调查人员可按任务预支部分调查费用，领取调查问卷、调查用赠品、工作表单和调查所需的设备工具。

➢思考与讨论

1. 试根据第3章思考题中“××城市旅游形象调查”方案设计的相关内容，撰写一份市场调查执行计划。重点完成下列工作：

(1)撰写项目任务日程表；

(2)制订质量控制方案；

(3)进行工作量预算；

(4)撰写一份工作任务书。

2. 项目执行的培训在调查项目实施准备中有何意义和作用？

3. 如何遴选和组织项目团队？

第5章

项目实施过程管理

市场调研项目的实施从各部门(职能小组)主管向项目团队人员下达工作单开始，直到所有实地调查活动完成，调查数据录入完毕和资料封存归档为止。对项目实施过程进行管理的主要目标是确保项目进度和实地操作符合调研执行计划的要求和质量标准。项目实施过程管理主要包括了项目操作过程中的现场实施与进度控制、调查人员的管理、调查技术的操作管理、现场管理和督导、异地执行、质量控制、调查资料的审核与复核、数据预处理、客户沟通、费用和薪酬结算等方面的内容。下面我们将逐一分析各个环节的操作要点(其中调查信息审查与复核、数据预处理两部分将在另一本著作中详细说明)。

5.1 现场实施与进度控制

现场实施是市场调查的基础工作。通过严谨、规范的现场实施所获得的客观数据和资料，是进行市场研究和数据分析的前提，是完成市场调研项目的基本保证。但现场实施又是一个在多变状态下的信息收集过程，其工作环境面临着内部和外部的各种干扰因素。因此，必须精心、全面地规划实施工作，统筹安排现场实施的各个环节，准确、有效地控制实施进度。

5.1.1 现场实施的部门

在多数的市场调查公司里，无论采用职能式还是矩阵式项目组织方式，现场实施都主要涉及以下三个部门或者职能小组。

1. 调查执行部门(组)

调查执行部门(组)主要负责现场实施的具体工作。它的主要成员是调查组长(现场主管)和执行各类项目的调查人员。调查组长的职责是负责现场调查工作的调度和直接管理调查人员，保证调研项目按进度计划的正常运作；调查人员是进行实地访问、问卷发放回收、观察记录的操作人员。许多调研公司根据调查人员的工作经验和业绩，把其分成不同的级别。有的调研公司把调查(访问)人员分成初级、中级和高级；有的公司则分为见习调查员、一级调查员、二级调查员、三级调查员、资深调查员；等等。见习调查员一般承担一些简单的、辅助性的工作，如问卷整理、资料归类等；一级调查员担任高级调查员的助手，承担如访问记录、现场录像之类的工作；二级以上调查员一般要独立负责某个环节的操作工作，如上门访问、组织小组座谈等；资深调查员(高级调查员)还可以参与项目的管理，协助调查组长(主管)管理调查人员队伍甚至和客户进行沟通。

2. 质量管理部门（组）

质量管理部门(组)的职责是保证调查人员按照既定的标准和要求执行实地调查工作，确保收集的数据真实准确，符合分析的需要。它的主要成员是各级和各类项目督导人员。督导人员通常在资深调查员或研究人员中产生。许多调研公司根据调查人员的工作经验和业绩，把督导人员分成助理督导、督导、资深督导等不同的级别。又将其按工作职责分为项目督导、抽样督导、执行督导、复核督导、统计督导。项目督导的职责是对整个项目的流程进行监控，跟踪项目进度，指导实施工作，协助项目经理或调查主管工作，特定情况下可以代行项目经理的职权；抽样督导负责具体抽样方案的设计，全面负责抽样框和访问场地的管理；执行督导独立负责项目实施过程和现场的管理，指导和监督调查人员按预定方案访问调查对象，保证收集的数据客观、真实、准确；复核督导主要负责对现场采集的数据进行规范性的检查，发现现场工作中可能存在的影响数据质量的问题，如问卷遗漏、填写错误、对象不符等，及时反馈给项目小组和调查执行部门；统计督导主要负责对经过复核的资料和数据进行清理、归类、入档，同时监督资料的编码和录入。

3. 项目策划部门（组）

项目策划部门(组)是项目实施的核心部门。它负责对调研项目进行规划和设计，与客户进行接洽和签订合同，制定各种调查工具和实施规范，并管理现场实施的各项人财物资源，为现场实施提供技术支持。它的主要成员有项目策划经理(主管)和项目策划员，他们通常从资深督导中产生，或由公司高薪聘请具有丰富经验的专业人士担任。项目策划经理主要负责调研计划的制订、执行方案的审核、现场实施资源的审批和部门建设工作；项目策划员负责具体实施方案、调查工具的设计和客户沟通，全面负责调查人员的管理，包括招聘、面试、培训、考核、使用和评估等，项目策划经理和项目策划员一般不分级，通常由项目总监(经理)直接管理。

5.1.2 项目实施的具体工作流程

各种市场调研项目的具体内容不同，在调研目标、抽样方式、调查方法、实施的手段等方面会存在差异。但是项目现场实施的工作步骤是基本相同的。无论什么项目，其工作流程大致可以由以下几个环节组成。

1. 召开项目准备会

项目准备会通常由调研项目经理(总监)主持，项目团队全体人员参加，由策划部门和质量管理部门对项目和执行方案进行详细介绍，使各级调查人员、督导人员充分了解项目，充分理解项目经理下达的工作任务书。准备会议上，全体参与人员必须明确下列各项事宜。

(1)项目背景。其主要包括项目背景、调研目的和客户需求等，能够帮助各实施人员深刻理解项目，从而更加顺利地执行项目的具体工作。

(2)基本任务。其主要包含项目执行方法、样本抽取要求和方法、样本大小和配额要求、现场场地要求及该项目的特殊要求。

(3)日程安排。其主要包括现场实施和完成的时间要求，现场信息的反馈时间和方式，陪访、培训、试访的时间等。

(4)调研工具。其主要包括各种调查工具如问卷、访谈表、观察表的使用要点和注意事项，各种调查工作流程用的表单、统计表格的使用方式。

2. 现场工作准备

做好准备工作对项目的顺利实施十分重要。一般情况下，项目实施的准备工作包括三个方面，即文件准备、物品准备、场地及设备准备。

1)文件准备

文件准备通常是指需要事先打印或印刷好的文件，主要包括以下几种。

(1)调查工具。无论问卷、访问单还是现场记录表、观察表，在印刷前都需要重新确认其内容和准确性，如文字正误、清晰度、页码、排版等。一般情况下调查工具通常采用 A4 纸印刷，印刷问卷的数量应比预定样本量多，通过回收率可以估算出实际的印刷量，以作调查备用。条件允许时可采用彩色印刷，使用不同颜色的纸张或者不同颜色区域来区别表单的内容，使调查表单看起来更加悦目，且能有效地提示调查人员在何种情况下填写。

(2)示卡。示卡是向调查对象出示供其参照和选择的图片或文字资料，通常设计成单面印刷的卡片。为方便各种调查对象的阅读，文字示卡要采用较大号的印刷字体，图片示卡要附有文字说明。

(3)督导和调查人员指南。督导或调查人员很难通过 1～2 次培训记住项目操作流程的全部细节或注意事项。因此，需要向每个督导或调查人员提供一个工作指南，起到提醒和指导的作用，确保他们按照规范完成项目操作。督导和调查人员指南由项目策划人员设计并统一印制。督导指南主要内容包括：①执行日程；②样本量及抽样方法；③调查操作流程及要求；④质量控制标准；⑤工作表单格式；⑥注意事项。调查人员指南主要内容包括：①样本量及抽样方法；②调查操作流程及要求；③问卷结构和跳转规则；④调查表单填写规范；⑤每道问题的详细解释；⑥工作表单格式；⑦注意事项。

(4)抽样地图和抽样单位名单。抽样地图和抽样单位名单由抽样小组负责编制，主要提供给督导和调查人员，以便准确、快速地找到既定的调查对象。抽样地图和抽样单位名单是配合使用的。抽样地图实际上就是在抽样区域的放大地图上标出调查对象所处的位置，并逐个编号，抽样单位名单就是按编号列出调查对象的相关信息。

(5)工作表单。工作表单是统一编制的，是用于详细记录实施的各环节相关信息的文档表格，可以使调研活动的管理人员随时了解工作进度和执行情况，检查实施质量，还能作为考核和统计项目参与人员的工作绩效的参考和依据。调查公司中常用的工作表单有培训考勤表、工作会议签到表、访问统计表、问卷收发统计表、项目进度表、资料验收表、复核记录表、督导记录表、个人执行总结等。

(6)身份证明文件。其主要用于帮助调查人员向调查对象证明合法身份，树立调查人员信心。常用的有身份证、调查人员证、名片、介绍信。调查人员证和介绍信的版面设计应大方、严肃、简洁，并加盖公章及标明有效期限。

2)物品准备

物品通常是指与调查相关的所有实物和设备。这一部分的准备工作相对比较繁琐，需要项目参与人员在实施前一一列出并准备完毕，并由专门人员(策划员或督导员)进行认真检查。

(1)礼品。礼品通常是在访问结束后为表示对调查对象的感谢而准备的。一般会根据访问时间的长短或难易程度不同准备不同价值的礼品。同时也要注意根据调查对象的喜好不同准备不同种类的礼品。礼品的准备要求：一是实用并且是消费者普遍乐于接受的；二是方便调查人员的携带，且耐用长效或体积较小的。

(2)调查人员证。不同调查公司的调查人员证的风格不同，但其大小通常与名片相似，都应包括以下内容：①公司名称；②调查人员姓名；③职务；④调查人员照片；⑤调查人员编号；⑥公司章。

(3)相关测试用品。有些调研项目如产品包装测试、口味测试和产品使用效果调查等都需要用到相关的测试用品。调查人员在实施前要按计划领取并提前做好这些用品的准备工作。调查中要注意做好两项工作：一是核对测试品的型号和数量；二是向调查对象出示产品的相关合格证明(如生产合格证、质检证、卫生检疫证明等)，消除调查对象试用的顾虑。

(4)访问工具。为使调查顺利进行，项目开始之前督导要提醒调查人员准备好必需的工作用品。其包括笔、访问夹、手表、手提袋、电筒、零钱等。

3)场地及设备准备

在调查操作过程中，经常需要用到各种场地和专业设备，项目策划部门要提前准备好这些场地和设备。

(1)定点实施访问场地。其主要用于定点访问或街头拦截访问，街访场地既要靠近热闹街道以保证拦截量，又要相对独立，比较宁静而不受干扰，街访场地通常会选择安排在闹市区的餐厅、超市的员工工作室、饭店候客区、学校教室等。在安排场地时要注意充分利用场地进行合理布置。定点拦截访问场地的设置一般分为以下三个区域：①拦截点，拦截调查对象的街区或区域，应设置在人流量大的区域或通道交叉口。②控制台，完成甄别质量、控制配额、问卷审核的场所，应配备足够的桌椅，准备好配额表、甄别问卷及笔。③访问室，调查人员实施拦截访问的独立空间，也是街访布置的重点。其设置必须达到拦截访问的要求，即调查对象在接受访问的过程中不受干扰，不能接收到其他调查对象受访的讯息。因此，在场地布置时应保证每个访问区应有足够的空间和良好的隔音效果，如使用屏风间隔各个访问区、桌椅交错摆放等。

(2)焦点小组访谈场地。为保证调查主持人可以自如连贯地主持焦点小组访谈会，访谈会场地要力求环境安静、隔离干扰、通风良好、干净舒适、陈设整齐，营造舒适、柔和、轻松的氛围。焦点小组访谈会场地的设置包括以下三个区域：①会议室，包括10人以上的会议桌椅、小食品、白板及书写工具。此外，会议室必须保持安静不受干扰，无其他无关人员进出，不摆放与项目有关的产品，不用与项目相关的产品作接待物品。②监控室，配置单面镜、同步录音和录像设备，以及足够的茶几、沙发、食品、纸笔。监控室的同步录音和录像设备必须事先调试准备好。③接待处，用于调查对象受访前等候和休息，以及督导做现场甄别的场所。应有明确的指示牌，配置足够的茶几、沙发、茶水、报纸杂志，并有接待人员引导入座。营造轻松、活跃、井然有序的氛围。

3. 实施控制

实施控制是现场工作的核心，也是决定调查质量的关键。调研项目团队应围绕这一阶段全力以赴完成以下步骤：①现场监控与协调；②进度控制与报告；③问卷发放回收和审核；④调查信息复核；⑤调查失误的处理；⑥异地执行管理。我们将在下面分别详述这几个方面工作的内容和要点。

4. 执行总结和收尾工作

这一阶段的主要工作是调查资料整理归档，对执行情况进行总结，评价项目人员业绩，结算相关费用，大致包括以下几个方面。

1)撰写执行报告

调研项目现场实施工作结束后，调查执行小组(部门)主管和质量管理部门主管(项目督导组长)要分别组织小组人员对项目工作进行总结，写出项目执行报告和项目督导报告，呈报项目经理和公司高层，该报告同时作为该项目的材料存档，必要时也作为调研报告附件呈交委托客户。

通常，一份项目执行报告主要包括以下几个方面：①项目名称；②项目执行方案；③工作要求；④抽样执行及有效样本量情况；⑤现场实施情况；⑥数据审核和复核结果；⑦补充调查及数据补缺情况；⑧进度控制和完成情况；⑨突发事件的处理。

一份项目督导报告主要包括以下几个方面：①项目名称；②质量控制和项目督导方案；③督导人员的配置和分工；④抽样督导的执行及选样控制情况；⑤执行督导工作情况；⑥复核督导工作情况；⑦统计督导工作情况；⑧现场督导的总体效果；⑨突发和意外情况的处置。

2)项目团队人员业绩评价

项目完成后，要对参与项目的全部人员进行工作评价，评价包括工作职能小组(部门)的评价和个人工作业绩评价，评价结果应归档，并作为核算项目参与人员的报酬，员工奖惩、升迁的依据。

业绩评价通常采用定量与定性相结合的方式，定量方法是依据工作任务书和既定的工作考核指标，逐一对照和计算工作量完成情况。定性方法是对项目团队成员实行 360 度评价，即由本人、上级、小组同事、其他部门(有客户沟通工作的还包括客户代表)对员工进行评价。

业绩评价的内容主要包括以下几个方面：①工作完成数量和完成率；②工作时间，即工作是否如期完成；③工作完成质量，即是否按照要求完成、技术水平、项目执行的难度；④工作态度；⑤协作配合程度。

必须注意的是，业绩评价必须既考虑数量又考虑质量，才能真正全面考察和确定调查人员的工作实效。因为对于现场工作来讲，不但要求调查人员能够完成规定的工作，更需要调查人员能够投入精力，一丝不苟地进行工作。此外，评价结果应存入调查人员档案，并向调查人员及时反馈评价结果，以利于其改进工作。

3)费用结算

项目收尾后，首先，各职能小组(部门)要对项目开支情况进行统计汇总，归集各类费用票据，由项目经理(总监)统一与财务部门办理结算手续，结算各类人员的劳务费和相关工作费用。其次，项目总监和职能小组要对项目各环节的实施费用进行统计分析，检查实际开支是否与预算相一致。如果存在差异，要分析差异的原因。这对于调研企业今后的项目预算、项目的报价和费用控制都具有积极意义。最后，结算各类人员劳务费的同时，兑现相关奖惩，奖勤罚懒，真正发挥激励机制的作用。

4)项目档案整理

为规范化管理，在每一个项目结束后，要建立相应的项目档案。项目档案管理对于调研企业最大的意义在于，它是项目团队工作智慧和调研经验积累的成果，也是培训未来调查人员的最好的案例和材料。项目档案应该实现标准化和规范化管理。项目档案内容通常包括：①合同和调研计划；②执行方案；③执行过程中各类工作文档；④执行报告；⑤与客户的往来信函和传真；⑥调查工具和表格规范；⑦培训和各类工作会议纪要；⑧调查原始记录和调查材料；⑨统计数据表和统计分析报告；⑩调研报告；⑪工作中各类视频、录音、照片等资料；⑫调查过程中使用的示卡和其他辅助用品；⑬项目预算和决算资料；⑭费用开支记录。

5.1.3 现场监控与协调

项目实施中，现场监控与协调工作通常由项目经理(总监)、各调查组组长、项目督导、策划经理来完成。项目执行监控包括定期检查和临机处理两种情况。各部门(职能小组)的经理或主管要根据工作任务书检查实施情况和进度，并与项目总监、公司高层和客户保持密切联系，在调查内容需要调整时及时做出反应，根据项目的实施情况下达工作变更通知单，对项目的实施进程进行调整。项目督导和协调小组要对各个职能小组的工作进度进行检查和监督，以保证调研项目的操作质量和按时完成。项目助理和项目督导则负责现场工作的协调和临机处置，如遇到突发情况或意外事件，项目助理或督导可与调查小组组长(主管)临时商议，协同解决。紧急情况下，项目督导有权临时决定和处理现场执行中发生的问题。

项目现场监控受多方面因素影响，如地址、人员、对象、气候、节假日等，为保证进度顺利进行需做好工作计划和准备应变措施，一般可以从以下方面入手。

1. 抽样管理

定期检查抽样结果和进度情况，严格要求调查人员按抽样方案和标准选择样本，及时补充抽样名册。

2. 调查人员管理

制定最低工作量要求和最大工作量控制，制定弹性付酬劳务费标准，做到奖优惩劣；根据各个调查人员的实际能力，合理分配工作量；规定明确的调查完成时间，培训和准备后备调查人员，以防止人员意外流动影响调查进度。

3. 环境监测

制定调查应变预案，建立调查环境监测机制，随时留意任何有关项目的市场信息、气候和社会氛围的变化，及时应变。

4. 实地监控

通过入户项目的陪访、定点街头访问的巡视、店铺观察等多种方式，让督导参与到现场的访问过程之中，从而积累项目管理控制的经验，寻找更加合理的控制项目的方法。

5.1.4 进度控制与报告

一个调研项目的实施安排不是简单地把调查工作量平均分配到规定时间段内，它既要遵循调查人员对项目熟悉循序渐进的规律，也要确保所搜集的信息覆盖市场的各种状况和变化，还要保证现场实施有计划、平稳地进行。因此，进度控制特别是调查数量的时段分配和控制是调研工作中一项比较复杂的工作，一般来说应遵循下列规律。

1. 总体时段控制

在一个项目的实施周期中，进度的控制应遵循慢—快—慢的节奏。通常在项目开展初期，调查人员需要适应调查环境、熟悉调查工具的应用、掌握访问技巧，所以进度可适量放慢，一般完成样本量的30％；在项目开展中期，调查人员对调查工具和环境已经熟悉，也掌握了相当的操作技巧，进度可以适当加快，通常可以安排50％以上的调查工作量；在项目开展后期，可能会涉及调整配额、数据审核、补充调查等工作，应安排较少的样本量，20％～30％即可。

2. 具体时点控制

调查的具体时点的选择必须结合调查对象的活动规律和时间安排。例如，对普遍的消费者家庭，不同的时间段留在家中的人群是不同的，白天大人、小孩少，老人多；工作日在家的人少，周末在家的人多，所以要根据调查项目选择不同的时间段进行访问，最佳的访问时间往往是周六及周日，样本偏差相对较小。如果针对单位进行访问调查，则正好相反，工作日在岗人多，周末在岗人少，周一至周五上午应该安排较多的调查工作量，节假日则不宜安排访问。

3. 进度汇报

对调研项目的进程进行控制的方式很多。例如，项目进程中定期召开部门(职能小组)负责人联席会议，要求各调查执行小组负责人定期提交进度报告，定期进入各个调研小组进行实际考察，召开调研小组经验交流和工作汇报会等。一般在项目执行过程中，调研项目督导必须定期向项目经理汇报进展情况，提交进程控制报告。其内容主要包括：①实际完成样本量及样本配额量情况；②调查成功率、回收率、样本有效率等；③各调查人员实际工作数量；④资料审核和汇总情况；⑤改进建议。

进程控制报告的目的是让项目经理时刻掌握项目的动态，能够在需要的时间里向客户汇报情况。同时还能够及时发现项目执行过程中可能会出现的问题，找到解决的方法。

5.1.5 问卷发放和回收

采用问卷调查的项目，通过对调查问卷发放与回收的数量和时间的安排，以及问卷审核与处理，能够更有效地做好项目管理控制工作。

1. 问卷发放及回收的时间控制

首先，在安排问卷时，要有明确的时间要求，即明确各个时间段应完成的问卷数量、具体的收发时间；其次，问卷发放、回收的时间应固定在某一时间段，这样有利于培养调查人员准时交卷的习惯，同时也不会影响到其他职能组(部门)的工作安排；最后，对于时间短、任务急的项目，可以每天设定问卷的收发时间和数量，有利于督导及时掌握进度和配额。

2. 问卷发放及回收的数量控制

问卷收发数量的控制需兼顾两方面要求，一是调查人员的实际能力，要测评其在有效工作时间内能否完成发放的数量，超负荷要求极易导致作弊；二是每个调查人员的完成量应尽量平均，防止出现某个调查人员因访问数量过多而敷衍了事的现象。

5.2 调查人员的管理

调研项目实施的主体是调查人员，调查人员工作的好坏直接影响现场实施的质量。因此，调查人员的管理对项目现场实施的质量至关重要，同时也是决定市场调研公司现场执行能力高低的重要因素。这里我们将着重讨论调查人员管理的基本原则、工作的重点、主要内容和方法。

5.2.1 调查人员管理的基本原则

调查人员管理的基本目标是规范、高效、全面、统一，调研企业对调查人员的聘用和管理应坚持以下几个基本原则。

1. 规模合理

应根据调研企业营运计划和业务需要，确定合理的调查人员数量和准备相应的培训、工作的配套设施。保持调查人员的合理更新和流动，保证调查队伍具有适当的规模和较高的职业素质和专业水平。

2. 规范统一

调查人员的招聘、培训、管理等应集中进行，调查人员的仪态、语言、行为有统一的要求，日常工作有严谨的规范，项目执行有科学的标准和制度。确保调查达到公司制定的项目工作的质量要求。

3. 各尽所长

根据每个调查人员的优势、专长进行聘用和选拔，有良好的管理激励机制，使调查人员人尽其才，发挥特长，并与公司建立较为长期、稳定的工作关系。

5.2.2 调查队伍的工作周期管理

1. 定期休整

调查人员操作经验的积累需要时间，但长期操作访问项目容易因厌倦而降低热情，发生工作“钝化”，降低项目操作的质量。因此，需要注意合理安排调查人员参加项目的时期。每位调查人员因其自身心理和生理条件的差异，其工作生命周期会因人而异，通常调查人员的工作周期是 2.5～3 年，而连续参加同一类型项目的时期不宜超过 4～6 个月。因此，对于调查人员应建立定期休假制度或安排其他的工作。企业应建立调查人员的个人工作档案，有意识地采用轮休的工作制度。

2. 定期筛选

调研工作尤其是现场实施工作，调查人员承受的工作压力和挫折感比较强。多数调查公司通常每隔 6～18 个月，要对现有调查人员进行综合考评，进行业绩排位，辞退不符合要求的或业绩太差的调查人员。这是保持调查队伍执行力和积极性所必需的，也是促进员工队伍优胜劣汰的有效手段。详见“5.2.4　调查人员考评管理”。

3. 定期补充

调查人员队伍的建设是一项长期的工作，要切实保证每一项目的调查人员的质量和数量，需要做好人才的储备和定期的补充，许多调查公司都长期接受调查人员的报名应聘，经常安排各种基础培训，以保证足够的后备人力资源。

5.2.3　调查人员日常管理

调查人员日常管理工作主要包括以下几个方面。

1. 调查人员资格证书管理

通常新入职的调查人员经过基础培训、试访并通过考试后，会获得调查公司发放的调查人员资格证书。它是用以证明调查人员具有从事市场调查访问资格的“内部上岗证明”。调查公司对调查人员资格证书的管理主要有以下几个方面。

(1)发放条件：调查人员接受系统的基础培训，并且通过考试后 1～2 周内。

(2)有效期：一般调查人员资格证书的有效期为一年。期满后需重新考核认定。遗失可申请补办。

(3)企业可视调查人员的工作表现延长有效期，也可立即收回。

2. 调查人员的合同管理

调查人员经过培训、试用并通过考核后，调研企业应与调查人员签订聘用合同，按照国家相关规定为调查人员缴纳“五险一金”。国外有些调查公司还为调查人员购买部分商业保险和特种保险，让调查人员安心工作，提高员工的稳定性。

3. 调查人员的工作管理

市场调查是一项严谨而艰苦的工作，要求调查人员具有勤奋踏实的工作态度、认真严格的求实精神和良好的职业道德，其工作过程中还会涉及委托客户不允许泄露的商业机密。因此，调查公司除与调查人员签订劳动合同之外，还会与调查人员签署有关工作纪律方面的协议，要求调查人员严格遵守公司规章制度和行业规范。这些协议主要包括调查人员工作守则、保密协议和项目工作协议。

1)调查人员工作守则

调查人员守则是对调查人员素质的基本要求。其内容主要有：①调查人员应遵守的职业道德和行为规范；②调查人员应具备的职业精神和工作态度；③调查人员应具备的基本素质和从业能力；④公司劳动纪律；⑤公司人事管理制度(薪酬、晋升、奖惩、考勤、考绩等)；⑥调查工作流程；⑦工作要求和工作纪律(如按时交卷、服从调度、尊重督导等)；⑧其他条例。

2)保密协议

客户非常关心其商业信息的保密性。他们通常要求市场调查公司为其保守商业秘密，尤其不要向竞争对手泄露商业秘密。因此，调查公司通常要与调查人员签订保密协定。严格规定调查人员不能在实施过程之外谈论与调查工作或客户有关的内容，调查人员对调查对象的个人资料、客户商业信息和数据、调查公司的内部管理资料也要承担保密义务。

3)调查人员项目协议

在实行矩阵式即独立项目小组模式的调查公司中，调查人员在加入项目小组时，需与项目负责人(项目经理)签署关于该项目工作的特殊协议。项目协议实际上是一种“项目工作合同”，它规定了调查人员在项目组中的角色和工作内容，并界定了项目经理与调查人员之间的权责利关系。项目协议的内容通常包括：①工作时间；②工作任务和内容；③工作量定额；④计酬(劳务费)标准；⑤项目风险金额度；⑥工作要求和考核标准；⑦工作纪律(相当于前述工作守则和保密协议的附加条款)。

4. 调查人员档案的管理

调查人员档案是调查人员进入公司后基本情况和工作经历的必要的记载，也是考评调查人员工作业绩和决定调查人员奖惩升迁的重要依据。调查人员的档案管理是调研企业管理的重要工作。调查人员档案主要包括以下内容：①个人基本情况(调查人员登记表)；②个人身份证明(身份证和调查人员资格证)；③调查人员与公司签署的合同和各种协议；④历次参与项目的情况；⑤业绩考核和评估记录；⑥薪资标准；⑦升迁记录。

由于调查人员队伍的流动性比较大，情况变化快，应及时对在职人员档案进行整理、补充和更新(通常每半年一次)。采用计算机管理能帮助我们更高效地对调查人员档案进行系统管理。

5.2.4 调查人员考评管理

对调查人员工作绩效的评价是调查人员队伍管理和激励的重要环节。准确、客观、公正地评价调查人员工作绩效，为调查人员的筛选、升迁和发展提供标准，有效地激发调查人员工作的积极性，使调查人员队伍的建设处于良性发展。

调查人员的业绩评价涉及四个方面要素，即评估标准、评估等级、评估流程(方式)及评估结论的应用。

1. 评估标准

调查人员业绩评估标准应符合以下三方面要求：①全面。评估标准应覆盖调查人员工作的各个方面，也就是说标准必须全面。既要考虑调查人员完成项目的数量、质量，同时也要考察调查人员对每个项目的态度和工作责任心，培训成绩、员工忠诚度也应该放入评估标准之列。②量化。所有的评估标准必须是能够操作和量化的，只有可以量化的指标才能互相进行比较。③权重。评估标准的权重主要由公司的人力资源战略导向和工作项目难度来确定，指标必须有所侧重。

具体评估标准大致包括下面几个方面：①项目执行数量；②项目难度；③项目执行质量；④完成时间；⑤工作记录质量；⑥工作态度。

2. 评估等级

调研企业要依据评估的结果对调查人员进行等级分类，并与薪资标准、福利补贴挂钩，同时也与其所能承担的工作和职位关联。调查人员分等级的主要目的是激励优秀调查人员更加努力工作，淘汰不合格的调查人员，发现调查人员进一步培训的需要。

制定分级标准需要考虑以下问题：①级别适当。各个级别之间在工作环境和待遇上必须有明显的差距，这些差距必须能够体现等级间的优劣和差异，调查公司通常把调查人员分为 4～5 个等级即可。如果级别过多，会造成操作上的困难。②定义明确。每一级别必须有明确的业绩指标定义和评判标准。③结合项目。级别的评定是建立在项目评估基础上的，如果没有对调查项目的评估，调查人员的分级也就无从谈起。④以评促改。评估或评价的目的是发现调查人员在实施中存在的问题，让调查人员不断提高访问能力和技巧，提升项目的质量和工作效率，而不是简单地给调查人员一个评分和奖惩。

3. 评估方式

对调查人员的评估必须注意从多个角度进行全面评价，并保持评估工作的连续性。这样能够有效避免片面评价造成评价结果的偏差，了解调查人员的工作水平和能力是否在不断进步和提高。评估工作大致可以分为常规项目评价、项目阶段性评价、月度考核和年度考核三种形式。

4. 评估结论的应用

除了利用评估结论对调查人员进行奖惩，来提高其工作积极性外，评估结论在调研企业中最重要的应用就是调查人员的选择和有效使用。

在市场调研项目实施中，不同类型的项目需要使用不同的调查方法，而不同的调查方法对调查人员的能力和特长的要求也不相同。例如，个人深度访谈调查要求调查人员有较强的沟通能力、提问技巧和记录能力，而拦截问卷调查则要求调查人员具有较强的人际交往能力、承受挫折的能力，善于解释概念和说明问题。因此，项目经理必须要根据调研方法的要求来选择合适的调查人员。而调查人员的评估结论为其选择合适的调查人员提供了依据。在每个调研项目操作结束后，项目督导都会把每个调查人员的表现和工作情况评估记入档案。项目经理就可以很容易地找到合适的调查人选，用其所长，人尽其才。

5.2.5 调查人员的组织管理

目前国内大多数调查公司没有大规模的专职调查人员队伍，而是通过招聘筛选后，由公司资深调查人员组织培训、试访，考核合格后成为调查人员，根据项目的需要临时聘用。各调查公司对调查人员的管理大体分为两种：一种为针对个体调查人员的松散管理，其特点是公司对调查人员实行一对一管理，由公司调查执行部主管与每位调查人员建立直接联系，根据项目要求临时召集，项目培训、任务分配、项目实施、人员评定都是由调查执行部直接针对每位调查人员来实现的；另一种为公司对调查人员群体的集中管理，主要通过委托与调查人员紧密联系的外部单位对调查人员群体进行组织和管理，这些外部单位主要是各种社会组织，如学生社团、工会组织、青年组织、志愿者协会、市场调查(研究)学会等，有些发达地区还有调查人员自发形成的调查者协会组织。

目前，国内许多地区形成了一种以在校大学生为成员的，以大学生社团为依托的调查人员组织管理模式——大学生调查员中心管理模式。这种模式在市场调查实践中被证实是一种比较实用、高效、可靠的组织模式，许多市场调查公司采用这种模式建立和管理调查人员队伍。下面对其做一个简要介绍。

1. 大学生调查员中心组织及其构成

大学生调查员中心是调查公司在得到高校相关管理部门(如学生处、团委)的支持和配合后，由学生自愿报名，公司测试筛选，并经过一定培训而组建的学生社团组织。组织成员就是未来可承担项目调查工作的兼职学生，即后备调查员。大学生调查员中心一方面接受校方管理；另一方面为调查公司做兼职调查工作。对于每个项目的调查工作，兼职学生与调查公司是一种双向选择的关系。

大学生调查员中心的兼职学生可分为三个层次，即调查中心主任(会长)、调查组长及调查员。

2. 大学生调查员中心的管理者职责

1)调查中心主任

调查中心主任是大学生兼职调查员群体的组织者，也是调查公司与兼职调查员之间的纽带和桥梁。调查中心主任可由学校推荐、自荐或者公司选拔产生。其主要职责如下：①负责调查员中心的日常活动和管理工作，以及调查员队伍的维护；②吸引学生加入并负责调查员的基础培训；③与调查公司沟通、协调，接受公司的专门培训；④根据公司要求联络、选聘调查员并确认调查员在此次访问项目中能按照规定时间和要求完成任务；⑤协助项目督导组织学生到指定地点进行项目培训；⑥项目实施期间，充当兼职督导，协助项目督导工作；⑦调查项目完成后，协助公司调查核算和发放调查员劳务费。

2)调查组长

调查组长从学生调查员中产生，一般是多次承担过项目调查工作，具有较丰富的调查经验和专业能力，且具备一定的组织能力的资深学生调查员。调查组长除了同其他学生调查员一样进行调查工作外，还担负一定的管理职责，其主要包括：①协助调查中心主任组织和管理中心的日常交流、培训活动；②配合调查公司与学生调查员进行沟通、联谊及技术交流等活动；③项目实施期间，充当调查组长(主管)，负责一定区域内调查工作的实施和现场控制，相当于助理督导的角色；④项目实施期间，协助公司项目督导管理学生调查员的工作。

3)调查员

调查员是通过招募、严格筛选和经过调查技术培训的在校兼职大学生，同时也是大学生调查员中心的成员。他们利用业余时间为市场调查公司做有偿的项目调查工作。大学生也往往将市场调查看成一种性价比较高的勤工助学活动。

3. 大学生调查员中心的管理

调查公司应把大学生调查员中心看做企业的人才培养基地和形象宣传渠道，多与之进行互动交流，提供经费投入，支持其开展活动，促进其良性成长，让更多的学生了解、认知大学生调查员中心。一方面，加强大学生调查员中心的凝聚力，让兼职大学生不仅得到一份打工的机会，而且更多地感受到调查公司和大学生调查员中心的关怀，并以成为其中一员而骄傲；另一方面，为企业选拔杰出人才、建设调查人员队伍打好基础。

大学生调查员中心的管理主要分为两个方面，即调查公司对大学生调查员中心的管理和大学生调查员中心的自我管理。

1)调查公司对大学生调查员中心的管理

调查公司对大学生调查员中心的管理，主要包括以下内容：①中心主任和组长的选拔；②中心主任的沟通和培训；③调查员中心日常活动和交流的支持和赞助；④中心主任和调查组长的工作评估；⑤大学生兼职调查人员的培训组织。

2)大学生调查员中心的自我管理

大学生调查员中心的自我管理，是大学生调查员中心主任和组织者在调查公司的支持下，按照公司的一些规章制度及要求，协助公司对大学生兼职调查员的管理。除此之外，中心主任还要定期、不定期组织兼职调查员进行调查技术的学习、调查技巧及经验的交流，组织调查员的联谊活动，以增强大学生调查员中心的凝聚力和成员对公司的归属感。

5.2.6 调查人员的培训

培训是调查执行前必须进行的准备工作之一，也是所有调研项目实施的重要阶段。它关系到调查人员能否准确地理解和把握调研项目，能否按照项目的要求去获取信息，调查取得的资料是否真实可靠。项目执行前的培训主要包括项目培训、模拟、试访、陪访及再培训五个方面的内容。

1. 项目培训

项目培训的目的在于让调查人员了解调研项目的有关要求和正确的访问操作规范，进一步明确调查纪律和操作要点，使所有调查人员都能以统一的标准进行访问和观察，保证调查结果的准确性。

1)参与条件

参加项目实施培训的调查人员必须是已经接受过专业的基础培训，过去参与过项目调查的实际操作。

2)培训要求

除特殊原因外，所有项目相关人员必须由始至终参加整个培训，其包括听课、模拟、试访、小结等。

3)分组培训

培训应当分组或分级进行。如参与项目调查的人员能力和经验差异较大，应安排水平基本接近的调查人员为一组，一般会分为学生组、社会组、老调查人员组、新调查人员组；如参与项目调查的人员能力和经验差异较小，可按他们在项目调查中将要从事的工作角色分组，一般分为策划及管理人员组、调查人员组、督导人员组、统计和研究员组。以便安排培训内容，控制培训速度与深度。

4)培训组织

培训通常由项目经理组织，项目助理、项目策划人员和资深督导担任讲师。一般同时安排两名培训人员，一名主讲，一名巡场。培训人员必须是参加过项目前期的初步调查和项目合同洽谈的人员。

5)培训内容

培训内容通常包括以下几个方面。

(1)相关行业的背景知识。由于调研项目可能涉及各行各业，甚至普通人平时很少接触的特殊行业，每个行业都有各自的专业知识和专门术语，多数调查人员对这些行业是不了解的。通过培训介绍一些相关的行业背景知识、行业内部情况和竞争状况，可以帮助调查人员理解调研项目的内容和每个问题的含义，也能使调查人员熟悉该行业的知识，能更好地与调查活动要接触的消费者、商家和业内人士进行良好的沟通。

(2)项目要求。其主要是指调查样本量、抽样方式、调查对象条件、调查方法、研究方式及时间进度要求，使调查人员熟悉和掌握抽样和调查的工作规范、操作技巧。

(3)项目工具。向调查人员介绍示卡、照片、测试用品等调查工具的内容和使用规范，对记录调查信息的工具如问卷、观察表、访谈表的内容和构成进行详细讲解。其中，对调查问卷的分析是重点，应着重讲解：①问卷整体结构；②每个问题的含义；③问题之间的逻辑关系；④问卷操作规范；⑤问卷使用技巧；⑥可能出现的失误处理；⑦错、漏题的处理原则。

2. 模拟

模拟是检验调查人员是否正确掌握调查工具的使用和调查访谈的正确方式的测试方法，并预先锻炼调查人员处理各种在访问时可能出现的意外局面的应变能力。模拟强调调研实际操作中方法的灵活运用。常用的模拟训练方式有以下几种。

(1)模拟访谈。由经验丰富的督导或资深调查员充当调查对象，由敲门入户、表明来意开始，向调查对象提出问题，逐题访谈，记录答案，直到完成整个采访内容，其余学员在旁边观摩，最后由督导进行点评。

(2)模拟问卷调查。根据调查项目预先设计一份简单的问卷，参加培训的调查人员使用问卷向模拟的调查对象或消费者调查，指导调查对象填写，由督导进行观察记录，然后对调查过程进行总结和检讨。

(3)模拟小组访问。受训的调查人员组成一个小组，每位调查人员分别负责访问提纲中的几道题目，逐题记录调查对象的答案，其他人补充，共同完成一次访问。通过调查人员之间的互教互学，获得调查访问的经验。

(4)进度控制模拟。在调查人员的模拟访问过程中，督导也同时通过观察和记录每个调查人员的行为表现，指导调查人员的工作，处理各种意外情况，了解和模拟如何与调查人员进行沟通并有效地控制项目进程，做好各部分的总结。

模拟训练结束后，组织者要积极引导大家去思考和自我检查，及时做好各部分小结。对一些访问技术要求较高的项目，实行一(督导)对一(调查人员)的模拟；在易出错的地方组织调查人员反复练习。

3. 试访

1)试访的作用

试访是调查人员在项目正式开始前，在小范围内尝试进行访问调查。从公司的角度讲，相当于为调查人员提供几次"犯错误"的机会，其目的是让督导或项目经理通过试访有针对地帮助调查人员找到和克服调查过程中存在的问题。试访也是检验项目培训结果的重要手段。

2)试访的分类

试访可分为模拟试访和实地试访。

模拟试访是指在公司设置一个与真实访问环境相似的场景，约请与项目规定条件相似的调查对象到这一场景中接受访问。模拟试访相对来说节约时间和费用，但是它的真实性比较低，暴露问题少，而实地试访恰好相反。

实地试访是指在公司附近寻找一块区域，让调查人员直接接触调查对象，在真实的市场环境中进行访问，完成试访问卷。

实地试访可以练习调查人员实地抽样技能和接触调查对象技能。通常情况下，如果项目难度不大或问卷不复杂，一般采用模拟试访，相反则采用实地试访。

3)试访区域的选择

试访区域通常是在公司附近的地段进行。在选择试访区域时，还必须考虑如下两个问题：①试访区域不再列入该项目抽样范围；②试访区域通常应选择人口密度较大的居民区。

4)试访总结

试访结束后必须进行试访总结。它可以分为两个内容：一是督导在每次试访结束后，与调查人员一对一地进行试访总结；二是由督导对所有试访调查人员的问题进行归类和分析，然后面向所有调查人员进行一个全面评价和总结。

4. 陪访

1)陪访的作用

陪访即由督导或资深调查员跟随陪同调查人员进行访问，来实地检查调查人员的访问态度、操作规范、访问技巧及对问卷的理解程度。并针对问题进行一对一的辅导，以帮助调查人员端正心态和总结经验，纠正访问操作技术，使调查人员按统一的标准进行访问。

2)陪访比例

陪访比例要根据项目要求来确定。通常情况下对新调查人员要做到100%的陪访，老的调查人员一般根据项目难度进行40%～60%的陪访。即使是长期性、重复性的项目，也需要根据情况安排10%左右的陪访，以防止调查人员的技术出现习惯性钝化。

3)陪访操作要点

(1)陪访督导应清楚项目原则和操作规范的每一个细节，对陪访中遇到的各有关信息及时记录。

(2)陪访前，应事先通知调查人员，但需说明陪访仅是通过了解调查人员在实际访问中的情形，总结访问经验和培训方法，不必刻意准备。

(3)访问过程中，陪访督导主要扮演观察者的角色，只在必要时候给予调查人员一定的帮助。但无原则性错误时，不要过多打断或干扰访问过程，切忌反客为主。

(4)对调查过程中出现的一些细小的失误或不当的行为，陪访督导应在事后给予调查人员一些提醒，帮助其形成良好的工作习惯。

(5)在陪访过程中，如出现调查人员不会处理的局面时，陪访督导应亲自示范解决。这样可以使调查人员加深印象，从而提高自身的访问技巧。

(6)在陪访结束后，陪访督导先让调查人员自己谈谈访问感受和操作难点，及时与调查人员做交流和总结。

4)陪访观察要点

在陪访过程中，陪访督导主要观察以下几个方面：①调查人员基本的访问技术，如地址表的记录、入户技巧、场面控制、读题、示卡及做记录的规范等。②调查人员对问卷的应用程度，如对问卷的理解和解释、问卷各部分所花的时间和出现的问题，为调查问卷的改进提供参考。③调查人员的寻址过程，如地址表的记录、地址信息的正确性，以便把抽样信息反馈给抽样员。④“意外”信息。要留意陪访中调查对象提到的调查问卷或问题之外，与调研项目有关的市场信息，这些信息很可能对调查内容的调整和改进提供重要的参考作用，需记录下来并及时反馈。

5)陪访总结

陪访结束后，项目经理应组织所有调查人员和督导进行陪访总结。首先让调查人员作自我小结，其次由督导概述整体情况。陪访总结时要注意做好以下的工作：①问题讲解要重点突出、分析要准确透彻，任何问题均要提出解决对策；②在讲解时可适当询问调查人员的意见，积极与调查人员形成互动；③对于调查人员认为不知道、做不到、必须做的问题，必须讲明白“为什么”和“怎么样”；④对做得好的调查人员应予以及时表扬，并让其介绍访问经验；⑤针对不同性格的调查人员，要用积极的语言、赞赏的心态，指引其进一步提高访问技术，不可一味指责调查人员的失误。

5. 再培训

再培训是指召集所有参与调研项目的调查人员，针对试访和陪访过程中出现的问题进行有针对性的重点和集中总结。这样不但可以避免其他的调查人员出现同样的错误，同时也可以相互交流访问的经验。

5.3 常见调研技术的操作管理与质量控制

5.3.1 电话访问管理

电话访问有两种基本方法，即传统的电话访问和计算机辅助电话访问。

1. 执行前的质量控制和操作要点

1)调查人员的筛选

电话访问的调查人员应符合以下要求：①调查人员要有高度的责任心，心理素质能力强；②具备良好的沟通能力和语言表达能力；③说话的声音悦耳，语速适中；④有一定开场白谈话的技巧；⑤知道电话访问引导式的提问和探索式追问技巧。

2)电话访问时间常规安排

访问活动可在一周七天内进行，但访问时间要合理安排，一般消费者家庭的访问时间为星期一至星期五 18：00～22：00，星期六、日的上午、下午、晚上均可安排，但一般在 9：30 以后，并避开中餐、晚餐时间。对社会组织(单位)的时间则正好相反。

3)对访问中常见问题的标准回答制定预案

制定几种标准的开场白，统一调查人员的身份介绍，统一项目背景和调查目的介绍。

4)对访问中可能会发生意外状况的处理制定预案

对访问中可能会发生意外状况的处理制定预案包括：①接话人为老年人的处理；②接话人为小孩的处理；③调查对象的反对情绪的处理；④调查对象的不理解的处理。

5)必备物品准备

需准备的必备物品包括：①调查人员签到表、工作统计表和评分表；②电话问卷；③电话号码表；④号码接触情况登记表；⑤电话常用文具。

2. 执行中的质量控制和操作要点

(1)访问要求和技巧包括：①对每一个电话号码都要认真地使用起来，不允许任意地放弃。②要按问卷中的措词来提问。③对方没听懂或不理解的问题要重新提问。④提问时要慢，要清楚。⑤对于对方的拒绝要有友好谢意。⑥按照题目顺序，清晰地将题目的每个字向调查对象读出。⑦单选题时，可以将答案向调查对象读出后，让调查对象选择答案即可；若是复选题，则要求一个答案一个答案地向调查对象确认，结束后还应追问"还有吗"(追问两遍)，直到调查对象没有答案了。⑧当调查人员在向调查对象要通信地址时，调查对象难免产生怀疑，这个时候，我们可以给他/她解释，同时可以把公司的电话、地址、联系的督导名字告诉他们，欢迎他们有问题随时打电话过来。⑨在访问结束后要真诚地感谢调查对象的支持。

(2)访问过程管理包括：①督导计划好每天的访问时间，按班次合理地安排调查人员；②为了保证每一个电话号码有效，不浪费每一个电话号码，对于前一天拨打了一次/两次的"无人接听"或者"占线"的电话号码需要首先抄录，已拨打了三次或者已有明确的结果的电话号码不需要再次抄写；③督导要现场监督调查人员的访问；④对于访问中调查人员不能处理的问题，在现场的督导亲自回答调查对象的疑惑；⑤只有回答了所有问题的调查对象才算是成功样本，只回答一半的或中途中断回答者都不能成为样本；⑥督导随时监督和管理现场，及时审核问卷，避免出错和漏问；⑦调查人员每天工作访问结束后，要立即统计当天电话拨打情况，以作后期的分析报告之用；⑧督导每天晚上将回收的调查对象的资料做登记，汇总各个调查人员的电话拨打情况及数量，并登记在《号码接触情况登记表》上。

3. 执行后的质量控制和操作要点

执行后的质量控制和操作要点包括：①电话访问成功样本数据整理；②电话访问成功调查对象资料整理；③电话访问名单接触记录整理；④电话访问工具的检查与整理；⑤清点电话访问现场，保持现场的环境整洁；⑥物品清点，电话的完好、甄别问卷与主体问卷的无遗漏；⑦检查抽样配额是否有缺误；⑧按 10%比例进行电话复核，重点复核调查对象的甄别条件；⑨原始问卷与配额表上交项目经理。

5.3.2 拦截访问管理

1. 执行前的质量控制和操作要点

(1)拦截访问场地的选择：①该地点活动的人员相对较均衡，能覆盖到来自各个地区及各个社会层次的人；②人流量较大；③拦截地点的数量由样本量来决定，原则上每个拦截点不能多于150个样本；④同一测试地点要尽量避免有另一家市场研究公司在同时进行测试；⑤拦截的范围应在巡场督导的视线范围，不宜太分散也不宜过密。

(2)人员分工。每个主要拦截点应安排以下人员：①拦截员——负责在拦截区域做拦截；②调查人员——对符合条件并愿意接受访问的调查对象进行访问；③现场督导——巡视拦截区域及访问区域的情况，对不正确的操作或出现的问题进行及时纠正；④甄别督导(配额员)——对调查对象进行二次甄别，并对配额进行统计；⑤审卷督导(审卷员)——对问卷进行二次审核；⑥质量控制(quality control，QC)督导——陪访、检查质量。

(3)时间安排。通常安排在星期六、星期日或节假日，以保证时间的充裕及街头的人流量。

(4)访问前准备：①执行小组讨论和制定突发事件的预防措施；②执行小组进行分组模拟；③在实地测试开始前，每个调查人员要在现场进行试访，并小结情况。

2. 执行中的质量控制和操作要点

(1)拦截控制：①在指定范围内拦截；②督导监督检查拦截的进度和质量；③按照甄别问卷拦截。

(2)配额控制：①审卷员与甄别督导应密切配合以保证配额结果的准确性；②审卷员将所有问卷一审后，马上做手工统计，并每隔半天与甄别督导核对数字。

(3)现场甄别：①将初次甄别合格的调查对象，请到控制台，由甄别督导对问卷中的每道题进行二次核实；②甄别督导要注意观察调查对象的言谈举止，必要时增加一些相关的询问，以保证进入访问室的都是合格的调查对象；③注意甄别督导在进行二次甄别时，不应有其他的调查对象及拦截员在场，避免拦截员作假；④对甄别合格的配额及时进行统计，以便于及时控制和追加配额。

(4)访问质量控制：①应安排QC督导现场观察调查人员的访问过程及技巧，并处理一些突发事件；②调查对象在进入访问区域后，如不能马上安排访问，应让其在等候区域安静等候访问过程，不得随意走动，避免其看到并影响正在进行的访问；③问卷一审，每一个测试室要有一个QC督导控制并一审问卷；④问卷二审，QC督导现场二审问卷。

(5)拦截调查对象注意事项：①不拦截一些有特殊障碍的人，如盲、聋、哑、痴呆、残疾者；②不要拦截携带婴儿的调查对象(除非有特殊需要)；③不要拦截那些看起来很匆忙(赶时间)的人；④不要在人们进入商店之前或观看橱窗时进行甄别访问；⑤不要站在商店的通道或阻碍人群通过的购物结账处；⑥注意不要擅闯私人地方，记住在拜访前要先打招呼，征求同意。

3. 执行后的质量控制和操作要点

执行后的质量控制和操作要点包括：①现场清点问卷，与项目有关的所有信息资料都不能遗留在现场；②现场手工统计出最终配额，如有遗漏马上补足。

5.3.3　入户调查管理

1. 执行前的质量控制和操作要点

1)人员安排

(1)调查人员：新老调查人员比例一般为各占一半，若是难度比较大的项目，新老调查人员的比例为 1∶3。所有参与项目的调查人员必须都参加过基础培训，并已签过本公司的保密协议。

(2)陪访员：要求是有经验的督导或者高级调查员。

(3)复核员：要求与调查人员互不相识，接受过复核知识培训。

(4)抽样员：与调查人员不是同一人，接受过抽样技术培训。

2)项目资料准备

项目资料准备如下：①最终版本问卷印刷、相关卡片印刷和发放；②准备问卷流程指南、项目培训指南、访问指南、审卷指南、试访标准模拟指南；③准备介绍信、问卷收发登记表、调查人员签到表、问卷和礼品收发登记表；④培训结束后，组织调查人员做分组模拟(一组或两组)和试访。

3)项目培训

项目培训包括：①强调保密要求和措施；②仔细讲解问卷的每道题目及记录方法；③重点讲解此次项目中的特殊题型及重要逻辑关系；④讲解相关的标准操作流程，如开放题的追问等；⑤讲解地址表的使用方法。

2. 执行中的质量控制和操作要点

(1)分派任务：①第一批问卷发放时要控制其数量，每一个调查人员领取 1～2 份问卷，开始访问，并安排好陪访，发放第二批问卷时对完成第一批问卷质量合格者可以多发，对完成问卷质量不高者加以控制并及时派人陪访；②发放最后一批问卷时，要注意调配后期配额，对调查人员有作废问卷时及时补救。

(2)抽样：①按项目要求将抽样单位数按比例均匀分配到各个行政区内；②做复杂项目时要多抽备用地址；③小县城画出行政区域图，大城市按具体项目要求顺序抄录在地址表上并画出抽样路线图。

(3)过程管理：①检查调查人员地址表的使用是否正确，地址的抽取是否符合标准；②做好每一个调查人员的问卷收发登记；③每天询问进度，要求调查人员及时交回问卷，必要时实地陪访；④所有问卷在调查人员交回来的同时马上做一审，交复核督导复核；⑤随时与复核督导沟通，及时处理有问题的问卷；⑥最好能够在项目规定时间前的 1～2 天内结束访问，以便处理后期出现的问题。

(4)陪访：①外地的委托项目需要督导参加陪访，发现情况及时通知代理机构项目负责人；②在正式访问过程中，新调查人员要进行 100%的陪访，老调查人员要进行 10%的陪访，每个调查人员至少被督导陪访成功访问两户。

(5)问卷回收。要严格检查地址表，访问时间与问卷相对应，检查随机号的使用顺序与访问顺序是否一致。

(6)问卷审核：①查对问卷与地址表；②每一份问卷都要认真审查，如有问题，要求调查人员及时更正，一审合格者交送质量控制部二审；③二审要迅速发现问题，如问卷有问题，要及时返回督导，由督导找调查人员更正，二审合格后马上做手工统计。

(7)复核：①在正式实地访问开始的第二天，召集复核员进行复核培训，根据问卷回收的比例同步安排复核工作。②每一个调查人员的工作量应当有20%被复核，其中电话与实地各半。③所有调查人员的陪访要尽量在项目开始的时候尽快进行，以便及时发现问题并纠正；对于复杂的项目，可给调查人员安排前、中、后期都有陪访，以保证质量的稳定。

3. 执行后的质量控制和操作要点

执行后的质量控制和操作要点如下：①清点全部问卷，包括访问问卷和复核问卷，进行统一编号，分清主样本和追加样本，再次审核问卷，以保证问卷质量；②整理项目中全部问卷，及时移交质量管理部，作废的问卷先整理暂做保留；③把项目中所有相关资料(如照片、卡片、概念卡)进行回收；④收回地址表，进行手工统计，按技术报告表格要求填好各项数据，将最后结果准确地递交给项目负责人；⑤整理整个项目所有的相关资料及重要传真并及时归档；⑥给每个调查人员评分，并反馈给调查执行管理部门。

5.3.4 留置访问管理

1. 执行前的质量控制和操作要点

(1)项目资料准备：①公司介绍信和调查人员证；②问卷；③产品测试内容的示卡；④测试产品，其数量与问卷相等；⑤试用产品合格证明(质量证明、卫生检疫证明等)；⑥小礼品，其数量与问卷相等；⑦调查人员通知表；⑧产品试用协议；⑨问卷收发登记表。

(2)调查准备。实施调查前，应检查和确认以下内容：①样本量；②抽样的方法；③抽样追加方法；④复核问卷及复核比例；⑤项目培训(与入户访问相同)。

(3)要重点培训调查人员讲解问卷技巧及对调查对象的说服能力。

2. 执行中的质量控制和操作要点

(1)问卷及相关材料发放：①第一批问卷发放时，问卷、测试产品、小礼品要对应，不可混乱；②对发放的测试产品的配额进行严格控制；③发放最后一批问卷时，要注意调配后期配额，调查人员有作废问卷时及时补救；④调查人员按照地址表上的地址依次进行访问，不可随意挑选地址；⑤必须进行甄别，符合访问条件者才可进行调查；⑥在进行留置产品使用时，要强调此产品具有合法的成分，已通过卫生部门的检验；⑦要求调查对象在指定的时间内一直使用测试产品；⑧要求使用测试产品时，调查对象把使用产品感受记录到问卷中。

(2)回访：①在指定的时间内与调查对象联系好；②第二次回访，要收回测试的产品和问卷，调查人员仔细检查调查对象所记录问卷中内容不足、不清或遗漏处；③在甄别的同时要加大复核和跟进的力度，为保证回访成功率，可根据实际情况适当加大甄别样本量；④主动给调查对象打电话，询问产品使用情况或问卷填写情况；⑤必要时可设800电话，以答调查对象疑问。

3. 执行后的质量控制和操作要点

(1)问卷审核：①程序与入户访问相同；②检查收回问卷与测试产品，调查对象是否真正在使用测试产品，问卷是否是使用过产品后真实记录下来的。

(2)复核：①拆信后，需要对问卷进行审核，检查有无错漏和理解有歧义的地方；②一个调查人员的工作量应当有40%复核，其中电话与实地各半；③整理清点全部问卷，不同测试产品的遗物及问卷要分开进行统一的编号；④问卷进行三审，再次保证问卷的质量。

5.3.5　邮寄问卷调查管理

邮寄问卷访问是指将事先拟定好的调查问卷邮寄给调查对象，由调查对象根据要求填写并在约定的时间内寄回到指定的地址或集中投放到一个固定地点的调查方法。邮寄问卷的调查分为两种，即普通邮寄问卷法和固定样本邮寄法，其工作流程和方法基本相同。

1. 执行前的质量控制和操作要点

(1)抽样地址：准备符合研究要求的、真实详细的邮寄地址(可由委托客户提供，也可向邮政企业咨询)。

(2)信函制作：问卷信函的制作不要带有明显商业信函的外表和宣传色彩。

(3)信函内容：要说明调查的原因、目的、公司介绍信、问卷填写方法及谢礼，总体风格要平易近人、充满诚意。

(4)问卷中问题设计应清晰易懂，填写方法尽可能简单。

(5)回邮信封应印好回邮的地址及贴好足资邮票，如果需要，可以采用不同颜色的回邮信封，帮助回收信件的分拣工作。

(6)礼品需要明确给付方式，如采用小礼品或现金，通常随信先付。

2. 执行中的质量控制和操作要点

(1)问卷邮寄的数量至少比预定调查的样本量多5～10倍，以保证足够的样本量；

(2)在追加样本中，要延长调查的时间、增加礼品的分量以促进调查对象回寄问卷；

(3)回邮的时间要放宽到两个月或者是三个月；

(4)在居委会或者是小区安排的投放点要安排人员回收问卷，并催促本小区的居民进行问卷回复的工作；

(5)对样本量不足的，进行追加工作的安排。

3. 执行后的质量控制和操作要点

(1)随时记录信件返回数量，以便决定是否进行催促回信或增加邮寄信件；

(2)拆信后，需要对问卷进行审核，检查有无错漏和理解有歧义的地方。

5.3.6　观察调查管理

市场调研中常用的观察方法有三种，即现场观察、流动监测和神秘顾客。现场观察是指调查人员在调查对象活动的地点，游动或定点观察和记录调查对象的言行举止；流动监测是指在固定地点记录调查对象或事件的某个行为次数或出现的频率，进而统计和了解调查对象的活动规律；神秘顾客则是由调查人员装扮成顾客，以消费者身份接受商家的服务，体验产品使用或服务的全过程，从而得到相关的信息。下面分别介绍这三种方法的操作流程及控制要点。

1. 现场观察

1)执行前的质量控制和操作要点

(1)观察位置的选择：应便于调查人员观察调查对象行为，但不易被对方察觉，如街头的冰机摊点、二层临街窗口，如能取得商家配合，利用商场的监控室、总服务台则效果更好。

(2)调查人员的角色：观察法中，调查人员只能以第三者的角度进行匿名观察，必须保证不影响或干扰调查对象的言行，让调查对象处于一种“自然”的不知觉的状态；某些情况下，调查人员也可以商家的营业人员、服务人员的身份出现在调查对象的附近。但决不可直接接触调查对象，否则很可能由于调查对象的警觉而导致观察效果的失真。

(3)调查工具和资料准备：确认并准备好观察记录表、书写工具。

2)执行中的质量控制和操作要点

(1)调查表格的设计要方便调查人员在行走中填写。

(2)应尽量减少调查人员填写的内容。减少填写量的技巧是事先预计设计一套“代码”符号系统，预先设想和罗列出可能的观察结果，对每一个可能的结果设计一个对应的符号来代表，调查人员记录时，除了个别“意外”情况，调查人员只需要填写相应状况的代表符号而不必用大量文字来表述。

(3)条件允许时，调查人员可以借助照相机、摄录机来作为观察工具，记录下现场状况后再回去进行详细分析。

(4)应设置流动督导，对观察调查进行及时的检核。

3)执行后的质量控制和操作要点

(1)实施后回收所有观察记录表，逐一审核；

(2)所有观察及记录材料，包括音频视频资料均应编号归档。

2. 流动监测

1)执行前的质量控制和操作要点

(1)有效地选择地点：与现场观察相同。如对商场的人流量进行调查，观测点应设置在商场大门出入口、结账台；如对橱窗言行的关注度进行调查，观测点应设置在橱窗对面或侧面的灯杆、小摊点。

(2)每个监测点至少要设置两位调查人员对同一数字重复记录。

(3)合理安排观测时间，观测时间应选择在调查对象出现频率较高的地方。例如，超市调查一般选择在16:30～20:00时，餐馆调查通常选择在11:30～13:30及17:30～20:30。

(4)准备好监测表、书写工具。

(5)监测表格的设计要简洁，便于填写和使用。

2)执行中的质量控制和操作要点

(1)记录需要有多个时间段；

(2)一个调查人员同时观测的变量最好不超过两个；

(3)真实性检查需要安排督导人员同时进行隐秘观察。

3)执行后的质量控制和操作要点

与现场观察相同。

3. 神秘顾客

(1)执行前的质量控制和操作要点：①训练调查人员的佯装技巧和操作方式；②训练调查人员熟悉和牢记调查项目；③设计和印制记录表。

(2)执行中的质量控制和操作要点：①每个调查对象至少要安排两位调查人员同时进行。②由于调查结果不是当场记录而是事后填写的，故调查人员的观测点最好控制在8个之内，观测点过多易出现遗漏。③记录尽可能减少主观因素的影响。减少主要误差的技巧是对观测结果进行分级。对每个调查问题即观测点可能的观察结果进行预先定义和分级，并用事实描述来代替模糊评价，给定评价(评分)标准，使定性化调查尽可能转化为定量评分。④可借助录音笔、针孔摄像机来作为观察工具，形成调查佐证。

(3)执行后的质量控制和操作要点：与现场观察相同。

5.3.7 消费者固定样本跟踪调查

1. 执行前的质量控制和操作要点

(1)在确定样本的基本要求后，可以采用系统抽样的方法获取第一批甄别样本。但调查对象的配合度直接关系到调研的质量。因此，固定样本的甄别名单，既要确认资格是否合格，也要明确态度是否合作。

(2)如果样本一旦确定需要保持一段稳定的时间，那么必须确保调查对象对调查内容非常了解且必须是自愿的。

(3)向调查对象详细介绍调查内容，解释取得其配合，这是消费者固定样本跟踪调查实施的基础。因此，一定要向样本(调查对象)做好解释沟通工作，打消其疑虑，取得其合作。

(4)固定样本跟踪调查要求调查具有连续性，即要保证样本的质量和长期配合程度，因此，在调查日记回收后，必须完成100%的复核。

(5)设计和准备好调查日记，调查日记的设计要便于调查对象填写，用上述的“代码”符号系统来尽量减少调查对象要填写的内容。

2. 执行中的质量控制和操作要点

1)样本的选择

(1)需要对样本作定期评估。如评估结果显示该样本需被更换，通常采取的做法为结合市场实际情况调整配额，采用配额抽样法进行甄别和补充样本。固定样本组的更新或调整要在不影响样组整体运作的情况下进行，不能引起数据的大幅振荡。

(2)经常观察对象的变化和配合程度，如果发现调查对象因为长时间接受调查而产生厌烦情绪，对调查敷衍了事，或调查对象在研究周期中，因迁移、死亡等出现无法继续调查的情况，要尽可能地在原分布区域附近，寻找和甄别条件基本一致的样本户，并做出更替安排。需注意的是，原来个别样本不能代表最新的市场情况，需要按照项目分布并结合项目对区域分布的要求，重新选择固定对象。

(3)要确定参与者是否真正愿意接受和配合本项目，通常的方式是设置1～3个月的样本观察期，样本观察期中，保持日记收发，留意调查对象的合作态度及样本质量，包括填写态度、填写质量、观察内容的变化等。但观察期内回收日记不作为调研结果进入下一阶段数据处理。

(4)要制订样本更新和调整工作的计划。

2)日记操作

(1)第一次发日记时，调查人员需要向调查对象详细介绍日记账的填写方法和要求，清楚解释日记定期回收的时间安排，帮助调查对象一开始就培养好的填写习惯和做法。

(2)调查人员需要严格按计划时间或预约时间，上门回收日记，同时发放新日记。调查人员认真检查调查对象填写的日记账，如有记录不全、临时补记或记录错误等情况，必须进行核实或补记。

(3)留意参与者对调研项目方面的任何疑问，及时解答或反馈给督导。

(4)进行样本的定期评估维护(在保持基本稳定的前提下，完成样本的更新和调整工作)。

(5)每位调查人员所负责的调查对象不宜过多。通常每个调查人员负责的调查对象人数应不超过用2～3天时间上门收取的日记的总量。

(6)调查人员负责同一调查对象的时间原则上不宜过长(如每3个月互换参与者等)，调查人员连续负责固定样本组的时间不宜过长(每半年停做1～2个月或替换到其他项目等)。

(7)调查人员因故退出固定样本持续调查的项目时，需提早至少1个月与接替者做好工作交接，移交所有项目资料。并带接任的调查人员一起上门收取几次日记，以便调查对象熟悉接任的调查人员。

3. 执行后的质量控制和操作要点

1)日记数据的处理

(1)督导要对日记进行核对和交叉互审。

(2)调查人员每次收取日记后，应撰写回收报告，说明目前样本组的整体状况和更新调整情况，分析该次日记回收的总体情况(日记问题/调查对象问题/调查人员问题等)、相关的市场动态等。

(3)比较在册数(即固定样本的登记数量)、实收数(每次实际收回的日记数)、录入数(每次实际收回的日记中记录着与研究项目要求的行为的日记数)的关系。要保证实收日记数不低于既定水平，如在册数与实收数之间的差值过大则显示回收率不足。如录入数过小，需检查是否存在不合格样本或个别样本已失去市场代表性。

2)调查人员和固定样本的稳定性管理

(1)定期沟通。调查人员必须定期上门收日记及包装物；积极与调查对象沟通、联络感情，并随时向公司反馈调查对象的意见。

(2)上门拜访。在收日记的时间里，调查人员应和公司督导一同访问调查对象。可能的情况下公司有关负责人应不定期地上门拜访调查对象。使调查对象感到自己被重视，增加公司和调查对象的接触深度，争取调查对象的支持，同时也可以检查调查人员的工作。

(3)派发礼品。选择较实用的个人用品或精美礼品，由督导或调查人员将礼品直接送到调查对象手中。派发的礼品通常有节日贺卡、季度性礼品、公司刊物(杂志)，每次派发礼品，调查人员一定要交回调查对象的《礼品签收单》。督导要在礼品派发后一个星期内向每个调查对象发一封感谢信。

5.3.8　焦点小组调查管理

1. 执行前的质量控制和操作要点

通常，焦点小组座谈会(focus group discuss，FGD)项目的前期准备时间比较短，一般用于准备的时间为 1～3 周。要在有限的时间内，做好一组甚至多组的座谈会的准备工作，保证焦点小组座谈调查的质量，需要有良好的组织管理，以及项目执行系统的配合及协调。

(1)人员准备：①要指定专人负责座谈会项目，座谈会的负责人应接受过调查人员的基础培训，获得调查人员证，具有很强的责任感，交际广泛。②建立联络员队伍。由于小组座谈会有可能会涉及各方面的人群，所以需要建立一个广泛的联络员队伍。要求联络员保持与特殊人群的联系，且联络员作定期更换。③设置和挑选专门的调查对象甄别人员，建立甄别网络。④对会议记录小组、甄别员进行专门的培训，要求其手快、眼快、脑快。⑤确定现场工作人员的分工。

(2)硬件设施的准备：①会议地点交通方便，容易被找到。②准备能容纳 30 人的会议室，并在供进行座谈会的会议室旁准备小会议室和监控室各一间；另外最好有现场甄别的场地。③会议室环境舒适、便于交谈。监控室内各种设备及工具齐全。④安装录音和录像设备，在项目开始前一天对相关设备进行调试并保证设备能正常运行，在项目正式开始前一个小时对相关设备进行再次调试，以确保设备能正常运行。⑤会议室最好设有可开启的窗户或配置通风设备。⑥为每位参会者准备一盘小食品，食品应是人们熟悉和乐于接受的，食用方便、卫生、容易保管的独立包装食品。如果涉及正餐时间，应为参会者准备方便食品或商务便餐，以及相应的配套餐具。⑦应给所有参与者和主持人制作姓名桌签。

(3)小组座谈人员的选择：①每场座谈会最佳参加人数为 8 人，一些小型的座谈会参加人数为 4～6 人；②在同一场座谈会中由同一名联络员介绍的参与者人数不得超过两个；③避免邀请太沉默或太喜欢侃侃而谈的调查对象；④一场座谈会的参与者不能来自同一单位；⑤同一组参与者中不能有互相认识的人；⑥调查对象不能是市场研究、广告、传媒等机构与研究项目内容相关行业的职员及其直系亲属或熟悉的朋友；⑦过去一年未参加过任何形式的市场研究；⑧必须是本市常住居民；⑨能听、讲普通话；⑩性格外向，乐于沟通，愿意当众主动发表自己的看法；⑪同意提供身份证明。

(4)小组座谈人员的甄别：①可设计甄别问卷来辨别对方是否是合适的调查对象。②联络员提供参与者的名单，并通过甄别问卷进行初步(第一次)甄别，注意要详细了解参与者的多种联络方式。③督导通过电话与参与者接触进行二次甄别，得到符合项目条件的调查对象名单。向调查对象详细解释会议的意图，消除调查对象的疑虑，但要避免参与者在未参加座谈会前已经知道座谈会的主题，从而产生主观意见。④甄别时不能单纯照搬甄别问卷的内容，而需要询问参与者的情况，从侧面证实参与者是否符合要求，从而检查出联络员是否与参与者串通作弊。⑤二次甄别结束后，还需要把参与者名单与以前参会的名单资料进行核对，检查是否有半年或一年内重复到会的情况。⑥为保证与会者的人数，需要甄别出的合格调查对象应比实际参会人数高 20%～30%，以预防可能的突发事件，必要时可以在座谈会间隙组织现场突击甄别工作。⑦当参与者到达会议地点后，项目督导要对参与者的资格作最后的确认，即现场甄别(三次甄别)。现场甄别时应注意将调查对象分开进行甄别。⑧最终确定参会的调查对象。在选择时应考虑调查对象年龄、职业、文化程度等，做到平均分布。

(5)调查对象的邀请：①在二次甄别结束后，要给调查对象发邀请信，说明座谈会的相关事项；②在开会前 2～3 天以及会前的 1 个小时，督导应通过电话提醒和确认调查对象。为防止迟到，最好通知调查对象提前 15～20 分钟到达会议地点。

2. 执行中的质量控制和操作要点

(1)开始阶段：①会场内应有督导或专人引导参与者入座；②如果有多于预定人数的调查对象前来，应单独安排另一个会议室，由督导组织剩下的人再开一个小会；③开会时间一般为 2 个小时；④座谈会开始前应向主持人、记录员和客户提供座谈会参加人员背景资料。

(2)会议记录：①为不影响会议室内参与者谈话的气氛，记录员应在有单面镜的监控室内记录；如果没有带单面镜的监控室，则安排在会议室中记录。②会议记录的内容包括主持人的提问、参与者讨论和回答、会议气氛。③所有的记录必须按照提问及回答的原话逐字逐句记录，不可加入记录者个人理解，不可以丢掉、省略掉调查对象回答中的语气词，不可以忽略、省略掉调查对象的身体语言。④对于讨论的重点，主持人应重复调查对象的回答，记录员要在记录本上进行标记。

3. 执行后的质量控制和操作要点

(1)付给调查对象礼金要用信封装好，当场给付。

(2)现场督导要检查录音、录像的效果，确认无误后把相关资料交给数据研究部门。

(3)记录员要根据录音对笔录及时进行整理、补记，并输入电脑。督导要负责对笔录进行检查核对。

(4)会议记录应打印和装订好，并提交给客户。一周内所有资料存档。

(5)对项目进行小结(后附小结报告)、存档，清单如下：①项目任务书、项目工作计划；②调查对象甄别问卷及空白甄别问卷；③调查对象背景资料(后附)；④重要往来传真。

(6)向客户及时提交以下资料：①座谈会录音、录像；②座谈会技术报告；③焦点小组座谈会项目小结报告。

5.3.9 深度访谈管理

深度访谈包括机构/行业人士访谈和入户访谈两种。其操作要点和质量控制大同小异，实质上是将焦点小组座谈会、入户访问两种方法相结合。

1. 执行前的质量控制和操作要点

(1)工作准备：①督导要确认调查对象条件、调查配额；②准备礼品和礼金；③所有进行访问的调查对象，必须经过三次甄别；④联络员应确定调查对象工作单位、家庭住址、交通线路；⑤准备甄别问卷，保证调查对象条件符合项目的要求。

(2)人员培训：①参与深度访谈的调查人员主要是联络员、调查员和督导，联络员负责选择调查对象、预约和带路；调查员负责一对一交流询问；督导负责进行甄别，其要求与焦点小组访谈相同。②调查人员的培训重点是调查人员的访问技巧，必须让调查人员明确项目的背景和访问目的。③对于机构/行业的访问，要进行该行业知识和行业业内人士接触技巧方面的培训，这对于调查员的后期的访问将会有很大的帮助。④对联络员的培训重点是说明调查对象条件、劳务费标准、约人注意事项、时间约定技巧、访问线路的调查。

(3)调查对象选择：与焦点小组的座谈人员要求相同。

2. 执行中的质量控制和操作要点

执行中的质量控制和操作要点如下：①可采取陪访或录音的形式检查访问情况。②对于行业的专业人士，应采用一对一的无结构、直接深入地交流。③保证督导有效控制项目进度。甄别结束时及时请项目经理确认名单。访问开始的前一天，要再次和调查对象确认时间，派发邀请函。访问时应跟随调查人员，记录访问过程并主动配合其完成访问。

3. 执行后的质量控制和操作要点

访问结束后，应及时整理好问卷、录音带及其他工作资料，并存档和向客户提交相关报告(内容与焦点小组调查相同)。

5.4　项目异地执行

调研项目的异地执行是指调研公司在不具备独立操作的条件或没有设立分支机构的地区进行项目的实地调查。由于调研公司不了解该地区情况，无法直接组织项目的操作，因此，往往会采用委托和“分包”的方式进行。即委托当地的市场调查公司(也称项目异地执行代理机构)完成调查项目信息现场收集的部分或全部工作。显然，调研公司进行异地操作，在项目流程、环节控制、工作的重点、成本核算等方面都与当地实施的方式有很大的区别。

由于调研公司不直接执行异地项目，在调研总体计划既定的前提下，调研公司的项目实施主要不是项目流程的组织、调查人员管理、技术质量控制，其工作重点更多转向与之合作的机构或公司的协调、监控和评估等方面。

5.4.1　异地项目实施的类型

调研公司将异地执行的项目委托给异地的调查公司或者调研服务机构，由其代理调研公司实施异地调查，可采取多种多样的合作方式。通常有整体外包、流程外包和执行外包三种方式。

整体外包是指调研公司把调研合同中涉及异地调研的全部项目和相关工作都委托给一家异地代理机构来完成，调研企业只提出信息需求和项目质量标准，异地代理机构独立负责从项目规划、调查方案设计到数据复核、统计分析在内的全部工作，最后向委托调研的企业提供研究报告和整套调查资料。这种情况下异地代理机构相当于调研企业在外地的分公司。

流程外包是指调研企业将委托项目实施过程中某个环节的工作如数据处理、调查工具设计等“承包”给调研代理机构，这时调研代理机构相当于调研专项服务公司，如同流水线上的工人一样，只负责完成项目调研整个流程中的某个“工序”，最后向调研公司提供该“工序”的成果。

执行外包是指调研企业仅将本地或异地的数据收集的现场实施工作交给调研代理机构完成，项目内容、样本数量和配额、抽样方案、调查工具、调查执行计划、统计分析方案等均由调研企业事先确定，后者相当于现场执行公司，只负责使用调研企业提供的调查工具，按照调研企业规定的方案完成现场访问的操作，将获得的原始数据和信息按既定标准交给调研企业即可。

5.4.2 异地项目的操作流程

异地项目的操作整体上可分成三个阶段，即委托阶段、实施阶段和收尾阶段，如表5-1所示。

表 5-1 异地项目操作流程

阶段	步骤	内容	实施部门
委托阶段	1	确定委托代理方案	调研总监(项目经理)
	2	编制项目委托书	项目助理或项目策划
	3	选择异地执行公司	外协部门或客户部门
	4	签订项目委托合同	调研总监(项目经理)
	5	预付启动费用	财务部门
实施阶段	6	发送项目材料	项目助理或项目督导
	7	项目沟通与培训	项目督导
	8	项目执行指导	执行督导
	9	实施监控和现场督导	执行督导
	10	收取和审核调查成果	执行督导
收尾阶段	11	抽样复核	执行督导
	12	项目总结	项目助理或项目督导
	13	费用结算	财务部门
	14	异地项目执行机构评估	项目助理或项目督导
	15	资料归档和应用	数据研究部门

5.4.3 异地项目的委托管理

1. 确定委托代理方案

调研公司或调研项目组首先要确定委托外包内容，即调查项目中的哪些内容通过委托异地调查公司来完成，调查范围和样本量有多大。其次，要根据与客户签订的调研合同和调研工作计划，明确承接项目的异地调研机构应具备的资质，以及外包调查项目的完成要求，包括完成时间、质量标准、费用预算等。最后，要确定委托代理的形式。

2. 编制项目委托书

项目委托书是调研公司对外包项目需求的描述文件，也是异地项目对外招标或定向邀标的基础和对外招标文件的核心内容。项目委托书应载明调研公司(委托方)对调查项目的范围、内容、数量、时间、费用、质量等方面的委托要求。异地执行机构(调研公司)也同样依据项目委托书来判断和决定是否与本调研公司合作，是否承接异地执行项目。

3. 选择异地执行机构

选择合适的异地执行机构是调研项目外包的前提，也是决定外包项目实施质量的关键。调研企业必须思考和确定异地代理机构的条件，选择合适的异地执行机构。一个合适的异地代理调研机构至少应符合以下几个标准：①具有较强的执行能力。拥有多名擅长现场管理的资深督导，拥有一支经验丰富的调查人员队伍，有较完善的调研工作制度和流程，人员管理体系规范。②有丰富的当地人脉资源。异地代理调研机构必须熟悉当地的地理、风土和人情；与当地的各类社会组织联系密切、关系良好，能够及时地利用当地的人脉关系和各种渠道获得项目执行所需要的信息和资源。③具有一定范围的实施网络，即异地代理调研机构建有一定的调查网络，项目的现场执行能力能够覆盖邻近多个城市和乡镇。④有很强的效率意识。能够在最短的时间内对项目执行做出最佳的响应，快速有效地组织调查队伍，展开项目任务。⑤有较强的协作精神。善于与其他机构协调，有与其他调研企业合作的历史。⑥能合理、有效地进行人员及费用的管理，控制执行成本。

调研企业选择异地调研代理商或项目合作机构的方式主要有三种。

(1)公开招标，即调研企业通过自己的网站或在报刊、电子网络或其他媒体上刊登招标公告，吸引众多调研机构参加投标竞争，调研公司从中择优选择合作单位。招标方式可采用网上电子投标或委托异地的招标代理公司操作。这种操作方式相对比较严格、规范，能够在最大限度内选择调研合作机构，择优率更高，同时也可以在较大程度上避免项目外包中可能出现的贿标行为，但时间长、费用高。此外，对于技术性和专业性要求较高的项目，可能会由于有资格承接调研项目的投标机构较少而流标，故一般只适合长期性、任务量较大或设有特殊要求的调研项目。

(2)邀请招标，也称有限竞争性招标或选择性招标，即由调研企业不使用公开公告的方式，而是事先了解并选择若干异地调研机构，直接向其发出投标邀请，由被邀请异地调研机构投标竞争，从中选定适合的外包对象。这种操作方式比较灵活，时间短，成本低，非常适合需要在较短时间尽快确定合作对象，完成项目任务的调研企业。由于委托调查项目所指定的地域范围通常相对较小(一般是某个城市或地区)，在这一特定区域内往往只有少数几家调研机构，很容易找到和了解它们。因此，采用这一方式寻找外包合作机构更为便捷。事实上，调研行业内大多数公司也是通常采用这种方式来寻求异地项目执行的调研机构。

(3)定向洽谈，即调研企业不采用项目招标方式，而是通过自己的关系网事先了解或通过当地的行业协会推荐，预先选择几家(一般在一个地区寻找 3～4 家)当地的调研机构，向其征询合作意向，邀请有意向的异地调研企业，与对方直接接触洽谈，来选定符合自己标准的一家代理调研机构。

当然，如果调研企业在执行地有长期合作的代理商，则可以省去这一步骤。

4. 签订项目委托合同

在确定合适的异地调研机构之后，调研企业要与该代理机构就双方合作的内容和职责逐一进行洽商和界定，明确调研项目执行中双方的权责利。签订正式的项目委托代理合同。调研企业与异地执行机构之间的关系如同调研企业与项目委托客户的关系一样，是一种服务外包或者服务委托的关系。项目委托代理合同中必须明确以下几方面内容。

1)委托内容

明确调研企业委托异地调研机构实施和完成的调研工作的内容。其主要包括调查内容、调查范围、应达到的样本数量、抽样方式与样本配额、可使用的调查方法。其中，调查内容是整个项目委托的核心。如果调研企业仅是委托对方完成项目的异地执行，则调查内容已在提供给异地执行机构的调查工具(如问卷、访问表等)中体现出来，在合同中不必详细载明；如果调研企业需要异地调研机构协助完成项目一部分的研究工作，或者需要由对方根据当地的实际情况决定调查方法、设计调查工具，则应详细说明需要对方获得哪些信息、统计哪些数据、分析取得哪些结论。

2)职责与分工

界定委托方(调研项目外包者)和代理方(异地项目执行者)的工作边界和职责。一般来讲，委托方主要承担的工作如下：制订调研项目计划和工作方案、操作要求、质量标准，设计调研工具，派专人对异地项目代理方进行项目培训，对代理方的现场执行进行监督和检查，对代理方的执行成果进行审核和复查，对代理项目执行结果(调查结论)进行评审等。代理方主要承担的工作如下：调查人员的招聘、培训和管理，调研项目的具体执行，现场实施过程的质量控制。

3)完成时间

明确异地项目执行机构应在多长时间内完成委托的调查项目，需要详细界定和说明项目执行的总时间、项目准备时间和数据资料整理时间，明确提交正式的调查成果和报告的时间。异地项目执行机构应承诺在规定的时间内完成项目工作。

4)工作质量标准

明确项目实施的规范和调查的质量标准，包括项目执行的技术标准、工作环节标准、成果提交标准，并说明质量控制的方法和手段，异地代理机构必须严格按照这些标准和方法来保证项目的质量。工作质量标准同时也是委托执行项目完成后，调研企业对异地代理机构调查工作成果的验收标准。

5)代理(服务)费用及支付方式

内容包括异地代理执行的代理(服务)费用总额及构成，代理(服务)费用的预算依据、支付方式、付款时间。异地执行的代理费用主要取决于委托项目的内容、项目执行的难度和样本数量。通常情况下，调查的内容越多，执行难度越大，样本数量越多，则需要异地机构投入的资源越多，执行时间越长，因而代理费用就越高。费用的支付方式一般采用根据项目执行进程结算的方式，国内调研行业比较通行的是采用三阶段结算付款。即签订合同时，调研企业支付给异地执行机构合同额三分之一的款项作为项目启动经费；合同执行中期获得一定的调查成果后，再支付三分之一的进程款；异地执行机构全部完成项目实施工作，提交最终成果经委托企业验收后，调研企业结算和支付给异地执行机构其余款项。当然，一些调研企业和代理机构因长期频繁合作、相互比较信任，它们之间也会采用项目执行完成后一次性结算或直接预付合同全额的方式。

此外，双方还应在合同中明确项目执行过程中因工作协调和双方往来所产生的费用的归属或分摊方式。例如，调研企业派往异地代理机构的督导、项目指导的交通费用、食宿费用由何方承担；按照国家有关政策可能涉及的税费双方如何分担；当调研企业要求异地代理机构履行超出本合同约定之外的任务或追加执行数量时，增加部分的费用应如何计价和核算；等等。

6)保密责任约定

调研企业必须在委托合同中明确和要求异地代理机构对调查项目内容承担保密义务，对保密工作进行详细的约定。其通常包括：代理机构应承诺对委托方提供的所有资料(问卷、项目要求、质量标准、执行方法等)保密，承诺不向第三方泄露在项目执行过程中所了解的调研公司及其委托客户的一切信息，合同中应对代理机构对委托方提供的资料的保密期限做出明确的规定，明确调研企业应有对异地代理机构因未履行保密责任而给调研企业或委托客户带来损失予以追索经济赔偿的权利。

7)违约责任

委托代理合同中应对双方违反或未履行合同条款的违约责任和惩罚方式做出具体规定，以更好地督促双方认真履行合同，高质量地完成异地项目的执行。通常由于一方违约而导致另一方遭受损失，损失方有权终止合同的执行并要求违约方支付合同总金额的一定比例作为赔偿金。异地项目代理执行中常见的违反合同的情况有：①异地项目代理机构不能按约定的进度完成委托任务或完成的成果达不到验收标准；②调研公司无故拖欠或逾期支付相应代理(服务)费用；③异地项目代理机构未按合同遵守保密约定；④异地项目代理机构未经许可擅自使用委托项目的调查成果或将调查成果转售第三方；⑤调研公司未如实提供或未及时提供项目执行所需的信息或资料而影响项目实施进度或造成调查成果未能达到验收标准；⑥调研公司未安排督导或相关人员协助项目代理机构开展工作。

8)资料提供的约定

及时向异地项目代理机构提供准确、充分的调研项目的有关资料，既是调研企业委托异地调研机构完成现场执行应尽的义务，也是保障项目异地执行成功的关键因素。调研企业应提供的异地项目执行的现场资料通常包括以下几个内容：①项目要求和背景；②样本量、样本配额和抽样方案；③调查操作方案；④调查工具(如访谈表、观察记录表、统计表、问卷等)；⑤调查材料(如示卡、测试产品、照片等)；⑥项目实施日程；⑦现场督导手册；⑧调查操作规范手册。

此外，项目委托合同还应对项目执行日程安排、合同执行过程中出现争议的解决方式、合同的修订和补充的程序，以及合同的生效及有效期限等做出明确的规定。

5.4.4 异地项目的实施管理

1. 异地执行的成本核算

异地执行项目的成本核算与在本地执行项目的成本核算有较大的区别。从调研企业的角度而言，异地执行的项目成本主要就是支付给异地执行机构的代理(服务)费用，即委托代理合同的费用总额。实际上，异地项目执行还会包含一些不易让人关注但却极可能发生的费用，如果对这些费用不能进行有效的、良好的控制，会导致整个调查项目成本升高甚至导致调研企业的亏损。因此，在核算异地项目执行成本时，除了项目直接成本(支付代理公司的费用)，也要注意考虑以下几个方面：①执行督导及项目协调人员差旅费；②督导和项目经理的机会成本；③项目协调的通信费；④调查资料的印制费；⑤调查数据的审查、复核费用；⑥调查数据不能及时到达导致加班赶进度的费用；⑦执行质量不高引起的数据处理或补充调查时间延长的费用。

2. 异地执行的监控和督导

调研委托合同签订后，对项目异地执行的管理和控制主要由调研公司派出的现场执行督导来完成，执行督导代表调研公司即项目委托方，对项目异地实施全过程进行指导、监控，协助异地执行机构管理实施进程，及时取得调查数据。执行督导的责任意识、工作能力和执行力实际上决定了项目异地执行的效果和质量水平。在这一阶段，调研公司(也可以说是执行督导)主要的工作如下。

1)现场工作安排确认

执行督导到达项目异地代理机构后，应立即与代理公司项目的具体负责人、督导人员和调查人员召开会议，商讨和确定项目执行的有关事宜。

第一，再次明确项目说明及要求，确认代理方是否已经真正理解和掌握项目要求和执行方式。因为如果存在沟通上的问题而不及时解决，在具体操作项目时会给项目实施造成意想不到的损失。

第二，与代理方项目负责人共同讨论项目的管理安排。主要内容应包括：①当地项目督导的联系电话、方式；②项目工作人员的安排，审核、复核、调查人员的人数；③样本分布地点，如居委会、定点场地或座谈会地点等；④项目时间安排；⑤确定培训时间、陪访对象、路线或现场巡查路线。

2)项目培训

对参加项目执行的调查人员、督导人员进行一次项目实施培训。培训包括讲解项目执行要点、进行现场模拟和试访。其主要内容包括：①项目背景；②实施日程；③调查操作规范；④质量标准；⑤调查工具及使用材料说明；⑥操作要点和应注意的事项。

3)试访及小结

执行督导要组织所有调查人员进行一次试访，每个调查人员至少应访问5～10个样本，试访结束后，召开小结会议，由调查人员提出和讨论访问中存在的问题及访问难点，执行督导进行解答，提出解决方法，在操作方法和技巧方面给予指导。如存在的问题涉及调研计划或执行方案，执行督导应立即向调研公司负责这一项目的项目经理(总监)汇报，根据其指示对工作进行调整。

4)陪访

在项目实施过程中，为了保证项目质量和掌握执行情况，执行督导必须进行陪访，要保证每个调查人员至少陪访一次，以便迅速发现项目中可能出现的问题，及时在项目执行的初期予以解决。

5)复核

项目执行取得资料和数据后，执行督导要在异地代理机构对数据进行复核的基础上，再次进行审查和复核。其作用如下：①检查代理方的复核是否存在问题；②再次检查项目执行中是否存在问题，并提出有针对性的改进方案；③了解异地代理机构的质量控制程序，查找可能的质量失控点；④学习异地代理机构在实地执行方面的经验和长处。

6)阶段小结

在项目执行过程中，执行督导必须要组织相关人员做2～3次(次数视项目规模而定)阶段性小结，为下一阶段的执行提供改进措施，对异地代理机构的工作进行过程性评价，并及时汇总已经获得和经过审查复核的数据，以便项目经理及时向客户汇报。阶段小结主要包括的内容有：①试访率、陪访率、不合格率、陪访的平均得分；②已经完成的样本总数、配额情况；③问卷的审核情况、复核结果；④主要存在的问题、研究设计中没有考虑到的问题以及针对性的解决方案。

5.4.5　异地项目的尾期管理

当现场调查工作基本完成，已经取得预定的数据时，异地项目的执行即进入尾期阶段。这一阶段往往是容易出现问题，而且问题不易发现和更正的时期。由于项目已接近完成，调查人员开始产生松懈情绪；项目管理人员的注意力开始转移，代理方也会把更多精力转入其他的项目。此外，由于调查人员已经非常熟悉项目操作过程，作弊的概率往往会增大。因此，在项目结束阶段执行督导反而应比以往投入更多的精力和时间来做好收尾工作。这一阶段的主要工作包括以下几方面。

1. 审查复核

这一阶段执行督导的工作重点在于：继续加强陪访和现场检查，对收取的调查数据进行严格审核，对样本信息进行抽样复核，加强数据复核力度，密切监控数据处理过程，督促代理方加强项目管理。

对异地代理机构提供的调查数据和结论，除由执行督导进行初步检查外，调研公司必须另派专人进行审核和复核。数据的审核包括一审和二审两个方面。

一审为抽样复核，通常由调研公司的抽样督导负责。主要针对异地代理机构提供的与项目抽样有关的统计资料，如区域人口比例及分布、抽样框、抽样表、样本访问登记表等，审查代理机构是否严格按照调研项目的要求和标准实施抽样、样本选择是否符合既定要求、样本的信息是否真实、是否存在选样作弊的情况等。

二审为结论复核，通常由调研公司的项目督导或项目经理负责。主要针对异地代理机构提供的汇总数据和调查结论进行审查。了解统计信息的来源、统计数据的信度和效度，从而评估项目实施结果(调查结论)的真实性和可信度。

2. 项目总结

异地调查工作全部完成后，执行督导和调研企业要对项目异地执行的整体工作情况进行总结，它与项目执行阶段的阶段小结类似。作为对项目异地执行评价的基础，项目总结主要包括以下内容：①项目异地执行基本情况的描述；②调查内容完成程度的评价；③实施效果和工作效率评价；④各种调查资源的使用情况描述；⑤对执行过程的监控和管理情况；⑥对异地执行中存在问题的描述；⑦执行问题的解决方案及其效果；⑧在该地执行项目时应注意的事项。

3. 异地项目执行机构评估

每个项目结束之后，调研公司(委托商)应对异地执行代理机构做出全面详尽的评估，并将评估结论向异地项目执行的代理机构反馈，指出本次项目合作中存在的问题和改进建议。异地项目执行机构评估的作用是为调研企业进一步建立和健全异地执行代理网络提供帮助，完善异地项目代理制度和合作模式，改进异地项目代理的协作机制，为下个项目的异地项目代理机构的选择提供依据。

在进行异地项目执行机构评估时，考核指标因项目内容和合作方式不同而有所不同。一般来说，主要包括以下几个方面：①基本要求达成度(包括调查工具的制作和使用是否符合规范，培训、督导和质量控制是否按照要求执行，调查人员的数量和质量，对项目要求的理解程度和执行能力等)；②项目执行达成度(执行流程是否严格按照委托方的要求进行、是否在规定的时间内完成项目、配额是否准确合理、访问和问卷质量控制水平等)；③项目执行态度(对项目的重视程度、对出现问题的态度、在项目执行过程中建设性的贡献等)；④项目完成效果(调查数据的信度和效度、调查结论的可靠性和准确度、调查成功率和误差率、能否有效地控制调查成本等)；⑤项目协作水平(是否及时与委托公司沟通、是否积极配合调研公司外派督导的工作、能否根据调研公司的要求迅速调整工作安排和进程等)。

最后，需要强调和补充的是，对异地项目执行机构评估应尽可能地使用量化指标进行评价。确保评估的结论比较客观、准确，也便于与其他代理执行机构进行比较。此外，在评估中还要结合项目的难度，因为项目难度越大，执行也越困难，质量控制也会加大难度，因此，取得相同的质量，对难度大的项目，总体的评价应该略高。

5.5 现场管理和督导

5.5.1 督导和督导队伍

督导一词最早来源于家电行业，顾名思义，就是监督与指导。管理学上引申为对制造产品、提供服务的人或组织进行监督、管理的拥有特定职权的人。市场调研督导是市场调研企业中负责对委托项目实施和现场执行工作进行指导、协调、监督、检查、审核、评估，参与调研项目的综合管理，主导调研项目的质量控制，负责调查人员培训和调配的管理人员。调研督导在市场调研企业中处于一种承上启下的地位。在调研项目实施过程中，对于调查人员而言，督导代表着调研公司管理方和项目经理，对调研活动行使指导、监控和协调的职能；对于公司或上级而言，督导是公司管理层(项目经理、总监)和一线调查人员之间的纽带，向上级反馈项目的执行进程和员工的需要；对于委托客户而言，督导代表调研企业与委托客户进行及时沟通，听取客户意见，反馈项目进程；对于调研代理机构而言，督导是公司代表和项目的管理人，指导和培训调查人员，监控项目进程，督促代理机构按合同约定实施调查方案；对于调查执行主管(组长)而言，他们相互制约，互为监督。调研督导是市场调研企业和项目运作中不可欠缺的重要岗位。

1. 督导的基本职责

虽然各个调研企业对调研督导工作职能的界定存在一定的差异，但主要内容则是大同小异。调研督导的主要岗位职责一般包括以下几方面。

(1)协助制订方案。参与项目启动会，参与讨论调研计划，协助项目经理制订调研执行方案，拟定项目进度计划，确定调研工作各环节的控制点和质量控制标准。

(2)招募调查人员。直接负责或协助项目经理开展调查人员的招聘工作，对新入职的调查人员进行审查。

(3)项目实施培训。根据调研项目的要求，面对项目团队中各类人员，组织和主持执行前培训、执行中研讨和执行后总结，负责组织调查人员进行模拟、试访。

(4)项目进度管理。根据进度计划分配调查工作量，跟踪和检查项目进度，了解项目进程中出现的问题，制订解决方案，及时向项目经理、研究人员和客户反馈项目进程。

(5)访问过程管理。对调查人员的抽样、配额和访问过程进行监控，对调查人员进行工作指导，纠正操作偏差，保证调查人员按时、按量、按项目要求完成数据采集工作，保证调研数据的有效性和准确性。

(6)管理执行信息。全过程、动态地记录项目执行过程，对项目实施中产生的各种工作数据进行收集、归整和管理，对项目的执行信息进行分析，总结项目实施经验。

(7)环节质量控制。负责对项目实施过程中抽样配额、现场访问、数据汇总等主要环节的质量进行检查、评价和控制。

(8)实施现场管理。跟随调查人员进行陪访，负责处理访问过程中的偶发事件和意外情况，对项目实施现场进行监控。

(9)数据审查复核。对调查人员收集的数据进行抽样审核，组织数据的二次复核，对调查的遗漏和作弊情况进行处理。

(10)异地项目督导。代表调研企业到异地调研代理机构培训调查人员，对项目的执行过程实行监控，督促代理机构按照合同要求和质量标准完成项目任务，对项目代理工作和调研代理机构进行初步评估。

(11)调查人员考评。负责对参加项目实施的调查人员的工作绩效进行考核、评估，提出奖惩建议。

(12)项目综合管理。参与和协助项目经理做好项目的行政、财务和其他事务的管理工作，如访问场地设置、调查对象甄别、费用预决算、材料整合归档等。

2. 督导的职位要求

督导工作的重要性和特殊性，决定了督导岗位在调研企业中的地位，也决定了担任督导的人员必须具备较高的个人素质、职业精神和工作能力。督导尤其是高级督导很难通过直接招聘或简单的培训获得。也很少从调查人员中直接挑选，更不可能由兼职人员担任或其他岗位的人员兼任。一般而言，调研企业对督导工作岗位的基本任职条件的要求包括：①大专以上学历；②具有市场营销、企业管理相关专业背景；③至少具有 2 年以上从事市场调查访问的工作经验；④至少具有 1 年以上市场调查项目管理的工作经验。

5.5.2 督导人员的基本素质和职业道德

一个合格的督导，应具有良好的个人素质，在心理和生理方面应符合以下条件：①性格开朗，心态良好；②身体健康，精力充沛；③待人和善，耐心细致；④工作踏实，积极进取；⑤个性独立，吃苦耐劳；⑥具有良好的心理素质和承受工作压力的能力；⑦有强烈的责任意识和工作责任心；⑧有较强的团队合作精神。

良好的职业道德，是指督导在现场工作中必须遵守行业规范和公司的章程。具体来讲，良好的职业道德表现在以下几个方面。

(1)职业意识。在管理和操作调研项目时，能够全身心地投入，并且站在客户利益的角度来发现问题、解决问题。

(2)职业标准。在项目的具体实施中，遵循科学的原则来判断问题和解决问题，而不是以个人的喜好、外界的干扰来评判。

(3)保密意识。坚决保守商业机密，不向调查对象、调查人员、其他客户或他人(包括家人)泄露公司或客户的商业机密。不利用任何调查对象资料进行一切与项目无关的活动。不向任何第三方提供公司的一切情况和资料。

(4)协作精神。一个项目的完成涉及各个部门的通力合作，因此，督导的协作意识和团队精神也是影响其工作成效的一个极为重要的因素。督导的团队协作意识和团队精神主要表现为：第一，必须学会倾听他人的诉说，如研究部的项目说明、调查人员对项目问题的陈述、各种相关人员的建议等。第二，必须学会站在他人的角度来看待问题和思考问题。例如，在项目执行过程中，应该学会站在客户角度来看待项目的进程，这样就会理解执行时间紧迫的原因，从而积极推动项目进程。第三，必须学会知道别人需要什么，包括了解客户的需要、知道研究人员需要什么信息、统计人员需要何种数据等。

5.5.3 督导人员的基本能力

调研督导的知识结构和工作能力在调研工作中起着关键的作用，对调研项目的实施效果和项目完成的整体质量具有最直接的影响。一个优秀的督导除了具有上述基本素质外，还应具备以下能力。

1. 管理能力

在现场访问和调查过程中，各种各样的干扰因素都会影响数据采集的进程和质量。为了获取满意的采集结果，科学、有效地管理控制这一过程就显得尤其重要。一个督导管理能力的强弱基本上决定了一个项目能否按时及成功完成，管理能力是督导首要的基本素质。在现场实施过程中，督导的管理能力主要表现在以下几个方面。

1)对调查人员的管理

在项目执行过程中，督导必须对调查人员的工作过程进行有效监控和管理，保证数据采集的有效性和准确性。具体来讲，这一管理工作包含这样三个层面：第一，保证调查人员按时、按量完成有效的数据采集工作；第二，保证调查人员能够严格按照项目要求进行数据采集；第三，保证调查人员的工作质量，即调查人员完成的问卷、访谈必须是无误的、完整的，且便于进行汇总和统计分析。

2)对项目执行信息的管理

这一能力是指能够对项目实施工作中产生的各种过程信息进行系统有序的收集、整理、归档和分析，并且及时地向项目有关的人员和客户反馈。它具体表现为：第一，能够全过程地、动态地记录项目执行过程中产生的、反映现场实际情况的所有信息；第二，能够及时整合片段性的信息并予以分析，发现实施中存在的问题；第三，能够把客户需要的信息，按调研服务规范和工作程序的要求，全面、简洁和及时地提交给客户。

3)意外事件的处理

这一能力要求督导能够针对调查环境或访问现场出现的各种意外情况和偶发性事件进行及时的处理，排除对调查工作产生干扰的因素，保障调研计划顺利实施。具体要求如下：第一，事先对可能出现的意外事件制定预防措施和应对预案；第二，对意外事件做出迅速反应；第三，能最快地、有效地排除意外情况的干扰，消除意外因素对调查进程的影响。

2. 沟通能力

在调研项目的现场实施过程中，调研督导几乎会与项目有关的所有人员产生接触和工作联系。例如，要将已复核的汇总数据传递给数据研究部门的统计人员、市场研究人员；要向实施现场访问的调查人员调取数据、了解访问进程；要与项目委托客户定期联系和沟通交流；要向项目总监或项目经理汇报工作；要向财务部门提供费用票据进行结算；要与调查对象直接接触以复核调查结果；等等。由于调研督导需要全方位接触各类人员，与各类相关部门进行有效联系和信息交换，督导必须具备很强的人际交往和沟通能力。

具备这种能力能够提高督导的工作效率，是减少项目中可能出现的失误和人为扯皮的关键。例如，在项目执行过程中，与其他部门员工保持良好的沟通，能够使得项目执行更为高效，出现的问题及时地被解决；与调查人员保持良好的沟通，能够缩短与一线调查人员的距离，了解项目操作中出现的问题和困难；与客户保持良好的沟通，能够加深其对项目的理解，体会项目执行工作的难度，了解调查人员工作的努力程度和专业水准，使客户获得安全感；与调查对象间的有效沟通，可以大大降低现场工作的难度，特别是在小组访谈或焦点访谈的操作中，良好的沟通不仅可以找到合格的调查对象，还可以提升座谈会的效果。

督导沟通能力的强弱主要取决于以下两个因素：①沟通欲望。沟通欲望具体表现为乐于与他人交流信息，愿意倾听他人的意见和想法，喜欢表达自己的见解和观点，在交流沟通时愿意采纳他人的建议。一般而言，沟通欲望的强弱决定了一个人的沟通能力高低。因此，作为一名督导应首先要求自己时刻保持强烈的沟通欲望。②沟通技巧。沟通技巧主要是指在与人沟通时的倾听技术、表达意见和观点的方式、争论时的妥协技巧等。这是决定沟通能力高低的充分条件。

3. 培训能力

培训能力是督导的一项极为重要和基本的能力。调查人员对市场调研行业的了解、对调查公司的认识、对管理制度和操作规范的认同、对现场实施工作的理解和调查技能的掌握、对具体项目要求的理解等，都是通过各类培训获得的。因此，良好的培训能力对于督导工作的有效开展是至关重要的。在现场实施中，培训主要包括基础培训、项目培训和调查人员的再培训。这三种培训针对的对象和目的各不相同，因此，各自的侧重点会有所差异，对督导培训能力的要求也会有所侧重。

(1)基础培训是调查人员的入门培训，它的目的是向新调查人员传递公司理念、介绍市场调查的背景知识、传授现场实施的基本技能和知识，所以督导在培训时必须注意以下几点：①强调职业意识和专业理念，使得调查人员建立对行业、公司的认同感；②能够制作和使用多媒体培训材料，使培训变得丰富多彩、生动有趣，获得良好的培训效果；③用通俗易懂的方法帮助新调查人员理解培训问题；④应用灵活、互动的培训方式，使得调查人员对培训内容记忆更加深刻。

(2)项目培训是针对项目执行的培训，它要求督导做到：①帮助调查人员准确无误地理解项目要求；②帮助调查人员快速掌握项目要求的执行规则和具体方法；③帮助调查人员了解项目进程和信息传递方式；④帮助研究人员发现研究设计中遗漏的地方。

4. 专业能力

专业能力是衡量一个督导是否合格的重要因素。作为一名督导，专业能力的高低可以决定其在工作上的成就。调研督导如果没有扎实的专业知识和良好的专业能力，就无法对项目进行有效的规划、管理，对可能出现的问题做出超前判断及迅速的处理；无法有效地指导调查人员，推进调研项目的现场实施工作；也不可能与各个与项目有关人员进行良好的沟通。

督导的专业能力主要包括以下几个方面：①扎实的专业知识。了解和掌握市场调查研究基本知识、现场实施的基本技巧和要求、各类访问的类型特点和基本要点等。②过硬的访问能力。熟悉各类访问工作，并且有相当丰富的实践经验，能够胜任任何一种类型的现场实施工作。③敏锐的洞察能力。能从细节对现场实施效果进行判断，预见可能出现的各种意外情况。④较强的语言表达能力。能清晰、准确、通俗、流畅地表达自己的观点，使调查人员和调查对象能正确地理解自己的想法。⑤严谨的逻辑分析能力。能熟练地进行调查数据的对比、综合和分析，发现调研数据中隐藏的信息和变化趋势。⑥具有一定的外语能力和电脑使用技巧，能熟练操作办公软件。

5.5.4 调研督导的分类

根据其承担的工作内容和现场执行涉及的环节分工，调研企业的督导人员一般可大致划分为项目督导、调查人员督导、抽样督导、复核督导和执行督导。

1. 项目督导

项目督导负责项目执行过程的全面管理，其包括整个项目的现场实施控制，与其他部门进行与项目执行有关的协调等，具体职责如下。

(1)项目执行方面：①仔细理解项目经理的每一项工作要求，并向项目经理表达自己的理解，求得确认。②遇到不确定的工作程序或方法方面的问题，应及时向上司汇报，寻求解决办法。③准确无误地按照项目经理设计或提供的方法进行数据收集，在指定的时间向上司提交数据采集结果。④参加各个与项目有关的会议、讨论、项目培训和模拟。⑤在具体负责某个项目时，必须亲自主持项目培训，参加模拟。在操作入户访问项目时，还必须亲自参加一定数量的陪访，并做好相应的记录。⑥在项目执行过程中，必须始终与研究部、质量部数据处理部门的有关人员保持良好和有效的沟通。当双方就目标与程序发生争议时，应立即请示现场主管，寻求积极稳妥的解决方法。⑦在项目执行过程中，必须详细记录项目的进程，并及时收集整理工作文件，如会议记录、会议摘要、项目现场说明、配额统计表、甄别记录表等。在项目结束后，必须将所有文档(书面和电子文件)进行归类整理并归档，同时向现场主管提交现场总结报告。⑧在负责项目时，必须每天填写项目进程表，在规定的时间向项目经理、现场主管及相关人员递交，让他们及时掌握项目的进展情况。另外，当项目相关人员在非规定时间里需要了解项目进程时，必须以最快的速度做出反应。

(2)日常工作方面：①采取所有必要措施确保公司和客户的商业机密；②除了项目管理外，还必须参与现场执行部门的建设工作，如参加现场工作文件的修订和增补，定期向现场主管递交有关部门建设及各项现场工作的改进建议。

2. 调查人员督导

调查人员督导负责调查人员的招聘、培训及更新等管理工作，加强调查人员队伍的建设。

(1)项目执行方面：①在每个项目的准备阶段，根据项目督导提交的调查人员需求表(包括项目需要的调查人员数量和要求)，及时提供符合要求的调查人员；②在项目执行中，必须及时补充因各种原因流失的调查人员，保证现场工作的顺利进行；③每个项目结束后，根据项目督导的反馈对调查人员进行及时评价，并负责调查人员的等级评定。

(2)日常工作方面：①根据现场部主管的要求制订调查人员队伍建设的年度、季度和月度工作计划；②定期负责调查人员的招聘和面试工作；③负责调查人员的基础培训，对需要提高访问技能的调查人员进行针对性的再培训；④负责定期对基础培训教材和基础培训方式的修订和改进，并交现场主管审核通过；⑤每个月对现有调查人员的资料进行整理、筛选，并向现场主管提交最新一期的调查人员名单，包括调查人员总数、常用调查人员数和各级别的数量；⑥与调查人员保持良好的沟通，解决调查人员的疑问及调查人员对项目督导的投诉；⑦利用数据库软件建立调查人员档案，并负责档案的维护与管理；⑧参与部分项目过程的管理工作。

3. 抽样督导

抽样督导负责提供项目所需的地址及抽样员的管理工作，具体工作如下。

(1)项目执行方面：①在入户项目的准备阶段，抽样督导必须按照项目要求提供详细的入户地址表及相应的地图和行走路线；②在入户项目执行中，抽样督导必须时刻准备好备选的入户地址表；③在定点项目执行中，抽样督导必须按照项目要求准备好相应场地，同时还必须准备好备选的定点场地。

(2)日常工作方面：①根据现场主管的要求制订抽样框和场地库建设的年度、季度和月度工作计划，并提交现场主管审核。②负责抽样员的招聘及录用，建立一批稳定、高质量的抽样员队伍。③负责抽样员的培训，并拟订抽样培训教材和方式。教材中应收集各城市的各类房型及相应的行走路线的模板。④定期对现有的抽样框和场地库的资料进行整理，向现场主管提交整理的情况，并在地图上标注所有抽样框街道的位置、所有定点/拦截场地的位置。⑤负责抽样框的复核及维护，在每次入户项目结束后，根据项目督导提供的入户情况登记表填写场地库维护表，并交数据处理部门录入。⑥根据项目需求负责场地库的增加和维护，并与场地库协作单位保持良好的关系，保证在每个闹市区有2～3个定点/拦截场地，在每个大规模的居民区有1～2个定点/拦截场地。⑦利用数据库建立场地库的档案。⑧负责现场执行部门的文档、物料的收集、整理和归档。

4. 复核督导

复核督导负责对项目的调查数据进行复核及复核员的管理，具体工作如下。

(1)项目执行方面：①复核督导必须按照公司的质量控制标准和方法来进行项目的质量控制；②对于复核中发现的问题，复核督导必须经过反复确认才能做出处理意见，所有处理意见必须报现场主管审批；③所有复核结果必须在最短的时间内反馈给负责项目的督导，以保证项目的进程不受复核的影响。

(2)日常工作方面：①根据现场主管的要求制定复核员的招聘和考核；②负责复核员的培训，并拟订复核培训教材和方式；③负责对复核方法进行不断改进和提高。

5. 执行督导

执行督导负责对调查人员的现场工作过程和第一手数据进行检查、审核和管理。对调查过程的管理是调研项目质量控制的主要工作之一，执行督导也是公司最基本的和最重要的督导岗位。执行督导的工作总体上来说包括三项内容：①作业管理，其包括根据进度给调查人员分配任务，向调查人员分发和回收问卷，支付调查中发生的各种费用，向调查人员分发报酬；②质量检查，其包括对调查人员收集的原始数据和资料进行审核、复核，返回调查人员进行补充或返工；③执行控制，通过各种工作表单和手段对调查人员工作和项目实施进行指导、检查和质量管理。执行督导的具体工作如下。

1)项目执行方面

(1)对街头访问进行现场督导。由于街头访问很难对调查对象的身份进行事后复核，如果没有有效的现场督导，调查人员的作弊基本上是无法被证实的。由于有督导的存在，调查人员的工作责任心会更强一些，可以有效地避免错误的出现，所以现场督导是一种事前控制误差发生的方法。大多数街头访问的组织方式都是由一名督导带领若干名调查人员，在同一个调查点进行访问。为了避免对调查人员工作的影响，督导一般只在访问现场附近观察，而不直接与调查人员站在一起。督导可以观察调查人员与调查对象接触的情况，并计算访问时间，以判断调查人员访问工作是否认真负责。

(2)电话调查督导。由于电话调查是在室内进行，调查人员坐在同一个电话间内打电话，督导能够对全体调查人员进行监督。如果有必要，督导还可以通过另一部串联的电话监听调查人员与调查对象的对话，并及时检查调查人员的记录情况。

(3)入户访问督导。在入户访问中督导一般不宜陪伴调查人员进入调查对象家中，只在作为培训手段的情况下，才使用督导陪访的方式，但这种方式对调查对象会构成一定的威胁，并且在有两名调查人员在场的情况下，调查对象的紧张情绪会更强，调查结果将会受到一定影响。在入户调查的组织中，现场督导一般只负责将调查人员带到调查现场，分配调查人员入户，督导在户外等待。

(4)及时检查访问质量，纠正可能的偏差。由于督导直接在现场进行管理，调查人员每完成一份问卷后，督导都可以进行现场检查，如果发现调查人员对问卷理解错误或者其他失误，可以及时进行解释，帮助调查人员及时纠正。在电话调查中，督导如果从电话监听中发现调查人员的叙述方式不合理，可以在电话结束后及时指出，避免调查人员再次出错。

(5)现场督导还要对调查进度进行控制，尤其是要进行配额控制，从而使整个调查工作得以有序地进行，避免到调查时间结束时才发现进度、配额等方面的问题。

(6)处理现场意外情况。在调查现场情况比较复杂的情况下，督导可以作为现场的负责人进行处理。例如，如果现场调查受到保安或者其他人员的干涉，督导可以与他们进行接触，征询合作。由于这种解释工作需要一定的社交能力，而一般调查人员很难将关系处理得很好，所以需要使用有能力的督导。现场意外还包括现场调查环境与预想情况不同。例如，当调查人员到达某居民区后，发现该居民区正在拆迁，住户已经离开。此种情况是否属实，应如何处理，都需要由现场督导进行判断。否则，等调查人员回公司进行报告，再由公司人员进行确认，就会耽误许多宝贵的调查时间。

(7)现场服务。现场督导还应做好调查人员的服务工作，如为调查人员提供饮料、食品，安排交通等。在按时间计酬的调查项目中，督导应判断调查人员的工作强度，适时地安排调查人员休息，避免其过分劳累。

(8)在入户调查的形式中，有时一名调查人员负责一个居民点的调查，为每名调查人员都安排现场督导是不现实的。此时现场督导可以有另一种表现形式，即热线电话支持的形式。督导人员向调查人员提供一个固定的电话号码，要求调查人员定时报告调查进度，当出现某些意外情况时，及时进行联系，这种方式也可以有效地避免错误的积累。

(9)检查已完成的问卷，现场的记录是否规范，字迹是否清晰，有没有确实数据，答案之间的逻辑关系是否成立。对发现的问题采取及时的补救措施，对工作质量较差的调查人员，需要进行再次培训。

(10)回收并审核资料。这是督导人员核心的工作内容。由于调查人员人数较多，每名调查人员完成访问后交回的问卷都需要进行审核，工作量非常大，一般采用的方法就是每若干名调查人员编为一个小组，安排一名督导负责，调查人员的所有问卷都由督导回收后进行逐份审核，确定有效问卷数，发现问题时需要责令调查人员返工。

(11)对收回的调查问卷进行复核。通过对调查对象再一次的调查以检查访问工作的真实性。复核的比例根据现场操作的情况可以有所不同，一般在10%～20%，对存在质量问题的调查人员可以增大复核比例。复核内容包括访问情况、问卷内容的真实性、调查人员的工作态度。

(12)工作总结。随着现场调查活动的展开，调查人员应该定期提交工作报告，汇报调查工作中的情况。这些报告所提供的信息，有助于提高现场管理的质量。必要时，督导可以将调查人员召集在一起进行座谈总结，交流经验和体会，研究处理棘手问题的方法。问卷中存在的某些问题在问卷设计阶段没有被检查出来，但调查人员在访问过程中却感受到了。督导应将这些信息反映给数据处理和数据审核部门或人员，可以为以后问卷设计的改进提供参考。

2)日常工作方面

(1)调查人员招聘与组织。由于大多数调研企业都采用兼职调查人员的方法，在调查项目中或者平时，督导负责与调查人员进行联络。在使用固定调查人员队伍的情况下，督导需要对每一名调查人员的工作质量和能力进行评价，及时进行奖励或撤换。

(2)在具体的项目中，督导负责向调查人员交代工作内容、报酬标准等，在调查结束后，督导负责核定调查人员的工作量并且发放报酬。

(3)调查人员培训。督导主要负责对调查人员进行访问技巧和操作规范上的培训，有关技术内容的培训一般由设计人员完成。

(4)文档管理。对现场操作中每个阶段的实施情况，都要建立必要的文档管理，如问卷收发表、入户接触表、陪访报告、复核记录等，这些文档材料不仅有助于现场督导及时发现问题，有针对性地进行工作，同时有助于项目组对现场操作的质量进行评估。

执行督导的工作中还需要强调的几个问题如下：

(1)审核和复核对质量的控制是事后的，只有在访问结束后才能够发现调查人员的失误或者作弊，尽管能够责令调查人员返工或者重新安排其他调查人员进行调查，但会造成调查时间的损失。但与项目执行的现场督导相比，其工作量相对较小，尤其在入户调查、电话调查中，一名督导可以管理若干个调查点的工作，有助于降低成本。

(2)为了避免督导与调查人员的串谋，督导不应固定与同一小组的调查人员合作，而需要经常进行轮换，同时应加大对督导作弊的处罚力度。

(3)在大型调查项目中，可以采用两级或者三级督导制，由总督导管理普通督导，再由普通督导管理调查人员，逐级建立责任制，并加强各级督导的记录机制，尤其是下级督导必须及时向上级督导定期报告调查情况。

5.5.5 督导队伍的管理

国内调研公司对督导队伍的管理因调研主营业务和制度文化不同而各有特点，概括来说，通常涉及以下几个方面。

1. 督导的职业周期

首先，调研督导是一个对个人综合素质和专业能力要求都比较高的岗位，调研督导不仅要熟悉调研行业的行业规范和各种调查访问方法的运用，还要有勇于迎接挑战、承受工作压力的心理素质。普通调查人员或新入职人员很难胜任督导工作。其次，调研督导要非常了解调研企业的管理制度和文化，熟悉调研项目运作的流程和组织管理，因而督导工作又必须从最基础的调查访问工作做起。因此，大多数情况下，调研企业会在资深的调查人员或研究人员中进行筛选，并经过有意识的培养和针对性的培训，选拔出合格的督导。最后，督导人员比其他调查岗位的人员要承受更大的工作压力，责任更重、工作节奏更快，因此，必须进行定期轮换或者给予充分的休整时间，以防止职业疲劳带来的工作"钝化"。从实践来看，督导的成长过程和职业生涯大致包括这样几个阶段(表 5-2)。

表 5-2　督导的职业周期

阶段	入职时间	工作态度	技术能力	培养和管理措施
入职期	0.5 年内	渴望学习，工作积极、认真	操作不熟练	进行系统的督导培训和尝试性操作，强化学习激励
成长期	0.5～1 年	工作踏实，职业意识较强	基本能独立工作	定期进修和深度培训，对其工作进行跟踪和检查，强化晋升激励
成熟期	1～3 年	开始出现一定的惰性	掌握娴熟，运用自如	考核和评估工作绩效，引导其自我积累和发展，强化薪酬激励
倦怠期	3 年以上	疲劳现象明显，工作松懈	逐步下降	带薪假期，进行再培训，对个别无法调整的人员进行淘汰

当然，由于个人的成长速度和工作环境并不相同，所以一名督导经历以上各阶段所需要的时间长短也不相同。

2. 督导的培训

一般而言，在督导入职的前半年内，督导培训的主要任务是熟悉督导工作的基本知识和技能，了解和掌握团队的管理方法和技巧，为其将来的工作打下基础。对督导的培训是一个循序渐进的过程，初期的系统培训的主要内容如下：①公司管理制度和文化；②公司架构和部门基本情况介绍；③团队协作技巧；④督导基本技能；⑤市场研究的基础技术；⑥项目实施流程；⑦抽样及抽样管理；⑧调查人员的招聘和管理；⑨基础培训和项目培训方法；⑩模拟、试访、陪访的安排；⑪异地项目的执行和管理；⑫各类调查方法的操作管理；⑬项目行政事务工作的处理程序。

督导的培训一般采取"听课＋个案分析＋实践"相结合的方式，可以结合当时的实际项目进程进行，通常在入职前至少应有不低于 50 个小时做助理督导的经验。整个学习培训的过程大致包括以下几个阶段。

1)学习阶段

这一阶段主要的内容是基础培训、抽样培训、复核培训等。通常采用专项培训和观摩两种方式，整个培训周期大致为一个月。这一阶段对受训督导的要求是掌握规范的访问技术和沟通技巧，了解抽样技术和复核技术。课堂上所讲的内容是为实际工作打基础的，因此，需要在开始的时候就有意识地培养督导实地工作的态度。

2)实训阶段

这一阶段主要的内容是完成 30 小时或以上的访问(即包括 3～5 个入户项目)，以接触多种形式的现场调查方法，充分锻炼与调查对象沟通的技巧；接受经验丰富督导的陪访考察。抽样督导和复核督导另外还要实地抽 1～2 个地块的地址，完成电话复核和入户复核各5～10个，需要1～2个月时间。这一阶段对受训督导的要求是，切身体会访问的实际情况，磨炼严谨刻苦的工作态度，熟练掌握入户技巧及问卷操作规范，这期间要注意严格要求和细致关怀，帮助其过好心理关。

3)复习阶段

这一阶段的主要内容：在实践经验的基础上，再次接受督导工作技能的培训，大约需要3个月时间。这一阶段对受训督导的具体要求是通过实践和自我总结，强化理论知识及技巧工作。

4)考核阶段

这一阶段主要是由公司组织对受训督导进行工作技能的全面考核，并由有经验的督导陪同新督导完成1～2个项目的具体工作。大致需要一周时间。这一阶段对受训督导的具体要求如下：能够结合理论和实际，熟练运用培训所得的方法和技巧开展各项工作，操作规范。督导经考核合格的，可以开始独立负责项目的相关工作。

3. 督导的档案管理

调研公司应建立督导的档案，对督导加入公司后的经历和工作业绩进行实时记录。督导的档案是考核和评价督导工作、决定督导奖惩和升迁的依据。督导的档案一般包括以下内容。

1)个人资料

包括个人基本信息、学习和工作经历、家庭状况，进入公司之后的职位变更、工资变更、保险和福利情况、当前职位和履职情况等。

2)培训档案

督导在加入公司后接受的培训内容、培训时间、培训考核成绩。

3)项目档案

督导所有参与过的项目名称、项目类型、工作角色、工作量和完成情况、工作绩效评估等。

4. 督导的评估

对督导的评估主要集中在项目的完成情况、项目操作能力等方面。一般先由督导自评，再由公司结合项目完成情况核评，一般评估主要包括如下内容。

(1)与客户/上司/同事沟通、协调、合作情况。

(2)抽样的质量。其包括样本框质量、抽样过程质量、数据统计质量。

(3)调查人员质量。其包括整体队伍素质、陪访质量、流失率、作弊率、问卷平均分布。

(4)质量的控制。其包括问卷审核出错率、复核问题率、数据差错率。

(5)进度的控制。其包括进度是否准时、是否平均，对突发问题的处理。

(6)综合技术效果。其包括培训、陪访、调查人员沟通管理、复核问题处理。

通过定期对督导进行评估，可以判定其工作水平是基本合格、良好还是优秀。评估结果连同项目情况小结归入督导的项目档案。

5. 督导的级别

督导同样要形成一个职业发展阶梯。调研企业通常根据督导的工作能力、资历经验、工作质量、工作业绩的差异，对督导分级并实行分级管理。不同级别的督导的工作职责、工作内容和薪资报酬都存在一定的差别，如表 5-3 所示。

表 5-3　督导等级

级别	岗位时间	职责	薪资(以广州地区为例)
助理督导	3～6 个月	陪访 协助项目工作	2 000～2 500 元
初级督导	6 个月～1 年	抽样管理 访问员管理 数据审核 调查复核 协助开展异地项目	3 000 元左右
中级督导	1～2 年	独立管理项目 新督导培训 异地项目监控	3 000～4 000 元
高级督导	2 年以上	项目协调 项目综合管理 异地项目公司代表	4 000～6 000 元
督导主任	2 年以上	项目工作组织 督导招聘和培训 总体质量控制	8 000 元左右

6. 兼职督导的管理

一些调研公司在项目较多、督导人员无法周转时，也聘用兼职督导来协助现场实施的具体工作。目前在国内有很多公司已经尝试采用“专职督导＋兼职督导”的运作模式来开展项目工作。但兼职督导的管理机制和工作内容与专职督导相比有很大不同。调研公司可依据自身的特点和实际情况来决定兼职督导队伍的管理策略。

全职督导虽然在工作时间和工作态度方面较有保证，但成本较高。在调研项目偶然增加，产生对督导人员的突发性需求时，引进兼职督导来调整督导人员的配置结构，可以保证项目运作，也有利于公司运作固定成本的降低。兼职督导的最大特点是工作时间的灵活性，对其管理的重点在于明确其工作职能和定位、进行有效技术培训和建立科学的考核机制。从长远看来，兼职督导还可能通过培养和选拔成为专职督导，为公司未来的发展积累和储备人才。

5.6　项目实施中的客户沟通

让委托客户充分了解并参与调研的全过程，对确保调研成功具有重要的意义。从调研公司的角度讲，主动邀请委托客户对调研提出需求和要求，并协同配合调查人员一起完成项目实施过程，有利于促进委托客户对调研服务的理解，加强委托客户对调研公司的信任度，增进调研企业和委托客户双方的友谊。从委托客户的角度讲，要确保调研的真实性和可信度，并能消除因前期沟通问题造成调研失误的可能性，提高调研质量，也需要对调研企业和调研项目活动的过程进行有效的监控，督促调研企业按照既定方案高效、优质地完成委托项目。实践中，这一工作主要由调研公司和委托客户派出代表(通常委托客户会指定1名中层主管，并配置1～3名工作人员)，联合组成项目协调小组来具体负责。委托客户的代表在项目调研过程中将重点做好以下几个方面工作。

1. 重视与调查人员的前期沟通

一般来说，委托客户应积极参与调查方案前期的设计，就市场调查的目的、具体内容进行讨论。此外，由于市场调查项目的具体实施是由调查人员承担的，而调查人员一般是在项目计划基本成型时才介入的，虽然双方的共识已落笔成文，为了避免由于文字理解上的信息损失以致造成项目实施与设计之间的偏差，委托客户的代表除与客户部人员沟通外，还可以在调查实施前的适当时机，亲自与调查人员或项目组进行一次透彻的沟通。一方面，使项目人员或项目工作组对调查项目的意图有清晰的认识或共识；另一方面，市场调查公司毕竟只是市场调查技术的内行，对于委托客户所处的行业并不熟悉，委托客户代表对本行业或行业业务、产品知识的介绍可以给调查人员提供大量的背景信息，使其在短时间内就能对委托客户所处的行业有个大致的了解，从而避免访问中出现“外行话”。当然，市场调查公司会遵循行业准则，为客户代表提供的所有资料承担保密的责任。

2. 积极参与问卷设计过程

调查问卷/提纲设计是市场调查方案中调研目标的具体表现，是所想收集的数据的基本框架。因此，在调查问卷/提纲设计阶段，委托客户代表积极参与并提供宝贵的意见是调查公司普遍欢迎的。由于每个调查项目的周期安排都很紧凑，因此，调查公司希望能比较集中地听到委托客户对调查问卷/提纲初稿内容的意见和建议，便于设计人员综合参考并修正内容。调查问卷/提纲设计最好能在与委托客户充分讨论的前提下完成，使大家都能确信调查已涵盖了想了解的问题点，能避免调查方向和项目设计的失误。

3. 监督执行过程

在实地执行阶段，委托客户代表可根据自己的时间安排，参与监督调查公司的实地执行工作。其主要有三种方式，即旁听调查人员培训、实地执行陪访、参与复核工作。调查人员的培训关系到实地执行工作质量的高低，收集的数据资料的真实度和可信度也有赖于此。每一个市场调查公司都会有一套实施质量控制的方案和手段，客户代表若能旁听调查人员培训，会对现场实施工作的质量心里有数。若客户代表想要对实地工作有真实的感受并且时间允许，市场调查公司会根据其要求安排其在调查人员访问时陪访。

在采用焦点团体座谈会的定性研究中，客户代表可以在单面镜会议室的监测室或有监视系统的观察室观察整个会议中调查对象的表现和反应，如果发现有感兴趣而在提纲设计时没有涉及的问题或希望深入探究的话题，可以记录在纸片上，由会议助理传递给场内的主持人，使其在座谈会中能获得尽可能多的信息，充分发挥它的价值。

4. 提出分析要求

当现场调查完成后进入数据分析阶段，客户代表可以根据自己对项目的了解和现实需要，要求对哪些方面的数据进行深入分析，也可与市场调查公司的技术人员共同讨论分析模型和方案，充分利用收集到的数据和信息。报告撰写阶段与数据分析阶段一样，客户代表可以就报告形式提出要求，如表格的格式、图与表的比例等。对一些委托客户特别关注的数据可以提前要求给予详尽分析或提供其感兴趣的分析视角。这样可以使调研企业在沟通和了解委托客户需要的基础上完成的报告，既有市场调查公司客观的分析结果，又能尽可能地贴近委托客户的习惯并能得到较充分的利用。此外，市场调查公司应在报告完成后与委托客户共同召开一次调研结论报告会，将市场调查的主要成果呈现给委托客户。其好处在于让委托客户的各部门可以对市场调查的结果有所了解，从中获取对各部门工作有价值的信息。

➢案例：零点咨询集团的访员管理

零点咨询集团参照当今世界较为通用的市场调查访问质量监控体系(quality control system for interviewing，QCSI)建立起一整套实地质量控制系统，以确保调查结果的真实性、可信性。它的基本内容包括挑选调查人员、培训调查人员、管理调查人员、项目管理四部分。

零点咨询集团的访员管理一贯以“设点管理、相对稳定”为自己的管理思路和理念，在全国主要调查城市选择一批高等院校设立具有学生社团性质的零点访员中心、零点专家访员中心(由资深访员组成，主要负责深度访谈和机构访问)。零点访员中心主要由零点公司及其分支机构和所属校方共同管理，零点公司的项目只由本公司的访员中心的访员负责实地访问。在长期的项目合作中，已经形成了一支管理有序、技巧熟练的调查人员队伍，使零点公司的项目实地调查质量得到有力保障。

公司对调查人员的管理主要是了解调查人员如何进行访问，监督其工作，以确保每个调查人员都能按照公司的质量监控标准进行访问工作；校方的工作主要是联络调查人员，及时与调查人员沟通，了解其对公司的意见和要求，对项目中存在问题的反映，使公司对调查人员的管理工作不断改进。

1. 调查人员的工作管理

(1)访问工作的记录检查：确保访问记录按照项目要求完成及记录卷外信息。

(2)对调查人员的实地工作进行观察：定期对调查人员进行实地陪访观察，有效地监督其工作，及时纠正其在访问工作中出现的问题。

(3)对调查人员的工作表现进行评价：每次项目结束后对该项目的调查人员的表现和工作能力进行总结评价，奖优罚劣，淘汰不合格的调查人员。

(4)进行再培训：对合格的调查人员进行再培训，不断提高其访问水平，使其成为比较优秀的专业调查人员。

2. 访员中心管理

(1)访员中心主管的选择：由公司和校方共同在零点访员中心的调查人员中选取1～2位能力较强的学生干部来主要负责访员中心日常的组织和管理工作。他们必须具备组织和管理能力、逻辑思维能力、注意细节的能力、及时处理问题的能力、良好的协调能力、有效的交往技能、质量意识和访问工作的专业知识。

(2)由公司定期对访员中心主管的工作进行评估：主要从联络工作的及时性，项目调查人员数量的确保，调查人员工作评审的优秀率、良好率、及格率等几项指标来评估。

(3)访员中心活动：不定期访员中心活动(包括娱乐活动、经验交流活动、评优活动等)既能增加调查人员和公司的凝聚力，又能使好的访问经验得以推广。

(4)零点访员简报：由公司和调查人员共同主办、定期发行的《零点访员简报》是反映访员心声、进行沟通、交流经验、发布各种相关信息的地方。

(5)零点访员奖学金：每年度将有20%的调查人员被评为优秀调查人员，同时拿到一、二或三等奖学金，以表彰他们在实地访问工作中的优秀表现。

3. 项目管理

建立一套项目管理程序可以确保所有项目按照统一的标准去执行，从而规范项目的管理。公司项目实地工作的质量控制由项目督导负责，项目督导的工作由实地运作部主管进行考核。

➤思考与讨论

1. 编制督导/调查人员指南的意义是什么？其主要内容是什么？

2. 拦截访问与焦点小组访谈场地的准备有什么不同？

3. 如何评价项目团队人员的工作业绩？

4. 试以“××公司员工对企业满意度”为题撰写一份员工访问提纲，并做一次模拟访问训练。

5.“调查人员项目协议”的作用和意义是什么？

6. 以××超市为调查地点，通过观察法了解消费者选择和购买方便面的情况，请据此设计一份观察调查表。

7. 异地执行的项目管理的重点是什么？实施异地调查的整体外包、流程外包和执行外包三种方式各有何优劣？

8. 简述调研督导在市场调研项目工作中的职责和作用。

9. 以“××超市消费者调查”为题，试撰写一份市场调查执行报告。

第6章

调研报告与展示

调研企业完成统计分析和市场研究后，调研数据只是为市场调研活动取得有关结论和数据提供了基本依据和素材，要让调研结论和成果真正发挥辅助决策、指导经营的作用，必须要将整个调查研究的成果用适当形式呈现给客户，即通过撰写和准备调研报告，并向委托客户管理层通报调研结论和建议。这是整个市场调查项目实施最后一步的工作，也是决定委托客户满意度和调研成果应用价值的关键环节。调研企业必须使委托客户确信得到的调研服务是高质量的，所获得的信息和得出的结论是可信的、有效的和公正的。因此，调研企业通常会采用书面报告和口头汇报两种形式，与委托客户进行充分的交流和沟通。本章主要阐述调研企业如何组织和管理这一过程，并分析提升双方合作满意度的策略和途径。

6.1 市场调研报告概述

6.1.1 市场调研报告的内涵

市场调研报告是针对委托客户的需要，对市场的整体动态或某一特定问题进行深入详细的调查之后，通过对市场调查所收集整理的信息和数据进行分析研究，揭示营销问题的本质和总结市场发展规律，并以书面形式陈述出来的研究结论和成果。市场调研报告是市场调研企业正式向客户提交的，反映市场调查内容及工作过程，并提供调查结论和建议的报告。

对于市场调研项目的受托人——调研企业来说，通过调研策划，收集市场信息，并对资料进行整理分析，做出符合实际的结论和判断，最终都必须形成某种形式的报告，提交给市场调研项目的委托者，提交市场调研报告同时也是调研项目委托合同或协议的重要内容。

市场调查工作的最终目的是完成市场调研报告并呈报给委托企业的有关决策者，作为他们决策的参考和依据。

能否撰写出一份高质量的调研报告，是决定调查服务本身成败的重要因素。撰写并向客户呈递调研报告具有重要的意义。市场调研报告撰写的意义归纳起来有四点。

1. 调研成果的体现

市场调研报告是市场调研企业所有活动的综合体现，是调查成果的集中展示。市场调研报告是调查与分析成果的"有形"产品。它对已完成的市场调研做出完整而准确的表述，详细、完整地表达出市场调研中有关市场调研的目标、背景信息、调研内容及方法、结论和评价等，并以文字、图表、PPT（powerpoint）等形象化的方式展示调研结果、调研结论和建议等内容。

2. 信息传递的载体

传递信息是市场调研报告最主要的功能。调研委托客户需要的不是市场调查采集的大量数据资料，而是这些市场信息和数据所蕴含的市场特征、规律和趋势。市场调研报告能在对信息资料分析的基础上形成委托客户所需要的结论，并通过调研报告这一形式向客户传递有价值的市场信息。

3. 经营决策的辅助

调研报告通过对市场数据和数据之间隐含的关系进行分析，把沉闷的数字变成生动的信息，使委托客户对市场的感性认识上升为理性认识，对自身存在的问题、面临的市场现象的本质有一个全面系统的了解和认识，为客户企业确定经营目标、制定营销策略提供充分可靠的依据，为企业制订经营计划奠定基础。

4. 质量评价的依据

一份良好的调查报告，能对企业的市场活动提供有效的指导。尽管市场调研活动的质量也体现在调研活动的策划、方法、技术、资料处理过程中，但调研活动的结论和成果无疑是委托客户衡量和判断市场调研服务质量高低的重要标志。

6.1.2 市场调研报告的特点

与社会调查报告和其他调查报告相比，市场调研报告在材料组织、逻辑结构、布局框架方面都具有一定的共性特征，但市场调研报告是针对客户的需求、存在的问题或者某一方面的市场状况进行的专门调查与分析，调研报告的重点突出、内容集中，语言形式的严谨性、专业性和规范性要求更高，有着不同于其他报告的特点。市场调研报告应具有针对性、创新性、时效性、客观性、咨询性等几个方面的特点。

1. 针对性

针对性是指报告选题上的目的性和阅读对象的明确性两方面。首先，调研报告必须明确调查目的。任何调研报告都是目的性很强的，是为了解决某一问题，或是说明某一问题，因而撰写报告时在选题上必须强调针对性，围绕委托客户的需求开展论述，目的明确、有的放矢。其次，调研报告还必须明确阅读对象即委托客户的特点和性质。由于大多数企业经营管理者只是调研结论的使用者而不是市场调查和数据分析的专业人士，故调研报告需要将专业性与通俗性结合起来，侧重阐述市场分析的主要发现和结论而不是简单堆砌调查数据。此外，阅读对象不同，他们的要求和所关心的问题的侧重点也不同。例如，调研报告的阅读者是公司的总经理，那么他主要关心的是调查的结论和建议部分，而不是大量的数字的分析等。但如果阅读的对象是市场研究人员，他所需要了解的是这些结论是怎么得来的，是否科学、合理，那么，他更关心的就是调查所采用的方式、方法，数据的来源等方面的问题。针对性是调研报告的灵魂。

2. 创新性

市场调研报告的创新性是指调研报告应从全新的视角去发现问题，用全新的观点去看待问题。市场调研报告应紧紧抓住客户的需要和市场发展趋势提出新观点、新建议，充分使用委托客户过去未知而通过调查研究得到的新发现。这样的调研报告才容易获得客户的关注，充分体现调研的价值，达到指导企业营销活动的目的。例如，过去许多营养补品的企业都认为儿童不需要服用任何补品，但娃哈哈集团通过调查发现，现代城市儿童的厌食和消化问题是很多父母关注和忧虑的。因此，决定开发儿童助消化开胃口服液，并在广告中提出“喝了娃哈哈，吃饭就是香”的主张，取得了良好的效果。

3. 时效性

市场形势瞬息万变，经营者的机遇也是稍纵即逝。市场调查信息或者研究成果滞后，就降低甚至失去了其使用的价值和意义。因此，客观上要求市场调研企业应尽快展开调查项目活动，从调查中获得有价值的内容并迅速、及时地反馈给委托方。这样才能让委托企业的经营者抓住机会，使其经营决策跟上市场形势的发展变化，在竞争中取胜，才能发挥调研报告的作用。

4. 客观性

市场调研报告不是评论、论文等某种思想理念的表述形式，调研报告的内容必须是通过严谨、有序的市场调查和数据分析而得出的结论。调研报告中所引用的数据、例证必须是通过有效调查获得的客观事实的材料，调研报告的结论必须有清晰、充分的数据或事实做支撑，言之有据，而决不能凭借猜测、传言或片面资料来推断和臆造。这也是调研报告的立足之本。

5. 咨询性

市场调研报告不只是单纯报告市场客观情况，而是需要调研企业应用现代数理统计方法和研究分析模型，结合适用的经验，通过对调查获得的资料和数据进行分析研究，洞察客户营销问题的根源，判断市场发展变化规律，并在准确可靠结论的基础上提出解决方案或改进建议。为客户决策提供有效的咨询，这才是调研服务的价值所在。

6.1.3　市场调研报告的类型

对于委托客户来说，市场调研报告是针对自己的需求、存在的问题或者某一方面的市场状况进行调查与分析的结论。市场调查涉及的内容极为广泛，不同的市场调查项目所要解决的问题不同、重点不同，作为调研结论表现形式的调研报告也可以分为不同的类型。

(1)按调查重点和方向不同，市场调研报告一般可分为行业(产业链)发展状况调研报告、消费(者)需求市场调研报告、市场竞争状况调研报告、企业营销及组合问题分析报告、企业内部管理诊断报告五大类。

行业(产业链)发展状况调研报告通常包括整个行业的生产/服务规模的状况、商品资源总量及其构成、市场销售变动趋势、产品的更新换代速度、行业所处市场生命周期的阶段、行业的产业链构成、企业在产业链中所处的位置、上下游企业之间的竞合关系等。

消费(者)需求市场调研报告主要包括消费者数量及其结构、收入结构和人均收入、购买力的大小及购买力的增减变化、消费结构和需求层次的变化、现实和潜在需求量、消费心理和消费行为模式、不同消费者对商品的选择标准和序位、未来购买力投向等。

市场竞争状况调研报告主要包括竞争对手的构成、规模和数量，主要竞争对手的实力、营销策略、竞争策略和产品定位，主要竞争产品的 4PS[即产品(product)、定价(price)、渠道(place)、促销(promotion)]和市场形象，消费者对竞争产品各个要素的评价等。

企业营销及组合问题分析报告主要包括本企业产品、定价、促销和分销策略的市场反映和消费者反馈情况，整合营销传播的效果，营销中存在的主要问题及原因等。

企业内部管理诊断报告主要包括企业内部的管理制度的执行及其效果、员工满意度和积极性状况、组织结构效率、激励机制有效性等方面。

(2)按调查报告在委托客户决策中所起的作用，市场调研报告可分为数据型报告、分析型报告和咨询型报告。

数据型报告的特征是只向客户提供在调查中获得的客观数据，即回答客户“是什么”的问题。这是调查报告的最简单的形式。从客户要求进行商业调查的目的上看，获得数据是客户最基础的要求，是调查公司的核心职责，也是调查公司区别于咨询公司的特征。

当委托客户本身具有较强的分析力量而调查公司的分析能力相对较弱时，客户可能会要求调查公司仅提供数据型报告，这种报告一方面没有调查公司主观意见的介入，能够更准确地反映现实情况；另一方面，也减轻了调查公司的工作压力，从而降低了成本。在提供这一类报告时，调查公司的主要职责是实施调查并控制调查过程的质量，并进行随后的数据处理工作。由于不提供分析报告，在进行数据处理时，一般不作复杂的统计处理，只提供常规统计数据，或者由客户方提出数据处理要求。

分析型报告是在数据型报告的基础上对数据所反映出来的情况进行进一步分析，即要回答客户“为什么”的问题。这一类报告是目前商业调查公司向客户提供报告的主要形式。

大多数客户除了希望获得调查数据之外，还希望调查公司能够从长期接触数据的经验出发，对数据中所反映出来的经营问题做出一些分析。而实际上调查公司总是在对所研究的内容有一定了解的情况下才进行调查设计和分析，在此过程中也必然获得了一些对现实的认识，将这些内容提供给客户作为参考是可行的。

咨询型报告除了介绍调查所获得的数据之外，还包括了对市场的分析，并在此基础上提出营销策略建议或管理咨询方案。即它要回答客户“怎么做”的问题。

提供咨询型报告是调查公司的延伸服务，一般大型咨询报告的报价要高出调查报价10 倍以上，所以咨询型报告不能作为调查合同的免费项目提供。作为一揽子的决策咨询服务，研究人员除了需要普通调查数据之外，还需要进行专家论证、二手文献检索和大量的模型模拟工作，这已经远远超出了调查公司的服务范围。

(3)按照调查内容和使用形式不同，市场调研报告可分为共享性调研报告和商业性调研报告两大类。

共享性调研报告通常对某一行业或领域的现状进行分析或描述，仅仅是公布调查所得的资料和数据，不加以任何解释或分析。这种报告通常面对社会公开，供相关人士研究和使用，许多调研企业在自己的网页上都会定期发布一些研究报告，如零点咨询集团的《智能电视消费者需求研究报告》，上海一线市场调查公司的《户外运动的认知和行为市场研究报告》，使用者可根据自己的研究选择相应的资料。商业性调研报告则以数据分析和专题研究为主，它通常针对特定的产品或品牌市场进行专门调查和研究，研究成果公开对外发售，客户购买后，调研企业会将调查过程、方法及分析结论的详细内容提交给购买者，使购买者得到该项专门调查的详细数据和深度研究结论。本书中所说的调研报告主要是指这一类分析性调研报告。

此外，市场调研报告的类型划分还有很多。按照调查涵盖内容不同，市场调研报告可分为专题报告和综合报告；按调查结果的沟通方式不同，可分为书面报告、口头报告和电子文本报告；从技术角度上分，可分为初步报告、一般报告和技术报告；从作用上分，可分为应用性调研报告和学术性调研报告；等等。

6.2 市场调研报告的内容与结构

6.2.1 市场调研报告的结构

从严格意义上说，市场调研报告没有固定不变的格式。一方面，调研企业会根据不同沟通特征的委托客户、不同性质的调查项目、不同类型的调研报告的要求，制作出不同的格式和风格的调研报告；另一方面，调研企业也会根据自己的偏好和理念有意识地设计具有自身个性和特色的调研报告，以强化企业形象的传播力和差异性。但任何一份完整的市场调研报告，都要达到两个基本目的：一是说明市场调研的结果，使委托客户清楚地了解本次市场调研得出的基本结论；二是说明市场调研的过程，证明所得出调查结论的可信度。因此，调研报告的基本内容和结构是相似的。

美国市场营销协会曾为典型的市场调研报告拟定出一个标准的调研报告大纲，其内容大体包括以下几部分。

1. 导言
    1.1 标题扉页
    1.2 前言
        1.2.1 报告的根据
        1.2.2 调研的目的与范围
        1.2.3 使用的调研方法
        1.2.4 致谢词
2. 报告主体
    2.1 详细的目的

2.2 详细解释方法
2.3 调查结果的描述与解释
2.4 调查结果与结论的摘要
3. 附件
3.1 样本的分配
3.2 图表
3.3 附录

从中文文法习惯和国内市场调研行业的惯例来说，一般而言，大多数调查机构为客户提供的市场调研报告从结构上大致可分为三大部分，即导言、正文和附件。从具体内容上看，导言主要由标题、序言、市场调研项目概要三部分构成，正文则包括调研过程、调研结论、建议或方案，即市场调研报告的结构可划分为七个部分，如表 6-1 所示。

表 6-1　市场调研报告基本结构

一、标题 1. 市场调研项目名称 2. 市场调研项目委托方(用户) 3. 市场调研项目承接方 4. 市场调研日期 二、序言 1. 项目简介 一项目背景简介 一项目目标概述 2. 核心结论和主要发现 3. 致谢 4. 目录 三、市场调研项目概要 1. 调研主题简述 2. 调研方法简述 3. 调研结论简述 4. 建议方案简述 四、调研过程 1. 项目详细背景 2. 问题的提出和定义	3. 调研目标和主题详述 4. 调查对象详述 5. 抽样方法与过程详述 6. 调查方法与过程详述 7. 调研项目与内容详述 8. 调研信度、效度及完成质量详述 五、调研结论 1. 调研项目的数据分析(市场分析) 2. 主要研究结论(市场调研结论) 3. 关键数据 4. 主要图表的解释和说明 六、建议或方案 1. 客户面临问题及其原因 2. 调整建议与改进方案 3. 局限性及其解释 4. 结束语 七、附件 1. 专业术语说明 2. 呈交的资料附件目录(清单) 3. 附录资料

下面我们对调研报告中各要素的内涵和要求逐一详细分析和说明。

6.2.2　导言

导言包括标题、序言和市场调研项目概要三部分。导言是用精炼而准确的文字，向读者简要地说明调研项目实施的总体概况，调研报告的基本内容、核心结论和主要发现。导言是对调研项目过程和成果的浓缩和概括，其内容除目录外一般为 2～3 页。其目的是让委托客户的领导或高层管理人员迅速了解调查活动是否符合项目预期、调查概况、最重要的发现、主要研究结论和建议。因为他们往往没有时间去研读报告的细节，对于一部分不需要深入研究报告的使用部门(如营销、财务、产品开发等)的人员来说，导言也使其能迅速获得指导和改善其运作的重要信息，理解调研报告的价值。同时导言的目录部分也提供了全文的检索方法，便于让具有兴趣或重视细节的客户相关部门去深入阅读。

1. 标题

标题包括调研项目名称、报告日期、调研项目委托方即客户(机构)、调查方即调研公司，通常打印在封面扉页上。

标题是对调研项目主题的高度概括，一般是通过标题把调查范围、对象和内容明确而具体地表示出来，如“2013 年北京市房地产二级市场现状调查”。标题的设计要求为题文相符、精练简洁、生动形象、醒目且具有强烈的吸引力。标题撰写的形式一般有以下三种。

(1)直叙式标题：直接说明调查内容、调查地点、调查时间的标题，如“贵阳市 2012 年第 3 季度家用轿车销售状况调查报告”。这种标题的特点是简明、客观。

(2)观点式标题：标题中阐明作者的观点、看法，或对事物做出判断、评价的标题，如“袋装食品安全不容忽视”、“××市公共交通的服务质量亟待提高”。这种标题既表明了作者的态度，又揭示了主题，具有很强的吸引力。

(3)问题式标题：以设问、反问等形式，突出问题的焦点和尖锐性，吸引读者阅读、思考，如“传统百货行业的出路何在”、“如何打造城市品牌”等。

标题按其形式又可以分为单行标题和双行标题。单行标题是用一句话概括调查报告的主题或要回答的问题，一般是由调查对象及内容加上“调查报告”或“调查”组成，直叙式标题基本上采用单行标题。双行标题由主标题加副标题组成，一般用主标题概括调查报告的主题或要回答的问题，用副标题标明调查对象、内容、时间和地点等。由于观点式标题和问题式标题要用主标题点明文章的核心观点或突出问题，通常都采用双行标题，如“其实你不懂我的心——保健饮品消费者反馈调查”、“再造辉煌——贵州白酒行业品牌战略实施情况调查报告”等。

2. 序言

序言的撰写要求主题明确、文字精练、重点突出、高度概括。序言一般包括以下几部分。

1)项目简介

项目简介通常用 4～8 行比较简明和概括性的文字，说明双方合作的背景(项目调查的由来和委托调查的原因)、本次调研应达成的目标，从而说明项目实施的必要性。

2)核心结论和主要发现

一般用要点提示的方法，列出本次调研所获得的最重要的研究结论或调研结果，尤其是客户意想不到的新发现，从而反映项目实施的价值。一般来说，核心结论和主要发现的篇幅不宜超过 2 页。

3)致谢

通常用 1～2 行文字向客户给予合作的机会表示正式感谢。这一项既增加了调研报告的亲和力，也间接地表达了调研企业对客户委托项目的重视。

4)目录

如果调研报告的内容、页数较多，为了方便客户阅读，应当使用目录或索引形式列出报告所分的主要章节和附录。目录包括各章节的标题，应包括题目、大标题、小标题、附件及各部分所在的页码。一般来说，目录的篇幅不宜超过1页。

3. 市场调研项目概要

项目概要是市场调研报告正文的内容提要。它是按照调研项目的展开顺序，简要地阐述调研全过程的基本内容和研究成果。项目概要包括的内容主要有为什么要调研；如何开展调研；有什么发现；其意义是什么；如果可能，企业应该采取什么策略和措施；等等。项目概要不仅为报告的其余部分规定了切实的方向，同时也使得管理者在评审调研的结果与建议时有了一个大致的参考框架。项目概要主要包括四个方面内容。

(1)调研主题。调研主题应简要说明调查目的、主要对象、调查要点和所要解答的问题、调研结果对委托客户的作用和价值。

(2)调研方法。调研方法应简要地介绍说明调查的时间、地点、范围，所使用的抽样方法及过程，所采用的调查方法和工具，并说明选用方法的原因和调查方案的设计过程，以及调查的回收率、有效率等内容，并对调查的原始资料进行选择、评价，使客户初步了解调研企业所做的工作，以此证明调查结果的来源和可靠性。

(3)调研结论。简短地叙述通过调查研究所获得的主要的发现和重要结论。调研结论最好采用按要点分段的叙述方式。每一个主要结论形成一个自然段。如果发现和结论内容较多，也可以用序号和小标题逐一进行概括和阐述。

(4)建议方案。这一部分是依据调研结论向客户提出对策建议，如对营销组合的改进建议、对竞争对手的策略和措施、产品的重新定位和包装等。建议方案不是调查报告必需的，主要视双方所签的委托调查合同来确定。

项目概要是报告中十分重要的一部分，写作时需要注意以下几个问题：一是概要只给出最重要的内容，一般为2～3页；二是每段要有个小标题或关键词，每段内容应当非常简练，一般为三四句话；三是概要应当能够引起读者的兴趣和好奇心去进一步阅读报告的其余部分。

6.2.3 正文

正文是市场调研报告的主要部分。对于客户企业的市场研究和分析人员，需要了解调研结论的来源，评价调研结论的可靠性，如考察调查数据从何而来，抽样方法和调查方法的选择和应用是否适当，调查和实施过程是否严谨，研究结果之间的逻辑性，调查数据有没有遗漏，关键的调研结果是如何得出的等。对于从事市场工作方面的人员，如产品开发经理、销售经理、广告促销部门管理人员等，除了要知道调研报告的结论和建议以外，需要了解更多的相关的市场细节信息。正文就是供给这两类人员进行深入研究的。因此，正文部分必须正确阐明全部有关论据，包括问题的提出、调研方法、结论及其产生过程、研究论证过程等。正文又大致可分为开头部分、论述部分和结尾部分，对应的是调研过程、调研结论、建议或方案。各部分一般包括以下内容。

1. 调研过程

这部分对调研项目的运作全过程进行详细的描述，通过对项目主题、调查对象、抽样方式、调查方法及调研结果的分析，论证和说明调研方法的科学性、调研操作过程的可控性、调研工作过程的规范性，从而充分证明调研数据来源的严肃性和调研质量可以获得充分的保障，为后面调研结论的可靠性提供充分而有效的支撑。但这一部分要尽量用易于理解的方式来描述，尽量使用非技术性的语言。技术的细节说明可以用技术报告的形式放在最后的附件之中。主要内容包括以下几部分。

(1)项目详细背景。其应包括以下内容：①行业状况和发展趋势；②市场消费状况、竞争状况；③客户的基本情况，即发展历史、经营范围、产能规模、资产和融资能力、员工数量、技术水平、品牌与产品结构等；④客户分析，即行业地位、市场竞争地位、企业和产品形象、经营理念、特色和定位等；⑤客户的发展状况，即资产、利润及规模的增长。

(2)问题的提出和定义。其应包括以下内容：①客户当前面临的问题，即问题的类别(生存、维持还是发展?)、主要表现(表象)；②产生问题的可能原因或面临的挑战；③客户与调研企业的接洽和签约过程；④调研企业所做的初步调查工作；⑤初步调研的发现。

(3)调研目标和主题详述。①问题的定义：通过与客户决策者及行业专家的讨论、对二手资料的分析、所做的定性研究及所考虑的各种因素，对客户面临的问题和实际调研问题做出清楚的描述。②调研目标：市场调研要解决的核心问题，调研最终应达到的目标。③调研主题：调研项目的最终确定、调研的基本内容、重点和难点。

(4)调查对象。该部分应包括以下几方面：①调查对象的选择，即说明选择调查对象的理由、调查对象的范围；②调查对象特征，即调查对象的个体和群体特征、活动规律和心理状态；③调查对象合作意愿，即调查对象对调查活动的接受度、合作程度。

(5)抽样方法与过程。其应包括以下几方面：①抽样数量的确定；②抽样方法的选择；③抽样控制变量和配额方案；④抽样实施所遵循的原则；⑤抽样过程；⑥提高抽样成功率所采用的方法；⑦抽样执行结果；⑧控制抽样质量所采用的措施；⑨抽样中的问题和处理结果；⑩抽样方法的可信度和有效度分析。

(6)调查方法与过程。其应包括以下几方面：①调查方法的选择；②调查选点和选时；③调查对象的甄别；④调查过程和执行情况；⑤调查中意外情况的处理；⑥调查失误的弥补方法和处理结果；⑦提升调查质量所采用的措施；⑧调查方法的可信度和有效度分析。

(7)调研项目内容。其应包括以下两方面：①主项目内容；②子项目和次子项目内容。

(8)调研信度、效度及完成质量。其应包括以下几方面：①调研数据的收集和整理汇总过程；②调研成功率、回收率和有效率；③调研数据有效度分析；④调研数据可信度分析。

2. 调研结论

调研结论是整个项目调研报告中最有价值的部分。调研结论是通过对调研数据进行深入分析和研究后获得的智力劳动的成果，是调研项目团队集体智慧的结晶，也是客户委托进行市场调查的真正目的和调研项目价值的集中体现。这一部分往往是调研报告正文中最长的一部分，通常会按照调研内容划分为几个章节。不但要有各调查项目和子项目的逐项分析结论，还要有按照调查对象的特征或性质进行项目交叉分析的结果，以及项目数据间的相关关系和回归分析的结论。调研结论的撰写要求有理有据、逻辑严谨、顺序紧凑，为调研企业进一步向客户提出营销建议或改进方案奠定基础。它主要包括四个部分，主要内容如下。

(1)项目数据分析。其应包括以下几方面：①指导项目研究的理论基础；②分析模型和理论假设；③数据分析方案；④调研数据的单项分析结果；⑤调研数据的交叉分析结果；⑥分类分析结果；⑦关联分析结果。

(2)主要研究结论。市场调研仅将数据统计的结果显示出来是不够的。调研企业还应当对调研资料和数据进行综合对比和深入分析，解释统计结果，从调研数据中提炼出委托客户真正需要的结论性的信息。研究结论常常包括：①市场需求状况及行业发展趋势；②某类产品市场竞争状况；③消费者对营销组合的评价和意见；④委托客户营销问题的主要原因；⑤某类产品/服务的消费心理和行为模式；⑥社会(消费者)对事物的认知度；⑦某事物的社会公众形象评价。

市场调研结论的内容要紧紧围绕调研问题和所需的信息，语言描述应尽可能通俗、简明、易懂，重要细节用图表展示出来，避免过多使用专业术语或堆砌大量数据，应给委托方一个清晰明确的结果。

(3)关键数据。列举与调研目标和主题密切相关的主要综合统计指标。例如，对于《××产品市场需求与消费模式调查》，消费者结构、市场占有率、品牌知名度、重购率就是反映该产品市场影响力的主要指标；对于《××品牌广告效果调查》，广告收视率、广告记忆度、广告好评率则是反映该广告传播效果的主要指标。

(4)主要图表的解释和说明。项目数据分析和调研结论中使用的主要图表(不是所有的)，特别是维度多、数据量大、内容复杂的图表，要对其内涵进一步界定和解释，使读者明确其来源和依据。

3. 建议或方案

这部分是在调研结论和数据总结的基础上，向客户提出如何解决某一具体问题可供选择的方案与建议。对于有些调研合同，委托客户并不要求调研企业提出解决方案，因为严格意义上解决方案或改进建议并不在调研服务的范畴之内。如果客户在合同中对此有明确要求，那么客户实际上要求调研企业提供更进一步的管理咨询服务，而咨询服务需要做大量的创意和论证工作，需要专业人士或行业专家提供支持，调研企业可以要求委托客户为此支付额外的费用。建议或方案通常包括以下内容。

(1)客户面临问题及其原因：①客户面临的主要问题；②客户问题的影响面和影响结果；③导致客户问题产生的主要根源；④诸多原因之间的关系；⑤关键因素。

(2)调整建议与改进方案。调研企业向委托客户提出策略调整的建议或营运改进方案时，必须与上述调研结论和客户问题的分析紧密对应，要把握合理、实用、可行、择优的原则。首先，解决方案是一种对策探索而不是理论研究，必须具有可操作性，并且可以直接用于客户决策的参考；其次，应给予客户多个备选方案，供其根据自身的实际情况择优选用。调整建议与改进方案是否切中要害，是否能真正解决客户问题，某种程度上体现了调研企业的综合服务水平。

(3)局限性及其解释。由于时间、预算及抽样等其他因素的种种限制，所有的调研项目都存在一定的调查误差和结论的局限性。而且，所有的调研都存在一定的时限性和不可逆性，相应的解决方案或建议当然也有一定的片面性和有限性，这是市场调研不可避免的自身缺陷。因此，调研企业有必要向委托客户做一些必要的解释和说明。这一部分的撰写应当十分细心谨慎并且注意保持观点上的平衡。一方面，调研者应提醒委托客户不可过分地依赖于调研结果，不可将结论随意推广到其他总体或其他用途；另一方面，又要注意不能影响了委托客户对调研的信任感或贬低了调研的重要性。

(4)结束语。调研报告的结束语是对调研结论的进一步概括和总结，再一次强调调研结论对委托客户的意义和作用，使读者进一步明确调研主题，深化对调研项目的认识，并启发读者思考和联想。结束语一般只有寥寥数行，但却要包含以下几个方面内容：①总结全文，综合说明调查报告的主要观点；②概括结论，在调研数据和分析的基础上，归纳报告结论；③说明建议，简要说明调研者提出的建议和可行性方案；④展望未来，展望调查对象或主题未来的发展趋势。

6.2.4 附件

附件是指调研报告正文没有包含或没有提及，但与报告正文内容有关的，必须附加说明的部分。它是对正文报告的补充或更详尽说明。需要强调的是，附件是一份完整的调研报告必不可少的部分，是支撑调研成果和研究结论的重要依据。仅仅是因为其内容比较庞杂、数据量较大而不便于放入正文篇幅中，但仍需要通过归集、整理后提供给委托客户。附件的内容包括以下几方面。

1. 专业术语说明

专业术语说明包括：①正文中使用的调研行业专业词汇和习惯术语；②正文中选用的图表的来源和内容解释；③正文中列载的二手资料的引源信息；④各种抽样方法和调查方法的解释；⑤其他技术细节。

2. 呈交的资料附件目录（清单）

在市场调查、数据分析和市场研究中使用过的调查问卷、访问表、访谈记录、数据汇算表等大量原始资料、数据，应当按档案管理的规范和要求，集齐、整理、归档后，“打包”呈交给委托客户。同时，要在调研报告附件中列出清单，载明所提交的资料的名称、种类、数量等信息，以便用户查阅和核实。

3. 附录资料

客户的背景材料、工作技术报告、数据汇总表和调查工具等调研过程中产生的阶段性成果，应作为调研报告的必要附件，列入附录资料一并呈交委托客户。这些内容主要包括：①市场调研合同或协议(复印件)；②初步市场调查的方案、过程、统计汇总文件；③初步市场调研报告；④市场调研计划；⑤抽样表(抽样地图)；⑥市场调研工具样本(问卷、访谈表、观察表)；⑦数据录入的 Excel 或 SPSS 数据汇总表；⑧二手资料或参考文献目录汇编；⑨统计分析报告；⑩市场调查项目质量评估报告。

此外，国外的调研企业通常还会在调研报告之前附一封致项目委托客户的信。在信中简要地总结接受委托项目和执行的全过程，对委托客户的信任表示感谢，建议需要客户方所做的进一步行动，如对调查中的发现制定一些相应的措施，某些问题要作进一步的研究探讨等。

6.3 市场调研报告的撰写

6.3.1 市场调研报告撰写的准备工作

市场调研报告是整个调查项目活动的成果体现。实践证明，无论调研设计多么科学，调研过程和质量控制多么严谨，如果承担调研项目的企业或团队不能把诸多的调研资料组织成一份清晰的、高质量的市场调研报告，就很难让委托客户理解自己的工作，不能充分展示调研工作的价值并与用户形成有效的信息沟通。要撰写出一份高质量的调研报告，在编写之前必须做好充分的准备。调研报告的准备工作包括以下几个步骤。

1. 明确调研目标

这是撰写市场调研报告的前提和基础。每一个市场调查项目都有明确的目的和针对性，即针对某一问题反映情况、指出原因、提出建议，从而为委托客户制定或调整某项决策服务。市场调研报告撰写必须紧紧围绕客户的需要，其依据就是双方确定的市场调查目标。

2. 整合相关资料

这是撰写市场调研报告的基本准备工作。一份市场调研报告是否具有较高的决策参考价值，很大程度上取决于调研者在撰写时拥有材料的数量及质量。首先，一份完整的市场调研报告必须说明该项市场调查所采用的方法，如选样、资料收集、统计整理是怎样进行的等，还必须陈述该项市场调查具体的实施情况，如有效样本数量及分布、操作进程等。其次，整理和认证统计分析数据。对各种资料进行鉴别、筛选、整理及必要的补充，并将主要结果整理成各种便于阅读比较的表格和图形。调研者在数据整理的过程中，会根据调研报告中应重点论述的问题逐步形成思路。最后，对本次调查获取的相关资料、重要数据和研究结论进行归纳，并确定哪些资料进入报告、哪些资料可以概括或省略，力争使调研报告内容翔实，重点突出，具有针对性。对难于解释的数据，要结合其他方面的知识进行研究，必要时可向技术专家咨询或进一步召开小范围的调查座谈会。

3. 确定报告对象类型

调研报告是一种专题性报告，是针对委托客户的特定目的进行调查后写的报告，其阅读者和使用者也是特定的客户对象，阅读者和使用者不同，他们的要求和所关心的问题的侧重点也不同。例如，调研报告的使用者是委托客户的决策者，那么他们主要关心的是调查的结论和建议部分，而不是大量的数字分析。但如果阅读的对象是委托客户的营销人员或市场研究人员，他们就会比较关注调研结论的产生过程，关注调研方法是否科学、合理，调研过程管理是否严谨，乃至调查数据是否精确等方面的问题。因此，调研企业或团队在撰写报告前要根据具体的目的和要求来决定报告的风格、内容和长短。

4. 构思报告

在撰写报告前须有一个构思过程，也就是凭借调查所收集的资料，研究调查项目，提炼出报告主题。在此基础上，确立基本观点，拟定提纲，组织材料。构思过程各个环节所要达到的基本目标和工作分别如下。

(1)研究调查项目。凭借调查所收集的资料，对调查对象进行多侧面、多层次的深入研究，归纳基本结论。

(2)提炼报告主题，即确立报告的主基调。主题的提炼是构思阶段核心环节，其准确与否直接关系到最终报告的方向性。因此，主题的提炼应力求准确、深刻、富有创见性。

(3)确立基本观点。在主题确立后，对经过整合的大量资料进行分析研究，得出主要结论，并列出相应的论点、论据。基本观点是调研者对分析对象所持有的看法和评价，是形成思路、组织材料的基本依据和出发点。基本观点应力求用简单、明确、易懂的语言阐述。

(4)拟定报告提纲。提纲是调研报告的骨架，拟订一份提纲可以理清思路。调研报告提纲可以采用从层次上列出报告的章节形式的条目提纲，或者列出各章节要表述的观点形式的观点提纲。一般先拟定提纲框架，把调研报告分为几大部分。然后在各部分中再充实，按次序或轻重，横向或纵向罗列而成较细的提纲。提纲越细，反映调研者的思路越清晰，同时也便于对调研报告进行调整。

(5)组织报告材料。即确定哪些资料和信息进入调研报告，使用哪些图表和数据说明调研结论。市场调研报告材料的选择要特别注意以下几点：①客观真实。写入报告的材料必须经过严格的审核和验证，有充分的事实依据或数据支撑，不能出现道听途说或者无法确认的内容。②数据准确。市场调研报告往往是从数据中得出观点，由数据来证实观点，因此，数据的差错或不精确必然影响到观点的正确性。③原创价值。写进调研报告的材料，应当主要由本次调查中获得的一手资料构成，即资料和数据尽可能是过去未发现的、“原创”的，如果材料多来源于二手资料或公开信息，那么这篇调研报告的价值也会降低。

5. 设计沟通方式

在撰写报告之前，调研者还要考虑以何种形式向委托方展示和汇报调研结论和成果，即规划和设计调研报告的传递媒介和汇报方式。现代信息技术和多媒体技术的广泛应用，使调研企业和委托客户之间有了更多的沟通渠道和方式。除了传统的书面报告外，调研企业也常常采用PPT、图片、音频、视频短片等方式向委托客户报告调研成果。书面报告的设计也出现了一些新的趋势，如报告中文字数量日趋减少，广泛使用各种图表、图片，采用网页链接技术等。

6.3.2 市场调研报告的撰写原则

1. 目标明确

任何市场调研项目，都是委托客户为解决某一营销问题，或者为了解某一市场情况而委托进行的有针对性的调查。因此，调研报告必须紧紧围绕客户的需求即调查的目标来撰写，必须目的明确，有的放矢。

2. 简明扼要

无论是委托客户的决策者还是一般的市场研究人员，都不会喜欢冗长、晦涩、呆板的语言，一般也不精通调研行业的专业术语。因此，调研报告在内容上应力求简明扼要、重点突出；语言要力求简单准确、通俗易懂。尽量少用或不用过于技术性的词汇。

3. 客观真实

客观真实是调研报告的生命力。调研报告必须用事实和数据说话，其中引用的材料、数据、图表必须是通过调研获得的真实可靠的材料。调研报告中所有观点、结论都有大量的调查资料为根据。切忌为迎合客户的主观想法而臆造结论。

4. 统一规范

首先，调研报告的内容要做到调查资料和观点相统一，即每个结论或观点与对应的材料或数据相匹配；其次，调研书面报告应该设计统一的、美观的格式，并在报告之前列出提纲或目录，协助读者了解报告的结构和确认报告的内容，既不致重复，亦不致遗漏。

6.3.3 市场调研报告的写作技巧

调研报告不仅是向委托客户展示调研成果的媒介，也是体现调研企业的服务质量的沟通工具。一份良好的调研报告应有较强的可读性、结构清晰、层次分明、逻辑严谨。市场调研报告的内容主要包括文字陈述和图表展示两个方面，整个结构又分为导言、正文和附件三个部分。

1. 导言的撰写技巧

导言位于市场调研报告的开头部分，主要是概括地陈述调研项目的来源、目的、过程和结果，并叙述调查的主要结论。其写作的基本技巧如下。

1)直陈主题，概括叙述

这一部分的写作应开门见山，直奔主题，让读者一开始就明确调查的目标和重点，如对调研主题项目的目标概述。通常以“接受××企业的委托，我们通过对××地区××的调查，了解××，判断××趋势，为企业制定××决策提供依据”的模式，概述调研的范围、对象、内容和作用。

2)逐次深入，时序陈述

在陈述项目背景、样本选择、调研方法、调研过程时，按照调研工作的时间顺序依次陈述，使报告内容次序井然，前后连贯。例如，开头部分叙述事情的前因后果，主体部分叙述市场的历史及现状，就体现为按时间顺序叙述。

3)先果后因，省略主体

项目概要、核心结论、建议方案等主要内容的陈述，应先写出调查结论，然后再阐明原因和简单论证。文字应尽量简明，减少人称词、连接词的使用。最好采用项目符号或编号直接引导和列示要点，然后再描述现象或者原因，使重要观点一目了然，明确清晰。如：

(1)产品和企业形象良好

—品牌识辨度和知名度高

—企业广告投入效果显著

—促销活动参与者众多

(2)销售渠道建设不畅

—代理商和零售商数量少

—未制定渠道管理制度

2. 正文的撰写技巧

正文是调研报告的核心部分，它决定着整个调研报告质量的高低和作用的大小。这一部分着重陈述项目的调研过程，通过调查获得的资料和数据，对这些资料和数据进行研究分析的结论，以及对委托客户的意见和建议。这部分文本以说明、论证和分析居多，其写作的基本技巧有以下几个方面。

1)论证技巧

论证包括归纳论证和逆向论证两种方式。

(1)归纳论证。先列出材料和数据，之后进行分析研究，再得出结论，从而形成资料—分析—结论的逻辑顺序，或者先提出问题，再分析成因，最后陈述解决问题的办法。这种从具体事实和数据中归纳结论，循序渐进的论述方式容易让读者理解和信服。

(2)逆向论证。先列出主要结论或解决方案，再说明原因理由。这一方式多用于陈述主要研究结论和关键数据两个部分。能起到突出重点，吸引读者的作用。但与一般人的阅读习惯和思维方式相悖，因此，不能全篇使用。

2)说明技巧

调研报告中常用的说明技巧有数字说明、分类说明、对比说明、举例说明等。

(1)数字说明。通过罗列数据来说明市场调研的结论，有很强的说服力和权威性，可以增强调研报告的精确性和可信度。但运用时要注意精确性，不能频繁出现“大约”、“将近”之类的词汇。数据也要精心地选取，避免无用或冗余数据干扰读者的判断。

(2)分类说明。实地调查中所获得材料种类繁多，在分析陈述中应根据主题表达的需要，将材料按一定标准进行分层、分类和归纳，每个层次或类别前冠以小标题，按提要句的形式表述。

(3)对比说明。市场调研报告中有关情况、数字说明，往往采用对比形式，以便全面深入地反映市场变化情况。运用对比分析时，要注意互相比较的事物必须具有可比性，应在相同的比较标准和条件前提下进行。

(4)举例说明。为说明市场分析的结果，可采用举出具体、典型事例的方式让读者直观地理解研究的结论，这也是常用的论述方法。市场调查的资料中很容易找到大量事例，应从中选取典型性、代表性的例子。

3)分析技巧

分析部分是调查报告的主要组成部分。常见的分析有三类情况：第一类，原因分析，其是对出现问题的基本成因进行分析，要注重逻辑的严密性；第二类，利弊分析，其是对事物起到的正、反两方面的作用进行分析，要注意语言尽量客观而不带有倾向性；第三类，预测分析，其是对事物的发展趋势和发展规律做出分析，要注意简明预测的条件和前提。

3. 附录和结语的撰写技巧

附录和结语也是调研报告的重要组成部分而不是可有可无的内容。调研报告的结语是对调研结论及其延伸应用的进一步的归纳和概括，附录则是对调研成果的进一步解释和说明。这部分文本以归纳总结和列举方式居多，撰写时要注意以下几个方面。

1)技术细节

技术细节主要介绍调查结果有效性，由于调查数据众多，在报告中不可能对每一个数据的有效性和误差范围都进行计算和介绍，尤其是一些常规性的数据，往往只提供数据而不声明其适用范围。有关数据的可靠性问题，全部在附录部分进行说明，这一部分需要介绍计算调查误差的公式和主要的误差数据。

2)数据汇总表

数据汇总表列示出全部调查项目的统计数据和电脑分析输出数据。即使比较简单的市场调查，其数据汇总表也可以多达数十页，涉及上百个表格。但这些表格是对调研结论和分析最原始也是最基础的支撑，是不能被省略的。虽然数据汇总表可能在提供给客户后长期没有人真正从头到尾进行阅读，但是一旦当客户关注某个问题或需要了解某个结论的来源时，可以通过数据汇总表轻松地查阅出来，而不必再重新进行计算。

3)附录资料

如果在调研中使用了二手资料，应当向客户提供资料来源和参考文献。但调查公司内部的一些质量控制文档和数据库有时属于公司的技术机密，根据欧洲民意和市场研究协会(the European Society for Opinion and Marketing Research，ESOMAR)准则规定，调查公司没有向客户提供这些材料的义务。对于具有保密价值的材料，调查公司应当提供多少，可以由双方在合同签订时予以确认，必要的时候客户方应当为获得这些材料付费并且做出保密的承诺。

4. 图表使用技巧

一般说来，在调研项目的数据分析部分，图表是最简单、清晰、有效的表现方式，它能非常直观地将研究过程和结论表示出来。在实际操作中，各种表格都被大量地运用到报告中，其中柱状图表、条形图表、饼形图表、线形图表是调研报告中最常用的。研究过程的图表化是现代调研报告撰写的一种趋势。但必须注意的是，作为一种说明结论、表达信息的工具，使用图表的目的在于将复杂的数据转换成直观、简明的图表，让人能够迅速了解数据所表达的含义。其设计的基本原则是“简单、直接、清晰、明确”。具体而言，要注意以下使用技巧。

1)信息量

图表要突出重点，信息量要适当，一般为2～3个内容。要传递的信息越多，图表越复杂，表达效果就越差。通常我们可以用图表标题来表明图表要表达的主题和重点，与主题和重点无关的信息应从图表中剔除出去。

2)图表类型

要根据主题来选择合适的图表类型。条形图表和柱状图表是调研报告中用得最多的两种类型，这两种图表基本占整个报告中图表总数的半数左右；而线形图表和饼形图表的使用则相对较少。此外，图表的使用必须要有明确的目的，不能只是为了装饰文字以求悦目。通常情况下，在报告正文中所使用的图表，只是扼要地介绍某个问题或信息。汇总了大量信息和分析过程的图表，应该归入报告附件部分。

3)细节设计

图表的格式和内容要完整。例如，计量单位、数据标识、图例等内容要齐全，才能完整地表达所要传递的信息，也避免了读者的误判。图表的格式设计要注意一些细节的处理。例如，使用柱状图表和条形图表时，柱体之间的距离应小于柱体本身；在说明文字较多时，用条形图表表示更清晰，便于读者辨认；在使用饼形图表时，应在标明数据的同时，突出数据的标识。

4)附加说明

图表不是简单地看图说话，在用图表表达数据的同时，还应在图表的上方或下方附上简明扼要的文字，对图表中的数据含义进行说明，并进一步阐述调查人员对图表数据进行分析和判断的结论。

5. 其他

在起草市场调研报告的工作过程中，有时候会出现两种情况。一是调查人员往往会发觉调研分析人员的知识和能力存在不足，因而还需要聘请专家参与研究或委托其他专业机构帮助进行数据分析；二是调研结论还需要进一步论证或缺少某些数据的支撑，因此，需要进行补充调查工作。当然，这可能是意外情况，但事前也应作充分考虑，做好时间安排。

此外，市场调研报告的初稿起草完毕后，应将初稿通读多遍，认真审查，这样也许会发现其中某些章节或段落的材料有必要进行重新调整或安排，以求改进。

6.3.4　市场调研报告撰写的常见失误

一般而言，调研企业在撰写调研报告时较容易出现的问题如下：①主题不明，内容庞杂，面面俱到但却偏离主题，没有重点，整个报告成了资料或数据的罗列和堆砌。②层次不清，逻辑混乱。没有目录和提纲，调研报告平铺直叙，各部分缺乏关联，读者无法理解文体结构。③有果无因，有论无据。由于市场调研所收集的信息不足，调研报告中许多结论或者缺少数据和事例的支撑，靠主观判断得出结论；或者只列出了问题却缺少对其成因的分析，调研报告缺乏说服力和可信度。④乱用数据，论据不一。对数据资料的理解或解释不当，分析结论与提供的数据之间缺乏逻辑关联，结论与因素之间没有必然性。⑤定量与定性分析的配比失衡。整个报告要么是一堆冗长沉闷的文字，要么是一个接着一个让人眼花缭乱的图形表格，使读者感到杂乱无章，莫名其妙。⑥报告长短不当。其原因主要是资料和数据的筛选和使用不合理，结果整个报告要么因数据重复使用，堆积太多，造成篇幅过长，让读者淹没在案例和数字的海洋里；要么重要的调研过程、市场分析过程被略去，研究分析和主要结论缺少必要的数据证明，整个报告篇幅过短，让人不知所云。

6.3.5　撰写市场调研报告应注意的问题

1. 从使用者角度出发

首先，调研报告是为委托客户特定的某类人员而撰写的，其读者可能是客户企业的领导、部门主管，也可能是一般管理者或员工。前者往往只关注总体调查结果，后者希望了解数据的细节。因此，撰写报告应当有针对性，即根据客户的水平采用不同的形式。给前者阅读的报告应当言简意赅，最好是大量采用图示法，便于阅读和理解。给后者报告应当不厌其烦，将可能获得的数据和结论都罗列出来，以提供尽可能细致的内容。其次，调研报告撰写不但要考虑各类读者的知识文化水平，还应当考虑他们可能在什么环境下阅读报告，以及他们会如何使用这个报告。撰写者必须适应不同技术背景和文化层次的读者，有时候需要将报告分成几个不同的部分或干脆完全针对不同对象分别地撰写整个报告。

2. 力求简明扼要

调研报告绝不是篇幅越长，质量越高。调研者由于在调研项目上经过了大量辛苦的工作，往往试图把所有的一切告诉阅读者。结果把调研的所有过程、数据、证明、结论都纳入报告当中，导致“信息超载”和“信息噪音”。事实上，如果报告内容组织杂乱无章，委托方有可能失去阅读的耐心。总之，调查的价值不是用重量来衡量的，而是以质量、简洁与有效的计算来度量。调研报告应该是精炼的，任何不必要的东西都应省略。

3. 行文流畅， 易读易懂

报告应当是易读易懂的。报告中的材料要组织得有逻辑性，使读者能够很容易弄懂报告各部分内容的内在联系。使用简短的、直接的、清楚的句子把事情说清楚，切忌句式含义含糊，词语生涩难懂。为了检查报告是否易读易懂，最好请两三个不熟悉该项目的人来阅读报告并提出意见，反复修改几次之后再呈交给用户。

4. 内容客观

调研报告的突出特点是用事实说话，应以客观的态度来撰写报告。在文体上最好用第三人称或非人称代词，如“作者发现……”、“笔者认为……”、“据发现……”、“资料表明……”等语句。行文时，应以向读者报告的语气撰写，不要表现出力图说服读者同意某种观点或看法。读者关心的是调查的结果和发现，而不是个人的主观看法。同时，报告应当准确地给出项目的研究方法、调研结果的结论，不能有任何迎合用户或管理决策部门期望的倾向。

5. 信息解释充分准确

在进行资料的解释时，注意解释的充分性和相对准确性。解释充分是指利用图表说明时，要对图表进行简要、准确的解释；解释相对准确是指在进行数据的解释时尽量不要引起误导。例如，在一个相对小的样本中，把引用的统计数字保留到两位小数以上常会造成虚假的准确性。另外，还应注意的是，对于名义量表和顺序量表的指标不能进行四则运算，对等距量表指标只能进行加减、不能进行乘除，只有比率量表指标才能进行加减和乘除。

6. 引用资料应注释

调研报告中如引用第三方资料或官方数据，应通过注释指出资料的来源，以供读者查证，同时也是对他人研究成果的尊重。注释要详细准确，列明引用资料的作者姓名、书刊名称、所属页码、出版单位和时间等。

7. 注重外观质量

最后呈交的市场调研报告应当让读者充分感受其严谨性、专业性和权威性。调研报告的外观质量会影响到人们对它的可信度。如果调研报告格式不规范、错别字太多、印刷质量太差、字符页码有遗漏、图表制作缺乏美观，那么，不仅会给委托客户留下恶劣的第一印象，使阅读者对调研报告编纂人的工作态度产生怀疑，进而会影响到客户对研究可信度的评价，对调研服务的质量产生质疑。因此，调研报告必须重视其外观的设计和印刷质量。应使用材质良好的纸张，打印和装订符合规范。印刷格式应有变化，字体端庄，字体的大小间距、行列间隔、留白都要适当，封面封底设计要大气、简洁、干净、整齐，配图插图要清新、明快、美观，具有很强的可读性和专业风格。务必牢记的是，外观的一点小失误和遗漏都会严重地影响阅读者的信任感和调研报告的价值。

8. 数据分析严谨

(1)在进行数据分析的过程中，一定要尽量从各个层面来考虑问题，也就是透过现象看本质，切忌将分析工作简单化，在分析数据时，如果对数据的分析视角不同，得出的结论是有显著差异的。

(2)数据的分析应包括三个层次，即说明、推论和讨论。即说明样本的整体情况，推论到总体，并对结论作因果性分析。第一，说明：说明是根据调查所得统计结果来叙述事物的现状，剖析调查对象的发展趋势，反映研究对象的各个变量之间的关系等。第二，推论：大多数的市场调查所得数据结果都是关于部分调查对象(即样本)的资料，但研究的目的往往是要了解总体的情形，因此，研究者必须根据调查的数据结果来估计总体的情况。推论主要是考虑样本的代表性，代表性强，由样本推断总体的误差就小。第三，讨论：讨论主要是对调查结果产生的原因作分析，讨论可以根据理论原理或事实材料对所得的结论进行解释，也可以引用其他研究资料作解释，还可以根据研究者经验或主观的设想作解释。

9. 提出积极的建议

调研报告的结论和建议部分说明调查获得了哪些重要结论，根据调查的结论建议应该采取什么措施。

结论的提出方式可用简洁而明晰的语言对调查前所提出的问题作明确的答复，同时简要引用有关背景资料和调查结果加以解释和论证。

结论并不一定要单独列出来写，它与调查课题有关，如果调查课题小，结果简单，可以直接与调查结果合并成一部分来写。反之，就应分开来写。

建议是针对调查获得的结论提出可以采取哪些措施、方案或具体行动步骤。例如，媒体策略如何改变；广告主题应是什么；与竞争者抗衡的具体方法；价格、包装、促销策略；等等。

需要指出的是，大多数建议应当是积极的和具有建设性的，要说明采取哪些具体的措施或者要处理哪些已经存在的问题。尽量给予客户积极的、肯定的建议。使用否定建议只说明做出哪些决策可能是错误的而导致损失，却没有说明应采用什么策略来解决存在的问题，所以应尽量避免使用。

10. 建立并保持研究的可信度

调研报告要对项目采用的调查方法和抽样技术可能产生的误差加以说明，使项目委托客户全面、准确地把握调查成果、分析结论和成果，也对调研结论的时效性和局限性有清晰、客观的认识，建立客户对调研结论的信心。此外，调研报告切忌哗众取宠，避免提出一些“令人大吃一惊”的极端性建议。总之，调研报告必须让读者感受到调查人员对整个调查项目的重视程度和对调查质量的控制程度。

6.3.6 市场调研报告的修改

在市场调研报告的初稿完成后，调查团队特别是报告撰写小组要针对初稿的内容、结构、用词等方面进行多次审核和修改，确认报告言之有理，持之有据，观点明确，表达准确，逻辑合理。调研企业通常应召开一个内部定稿会，并将整个报告或报告的若干部分征求客户代表的意见，甚至可邀请一些行业专家或专业人员，对调研报告进行审阅讨论，根据各有关方面的意见，对调研报告进行调整或修订，以进一步提高报告的质量。

对调研报告的审查和修订主要从以下几方面着手。

(1)审核报告的标题是否简洁、明了、富有吸引力并且能揭示调查主题的内容。

(2)审核报告主体各部分内容与主题的连贯性如何，有无修改和增减。

(3)是否处理好了篇幅和质量的关系。对于委托客户的某些决策者来说，只需要了解结论和执行性摘要就够了。因此，调研报告的价值和调查质量不在于篇幅的多少，只有让报告使用者满意的报告才是高质量的报告。

(4)资料的取舍是否合理。报告中是否采用了大量与目标无关的资料，而使报告内容不是很紧凑或者篇幅过长。

(5)是否对图表资料做了充分的解释和分析。对于用于推断调查结论的论据资料，特别是图表资料，如果只是将图表和数据展示出来而不作解释，必然引起使用者对这些图表和数据的怀疑，进而影响报告本身的可信度。

(6)审核所推断出的结论是否科学，论据是否确凿。

(7)所提建议是否可行。策略建议是调研报告的精华和价值所在，但前提是策略建议必须具有可行性，即对于委托客户来说，该项建议符合客户的实际情况，可以操作、落实并给客户带来效益。某些调研报告的建议方案让客户无法授受或不具有可行性，其原因大都是撰写者对于企业的情况不是十分了解，或者对市场的判断过于轻率。

(8)是否使用过多的数据。调研结论的定量化肯定会提高市场调研报告的质量和权威性，但必须适可而止。报告中罗列或堆砌过多的数据会降低报告的可读性，容易造成客户的阅读疲劳和对报告合理化的怀疑。如果客户方决策者是一位没有理工科背景的经理，会对报告感到厌恶甚至拒绝。

(9)报告的重点是否突出。每个问题在全篇报告中占有的篇幅和位置，须与问题本身的重要程度相一致。

(10)报告的顺序安排是否得当。调研报告的顺序可以采用两种结构：一是纵式结构，即按照调查对象发生、发展的先后顺序或调查对象的演变过程安排材料；二是横式结构，即按照材料的性质和逻辑关系归类，从不同的侧面、不同的角度，并列地将材料组成几个问题或几个方面，还可以加上小标题，逐一地报告各方面的情况。

(11)语言表述是否做到严谨、简明和通俗。第一，严谨。选词造句要精确，分寸感强。在报告中不能使用如“可能”、“也许”、“大概”等含糊的词语，而且还要注意在选择使用表示强度的副词或形容词时，要把握词语的差异程度，如“有所反应”与“有反应”、“较大反响”与“反映强烈”、“显著变化”与“很大变化”之间的差别。第二，简明。在叙述事实情况时，力争以较少的文字清楚地表达较多的内容，要毫不犹豫地删除一些不必要的词句。能用一句话说明的，不用两句话；能用一个词说明的，不用两个词。第三，通俗。调研报告的行文要求自然流畅，尽量选用常见的词句，避免使用晦涩难懂和专业技术性强的术语。

6.4　调研成果的沟通

市场调研成果沟通是指项目调查工作全部结束后，市场调研企业同项目委托客户即调研结论的阅读者和使用者之间就市场调研结果的一种信息交换活动。市场调研报告的沟通是调研结果实际应用的前提条件，通过调研成果的沟通，项目委托客户及使用者可以更好地接受有关信息，做出正确的营销决策，发挥调研成果的效用，并有利于市场调研企业从客户反馈中了解客户的需要，进一步完善调研服务。

市场调研成果的呈递方式(即沟通方式)主要有两类，即书面呈递方式(即调研报告)和口头报告方式(即成果演示会或调研汇报会)。本节我们主要讨论口头报告方式的组织和操作要点。

6.4.1　口头报告的重要性

口头报告是一种直接沟通方式，它更能突出强调市场调研的结论，使相关人员对市场调研的主题、意义、信息来源和研究结论有一个清晰的认识。在调研实践中，口头报告的价值愈来愈为人们所重视。它不仅起到了对书面报告的有力补充和支持作用，同时它还具有书面报告所没有的功能。相对书面调研报告而言，口头报告具有以下优点。

1. 时间短，见效快

在提交书面报告后，口头报告能用较短的时间，进一步向委托方有重点、有针对性地陈述调查的主要内容、调查工作过程、调研结论和建议，节省委托客户决策者的时间与精力。

2. 沟通效果良好

口头报告表述生动，富有激情，感染力强，信息量大但重点突出，容易给听者留下深刻的印象。

3. 形式灵活多样

口头报告具有一定的灵活性。一般可根据具体情况对报告时间、地点、内容做出必要的调整。调研项目报告人可以强调报告中最重要而委托方在阅读时可能忽略的内容，同时还可以借助 PPT、视频、音频等多媒体工具充分展示调研成果。

4. 便于互动交流

调研团队负责人向委托客户进行口头汇报后可以与听者直接进行沟通和交流，对听者提出的疑问做出解释和答疑，补充委托方需要的内容，有助于项目委托方迅速理解和掌握书面调查报告的内容，接纳调查成果，并能进一步促进双方的感情联络，改善双方的关系。

总之，口头报告可以帮助调研项目的组织者实现多重的目的。

事实上，对于一项重要的市场调研报告，口头报告可能是唯一的一种交流途径。对于某些委托客户的决策者来说，口头报告往往是他们接触和了解调研成果的唯一途径，他们很可能从来不去亲自阅读书面报告。

6.4.2 口头报告的要素

市场调研成果的口头报告往往以召开调研成果演示会或调研座谈会的形式进行。由于口头报告本身具有很强的表演性和开放性，报告人在短时间内需要介绍的内容涉及面较广，还要回答客户的提问，所以口头报告对市场调研成果报告人提出了很高的要求。要取得良好的沟通效果，必须围绕口头报告会议涉及的对象、内容和工具等主要因素，对口头报告的内容和过程进行精心设计。

1. 听众

口头报告的传播对象就是听众，对于调研项目的报告人来说，听众就是项目委托客户，其通常包括客户机构的主要决策者，中高层主管，调研项目的外协部门、调研信息的使用部门及其他涉及调研项目信息的业务部门的主管。听众的性质和角色决定了他们对哪一类信息感兴趣，从而决定了报告者应该传递什么信息。例如，企业高级主管往往对市场的未来走向及相应的对策感兴趣，而对市场调查活动中发现的那些细节资料则不以为然，他们较关心报告的结论和建议部分。中级管理人员对具体的研究结论和未来的工作比较关注，而对市场的宏观趋势和环境因素不太关注，因此，他们更关心数据的来源、真实性和建议方案的操作细节。当然，通常的情况是调研汇报会上各种层次的人都有，这时报告人员在内容的设计上，首先应重点针对高层的需求，其次才是兼顾大众的兴趣。

听众的人数也往往影响着口头报告的形式。如果听众较少(如 10 人以内)，采用座谈会的形式效果较好，这样便于交流更多的信息，沟通也显得较为亲近。必要时，报告人员也可随时给予解答。如果听众人数较多，则采用调研成果演示会的形式，这样能使更多的人获得足够的信息，也显得较为正规、严肃。但成果演示会以单向信息传递为主，因此，报告人员有必要在结束报告之前留出一段时间用于互动和交流。值得注意的是，报告人事先一定要了解听众的对象，如大多数听众的文化程度、个人素质、交流意愿、语言能力等，并要确定这些听众是否已经看过书面报告，这对确定口头报告的策略和沟通重点是至关重要的。

2. 信息

如前所述，听众对象的不同，对报告中的不同信息所关注的程度也是有区别的。正如书面报告一样，口头报告不可能也没有必要将调查所得的全部信息告诉听众，报告人员应对这些信息进行选择，以突出报告的重点。口头报告所传递的信息内容由报告的目标及主要听众对象来决定。如若报告的目标是强调调查中的某些重要结论，那么报告人应该选择那些支持这些结论的事实、数据，以及结论的分析逻辑作为报告的主要内容。报告人在汇报和演示成果时应掌握一条基本原则，那就是简单扼要。大部分听众所关心的是调查数据资料究竟代表什么意义，调查到底得到了什么结论，这些结论解决或解答了企业存在的什么问题，实践中应该如何运用这些结论，其对数据本身和调查过程并不一定十分在意。

3. 报告人

报告人的个人素质和表达能力直接影响着口头报告的效果，一位吐字不清或带浓重方言味的报告人，无论其作多大的事前努力，其报告效果是可想而知的；相反，一位训练有素、颇具演说家风度的报告人，往往可以深深地吸引听众的注意力，使报告获得完美的效果。由此可见，报告人的选择对于口头报告是非常重要的。一般来说，报告人至少应该具备的基本条件如下：①仪态大方端庄，外在形象良好；②普通话标准而流利；③语言表达能力出众；④具有良好的沟通能力和技巧；⑤具有较强的应变能力；⑥熟悉市场调研；⑦了解客户委托项目。

报告人通常从参与项目调查的人员中选择，一是他对市场调查过程较为熟悉，便于临场发挥；二是可以提高报告的可信度。除了某些大型的市场调研报告会需要数位报告人外，大多数的市场调查项目只需一位报告人就足够了。

选定报告人后，应对其进行一定的训练。训练可以在现场或模拟现场进行，这有助于报告人员熟悉环境。训练时最好找些模拟听众，让他们提出某些不足以便修正。通过训练可以增强报告人的自信心，同时也可以掌握报告所需的时间，检验辅助设备的性能及相关资料是否齐全。

在进行正式口头报告时，报告人最好以自由的风格来表达有关信息，切莫照本宣科。虽然脱稿讲解有时会语句重复，显得不够通顺，但是这样做能使表情更自然、表达更生动。当然，为了不至于忘记报告内容及前后顺序，报告人可在小卡片上列一提纲，以便在必要时进行查寻。需要提醒的是，报告人的讲解语气一定要坚定，论点表达一定要肯定，切勿模棱两可，这有助于提高报告的可信度。

4. 辅助器材

运用多媒体设备来辅助口头报告是现代管理沟通的一种趋势。多媒体工具可使报告内容表达更加直观、丰富，有助于听众理解和记忆，同时也可以提高听众的兴趣。在听众较多、形式更正规的场合中，多媒体设备的使用对报告效果的提高作用更为明显。

在口头报告中常用的辅助工具是 PPT、幻灯片、各种格式的视频或音频资料。由于幻灯片的制作时间较长、制作成本较高、对环境要求高，现代已较少使用。目前口头报告的辅助工具一般采用与电脑连接的投影仪。它通过电脑可以播放各种视频或音频资料，且控制方便、操作简单。近年来，随着电子计算机的广泛应用，多媒体投影设备在实践中得到了广泛使用。

6.4.3 口头报告的策划与组织

调研企业向客户提交正式的市场调研报告后，应说服客户举办一次成果演示会(调研汇报会)。成果演示会(调研汇报会)不仅是企业展示自身工作业绩和服务成效的舞台，也是加深委托客户对调研企业的理解，寻求长期合作，延伸服务的良好机会。调研企业首先要对成果演示会(调研汇报会)进行精心策划，拟出成果演示会会议策划方案，提交给委托客户，由客户审批许可，双方再协商和共同确定会议时间、地点、内容和议程。成果演示会(调研汇报会)方案的策划步骤和内容大致包括以下几个方面。

1. 确定口头报告的目标

正如书面调研报告一样，口头报告也有其明确的沟通目标。归纳起来，调研企业通过策划和组织口头报告，主要企望达到以下几方面效果：①向委托方决策层展示市场调查成果，提高客户对调研服务的兴趣；②强调调研报告中的重要结论和发现，引起对方的关注；③对调研报告中较复杂的部分进行澄清说明；④证明调研数据的可靠性和项目完成的质量，提升调研企业自身的影响力；⑤激发客户的潜在需求，为服务的延伸和拓展奠定基础；⑥提出供客户讨论和选择的建议方案，展示企业的咨询服务能力；⑦促进双方的互相理解，努力达成双方进一步合作的共识。

2. 选择沟通对象

口头报告必须以听众为中心。报告人要事先与项目委托客户沟通，征询和确定参加成果演示会(调研汇报会)的委托方人员。成果演示会(调研汇报会)的规模和参会人选主要视对方的要求而定。有的企业比较关注调研结论和数据的保密，只安排董事会成员或少数高层主管出席；有的企业为了解决某个运作问题，要求公司决策层和相关业务部门主管出席，把信息的扩散限定在一定范围内；有的企业希望能够集思广益或利用调研结论出台某项政策，会要求所有中高层主管和业务骨干出席汇报会。不同类型的参会者对调研内容的关注点不同，对调研信息的接受能力不同，口头报告的组织者要特别注意详细了解参会人员的职位等级、个人素质和工作需求，以此制定口头报告的相关策略，如材料准备、展示方式、汇报重点等。

3. 确定报告和演示内容

在进行口头报告之前，报告人要进行三个方面的充分准备：一是报告内容和汇报提纲，它主要根据口头报告的时间长短来取舍，在安排和控制报告的基本内容时，应该充分注意到听众的特点与偏好，以说服听众并得到听众的认可为报告的基本目标；二是利用现代化的交流手段，将报告的主体部分，如主题、结论、图表等，制作成各种可视性资料；三是口头报告辅助材料的准备，通常是调研报告纲要，也可以是调研报告全文复印件，一般在口头报告之前应先行发给参会人员。

在口头报告中，保持信息表达的连贯性和逻辑性非常重要。口头报告一般按以下顺序来准备汇报内容：①引言(开场词)；②委托项目背景简介；③调研的目标、规模、范围、主要内容和方法；④核心数据的分析；⑤调查的主要结论和发现；⑥存在的问题、环境变化、发展趋势；⑦客户面临的挑战和机遇；⑧策略建议；⑨解决问题的可选方案、建议方案、替代方案；⑩方案实施后可能的影响。

4. 现场准备

1)会场选择和硬件准备

会场选择和硬件准备包括：①选择一间设施良好、环境舒适、便于与会者交谈的多媒体会议室，其大小以能容纳参会人数为准；②在会议开始前一天对相关设备进行调试以确保设备能正常运行；③会议桌上应放置鲜花或小装饰品，营造轻松、融洽的会议氛围；④为每位参会者准备小食品、水果，表达对参会者的人性关怀；⑤应给所有参会者制作姓名桌签，体现对参会人员的尊重和重视。

2)人员准备

除口头报告人外，会场要安排一些相关辅助人员，做好会议服务工作，个别环节还需要专人负责，以保证汇报会的顺利进行。这些人员包括：①会议助理；②会议联络员；③多媒体操作管理人员；④摄录像人员；⑤会议记录员；⑥现场会务服务人员。

3)沟通工具准备

沟通工具是指口头报告员向客户进行项目汇报时所使用的相关材料和文档，其包括：①报告提纲；②要点提示卡；③音频、视频光盘；④PPT 文稿；⑤报告员胸卡(身份标志牌)。

4)会议材料的准备

会议材料是发放给参会人员阅读的背景材料和书写工具，一般应事先按顺序整齐地放置在每个座位前的桌面上。通常包括：①会议议程(日程)；②报告提纲(应留出足够的空白供听众做标识或评论)；③调研报告摘要；④调研报告全文复印件；⑤主要数据统计表；⑥笔记本、纸、书写笔。

5. 报告会组织

(1)报告会应安排一名主持人，通常由调研企业的项目经理(总监)担任，如果委托客户方参会的人员级别较高，也可由调研企业的总经理、副总经理担任。总之，调研企业指派的主持人应与客户方参会人员的身份保持对等。

(2)报告会应事先由双方确定议程，并严格按议程和时间逐项展开。一般而言，成果汇报会的议程按顺序大致包括以下内容：①对来宾表示感谢；②按从主到宾、从高到低的顺序依次介绍参会人员，对参会人员的身份和职位的介绍尽量完整，不要用简称，一个参会人员如兼有多个职务，应按先专职后兼职，或职位的社会影响力，选择介绍2～3个最重要的头衔；③简要介绍会议主题；④说明会议时间和议程；⑤按照规定时间，提示会议本阶段结束和下一阶段开始；⑥请调研公司代表做总结发言；⑦请委托客户代表做总结发言；⑧对委托客户来宾再次表示感谢并宣布会议结束。

(3)会议助理的工作是提示报告人或提问发言人注意时间要求，处理场外场内发生的意外情况，如无关人员闯入、迟到者进场带来的干扰等。

6. 成果报告和演示

详见 6.4.4 的口头报告技巧。

6.4.4　口头报告技巧

口头报告能否发挥其优势，达成沟通目标，取决于准备工作是否充分等许多因素。

报告人的讲演技巧是影响口头报告效果的关键因素之一。在口头报告的演示过程中，要注意做好以下几个方面。

(1)撰写演讲提纲。采用口头报告方式并不意味着可以随心所欲、信口开河，报告人应按照书面调查报告的顺序和内容准备好详细的演讲提纲，其包括报告的基本框架和内容。

(2)进行充分准备。在汇报时，经常会紧张，为减少紧张，可以采取做深呼吸和穿着舒适、贴身的服装等方法加以缓解，但更重要的是先做充分的练习，真正掌握汇报资料是减少紧张的有效途径。汇报中最紧张的时刻常发生在报告开始时，为减少心理障碍，尤其要注意练习报告的开头部分。

(3)有效利用图表。在做口头汇报时，要善于采用图表来辅助和支持观点和结论。图表设计的要点有：①要使制作的图表显得十分重要和有权威性。②绝对保证图表都是清晰易懂的。③对图表内容要有选择，不要有太多的图表，一张图表上也不要挤太多的内容，以免使人望而却步。④可用不同的颜色来使图表更鲜明，但不要太过分。⑤图表可借助黑板、幻灯片、录像和计算机等可视物加以表现。选择何种可视物可根据听者的情况和设施而定，但要保证使室内的人都能看清。

(4)神态语气要充满自信。有些人常在汇报时变得吞吞吐吐或不时对其所讲的话道歉，这实际上是不明智的和不自信的表现。一方面，这种情况等于暗示听众自己没有对汇报做好充分的准备；另一方面，无谓的道歉浪费了宝贵的时间。

(5)语言通俗易懂。由于听比讲更难集中注意力，故要求报告人的语言要简洁明了，通俗易懂，要有趣味性和说服力。如果有一个十分复杂的问题需要说明，可先做简要概括的介绍并运用声音、眼神和手势等变化来加深听者的印象。

(6)保持目光接触。报告人在汇报时要尽量看着听众，不要低头看着讲稿或看着别处。与听者保持目光接触，有助于判断他们对汇报的喜欢或厌烦状况，判断他们对报告内容的理解程度。

(7)把握答疑时机。应专门留出双方交流的时间，并在汇报开始前告之。在汇报过程中最好不要回答问题，以免出现讲话思路被打断、听者游离报告主题之外或时间无法控制的问题。报告完成后再进行听众提问或个别交流。

(8)注意节奏。演讲时要注意保持适当的语速，不能过快或过慢，重点部分可适当提高音量，放慢说话速度，或重复一遍要点。

(9)按时结束。应在规定的时间内结束口头汇报。调研交流会议常设有一定的时间限制，在有限的时间内讲完报告是报告人最基本的素养。滔滔不绝的汇报不仅浪费时间，也会使听众产生厌烦情绪。口头汇报结束后，报告人应向听众致谢，并提醒客户或有关人士仔细阅读书面报告。

6.4.5 口头报告的辅助工具

在口头报告中，PPT是目前使用最广泛的报告辅助工具，国内企业的设计和应用水平也越来越高。PPT的设计是否良好，很大程度上影响到其能否充分发挥助讲演示的作用，能否有效地传递报告信息，能否吸引听众注意力和加强报告效果。因此，调研报告人在汇报前必须精心制作和准备一份合适的 PPT。

口头报告的 PPT 设计没有统一的模式，报告人可根据汇报内容和时间节奏来自行选择版面风格，使用设计元素，确定内容框架。最关键的是，任何时候都要记住，PPT 只是一种报告辅助工具，仅向听众提示报告内容的纲要或展示与报告内容相关的图片、视频，报告人才是汇报演讲活动的主角，切勿主次颠倒，使听众的注意力过多集中到 PPT 上而忽略了报告人和演讲内容。一般来说，调研报告的 PPT 设计要注意以下技巧。

(1)整体色调保持传统。如商务蓝、中国红、简洁灰是中国的大众色，也是领导比较容易接受的颜色。切忌使用过于刺眼或跳跃性太强的颜色。

(2)使用简洁的背景。背景尽量采用大色块、简洁的线条及简单点缀图案，放置内容的空间尽可能开阔。

(3)主题框架清晰。在 PPT 的首页或次页设置内容目录，让听众了解整个报告的框架和逻辑结构。同时应在每一页上方或下方的固定位置设置 1～2 个层次的标题词，标题词要与目录对应，或使用链接技术进行目录跳转，让听众随时了解演讲的内容和进程。

(4)文图简明扼要。PPT 应以图表和文字提要为主要内容。图表应尽量简单；每张投影片上的文字，一般最好以不超过 50 字为宜，否则会使听众花过多的时间去辨认投影上的文字而忽略了讲演。文字的设计起到要点重点的提示作用即可，尽量采用要点列示的方式，不必形成一段流畅完整的文章。此外，字高、字间距和行间距要保持适当的比例，字体根据内容做适当变化，使整个 PPT 看起来赏心悦目。

(5)文字、图表有机搭配。每一页 PPT 的版面设计尽可能采用文图搭配或文表搭配，这样既彰显了报告的专业性和严肃性，也避免了文字堆砌的呆板枯燥。但要注意每张图表均应附有标题或简单说明，避免让听众不知所云。此外，图表色彩要相对艳丽，具有立体质感，内容与背景要采用对比度较高的色调。

(6)动态效果适当。PPT 提供了多种动画效果，还可以在幻灯片中插入声音、视频等元素，让 PPT 变得鲜活生动，更有趣味，强化 PPT 的说服力，但不可过多使用。动画过多或内容过于花哨，反而降低了报告的严肃性。

➤案例一：一字千金的调研报告

20 世纪 50 年代，美国决定出兵朝鲜之前，曾花了大量的时间研究和预测中国出兵援朝的可能性，因为美国举国上下并不愿意看到战争的扩大和升级。许多著名的研究机构也希望能承接这项研究。欧洲一家名为德林的战略研究公司，倾其所有甚至不惜亏本倒闭，花巨资完成了有关朝鲜战略问题的报告。经过大量分析研究，该公司得出了主要的结论："如果美国向朝鲜进军，中国也必定会出兵，并给美国带来巨大的损失和无望取胜的战争。"研究报告共有 380 页。德林公司开价 500 万美元欲将研究报告卖给美国对华政策研究所，但美国政府认为价码太高而未接受。其后果正如我们所知一样，美国的贸然出兵使中国派出了志愿军抗美援朝，双方进行了一场耗时三年的战争。美国在这场战争中死伤惨重、耗损惊人，最后以平局收场。这一事实充分说明没有科学的调研，不能有效地使用调研成果所带来的悲剧。战争结束后，美国人为了吸取教训，花费了 280 万美元买回德林公司的这项研究成果。正如美国远东部队司令官麦克阿瑟所讽刺的那样：不愿花一架战斗机的钱，却花掉数艘航空母舰的代价，在错误的时间与错误的地点打了一场本可避免的错误的战争。

➤案例二：John的调研报告

纽约一家市场咨询公司的调查人员John曾经为全球最大的糖果制造公司——玛氏公司做过一次市场调研。在经过约6个月的艰苦而详尽的市场调研后，John向玛氏公司呈交了一份长达250页的市场调研报告，报告中包括了大量统计数据和图表。报告里面有许多重大的发现，以及关于若干开发的细分市场的建议和若干条产品管理方面的创意。因此，当John直接向玛氏公司三名最高决策者进行口头汇报时，他对自己的成果信心百倍，充满期待。然而，在听取了一个多小时充满数据、图表、事实的汇报后，玛氏公司的总经理站起身来，说道："打住吧，John，我听了1个小时枯燥无聊的数字，完全给我搞糊涂了，我想我不需要一份比字典还要厚重的调查报告。明天早上八点之前务必将一份5页的摘要放到我桌子上。"说完就离开了房间，John得到了整个职业生涯中使他受益匪浅的一个教训。

➤思考与讨论

1. 市场调研报告与社会调查报告和其他调查报告相比，具有什么不同的特点？

2. 试以你所在的单位为例，以"员工满意度调查"为题，撰写一份市场调研报告的提纲。

3. 在撰写"××城市居民网络购物状况调查"的调研报告时，你认为应选择哪些关键数据(指标)？

4. 口头报告与书面报告相比具有哪些优点？

5. 2013年××家电超市在两广市场上面临着非常激烈的价格战，出现销量日趋下滑的状况，委托调查公司了解消费者反应并提出相应对策。请据此分别按观点式、直叙式、问题式三种形式，撰写一份调研报告的标题。

第二篇

市场调研方法与技术

第7章

市场抽样技术

市场调研企业或调研项目团队在对市场调研项目进行规划和设计时，在确定调研项目的目标和内容之后，抽样的设计是确保市场调研的效度和信度的关键环节。如何根据市场调研项目的目标和要求，选择准确的、恰当的调查对象及其数量，以便通过向其收集有关信息，获得或推测市场的总体情况，是市场调研获得准确的数据和正确的结论的前提和基础。市场调研的选样方法包括普查和抽样调查两大类。

7.1 抽样的基本概念

7.1.1 相关专业术语

市场调研的选样方式与统计技术密切相关，下面简单介绍一下本章阐述的抽样调查理论中所涉及的专业统计术语。

(1)总体：统计学上是指由大量同质单位构成的整体，市场调研中特指由调研课题所界定的全部调查对象组成的集合。它是市场上具有同一性质的许多个体的特定集合，而不是笼统的“地域”或“消费者”的概念。例如，“贵阳市美的牌热水器售后服务调查”的总体就是贵阳市所有购买和使用美的牌热水器的全部家庭或个人。

(2)总体单位：即构成总体的每个单位，它是组成总体的每一个事物，也是市场调查的直接对象的基本单位，如上例中贵阳市每一个购买和使用美的牌热水器的家庭或个人。

(3)样本：其是指市场调查中对其进行实际观测或访问的一部分个体。它是按一定的方式，从总体中抽选出来的一部分个体，即总体的一个子集，良好的样本应该是总体的“缩影”。

(4)控制特性：对市场总体(样本)进行调研时，我们常需要采用某些指标(如年龄、性别、职务等)对调查对象进行分类分析研究，这些分类指标就是控制特性。确定控制特性的前提是所研究的总体中的各层面在这一控制特性上表现出明显的差异性。它相当于市场营销学中的市场细分标准。

(5)总体离散度：其是指总体内个体之间的差异程度和分散趋势，它反映了总体分布的均衡性和总体平均值的代表性。总体离散度可用全距、标准差、变异系数等指标表示。

(6)抽样框：又称“抽样框架”、“抽样总体”，是指可以选择作为样本的总体单位的目录或名单，样本即从抽样框中抽出。抽样框确定了总体的抽样范围和结构。抽样框可以是具体的目录，如电话簿、单位职工名册；也可以是对总体特征的界定范围，如30岁以上的消费者、男性台球爱好者等。这里要注意的是抽样框不一定和总体完全一致，在实际操作中往往因为各种原因而存在一定的偏差。例如，上例中“贵阳市美的牌热水器售后服务调查”，由于美的公司或销售商那里可能没有全部购买者的具体名单或详细地址，或者可能购买者目前已经离开贵阳市，那么我们从美的公司获得的用户名单与贵阳市美的热水器的实际用户之间是存在一定差异的。这种差异就是抽样框误差，即目标总体和抽样总体不一致时产生的误差。

(7)信度和效度：信度指的是测量结果的稳定性程度及可靠性。即运用相同的测量手段重复测量同一对象所得结果的前后一致的程度。如果几次测量结果是相同的，说明该测量手段或工具的可信度和可靠性较高。效度是指一个测量工具能够准确、真实地测量事物特征或属性的程度，或者统计指标能够准确地反映某一概念的真实含义的程度。测量如果越接近变量的真实值，说明该测量的效度越高。信度和效度都是反映调查质量或调查方法(工具)准确性的重要指标。

(8)总体(样本)标准差：它是总体或样本中每一个体与总体平均值的平均差距，是反映总体离散度的重要指标。总体标准差愈大，则总体内部数据的分散程度越大，平均值的代表性愈弱。

(9)抽样误差：由于抽样时样本结构可能偏离总体结构，从而导致样本指标与总体指标之间的差距，随机抽样的误差可以用一定的统计方法估算。抽样误差越大，则抽样调查的准确度越低。

(10)置信水平与置信区间：以样本指标推算总体指标时，其正确估计的概率称为置信水平；通常我们将以样本指标为中心值，以一定置信水平下的误差幅度为间距形成的区间称为置信区间。置信水平与置信区间是相互联系的，置信区间越大，总体实际值落入置信区间的可能性愈大，置信水平就越高。例如，我们说某个指标值在90%置信水平下的置信区间为620～680，即指总体实际指标值位于620～680的可能性为90%。

7.1.2 普查与抽样调查

1. 普查与抽样调查的概念

市场调研的抽样方式有普查和抽样调查两大类，每一类亦包括若干形式。普查是指对调研所界定的总体中每一分子进行逐一的、毫无遗漏的调查。而抽样调查是指从全部调查研究对象(总体)中抽选出一部分个体(样本)，通过对样本的调查，以样本的信息来估计和推算总体的特征的一种调查方法。抽样调查虽然不是全面调查，但它的目的与全面调查一样，旨在取得反映总体情况的信息资料。

2. 普查与抽样调查的优劣比较

普查与抽样调查的比较如表 7-1 所示。

表 7-1　普查与抽样调查

分类	方式	调查对象	优点	缺陷
普查	报表	总体	全面、准确、完整	时间长、成本高、组织复杂
	逐户访问			
抽样调查	机率抽样	样本	节省时间、费用、工作量	存在一定的误差
	非机率抽样			

普查虽然比较全面、精确，但由于所耗费时间和成本巨大，故只有在调研课题的总体或抽样框很小的情况下才能使用。例如，“××公司中高层主管休闲消费情况调查”，一个公司的中高层主管不过几十至多几百人，可以采用普查方式了解相关信息。抽样调查则具有工作量小、调查时间短、费用成本低廉的显著优点，因此，一般的市场调研项目基本上采用抽样调查方式进行。虽然抽样调查存在着一定的误差，但我们可以通过统计方法对结论进行校正并通过完善调查方式来提高调研质量，抽样调查是现代市场调研的主要方式，在第 7.2 节中我们将详述其操作程序。

7.2　抽样调查的原理与程序

7.2.1　市场调研抽样的程序

市场调研的抽样步骤见图 7-1，各步骤详述如下。

1. 总体界定

“总体”是指由市场调研课题所限定的全部调查对象(人或组织)的集合。调查人员的首要任务是定义调研总体，确保在后续过程中调研者能抽取到真正符合调研目标的市场群体。例如，对“××市香烟消费状况的调查”，这一课题界定的总体应该是××市的全体吸烟者，而不是××市的全体居民或××市的普通消费者。所界定的总体中各子体应至少具有相同的某一市场特征或消费特征，界定总体的工作实质是明确总体划分和判断的主要特征指标。

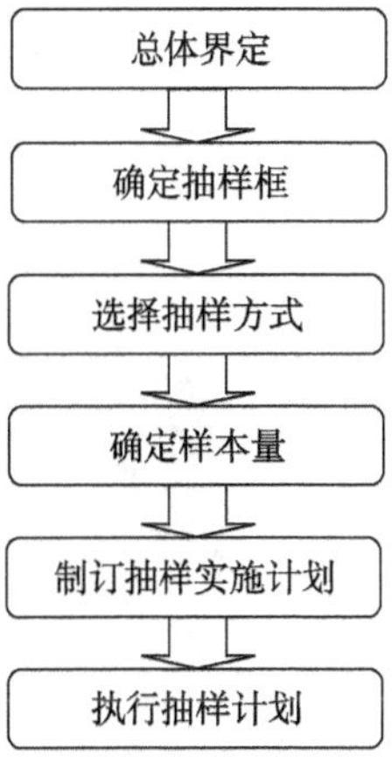

图 7-1　市场调研抽样过程

总体的界定指标无恒定的标准，调研者通常根据与调研课题匹配的组织或个人的特征来设定，但一般应尽可能选择外在性特征的指标，如年龄、性别等，以方便调查人员的判断和选择。因此，调查人员在界定总体前需对市场及承担的课题有一定的了解，这一工作由初步定性化调研阶段来完成。

2. 确定抽样框

抽样框可定义为所界定的总体的全部目录或名单。抽样框是供调查人员选取调查对象的范畴。准确的抽样框应具有完整性和不重复性。完整性是指总体中每一个个体完全纳入抽样框而无遗漏；不重复性是指任何一个个体不能重复计入抽样框。

部分调研课题的抽样框可以通过地方政府或特定行业管理机构的数据库获取，通常一般性消费结构的调查抽样框可从下述途径中获取。

(1)全部居民的户口名册：居委会、派出所；

(2)学生名册：学校教务管理部门；

(3)企业名册：行业管理部门或电话本；

(4)用户名册：企业销售登记簿或顾客数据库；

(5)特定消费群体名册：行业协会名册或业余组织协会；

(6)职工名册：单位职工登记表。

但多数产品消费课题或潜在市场课题的调查的抽样框是难以确定的，如某品牌化妆品的用户，我们就很难完全界定其全部的抽样框。因此，抽样框与界定总体之间常常缺乏良好的对应关系，这是目前抽样调查的难点之一，通常需要经过初步调研或一定区域内的探访来获取。

3. 选择抽样方式

在制订市场调研计划时，可供选择的抽样方法较多，实际的操作方式灵活多样。常用的抽样方法分类如表 7-2 所示。

表 7-2 常用的抽样方法

类别	子类	具体抽样操作方式
普查	统计报表、人口普查、普访	
抽样调查	机率抽样	单纯随机抽样、分层随机抽样、分群随机抽样、随机游动抽样、多阶段复合抽样
	非机率抽样	重点群体抽样、典型群体抽样、任意抽样、滚雪球抽样、配额抽样
	系统抽样	

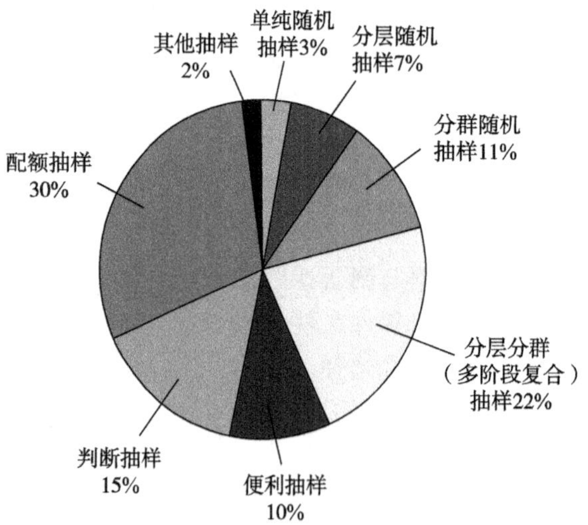

图 7-2 各类主要抽样方法的使用率

如何选择适当的抽样方式应从市场调研的具体课题出发，综合考虑几个基本方面来确定：①调研课题的目标；②课题的深度与广度；③调查对象内部结构的复杂度；④项目时间限制；⑤抽样成本；⑥精确度要求。

根据 2000 年全球最大的调查和商业信息公司之一 Nop World Inc 对全球主要市场调研公司完成调研课题所采用的抽样方式的统计，各类主要抽样方法的使用率如图 7-2 所示。

4. 确定样本量

样本是由市场调查人员所确定的调查对象数量与比例。样本数量大小不一定取决于总体的多少，它的确定涉及费用成本、统计精度要求及调研类型等方面的问题。需考虑定性因素和定量因素两个方面，要求调研策划者对调研课题的拒访率进行预估，与委托客户进行磋商后确定。具体内容详见 7.3 节。

5. 制定抽样实施计划

确定样本量及抽样方法后，需要明确抽样要求和选择样本单位的操作程序，制订详细、明晰的抽样实施计划(表 7-3)，对各类样本的分配数量、抽样地点、抽样步骤、样本判别标准及抽样中意外事件的处理等内容做出规定，以指导调查人员顺利完成抽样工作。

表 7-3　抽样实施计划(模板)

抽样计划实施表	
调研项目名称：	
样本数量：	样本特征：
样本选取地点(单位)：	
抽样及调查时段：	
抽样步骤： 1. 2. 3. ……	
意外事件处理条例	

6. 执行抽样计划

实施抽样计划之前，调研组长或组织者必须对抽样调查人员进行业务培训与指导，组织抽样人员对抽样计划进行讨论，使其充分理解抽样工作的实施要点，以确保抽样的质量和效率。在抽样过程中，项目指导或督导应及时给予调查人员操作指导，帮助其正确执行抽样计划。

7.3　样本数量的确定

7.3.1　影响样本量确定的因素

1. 定性方面

(1)决策的重要性。决策重要程度越高，需要的信息量越大，对信息精度要求越高，需要的样本量越大。

(2)调研的性质。初步探索性研究的样本量一般较小，而结论性研究如描述性调研、因果性调研，就需要较大的样本量。

(3)涉及的变量个数。如调研课题所涉及的市场变量较多，内部结构复杂，则样本量就要大一些，以减少抽样误差的累积效应。

(4)数据分析的要求。如果需要采用多元统计方法对数据进行复杂的高级分析，样本量就应当较大；如果需要特别详细的分析，如作多种分类统计等，也需要大样本。针对子样本进行分析比只限于对总样本进行分析，所需样本量要大得多。简单随机抽样设计，设计效应等于 1；分层随机抽样设计，设计效应一般小于等于 1；整群或多阶抽样设计，设计效应一般大于等于 1。

(5)总体容量。原则上，样本量与总体容量呈同方向变动关系，实践调查中，样本量主要与调查对象的总数量和分布范围有关，目标市场数量越大，地域分布越广，则所需的样本量越大，但两者不一定成正比关系。例如，贵阳市虽然有 100 多万人口，但做消费结构和日用消费品调查时，抽取 500～1 000 的样本量也就足够了，关键是抽样方式的选择必须恰当，抽选的样本要有代表性，样本子体与贵阳市人口的实际结构要一致。

(6)费用预算。样本量与调研费用呈同方向变动的关系。样本量越大，则调查工作量、统计工作量越大，成本费用越高。因此，在实际调研中，样本量的确定必须与课题委托方进行协商，根据双方所商定的费用预算总额来确定。此外，样本性质不同，样本的单位调研费用也不同，如邮寄问卷调查的样本单位费用就比个人深度访谈要低一些。

(7)时间限制。样本量与调查及统计分析耗费的时间一定程度上也呈同方向变动关系，委托企业往往会向调研公司提出明确的完成时间要求，某些课题的样本活动特征也对调查所需要时间有一定的影响。例如，对餐饮娱乐业的调查，样本访问只能限定在中午或晚上的时间进行，访问量比较有限。因此，确定样本量时须综合考虑上述因素。

(8)总体离散度。样本的选取要考虑到尽可能覆盖总体的各个层面。总体内层次愈多、个体差异愈大，要求样本量愈大，否则会影响样本自身的代表性。

(9)实际操作的可实施性。有些调研课题的总体本身数量较少，接近难度很大，对一定时间和费用范围内取样的数量有明显的限制性，如对商业化公墓陵园的潜在市场调查、对企业家的访问调查等。因此，对可实施性较差的课题，如果总体内部离散度小，个体差异不大，可以适当减少样本数量，只要保证较高的调查有效率就可以了。

2. 定量方面

(1)有效率。不同的调查课题难度不同，调查对象的拒绝率和调查问卷填写的正确率也不同，因此，调研项目计划人必须在初步调查的基础上，对调查对象接受调查的成功率和有效率做出预估，在有效样本量的基础上上浮一定的比率来确定实际调查的样本总量。可以用公式表述为

实际调查样本总量＝预定的有效样本量÷[1－拒绝率]÷[1－失效率]

(2)发生率。即所研究的现象的发生比率，实质上是研究对象在总群体中所占的比例。发生率越低的对象，所需要的样本量越大。显然进行糖尿病治疗情况的调查要比一般消费品使用情况调查预取的总样本量要大，原因是前者在居民总人数中的比例显然比后者低得多。

(3)同类研究中所用的样本量。样本量的确定往往也可参照以往同类调研中所使用的样本数量来设置。

(4)置信水平。样本量往往与预期的置信水平有关系。调研课题所要求的置信水平越高，调查的精度越高，则所需的样本量将越大，两者大致呈正向变动的关系。详见表 7-4。

表 7-4　重复抽样和不重复抽样的样本量

抽样方式＼抽样估计	总体平均数	总体成数
重复抽样	$n=\frac{t^2\sigma^2}{\Delta_x^2}$	$n=\frac{t^2P(1-P)}{\Delta_p^2}$
不重复抽样	$n=\frac{Nt^2\sigma^2}{N\Delta_x^2+t^2\sigma^2}$	$n=\frac{Nt^2P(1-P)}{N\Delta_p^2+t^2P(1-P)}$

其中，n 表示样本数量；P 表示总体成数；t 表示标准误差的置信水平；σ 表示总体标准差；Δ_x、Δ_p 表示可接受的抽样误差范围；N 表示总体数量。

(5)总体标准差。如前所述，总体标准差是反映总体内部离散程度的指标，总体标准差越大，所取样本量要适当增加才能保证覆盖总体的各个层面，两者的数量关系可参见表 7-4。

(6)允许误差。样本量与可接受的误差范围呈反方向变动关系，允许误差越小，则需要抽取的样本量越大。两者关系可参见式(7-3)。

(7)准度要求。准度是用于衡量估计值精确性的可依赖程度。当要求的精度和可推断性越高时，样本量越大。

7.3.2　确定样本量的方法

确定样本量的方法很多，现实调研中，具体样本量一般大致取总体容量的百分之一至万分之一较为合理，也常按下述方法进行。

1. 预算确定

预算确定即按可直接或间接支配的调查费用预算额来确定，这是许多调研公司常采用的方法。从项目精度要求来看，这一方法虽然不尽合理，但却是行之有效的，并能有效地促使调查人员精心设计信息的搜集方案，谨慎地衡量调研方案的成本，在提供所需数据资料的同时力求最充分地利用有限的资金。其样本量的确定可用公式表述为

样本量＝(合同总金额－其他项目成本)/样本加权平均单位费用

2. 经验确定

一些委托商会直接对样本数量提出较高要求，但其意见多是出于对抽样误差的顾虑或根据以往的经验和“感觉”，但不一定符合本次调研的需要和技术要求。调查人员可充分听取客户的意见，根据以往市场调查的经验，向委托客户提出建议。某些情况下调查人员可凭自身经验与客户协商确定样本量。通常如涉及消费者重购率、市场潜力等具体指标比较严格的调查所需样本量较大，而产品测试、产品定价等人们之间彼此差异不是特别大或对量的要求不严格的调查所需样本量较小些。

3. 统计方法确定

用传统的统计方法计算样本量尽管显得机械呆板一些，但却比较科学和精确，对委托商也比较有说服力。

1)重复抽样和不重复抽样条件下的样本量计算

重复抽样和不重复抽样的样本量如表 7-4 所示。

2)简单随机抽样

在给定均值估计 $\hat{\bar{Y}}$ 的精度且访问成功率为100%的条件下，通常使用估计量的标准差可以确定所需的样本量。

$$n=\frac{z^2\hat{S}^2}{e^2+\frac{z^2\hat{S}^2}{N}} \tag{7.1}$$

其中，z 为置信区间的 z 值；$\hat{S}$ 为估计量的标准差；e 为调查误差；N 为总体大小。

在给定比例估计 $\hat{P}$ 的精度(100%回答率)条件下

$$\hat{S}^2=\hat{P}(1-\hat{P})$$

于是式(7.1)变为

$$n=\frac{z^2\hat{P}(1-\hat{P})}{e^2+\frac{z^2\hat{P}(1-\hat{P})}{N}} \tag{7.2}$$

若在以往调查中可得总体比例的一个较好估计 $\hat{P}$，那么直接将它代入上面的公式就可以得到所需的样本量；否则可以用 $\hat{P}=0.5$，因为这时总体的方差最大。则公式简化成

$$n=\frac{z^2}{4e^2} \tag{7.3}$$

市场调研中常采用该公式来确定最低样本量。

3)一般抽样设计

给定比例估计 $\hat{P}$ 的精度且访问成功率小于100%时，样本量计算如下：

第1步：计算初始样本量。

初始样本量 n_1 应按下列公式计算：

$$n_1=\frac{z^2\hat{P}(1-\hat{P})}{e^2}$$

第2步：对总体大小进行调整：

$$n_2=n_1\frac{N}{N+n_1}$$

第3步：如果抽样设计不是简单随机抽样，则用下面公式对样本量进行调整：

$$n_3=Bn_2$$

其中，B 为设计效应。

第4步：根据回答率再次进行调整，以确定最终的样本量 n：

$$n=\frac{n_3}{r}$$

其中，r 为预计的回答率。

表7-5是一些常用的样本量。

表 7-5　容许的抽样误差与样本量

容许的抽样误差 e/%	样本量 n	容许的抽样误差 e/%	样本量 n
1.0	10 000	6.0	277
1.5	4 500	6.5	237
2.0	2 500	7.0	204
2.5	1 600	7.5	178
3.0	1 100	8.0	156
3.5	816	8.5	138
4.0	625	9.0	123
4.5	494	9.5	110
5.0	400	10.0	100
5.5	320		

7.4　抽样调查概述

7.4.1　抽样原理——结构相似性

所谓结构相似性，是指从市场总体中合理地抽选出来的样本，具有与总体相同或相近的内部特征。如同子女在某些外部特征上与父亲或母亲接近是因为继承了父母的遗传基因一样，样本也具有与总体近似或相同的特征。对于市场调查而言，这里所称的“结构”通常指两个指标，一是总体均值，即总体中所有个体单位某一特征指标的平均值；二是构成比例，即把样本或总体按某个标准划分为若干层次(类型)后，每一个层次(类型)占样本或总体的比例。例如，我们对某个企业的全部员工进行香烟消费状况的抽样调查，如果抽样适当，那么选出的这部分员工的吸烟比率和平均的香烟消费额必定与该企业全部员工的吸烟比率和平均的香烟消费额比较接近或相同。

综上所述，由于样本是总体中抽取出来的一部分，如果这一抽取过程能保持公平、合理、均衡，那么样本将成为总体的一个良好的“微缩”的模型，因而我们就可以通过对样本信息的搜集和分析，从样本的内含信息反过来推断出总体的内在特征，从而达成抽样调查的目的。这里的关键是如何使抽选的样本尽可能接近总体。

在市场调查中，调查者所选择的抽样方法如果能保证维持样本的内部结构与总体的内部结构一致，我们通过深入调查和研究样本就可以获得总体内在的若干信息，从而为调查结论的有效性提供充分的保障。反之，则可能由于样本与总体的偏差而导致抽样的失败，进而导致抽样调查的结论与总体的实际情况不一致，最终降低了调研活动的质量。因此，结构相似性既是抽样调查成立的前提和调查有效性的充分条件，也是衡量一种抽样方法是否适合调查项目的唯一标准。

7.4.2　抽样方法分类

常用的基本抽样方法按样本的抽选原则即选样依据，可分为机率抽样和非机率抽样两大类(图 7-3)，市场调查中常见的抽样方式我们将在以后逐一详细地进行分析。

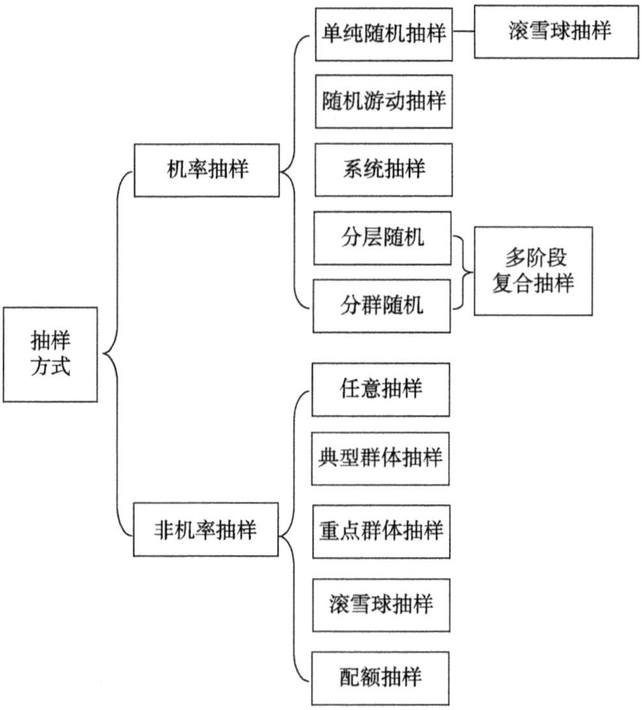

图 7-3 抽样方式分类图

7.4.3 样本的类型

抽样调查的核心是如何确定适当的样本对象，实际调研中样本的选择方式有三种，即随机性样本、过滤性样本和选择性样本。

随机性样本是完全由机率方式抽取的样本，其特点是对样本的入选条件没有限制，排除了人为因素的干扰，但集中性较弱；过滤性样本则需要调查人员设置一定的条件加以筛选，确定调查对象的属性，根据不同的调查对象采用不同的调查方式；选择性样本是由调查人员依据一定的标准选择的特殊群体，目的性和集中性均较强，但明显受调查人员的主观影响，易产生抽样偏差。

7.4.4 抽样误差产生的原因

抽样误差是指所抽取的样本因某种原因偏离总体，造成样本内部结构与总体内部结构不一致而导致调查数据与真实数据之间的差距。抽样误差严重影响了抽样调查的质量及调研结论的可信度，如何减小和降低抽样调查的误差是成功地完成抽样调查的前提和关键。抽样误差按其产生的原因又可分为抽取误差(偶然误差)和非抽取误差(系统误差)两类。

抽取误差是指所抽取的样本不能完全反映或代替总体而造成的误差，也即“样本缩影”与总体真实状态发生了偏差。其特点如下：由抽样方法自身的内在原因和其他不可控制的原因引起，无法完全避免或消除，但误差幅度可以事先估算出来，并可通过改进工作或增大样本量使之减小。

非抽取误差是指除抽样方式之外，因管理、抽样实施过程中人为因素造成的误差，这类误差产生的原因如下：①选样不恰当；②抽样方法选择不当；③抽样过程设计不良；④抽样执行控制不力；⑤信息汇总或统计计算出现错误；⑥调查人员的个人主观偏见；⑦调查对象拒绝；⑧调查对象受调查人员素质或其他因素干扰。

非抽取误差无法计算，但可以通过提高工作质量、执行严格的管理措施来加以消除。

7.5 随机抽样技术的运用

随机概率抽样也称随机抽样，包括简单随机抽样、分层随机抽样、系统抽样、分群随机抽样等，其核心原则是要确保总体中的每一个个体被抽取为样本的概率相等。实现随机抽样的形式灵活多样，不拘一格，实践中只要确保项目限定的总体中的每一个个体有相等的抽中概率的抽样方式都可归入随机抽样方法。随机抽样的最大特点是每个样本的中选概率是已知的，因此，可运用一定的统计方法计算出抽样误差，从而推算出一定置信水平下的估计区间。通常的实地调查中，是把这几种抽样方法结合起来使用。

7.5.1 简单随机抽样

简单随机抽样是对总体不进行任何预先分类，直接在确定的抽样框中编号抽取样本。实现简单随机抽样的形式很多，常见的简单随机抽样方法有抽签法和随机号码表方法。通常先确定或搜集一个抽样框，将抽样框中的每个个体都编上号，然后把所有抽签抽中的号码对应的个体或随机个体号码对应的元素作为样本进行调查。

1. 简单随机抽样的基本步骤

简单随机抽样的基本步骤如下：①确定抽样框；②为抽样框内每一个个体编制号码；③采用完全随机方式抽取号码；④根据号码确定相应的调查对象。

2. 简单随机抽样的优点与缺陷

简单随机抽样操作简便易行，完全保证了每一个个体被选取为样本的机率均等，选取的样本与总体特征比较接近，且不会受抽样人员的影响而产生主观偏差。

简单随机抽样的隐含问题是如果被调查总体结构较复杂，其内部存在明显的几个差异较大的层次时，由于抽样的结果具有偶然性，可能出现所抽样本过于集中于总体中某个层次的情况，而一旦发生这类现象，样本结构与总体的结构产生了偏差，由此将导致调查结果显著失真。

例如，我们在调查某区 9 000 户居民的月书报平均购买额时，采用随机方式抽取的样本 90 户，如表 7-6 所示。该区居民真实的情况是约 6 000 户居民月书报消费额在 20 元左右，3 000 户居民月书报消费额在 60 元左右，实际平均消费额 33.33 元，然而由于采用简单随机抽样，结果出现了如表 7-6 所示的情况，即在选取的 90 户居民(样本)中，月书报消费额在 60 元左右和 20 元左右的居民各占了一半，由于所抽样本偏离了总体的实际结构，结果通过样本计算出的该区居民的月书报平均消费额为 40 元，与实际值相差：40－33.33＝6.67(元)，平均值的平均误差率达到 6.67÷33.33≈20%。显然，用 90 户居民的调查数据来推断总体的情况是完全错误的。其原因是抽样的偶然性导致了样本内部层次结构(1∶1)与总体内部层次结构(1∶2)发生了明显的偏差。而在实际调研中，我们不可能重复进行二次抽样或二次调查，这样将很难避免调研的失误。这一例子同时也生动地说明了结构相似性对于抽样调查的重要性。

表 7-6　居民书报消费随机抽样调查

层次＼抽样	总体实际情况		抽样情况	
	户数/户	户支出额/元	户数/户	户支出额/元
高支出户	3 000	60	45	60
低支出户	6 000	20	45	20
平均消费额	9 000	33.33	90	40

从上述例子中我们可以得出这样的事实，即简单随机抽样只能适用于离散度较小的总体或总体内部分布较均衡无法划分层次的情况。

3. 常用随机抽样方式

1)随机号码表抽样

运用随机号码表是一种较简便的随机抽样方式，对总体编号并确定其位数后，在随机号码表上任意选择一个起始点，然后按行或列顺序或间隔一定距离选取号码，达到确定位数后即取得第一个样本号码，以此类推，直至抽到所需的样本数量为止。如出现与抽取出的号码重复的号码则不计入样本。

2)计算机随机抽样

利用电脑程序，在规定的总体编号量中随机抽取号码，实践中常用的有随机电话拨号选样法、顾客数据库电脑随机抽取等。

3)随机抽签

抽签方式灵活多样，如制作 0～9 编号的卡片，按一定顺序抽出总体编号的每一位数来确定样本，也可用摇奖机、骰子等工具来随机抽取号码，但此类方法较繁琐，现已很少使用。

4. 单纯随机抽样的编号技巧

单纯随机抽样的关键是要保证每一个个体中选的等概率原则，并尽量避免抽选的号码重复而增大工作量。因此，进行总体编号时，要考虑到编号过程中的一些细节问题。例如，总体的数量为 10 000，那么应编为 0 000～9 999 号而不是 00 001～10 000 号，前者显然比后者抽样的工作量小，更重要的是确保了每一个个体被抽取的概率是相等的。而后者因首位(万位)数为 1 的个体只有一个，各个编号被抽取的概率实际上是不相等的，而且易产生大量的无效号码。

7.5.2　类型随机抽样

类型随机抽样也称分层随机抽样，其步骤是先将总体按照某种特征或指标分成几个互相排斥但穷尽总体的子体(层)，然后在每个子体内按照随机的方法抽取元素。每一个子体内元素间差异较小，而不同子体间差异较大。

分层随机抽样的前提是处于同一层次的个体性质相似，它是将分层与简单随机抽样相结合的方法。

1. 分层随机抽样的基本程序

分层随机抽样的基本程序如下：①确定抽样框；②依据初步调查结论，选择适当的分类控制特性及每一类别的界限标准；③对抽样框总体进行分类；④确定各类型子体占总体的比例；⑤根据各类型子体占总体的比例及其他标准来分配各类型子体的样本量；⑥分别为各类型子体内每一个个体编制号码；⑦各子体内采用完全随机方式抽取号码；⑧根据号码确定相应的调查对象。

2. 分层随机抽样的类型

分层随机抽样计算样本量的具体方式主要有三种，如表7-7所示。

表7-7　分层随机抽样的类型

抽样方式	样本分配标准	样本量分配公式
分层比例	各类型子体占总体的比例	$n_i=\dfrac{N_i}{N}\cdot n$
分层最佳	各类型子体占总体的比例 各类型子体单位的标准差	$n_i=\dfrac{N_i\sigma_i}{\sum N_i\sigma_i}\cdot n$
最低成本	各类型子体占总体的比例 各类型子体单位的标准差 各类型子体的单位调查费用	$n_i=\dfrac{N_i\sigma_i/\sqrt{c_i}}{\sum(N_i\sigma_i/\sqrt{c_i})}\cdot n$

其中，N表示总体数量；σ_i表示第i类型子体样本的标准差估计值；n_i表示第i类型子体的样本量；N_i表示第i类型子体的数量；c_i表示第i类型子体样本的单位调查费用。

3. 分层随机抽样的优点

从总体上讲，分层随机抽样基本上确保了样本内部的结构与总体内部的结构一致，使总体估计值较为准确，误差小，提高了样本的可信度。

4. 分层随机抽样的缺陷

分层随机抽样的缺陷如下：①可能因样本分布面广而增大抽样的工作量；②分层特征、分层标志及各层次比例的确定可能带有主观随意性，某些课题的分层标准较难界定；③时间长、费用高。

5. 适用

从分层随机抽样的特征显然可以得出这样的结论：当总体内部存在明显差异的类型，各类型子体之间差异显著而各子体内部特征较相似时，采用分层随机抽样调查能取得较为满意的效果。

7.5.3　区域随机抽样

区域随机抽样又称分群随机抽样，即首先将总体按地域或外部特征划成许多相互排斥的子体(群)，然后以群为初级抽样单元，先进行群与群之间的比较分析，从中抽取若干个具有代表性的区域(群)，再对抽中的群内的单元进行抽样调查或普查。以典型群体的情况来推断总体的特征。如首次划分的群范围或规模太大，还可以在各群内按照上述方法实行多段式再分群。

采用分群随机抽样调查的原理是处于同一总体中的相邻群体，其内部结构和特征是相似的，因此，对特定群的调查可以获得相邻群的近似情况，使抽样调查可以在选定的典型群内展开，从而减小了调查活动的地域范围，减少了调查人员的工作量，提高了工作效率。

1. 分群随机抽样的基本步骤

分群随机抽样的基本步骤如下：①确定抽样框；②依据初步调查结论，对抽样框总体进行分群；③分别给总体内的每一区域(群)编制号码；④随机选择代表性的典型子群体；⑤分别为典型子群体内每一个体编制号码；⑥各子体内采用完全随机方式抽取号码；⑦根据号码确定相应的调查对象。如采用群内普查方式，则可省略⑤～⑦步骤。

2. 分群随机抽样的优点与缺陷

分群随机抽样由于调查工作在有限的群体内开展，简便易行，从而大大地减少了工作量，节省了时间和费用。

从理论上讲，由于各类型的调查对象不一定均匀分布在总体的各个部分，在选取典型群时可能产生一定的误差，此外由于群内部存在差异较大的各类型子体，如采用群内随机抽样也会产生与简单随机抽样相似的误差。

3. 适用

从分群随机抽样特征来说，如调查课题所涉及的总体的地域分布面较大，但地域内差异较小，则比较适合采用分群随机方式进行调研。

7.5.4 分层随机抽样与分群随机抽样的比较

分层随机抽样与分群随机抽样是思路不同的两种抽样方式，但实质上它们都是对总体进行“分类”后抽样。前者是按总体的内在属性进行纵向划分，后者是按总体的外在属性进行横向划分，其差异可概述如表 7-8 所示。

表 7-8 分层随机抽样与分群随机抽样的比较

抽样方式	分层随机抽样	分群随机抽样
抽样依据	总体特征、属性	区划或地域
层(群)特征	层之间具有差异性 层内部具有相似性	群之间具有相似性 群内部具有差异性
优点	准确，误差小	减少工作量
缺陷	可能因样本分布面广而增大工作量	可能因群内部差异产生误差
适用	内部有明显差异的总体	地域范围大的总体

7.5.5 系统抽样要点

按照某种顺序给总体中所有单元编号，将所有总体单位按预定的样本数量分组，然后从第一组中随机地抽取一个编号作为样本的第一个单元，样本的其他单元则按照某种确定的规则抽取，这种抽样方法称为系统抽样。其中最常用最简单的系统抽样是等距抽样。

1. 等距抽样的步骤

等距抽样的步骤如下：①给抽样框总体编号；②计算样本单位区间距离 $D=N/n$；③从 $1-N/n$ 号(单位)之间随机抽取一个号码作为第一个样本；④以第一个样本号码为基数，加上样本单位区间距离后取得第二个样本号码，依次类推取得所有样本号码。样本号码的计算公式为 $\alpha_i=\alpha_1+(i-1)\times D$。

2. 系统抽样的优点

系统抽样只需要确定第一个抽样号码，而后其他号码均可按上述公式推出，操作简便，较简单随机抽样节省了大量的工作量、时间和费用，因此，其应用相当普遍，实践中常用来代替简单随机方式进行抽样。

3. 系统抽样的缺陷

系统抽样的样本变动性较小，如总体单位排列中隐含有某种变动规律或周期性变化特征时，系统抽样总是抽到这个周期中的某一个或几个固定位置，使样本失去了代表性和普遍意义，会造成较大的误差。

4. 系统抽样的性质

系统抽样属于机率抽样还是非机率抽样，实质上完全取决于第一个编号的选取方式。在实际运用中，有时第一个样本的号码也采用任意或判断方法选取，这时系统抽样则演变为非机率抽样形式。

7.5.6 随机游动抽样

随机游动抽样是一种实践中非常实用的样本选择方法，主要应用于特定城镇居民区的入户调查。其方式是在待调查的区域内随机选择一个起始点，按某种自定规则，沿一定的路线和住户间隔进行访问。在现代市场调研中应用较为广泛。

随机游动抽样有若干操作形式，下面就以最常用的右手原则抽样法为例，介绍我们常用于零售商调查的实地抽样程序。

右手原则抽样步骤如下：①按城镇放大地图划分各调查区域；②随机在区域主干道路上选择一个起始点(零售点)；③确定访问间距(如每隔3户走访1户)；④调查人员沿着街区道路按始终靠右行的原则进行调查走访；⑤在死胡同、十字路口、拐弯处均必须遵循右手原则；⑥每访问一户，调查人员在街区地图上标示出其位置、门牌号码，并记录零售商资料；⑦按右手原则沿街区走完一圈回到起始点，这一街区的调查即告完成。

如调查完整个街区后仍未完成预定的抽样数量，则从起始点开始，访问已走访过的每一零售点右手的相邻零售点。

如果本街区的零售点不足，则访问第一零售点对面的街区，直到完成抽样数量为止。

1. 随机游动抽样的特点

随机游动抽样程序简便、清晰、易行，可操作性极强，且避免了调查人员对被访户选择的主观偏差。严格来说，随机游动抽样并不是随机抽样，但实践中往往作为随机方式使用，也按随机抽样来计算其抽样误差。

2. 随机游动抽样的应用

随机游动抽样主要应用于：①城镇居民区域的消费特征调查；②商圈调查；③零售网点布局与零售商状况调查。

7.5.7 多阶段复合抽样

多阶段复合抽样，也叫多级抽样。它将分群随机抽样和分层随机抽样结合起来，实施更加便利，操作性更强，特别适合于大规模、大区域内的抽样调查，在实际市场调研中得到广泛应用，主要的操作方式有两种，即分层-分群结合法和分群-分层结合法。

1. 分层-分群结合法

在第一阶段先将总体按某种标准分层，第二阶段从各层中抽取若干群，在每个抽中的群中，再抽取若干单元进行调查。它与分层随机抽样的区别在于第二阶段是抽取群体，与分群随机抽样的区别在于第一阶段先划分了特征层次。

2. 分群-分层结合法

分群-分层结合法是另一种多阶段抽样方式，它在第一阶段先对总体分群及再分群，从中抽出若干群体，并在各群内按照此思路实行多段式再分群，直到每一个群的规模足够"小"；第二阶段在每个选中的群中，按某种标准分层，从各层中再抽取若干单元进行调查。它与分层随机抽样的区别在于第一阶段先抽取群体，与分群随机抽样的区别在于第二阶段划分了特征层次。它是实际调研中最为常见的一种抽样方式。其抽样精度在分层随机抽样和分群随机抽样之间。

3. 多阶段复合抽样的特点

多阶段复合抽样结合了分层随机抽样与分群随机抽样的优点，既保证了样本量能覆盖母体的各个特征层次，抽样误差小；又大幅度地减小了调查范围和工作量，是较为理想的随机抽样方法。

4. 案例：贵阳市居民消费总体调查

在 2003 年对贵阳市居民的消费结构和家庭收支调查中，曾采用了多阶段抽样的方法。我们先按自然行政区划将贵阳市划分为城区和郊区，城区和郊区中再进行三阶段分群(区、段、组)，各组中按收入划分为高、中高、中、中低、低五个层次，再按比例选取若干具体的居民户实施入户访问，然后以调查数据采用逆向倒推方式估计出每一群(子体)的情况，最后汇总得到整个城市的调查结论，实施效果良好。详见图 7-4。

7.5.8 机率抽样的缺陷

无论何种机率抽样方式都需要经过确定总体—编制号码—随机抽取号码的过程，因此，其实施中均存在两方面的缺陷。

(1)难以确定全部总体。大部分的消费品的市场调研课题很难对调查对象的总体加以界定，也很难获得全部的抽样框，因而也无法保证个体中选机率均等。此外，抽样框与所界定的总体之间常常缺乏良好的对应关系，这也是实施随机抽样调查的困难之一。

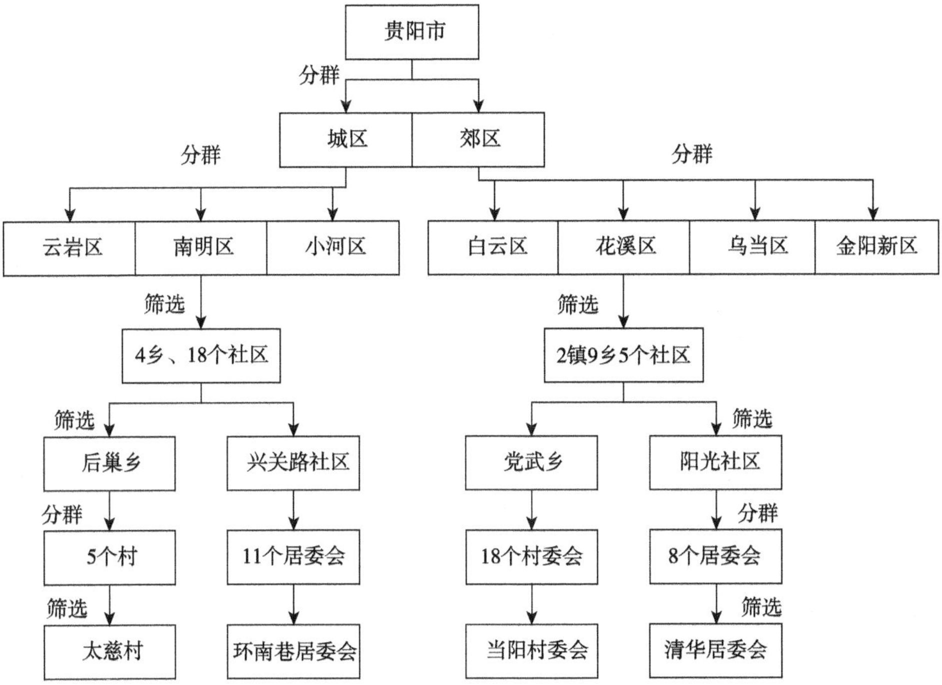

图 7-4　贵阳市抽样分层示意图

(2)编号抽样过程繁琐。尽管有计算机辅助抽样工作，但总体量很大时，对总体中每一个个体进行编号及随机抽取号码的工作仍是比较繁琐的。

7.6　非机率抽样技术的运用

非机率抽样是指抽样时不是遵循随机原则，而是按照研究人员的主观经验或其他条件来抽取样本的一种抽样方法。在大量的市场调研特别是一般消费品的市场调研中，由于抽样框的确定较困难，实际上很少采用机率抽样方法。而非机率抽样方法由于不必限定每一个个体的抽样机率均等，操作过程也较简便迅速，因此，调研者在完成初步调查并了解市场的基础上，常常根据调查人员的经验判断和调查便利程度来主观选择样本。非机率抽样方式是市场调研中经常采用的方式。但由于非机率抽样是靠调研者个人的判断来进行抽样的，故不能计算抽样误差。它包括任意抽样、判断抽样、配额抽样、滚雪球抽样等。

7.6.1　非机率抽样的特点

1. 非机率抽样的优点

非机率抽样省略了机率抽样的总体编号及抽取号码的过程，其操作简便快捷，且可根据实际调研环境来灵活地选择具体抽样方法。

2. 非机率抽样的缺陷

从理论上说，非机率抽样的精确度相对机率抽样低一些，因其选取样本主要取决于调查人员的判断或便利，受调查者的主观影响较大。此外，非机率抽样无法用统计方法测定误差范围。

3. 非机率抽样的适用条件

非机率抽样通常在下列情况下运用：①调查人员对总体不了解，缺少总体特征的信息；②总体构成庞杂、内部情况复杂，难以分层或分群；③调查时间短，调查精度要求不高。

下面介绍几种常见的非机率抽样方法。

7.6.2 重点群体调查

1. 重点群体的含义

重点群体是指某一特征指标在总体占有绝大部分比例或居于决定地位的单位，如在某行业中市场占有率较高、对行业影响力很大的企业；某产品全部消费者中占有绝大部分的比例的消费群体。

2. 重点群体抽样的依据

由于重点消费群体对总体具有决定性的影响力，在很大程度上左右了总体的特征。因此，我们对总体进行初步调查后，在对总体较为了解和熟悉的基础上，可以不进行普查或严格的抽样调查，只需对总体中的重点单位进行详细调查，就能大致推断出总体的状态。市场调研中，经常选择重点的市场或分销渠道的集中地进行详细调查就可基本了解整个市场的容量和需求趋势。

3. 适用

重点群体抽样主要适用于对内容集中、数量大的经济活动的调查，如生产资料市场、行业生产能力、产品主销渠道等。

4. 案例：钢铁生产状况调查

如何了解整个钢铁行业的生产能力、品种结构、技术水平等信息？我国的钢铁企业分布地域广阔，各类规模的企业超过千家。采用普查显然较困难，但实际上整个钢铁行业生产的主要品种与80%以上的产量基本上集中在全国20家大型钢铁公司，如首钢、鞍钢、宝钢等。因此，我们仅对这20家钢铁企业(集团)的生产能力、品种结构、销售规模进行一次彻底的调查就基本上掌握了全国钢铁行业的总体情况。

7.6.3 典型群体调查

1. 典型群体的含义

典型群体是指其特征在总体中具有普遍代表性意义的单位，即它的个体特征比较集中地反映了总体中一批相似单位的特征。

2. 典型群体的抽样依据

典型群体抽样调查是基于调研者对总体的了解和调研目的，根据经验判断从总体中抽选出“有代表性的”或“典型的”单位作为样本，通过对典型单位深入、周密的剖析，根据其内在的规律来推断总体某一层面的特征。其操作方式一般有两种，即“极端式”和“划类式”。前者是对总体中较典型或独特的案例进行分析；后者相当于分层调查，在总体各层面中选出代表性单位进行分析。

3. 典型群体的特点

如果调查人员经验丰富，判断准确，这种方法有可能取得具有较好代表性的样本，调查工作速度快、效率高。但这种方法易受调查人员视角及经历等因素的影响，可能产生较大的主观偏差。此外，需要注意的是重点群体并不一定是典型群体，反之亦然。

4. 适用

典型群体抽样调查主要适用于总体具有明显层次性、调研课题内容复杂、调查时间短的情况，如企业管理水平、居民社会意识形态、时尚流行趋势等。

5. 案例：贵阳市自选超市经营管理调查

我们在进行贵阳市自选超市经营管理调查时曾采用这一方式进行。先由调查人员对其经营面积和营业收入进行初步观察，据此将全部自选超市按其经营规模分为大、中、小三类，然后在各类中分别选择两家超市作为代表，对其经营管理人员进行详细访问调查，汇总形成调查结论。

7.6.4　任意抽样

任意抽样是指调查人员完全根据其工作的便利性来选择调查样本。常见的街头随访、拦截式访问、杂志内问卷调查等都属于任意抽样的方式。

1. 任意抽样的优点与缺陷

任意抽样是在所有抽样中技术费用最低、时间最短的。且被抽样的单元多数可以接近、容易测量，样本的合作性较好。

但这种形式所抽取的样本有严重的局限性，许多可能的选择偏差都会存在，如调查对象的自我选择、抽样的主观性偏差等。因此，这种抽样不能代表总体和推断总体。

2. 适用性

由于任意抽样可能存在较大的且不可估算的误差，故多数只在下列情况下才使用：①调查人员完全不熟悉总体；②初步探索性调研；③总体内部个体差异极小，判断标准一致(如产品质量抽样)。

7.6.5　滚雪球抽样

滚雪球抽样是指首先选择一组调查对象(通常是随机地选取)，访问这些调查对象之后，再请他们提供另外一些属于所研究的目标总体的调查对象，根据所提供的线索，选择此后的调查对象。这一过程继续下去，取得的调查对象愈来愈多，逐渐形成一种类似滚雪球的效果。

1. 滚雪球抽样的优点与缺陷

滚雪球抽样的操作比较简单易行，特别是调查对象在市场总体中比例很低时采用这一方式较易找到调查对象。但由于后来被推荐的人可能类似于推荐他们的那些人，因此，这种方式的调查也可能过于集中于某些层面，产生一定的误差。且有时被推荐的人并不一定符合调查对象的条件。

2. 案例：贵州省民营医药企业经营战略调查

对贵州省民营医药企业经营战略调查中，我们首先通过市场初访取得5家医药企业总经理名单，对其进行访问。由于这些企业的总经理或对本市其他同行企业比较了解，或与同行企业总经理有多方面业务交流，我们请受访的总经理提供相关企业的名单，共获得22家同类企业总经理名录，再对取得名录的总经理进行访问。以此类推，最后完成约50家全省各地的医药企业的调查。

在贵阳市高档轿车使用状况调查、贵阳市中老年健身消费状况调查中我们同样成功使用了这种方法。

7.7 配额抽样

7.7.1 配额抽样的概念

配额抽样是指根据总体的结构特征来对全部调查样本量划分类型并分派定额，以取得一个与总体结构特征大体相似的样本，如根据人口的性别、年龄构成来给调查人员规定不同性别、年龄的调查人数。配额保证了在这些特征上样本的内部结构与总体的内部结构是一致的。一旦配额分配好了，具体调查对象的选择完全由调查人员自行选定，唯一的要求就是所选的调查对象要适合所控制的特性，操作的自由度很大。这种抽样方法的目的是使样本对总体具有更好的代表性，同时抽样过程更加简便。在进行配额抽样时，要特别注意配额比例与调查结果之间的密切联系。

7.7.2 配额抽样的假设

配额抽样是假定特征(控制特性)相同的消费者，在涉及调研课题的各个方面，如消费行为模式、选择标准、需求心理等基本相同，其中任意一个个体状况均能代表相应层面的整体状况。因此，只要保证样本结构与总体结构相似，在每一层面的配额内部如何选择具体的调查对象是无关紧要的。

7.7.3 配额抽样的程序

配额抽样的程序如下：①通过初步调查了解形成总体内部各层次差异的主要因素；②确定分层控制指标和各层分类标准；③判断确定各副次母体在总体中所占的比例；④按各控制特性交叉划分子群，建立交叉控制表；⑤计算、确定各交叉层次的样本比例和样本量；⑥用任意抽样或判断抽样确定各层中的具体调查对象。

7.7.4 配额抽样的性质

配额抽样相当于将非机率抽样方法与分层随机抽样方法综合起来运用。它利用了分层抽样对总体划类和分配调查样本的思路，但具体选择样本时却采用了任意抽样的方式，较好地结合了两者的特点和长处，是非机率抽样中最常用的方法，也是现代市场调研中使用率最高的抽样方式。

7.7.5　配额抽样的优点

(1)配额抽样在一定程度上保证了样本结构与总体结构一致，可使配额抽样获得与某些概率抽样非常接近的结果，调查结论比较客观、准确、可靠。

(2)配额抽样不需取得完全的抽样框及对总体编号，较随机抽样方法能更迅速地取得调查结论。

(3)操作简单，容易把握。

7.7.6　配额抽样的缺陷

(1)如果与调研课题和总体层次相关的某个特征未被考虑进配额控制特性，则样本结构可能与总体结构不一致而产生偏差。但如果要在配额实施中包括太多的控制特性是比较困难和不现实的。

(2)具体调查对象的选择是否符合控制特征常常取决于调查人员的判断能力，且可能存在调查人员的选择偏好，因而配额抽样的结果也难以避免主观因素的影响。

➤案例一：女性职业装需求调研的配额过程

我们拟对某地区的女性职业装的需求和消费情况进行调查，预定样本量为 500 人。经过初步调研，我们确认对女性购买和选择这类服装最大的影响因素主要在于收入、年龄、职业三个方面。通过对该市场的初步调查，我们确定了各层面女性在目标市场群体中所占的大致比例(表 7-9)，并确定抽取的样本总量为 500。根据各层次独立比例，建立交叉控制配额表(表 7-10)，计算和确定各交叉层次配额比例和样本额。

表 7-9　女性消费群结构的独立控制比例表

控制特性	类别	分类标准	各层比例/%	控制特性	类别	分类标准	各层比例/%	控制特性	类别	分类标准	各层比例/%
收入	高	>1 000 元	40	年龄	老	>60 岁	20	职业	蓝领	操作岗位	70
	中	600～1 000 元	40		中	30～60 岁	30		白领	管理岗位	30
	低	<600 元	20		青	<30 岁	50				

表 7-10　交叉控制配额表(总样本量：500)

收入		高		中		低	
年龄	职业	配额比例/%	样本额/人	配额比例/%	样本额/人	配额比例/%	样本额/人
老	蓝领	5.6	28	5.6	28	2.8	14
	白领	2.4	12	2.4	12	1.2	6
中	蓝领	8.4	42	8.4	42	4.2	21
	白领	3.6	18	3.6	18	1.8	9
青	蓝领	14	70	14	70	7	35
	白领	6	30	6	30	3	15

7.8 机率抽样和非机率抽样的选择

什么时候用机率抽样，什么时候用非机率抽样，应当根据各种条件来决定，如研究的性质、对误差容忍的程度、抽样误差与非抽样误差的相对大小、总体中的变量数量及可操作条件等。尽管非机率抽样不能推断总体，不能计算抽样误差，但在实际调查中仍常被应用。例如，概念测试、包装测试、名称测试及广告测试等，这类研究中，主要的重点集中在样本给出各种不同应答的比例。使用非机率抽样，一方面是操作上可减少机率抽样误差的发生；另一方面是所调查内容不需投射总体或总体的同质性较强。机率抽样则用于需要对总体给出很准确的估计的情况，如要估计市场占有率、估计整个市场的销售量、估计某个地区的电视收视率等，还有全国性的市场跟踪研究(提供有关产品分类和品牌使用率等信息的研究)，以及用户的心理特征和人口分布的研究等，都要采取机率抽样。但在机率抽样时要特别注意控制调查过程中的非抽样误差。

7.9 市场调研的误差

7.9.1 市场调研误差的类型

市场调研是一项复杂的系统工程，在市场调研的实施过程中，任何一个环节的疏忽都会在一定程度上导致调查结论的失误。市场调研中产生误差的原因很多，主要产生在以下几个方面。

(1)设计误差(项目误差)：①所设计的调查项目与设定的调研目标不一致；②调查项目的内容不能反映调查课题所需的信息；③调研项目定义过窄。

(2)工作组织误差：①调查人员缺乏培训，操作随意；②调研程序混乱；③未与委托客户沟通，调研目标不明确。

(3)抽样框误差：抽样框不准确、不完整或不能代表总体。

(4)抽样方式误差：①抽样方式选择不正确；②调查对象的限定不准确。

(5)信息交互误差：①调查人员自身的言行影响调查对象；②调研内容的交互影响。

(6)调查人员素质误差：①调查人员的工作能力不足；②调查人员弄虚作假，伪造调查记录。

(7)工作误差：①未严格执行抽样计划；②调查人员未严格遵循调研任务书或调研计划的指导。

(8)调查方式选择误差：①所选择的调查方式不能接近调查对象；②调查方式仅停留于事物的表面。

(9)测量误差：①测量工具不清晰或设计不恰当；②测量过程的人为因素失误。

(10)拒访误差：因调查对象拒访形成样本与抽样框的结构差异。

(11)回答误差：①调查对象故意对调查问题做出不真实的回答；②调查对象对问题产生误解而做出错误回答。

(12)输入编码误差：①调研统计人员向计算机输入数据信息时发生错误；②统计人员手工审核、编号、汇总过程中的工作失误。

(13)统计误差：①统计指标的设定不正确，不能真实反映总体特征，如总体内部标准差较大时，平均值指标实际上是失效的；②统计指标的汇总和计算方式不正确，如对非排斥性问题(多选题)进行统计时选择样本总量作为计算的基数。

(14)分析误差：①表面现象与概念混同，如将消费者对某商品的喜欢与实际购买趋向混为一谈；②主观偏见臆断；③调研结论仅凭推理，缺乏数据支持。

7.9.2 减少调研误差的途径

市场调研中的抽样误差按发生的性质可分为系统误差和偶然误差两大类，其中偶然误差受抽样调查自身特点的局限，不可能彻底消除，但可以通过下列工作加以控制和减少：①正确选择抽样方法，合理选择调查样本，确保样本的选取典型、公平，避免调查人员主观偏见的影响；②确定合理的样本数量；③强化组织工作，主要是调查人员的培训与考核，加强调查人员的职业责任心和工作兴趣。

➢案例二：新可乐口味调研的失败

20 世纪 80 年代初，可口可乐公司打算推出与传统风味不同的新配方可乐，此前所做的市场调研表明，消费者对这一新口味可乐是接受的，但事实大相径庭，其销售一直萎靡不振，多数消费者仍只接受原配方可乐而抵制新可乐。其原因是新可乐的调研仅仅集中于消费者对新可乐口味的意见，而忽视了众多消费者购买可乐不只是接受其口味，更多的是对可乐老配方的文化认同性。这一例子充分表明了忽视商品的交互影响和调研项目设计过窄对调研项目结论正确性的影响力。

➢案例三：确定售后服务满意度调查的样本量

某冰箱生产企业欲对冰箱消费者进行售后服务满意度调查，了解消费者对该企业冰箱品牌的使用情况和售后服务的意见。通过各家电超市物流部的协助，可以联系到该地区所有 2 500 个使用的家庭。冰箱生产企业决定使用简单随机抽样进行问卷调查。预计问卷的回收率 $r=0.65$；调查估计值的置信度为 95%(即 $z=1.96$)；可接受的误差 e 为 0.10。请问应准备和发放多少个家庭？

解析：

由于事先没有关于顾客满意度的估计 $\hat{P}$，方差应取最大，即 $\hat{P}=0.5$。

样本量的计算步骤如下：

第 1 步：计算初始样本量 n_1。

$$n_1=\frac{z^2\hat{P}(1-\hat{P})}{e^2}=\frac{(1.96)^2\times0.5\times0.5}{(0.10)^2}\approx96$$

第 2 步：根据总体大小调整样本量。

$$n_2=n_1\frac{N}{N+n_1}=96\times\frac{2\,500}{(2\,500+96)}\approx92$$

第 3 步：根据抽样的设计效应来调整样本量。

在这个例子中，由于假定采用简单随机抽样设计，所以 $B=1$。

$$n_3=Bn_2=n_2=92$$

第 4 步：根据回答率情况进行调整，确定最终的样本量 n。

$$n=\frac{n_3}{r}=\frac{92}{0.65}\approx142$$

➤思考与讨论

1. 名词解释：控制特征、抽样框、非机率抽样、配额抽样。

2. 试举例说明什么是抽样调查的信度和效度。

3. 对某市卷烟消费进行问卷调查。该市人口为 300 万人，吸烟率约为 8%，拟抽样数量为 1‰，预计问卷的回收率为 90%，有效率为 80%。实际应准备调查的数量是多少？

4. 抽取误差是如何形成的？能否消除和控制？

5. 某调查公司拟对贵州财经大学大学生读书及其消费情况进行调查，预定抽样率为 1‰。经过初步调研，该校目前大学生总数为 3 万人。对大学生读书及其消费影响最大的因素主要在于年级、学科专业、性别三个方面。各层面学生所占的大致比例如表 7-11 所示。

表 7-11　各层面学生所占的比例

控制特性	类别	分类标准	各层比例/%	控制特性	类别	分类标准	各层比例/%	控制特性	类别	各层比例/%
年级	本科低年级	1、2 年级	54	学科专业	经济管理类	经管各专业	60	性别	男	55
	本科高年级	3、4 年级	40		其他类	非经管专业	40		女	45
	研究生及其他	硕、博士研究生	6							

根据各层次独立比例，建立交叉控制配额表，计算和确定各交叉层次配额比例和样本额。

第8章

访谈调查

8.1 市场调研技术的分类

市场调研技术按其操作特征和调查工具的差异，可分为直接调查技术和间接调查技术两大类。

直接调查，主要是指调查人员以直接语言交流(如面谈、电话询问等)或间接语言交流(如邮寄问卷、消费反馈表等)的形式向调查对象搜集信息的一类调查方式的总称。其共同特点是调查人员必须首先确定调查对象，与之接触沟通，征得其同意，然后使用一定的询问形式对调查对象进行调查。能否成功地使用直接调查技术，关键在于调查人员与调查对象能否达成沟通并使之乐意配合。因此，从事直接调查的人员必须接受过公共关系、语言沟通、心理分析等多方面的专业培训。

间接调查是全部非语言交流类调查方式的总称，其特征是调查人员不直接与调查对象进行沟通，而是在调查对象不知觉的情况下，利用一定的设备仪器或操作程式，跟踪记录调查对象的行为过程和对特定环境刺激的反应，通过分析其反馈模式来分析和明晰消费者的心理趋向，从而获得有关市场需求变化的信息，检验企业营销组合或促销措施的效果。间接调查技术所搜集的信息比较客观真实，不会因调查对象与调查人员之间的互动效应而影响调研结果，但其运作需要一定的环境条件和较长的时间，费用也比直接调查技术要高一些。

直接调查技术大致又可分为两种基本类型，即以直接语言沟通为主的访谈调查和以标准化文字工具为主的问卷调查。访谈调查也称为接触式调查，对调查人员的心理素质和交流技巧要求很高；问卷调查虽然对调查人员语言能力的要求略低一些，但需要调查人员具有较广博的知识和高超的文字表达技巧。无论哪一种调查方式，沟通能力都是调查人员必须具备的基本职业素质。

在实践操作中，直接调查方法又包含若干具体操作方式，我们将在本章和第 9 章各节中分别阐述。常见直接调查技术的分类、使用方式及特点如表 8-1 所示。访谈调查按操作方式分为一对一形式(个人深度访谈、入户访问、拦截访谈、电话访谈)、一对多形式(焦点小组访谈、虚拟角色访谈)及多对一形式(小组访问)三类。

表 8-1　直接调查技术

类别	特征	操作方式	优点	缺点
访谈调查	全接触式	个人深度访谈 入户访问 小组访问 焦点小组访谈 拦截访谈 虚拟角色访谈 电话访谈	1. 灵活 2. 成功率高 3. 深入细致	1. 费用高 2. 时间长 3. 对调查人员素质要求极高
问卷调查	半接触式	入户留置调查 现场留置调查 固定日记调查 电脑问卷调查	1. 成功率较高 2. 易操作 3. 受调查人员素质影响较小	1. 难以深入 2. 易受环境干扰 3. 费用高
	非接触式	邮寄调查 德尔菲调查 互联网调查	1. 范围广 2. 真实度高 3. 不受调查人员素质影响	1. 时间长 2. 回收率低 3. 受调查对象能力限制

8.2 个人深度访谈

个人深度访谈又称临床式无结构访问，即由训练有素、沟通技能较强的调查人员直接与调查对象进行面对面的询问及讨论，以了解调查对象对某些问题的情感、动机、态度、观点等。

8.2.1 个人深度访谈的优点

(1)灵活、细致。调查人员提出的多为可自由讨论的问题，予以调查对象较大的回答余地与联想空间，便于对复杂的问题进行详细的讨论。

(2)沟通性较强。一对一方式使调查人员与调查对象之间能够保持良好的沟通气氛，犹如朋友之间的谈心，可缓解因调查内容产生的紧张情绪。与焦点小组访谈法相比，也消除了群体竞争的压力。

(3)减少语意表达的失误。调查人员可对问题作清晰的解释或重复询问，以确保调查对象能明确无误地理解问题的含义。

(4)易作可信度评估。调查人员可通过观察调查对象的表情、语调、语速甚至下意识的肢体动作，辨别其回答的真实程度。

8.2.2 个人深度访谈的缺点

(1)受调查人员的素质影响大。调查质量很大程度上依赖于调查人员的沟通能力和访谈技巧；调查人员的主观倾向亦可能对调查对象的回答产生诱导，从而影响调查的准确性与真实度。

(2)统计困难。调查问题多为无结构化自由回答式问题，同一内容调查对象的表述方式可能不一致，应答的侧重面也不相同，因而统计汇总和数据处理比较困难，需要专业分析人员进一步归纳和判断。

(3)时间长、费用高。个人深度访谈所需时间较长，每次一般在半小时以上，调查人员需要经过特殊的培训。此外，调研公司还需为每次个人深度访谈支付差旅费、访问费、交通费等，因此，实地调研中个人深度访谈设置的样本量通常有限。

8.2.3　个人深度访谈的调研流程

1. 确定访谈对象

市场调研中的访谈对象一般是以下几类人员：①目标消费者或重点消费群；②社会公众机构的主管；③公司员工；④企业中、高层管理者和决策者。

调查人员在访谈前应首先了解预定对象的价值观念、文化层次、生活方式、语言习惯及对调查内容的熟悉度，以确定适当的沟通方式和语言表述。

2. 准备记录工具

由于录音、录像这类设备使用不便且容易造成调查对象的情绪紧张或误会，破坏访谈气氛，受到调查对象拒绝，因此，建议调查人员应尽可能采用纸、笔一类普通记录工具。

3. 准备背景资料

部分访谈问题尤其是涉及耐用消费品、高技术产品方面的问题，调查人员应准备相应产品图片、介绍册、说明书，可能情况下可携带部分样品，既便于调查对象直观地了解调查项目的内容，也便于调查对象判断和回答问题。

4. 准备询问提纲

对所询问的问题要事先拟定访谈提纲，安排好提问的顺序，提问一般采用先易后难的方式，也可以难易问题交叉进行，注意高敏感性的问题不宜连续提问，以免引起调查对象的警觉或不安。同时要对调查对象可能提出的问题或拒绝回答做好应对的准备。

5. 约见

访谈前应尽可能以书面或电话方式征得调查对象同意并商定具体时间与地点，这样使调查对象有相应的心理及时间准备，既能节省时间、降低拒绝率，也能减少访谈过程因意外干扰而被迫中断的可能性。

6. 自我介绍并说明访谈目的

接触访谈对象的第一步是由调查人员作自我介绍并说明访谈内容，其目的是解除调查对象的戒备心理并创造宽松和谐的交流气氛。有时也可以先聊一些轻松的话题再转入正式询问。

7. 控制和引导调查对象

调查人员必须注意把握询问的次序、进度，随时观察调查对象的情绪和反应，及时引导对方围绕调研内容展开话题。

8. 致谢

调查完毕后应向调查对象的合作表示感谢，同时赠送一些小礼品或支付一定的报酬，既给调查对象留下良好印象，也便于今后继续合作，为二次调研或调研复查打好基础。

9. 整理调查笔录和资料

调研完成后调查人员要及时整理调查笔记，检视遗漏的项目，个别不宜当面记录的敏感性问题应予以补记。

10. 填写调查访谈记录表

调查人员完成调查后，需填写调查访谈记录表(表 8-2)，作为本次调研完成的书面报告。调查访谈记录表将输入公司的调查对象数据库，以作为今后的统计分析工作的依据。

表 8-2 调查访谈记录表格式

课题：		
访谈时间： 月 日 时— 时		
调查对象特征：		
访谈地点：	赠品：	
姓名：	性别：	年龄：
所在组织：	职位：	地点：
问题 1		
回答		
问题 2		
回答		
……		
访谈对象状态		
询问中的其他事件及真实度评估		
调查人员签名：		编号：

8.2.4 个人深度访谈的操作技巧

(1)选择适当的访谈场所。尽可能选择环境比较宁静、气氛轻松和谐的访谈场所，如相对独立的办公室、小咖啡馆、公园等。

(2)仪表举止要求。调查人员是公司形象的代表，在调查对象前应表现出良好的修养与个人素质。作为一个训练有素的调查人员，其言谈举止要做到以下几点：①访谈人员应按公司要求规范着装。接触一般消费者也可视调查场合和对象自定衣着，但穿着须力求清洁简朴、端庄大方，衣饰不可暴露、夸张、邋遢或过于时髦。②平视对方，目光温和。不可长时间盯视对方或左顾右盼。③表情略带微笑，态度平和，不亢不卑，彬彬有礼。④坐姿端正，身体微前倾，不可挺胸凸肚或瘫坐于椅子内。⑤举止稳重，反应敏捷。

(3)语言表达要做到以下几点：①语言清晰、准确，提问简单明了，语义明确。不可拖泥带水或支支吾吾、含糊不清。②语速中等，语气平缓，吐字清晰。③不提诱导性问题，不对调查对象回答作任何倾向性评论。④言谈友善谦和，但必须保持“中立”态度。⑤切忌随意打断对方的谈话，如对方谈话“离题”，应寻找适当时机重复问题，引起对方注意。

(4)中断处理。访问如因意外(如调查对象处理突发事件等)而中断，调查人员应立即记下暂停问题点，同时向对方致歉，待对方回来时要简单重复刚才停顿时的内容，提醒对方回忆；如调查不能继续进行时，要迅速与调查对象约定下一次访问时间。

(5)注意随时保持友好、轻松的气氛，尽力使调查对象感到无拘无束，畅所欲言。

(6)耐心倾听并鼓励调查对象表述自己的观点。可用点头颔首或使用“这很有趣”、“有意思”等非倾向性语句激发对方的谈话兴趣。

(7)追问技术。对某些关键的问题点，调查人员可根据调查对象的回答适当追问其原因或理由，可更好地了解调查对象深层次的心理动机，取得更详细的信息。

8.2.5 适用的调研课题类型

个人深度访谈一般适用于目标群体集中、复杂度较高的课题，多用于因果性方面的调研，在现代市场调研中常常采用个人深度访谈的课题有：①消费心理、购买动机方面，如家庭消费意向调查；②社会意识和价值观念方面，如择业调查、个人情感调查；③新产品开发咨询方面，如试销产品消费者意见调查、专家投资评估调查；④企业管理方面，如员工心态调查、工作满意度调查；⑤企业经营战略方面，如企业发展历史、经营思路的调查。

8.3 入户访问

入户访问是由调查人员携带调查提纲，拜访调查对象并进入其住所(家庭)内进行调查询问，实质上是个人深度访谈的另一形式。调查对象出于社会安全、隐私空间等方面的考虑，常常拒绝接受入户访问，如何顺利入户达成调查目标，是当前市场调研中需要研究和解决的一个难题。

8.3.1 入户访问的调研流程

入户访问的调研流程与个人深度访谈大致相同，大体分为六个步骤，其关键在于首先要取得调查对象的认同和合作，其流程见图8-1。

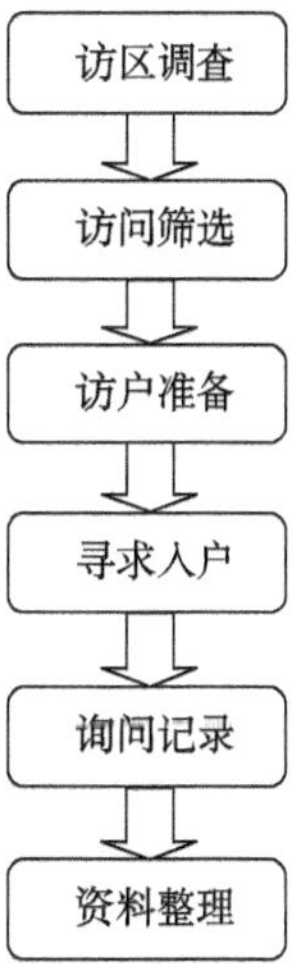

图8-1 入户访问的调研流程

1. 访区调查

调查人员在入户调研之前，应预先了解已选定的被调查户的家庭特征和住宅环境，以便做好入户说服准备和应对准备。需事先调查的内容有：住宅楼(小区)内主要居民的从业状况、职业性质；居民的年龄特征、收入状况和文化程度；住宅楼(小区)是开放式的还是封闭式的；住宅楼(小区)由谁管理，如何管理；被访住户是平房宅院、标准单元楼还是独门别墅；居民使用的是对讲机系统、单户防盗门还是普通木门。

2. 访户筛选

如市场调研以住宅区(居民楼)为抽样单位，则调查人员可以考虑入户难易度及可接近度两方面，在抽样单位内自行选择具体样本。一般来说，人口数多的家庭比人口数少的家庭容易接受访问；中青年家庭比老人家庭容易接受访问；双职工家庭比单身住户容易接受访问；单位自建楼或同一单位集中住宅楼居民比商品住宅楼居民(散户)容易接受访问；教育程度高的家庭比教育程度低的家庭容易接受访问。调查人员在登门前尽可能通过各种渠道初步了解住宅楼(区)内居民家庭状况，并从中筛选出相对容易探访的家庭，以提高访问成功率。

3. 访问准备

调查人员在入户调查之前，对入户方式、访问应答、访问工具等方面应作充分的准备，才能有效提高访问效率，降低入户难度。

(1)入户方式：详见“8.3.4　入户方式”。

(2)入户身份。调查人员持何种身份作入户调查，由调研公司与委托企业充分协商后确定，以顺利达成调研目的为准。一般情况下，如委托单位为公用事业(如交通、邮电)部门、行政机关、公益团体，其社会信誉度较高且为非营利性组织，较易取得调查对象的认同，调查人员可直接以委托单位职员的身份入户调查；如委托单位为营利性企业，则调查人员应力争以“中立”性质的身份，如消费者协会、行业协会、学校实习生等进行入户访问，调查效果比较客观真实。

(3)访问工具准备。入户调查时调查人员应携带下列物品：①工作证明和身份证明；②调查记录本或问卷、书写笔；③相关图片资料、介绍册；④(可携带的)部分样品；⑤与调研课题相关的小礼品；⑥鞋套或布拖鞋。

(4)访问应答。调查小组人员要预先估计用户可能提出的要求和问题(如要求付酬、追问调查目的等)，就如何回答这类问题进行讨论和准备，并注意各调查人员的应答口径必须一致。

4. 寻求入户

如何迅速取得调查对象同意、顺利入户询问，是入户调查的关键，同时也是难度最大的一个步骤。调查人员作入户准备时需根据各种年龄、性别的“应门人”具有的心理特征(如老年人对安全性顾虑较多，中、青年则担心调查时间过长)灵活地设计应对语言和说服方式。

8.3.2　入户调查的优点

入户调查与其他调查方式相比，有以下几方面突出的优点。

(1)气氛良好。由于调查在调查对象家中进行，调查对象对家中环境极为熟悉，几乎不存在周围人际关系形成的压力，使调查对象感到轻松自如，能把握交谈的主动权，因此，更有利于调查对象表达意见。

(2)详尽完整。在调查对象家中进行调查，调查时间相对宽松，调查人员可以向调查对象出示各种资料及样品，对复杂的问题可以作详尽的解释，因此，访谈调查得到的数据较为准确、完整、详细。

(3)访谈质量较高。调查人员可以通过直接的交流避免许多不必要的误解(如对调查问题的误解、对调查目的的怀疑等)，并将访谈方式与观察方式结合起来，特别是能通过对调查对象家庭的环境布置和装饰设施进行观察，以此验证调查对象的回答是否可信。

(4)应用广泛。入户访谈适用的调研课题面广泛，可获得的信息容量相对其他方式较大，因此，国外许多调研公司进行消费和民意方面调研时经常采用这一操作方式。

8.3.3　入户调查的缺点

(1)被拒访率较高。一般住宅户对陌生造访者抱有明显怀疑态度和敌意，调查人员需要具有相当耐心说服住户接受访问。偏远闭塞或社会秩序不良的地区拒访率往往较高。

(2)调查效果受调查人员专业素质影响较大。入户调查的效率和质量很大程度上取决于调查人员能否被受访住户接受，在访谈中能否适时对调查对象进行启发和引导。调查人员自身的情绪、思维方式、工作状态也对访谈的效果有很大影响。

(3)缺乏对调查人员的控制。采用入户访谈形式调查，调研公司很难对调研过程进行有效监控，防止诸如调查人员自行填写、操作不完整等作弊行为也相对比较困难。

(4)易受环境困扰。入户访谈的效率容易受到如交通拥塞、天气恶劣、调查对象不在家等多种客观因素的影响。

(5)时间长、费用高。入户访谈花费的时间每户多在半小时左右，训练有素的调查人员通常每天只能较完整地访问15～20户。此外，交通、误餐、赠品等方面的费用支出也不菲。

8.3.4　入户方式

常用的入户方式有以下四种。

1. 直接入户

调查人员不利用任何社会关系，直接叩门访问预定的住户，因其拒访率极高，现已不常采用。

2. 介绍入户

调查人员通过与住户熟悉的社会关系圈(如邻居、同事、亲戚、朋友等)的介绍拜访住户。

3. 引导入户

调查人员以付费形式请住宅(社区)管理方出面，由他们介绍进入住户家中访问。国内的市场调研中，调研者常常可以寻求合作的相关组织有：①住宅楼物业管理公司；②居民小区管理委员会；③街道居民委员会；④居民小区各类业余爱好组织(如老年棋牌协会、健身协会)。

4. 服务入户

服务入户，即通过向住户提供某些免费的服务项目或试用品，借此进入调查对象家中，比直接入户方式成功率高，但所提供的服务或产品一定要与调查课题相关联。

8.3.5 直接入户技巧

(1)调查对象对调查人员的身份与来意的判断基本上是在首次接触调查人员的极短时间内形成的，并决定了调查对象是否接受和信任调查人员，因此，每一调查人员应重视和把握“三分钟印象”，力争在最短时间内完成初步沟通，给予调查对象可信赖的、良好的印象。

(2)迅速观察并分析调查对象的顾虑，应用适当的技巧消除调查对象的戒备心理。对于住户的不合作的种种拒绝借口要诚恳、耐心地应对。表 8-3 是针对一些常见拒访托辞的应答措施。

表 8-3 常见拒访托辞及应答措施

拒访托辞	正确的应答方式
主人不在，你们有什么事主人回来再说	(出示相关证件)我们是××公司的，只是想了解你们对……的看法，您也可以回答
这些东西我都不需要(没听过/没兴趣)，你去找其他人问问吧	1. 您知道多少都没关系，我们只是想了解一下普通人对此产品的看法
	2. 我们想了解大家的意见，也问不用这种产品的人
	3. 我们不是推销员，只是了解一些您的意见
这些东西我不太清楚，没有什么好谈的(不知道怎么回答)	我们的问题很简单，都是同您的日常生活有关的
你去找其他住户问一下吧	每家我们都要拜访，我想先和您谈几句，然后再到隔壁去
我正忙，没有时间(要休息)，以后再说	1. 不会妨碍您太久，只需要占用您三五分钟
	2. 我们也询问了您的邻居，只花三分钟就完了
	3. 过一个小时后再来拜访，行吗
我不认识你，请别打扰我	我们是××公司的，请察看我们的工作证，有几个小问题请教您
接受调查你给我多少报酬	请原谅！不过我们有一些小小礼品请先生/女士选择
我不识字	我们的问题很简单，我来念，您只需要回答就可以了
你的问题涉及单位(个人)的秘密，我不能回答	我们所做的是不记名调查，绝对不会把您的看法泄露出去

(3)应保持自信、坦诚、恭敬的态度，但不可过于客气谦卑。在访问开始与结束时都应对调查对象的配合表示感谢，但在访谈过程中不要反复地说“对不起”，这样做反而会增强双方的距离感，不利于双方沟通。

(4)进入被访住户室内后，还需用两三分钟时间创造宽松融洽的交流氛围，如称赞对方的家居布置有品位、有格调，逗小孩子玩一会儿，聊几句轻松的生活话题，对打搅对方表示歉意等。这些做法有益于进一步沟通。

(5)仪表整洁、端庄大方，切忌衣着不整或过于时尚。

8.3.6 入户操作要点

(1)调查人员应佩带工作胸卡，首先向住户说明身份和来意，出示工作证件，强调说明自己决非推销员，消除调查对象的疑虑。

(2)如被访户不肯开门，可隔门先问几个简单问题或甄别题，使对方心理先松弛下来，等到适当机会再提出入户见面，完成整个问卷的访谈。

(3)向调查对象调查之前或询问中应反复强调本次调查完全是匿名性质，并承诺对调查对象回答的内容严格保密，不会产生任何对调查对象不利的结果。

(4)调查人员进行入户访问，进入调查对象家中时，应穿上鞋套或自带拖鞋，既可避免给调查对象家庭清洁带来麻烦，导致对方不快，又可提高自身的可信度，并给调查对象留下良好的印象。

(5)由于入户调查在调查对象家中进行，常常有调查对象其他亲属或朋友在场，因此调查问题如涉及调查对象隐私，如个人情感、家庭关系、工作状况、收入等均不宜当场询问，应考虑采用其他方法。

(6)入户询问时偶尔会遇上调查对象亲属或他人代为回答或中途介入，此时调查人员应巧妙暗示对方退出或回避，并向调查对象再次重复所调查的问题，调查记录必须以调查对象的回答为准。

(7)调查结束后，应向调查对象表示感谢并赠送一些小礼品。

(8)调查对象的个人资料(如姓名、住宅号码、住宅位置等)应在访问结束出门后再行记录，不可在访问中当面填写。

8.3.7 适用的调查课题

适用的调查课题如下：①个人/家庭消费结构调查；②新产品测试调查；③家居用品使用率调查。

实践中，入户调查常与产品宣传、试用品发放等促销方式结合在一起进行，它特别适合访问内容繁多，需要出示样品或背景资料的项目。

8.4 小组访问

小组访问是指由若干名调查人员(通常2～5名)组成访问小组，共同询问或采访特定对象的调查方式。因访谈的对象多为有一定职位的单位主管、专业权威人士或社会名流，小组访问的对象与其他调查方式相比有其特殊性，操作时尤其要注意这一点。

8.4.1 小组访问的调研流程

(1)选择访谈对象。要注意小组访问法操作时往往形成多对一的车轮式提问，比较容易使调查对象产生一种“受审”的感觉，易引发调查对象的紧张和对立情绪，因此，小组访问一般不用于普通居民或消费者调查。单位主管、专业权威人士或社会名流等因其职务关系，较多接触媒体或经常出席公众场合，心理素质与承受力较普通人强，比较容易接受这类形式的调查访问。

(2)拟定访谈提纲。访谈前调研小组需详细讨论及准备相应问题，因调查对象的日常事务比较繁忙，应尽可能在较短时间内了解所需的信息。

(3)访问小组内部分工。访谈提纲上的所有问题应根据调查人员的性别、特长在访问小组内事先进行分工和协调，既可避免遗漏，又能缩短访问时间。

(4)约见。登门约见效果最佳，既可体现对调查对象的尊重，一定程度上也提高了访问的成功率。

(5)提问及记录。提问和记录最好分别由不同的组员进行。

(6)表示感谢并道别。

8.4.2 小组访问的优点

小组访问的优点如下：①详细完整，不易遗漏。调查问题可由数人分别承担提问工作，其他成员随时补充，即使调查问题较多也不易产生个人深度访问可能出现的遗漏现象。②可与调查对象进行深入讨论。

8.4.3 小组访问的缺点

小组访问的缺点如下：①小组访问的车轮式提问易使调查对象产生较大的心理压力，造成调查对象的抵触情绪。②进入机构调查时，调查对象可能对周围人际环境有所顾虑而不愿暴露真实想法。③可能因调查对象临时处理紧急事务或有下属请示而中断。

8.4.4 小组访问的操作要点

小组访问的操作要点如下：①尽可能选择与调研课题密切相关的主办人员或单位中、高级主管作为访谈对象。②在约见时要充分尊重对方时间安排，登门访问必须守时。③调查小组事前须对访问过程作充分准备和预演，以达成各成员之间的默契配合。

8.4.5 小组访问的适用课题

小组访问的适用课题如下：①组织机构调研；②企业经营管理调查；③社会名流、专家意见调查。

8.5 焦点小组访谈

焦点小组访谈是由一名经过专业训练的调查人员充作主持人，以自由讨论的形式与由一定数量的调查对象组成的小组进行交流，被访小组在主持人的组织和引导下，对某一产品或观念进行充分讨论，从而使调查人员深入地了解参与者对相关内容的心理动机及原因。

焦点访谈法是一种无结构或半结构式定性调研方法，其最大的特点是充分利用了社会心理研究中的“群体动力原理”(也称小组互动性)，被调查小组中一个人的言谈会对他人形成刺激，从而激发他人的思考与反应。组织者在搜集个人意见的同时，亦可观察到调查对象之间的互动作用，以及个人和群体之间的信息融合程度。

焦点访谈法根据操作方式又分为个人论证讨论和自由质疑讨论两种略有区别的形式。

8.5.1　焦点小组访谈的调研流程

焦点小组访谈的流程如图 8-2 所示。

1. 环境及设施准备

焦点小组访谈需要一个宽松和谐的环境，最好选择会议室风格的独立房间，以避免其他环境因素的影响，有条件的话，可安装隐蔽的录音或录像设备，也可设置装有单向镜的观察室，以便详细地记录各个参与者的情绪变化和发言内容。

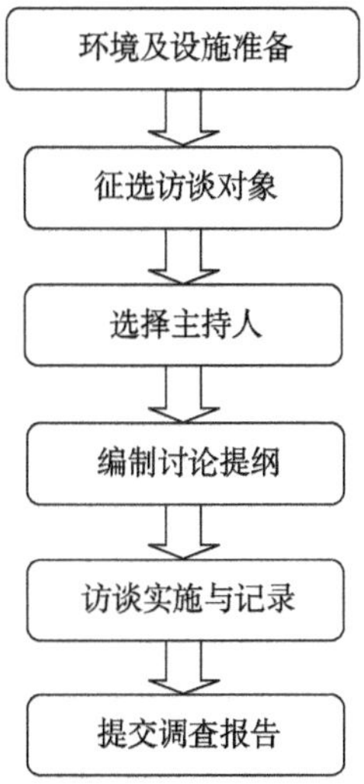

图 8-2　焦点小组访谈的调研流程

2. 征选访谈对象

访谈对象可用以下方式选取：①从企业提供的顾客数据库中抽取；②在商场或超市中随机拦截(访谈室要设置在商场中)；③从电话号码本中随机选择和预约。

此外，调研者应尽量避免征选已受访过的“重复”对象，并在预定样本量的基础上增加 20％～30％的受访人数，以弥补意外出现的空缺。

3. 选择主持人

主持人的个人素质与职业水准高低是决定焦点小组访谈能否成功的关键因素。焦点小组的主持人需要具备组织和控制会议进程的能力，具备相当高超的人际沟通技能，以及理解技巧和激励技巧。对主持人基本素质的要求如下。

1)个性和行为特征方面

(1)激情：对调研课题感兴趣，对与人交流抱有积极的态度。

(2)敏锐：善于观察访谈对象的表情和身体语言。

(3)灵活：能根据讨论进程随机应变，调整询问方式和次序。

(4)品质：高度责任心、独立精神和顽强的意志。

2)沟通技巧方面

(1)诱导：善于鼓励和引导参与者阐述自己的看法。

(2)倾听：能做一个好听众，并能理解参与者某些话中的潜台词。

(3)表达：能以不同方式清晰无误、简明易懂地表述问题。

3)工作能力方面

(1)知识：能掌握和应用营销调研、公共关系、心理学方面的原理与方法。

(2)协作：善于协调委托客户及公司其他部门的关系。

(3)控制：能有效地控制讨论进程，消除沟通障碍，同时保持良好的交流气氛。

主持人需要经过专业培训和一定时间的模拟操作及实践才能培养和甄选出来，调研公司中一般仅有少数调查人员能够担任这一职位。

4. 编制讨论提纲

讨论提纲的内容一般有四个部分：①讨论规则、时间；②话题概要及顺序；③需出示的材料、图片；④相关样品及随赠品。

5. 访谈实施与记录

焦点小组访谈实施的方式有两种，即个人论证讨论和自由质疑讨论。

1)个人论证讨论

个人论证讨论的执行规则如下：①任何时间只能一人发言；②每个参与者不得直接反驳他人观点；③参与者可就个人观点及理由进行阐述，也可以对他人观点或方案进行补充。

个人讨论既能使每一个参与者充分考虑他人意见的合理性，达到互相激发思维的作用，也避免了互相争执而导致局面混乱。并能公平地给予每一个参与者充分发表自己意见的机会。不足之处是如果主持人的激励和协调能力不足则会产生“冷场”的局面。

2)自由质疑讨论

自由质疑讨论，又称头脑风暴法，其执行规则如下：①每一个参与者对主持人提交的设想、方案进行评判和质疑；②鼓励参与者互相质疑、互相批驳或补充；③质疑者须说明方案不可行的理由。

自由质疑讨论能良好地消除会议主持者的主观偏见，保证提交的观点、方案得到全面的分析和论证，达到集思广益的目的。不足之处是会议进程控制较难，易产生争吵不休或意见“一边倒”。

6. 提交调查报告

焦点小组访谈结束后，主持人应进行即时总结，组织其他调查人员观看讨论录像或录音剪辑，汇总参与者的意见，最后完成并向委托企业提交正式书面报告。

7. 案例：贵阳市××商厦经营诊断访谈提纲

(1)解释：自由质疑讨论规则(5 分钟)；

(2)介绍：××商厦的历史、发展与现状(5 分钟)；

(3)介绍：××商厦的经营目前面临的问题(10 分钟)；

(4)材料散发、短暂休息(10 分钟)；

(5)讨论 1：商厦经营的定位与消费群一致性(15 分钟)；

(6)讨论 2：评价商厦产品结构与布局合理性(15 分钟)；

(7)讨论 3：评价商厦服务模式与吸引力(15 分钟)；

(8)讨论 4：剖析商厦营运管理的主要问题(20 分钟)；

(9)讨论 5：如何改进(20 分钟)。

8.5.2 焦点小组访谈的优点

(1)互动效应。焦点小组访谈能促进参与者的思维灵感，在个人创意互相碰撞、互相激发的基础上，综合多数人的意见求得较完善的方案和结果。

(2)扩大信息量。多个参与者在一起交流，其信息总量将远远超过单个参与者信息量的简单累加。讨论更深入，研究角度和思路更广阔，有利于企业搜集到有价值的信息。

(3)促进沟通。企业员工可通过单向镜或录像录音设备观察调查对象的言行，使企业员工对消费者的感受有更深入的了解，有利于改善自身的工作。

(4)安全感。焦点小组访谈的参与者人数较多，会产生一种“责任分散效应”，能够使每一位参与者保持较松弛的心态，减轻心理压力，比个人深度访谈更能鼓励调查对象发表意见。

(5)速度快。焦点小组访谈是一对多形式的调查，主持人(调研者)短时间内可同时了解到多名调查对象意见，搜集资料的速度较个人深度访谈及拦截访问要快。

8.5.3 焦点小组访谈的缺点

(1)表面现象的误区。调查对象在群体倾向的作用下有时会“言不由衷”。此外，由于每个人发言的时间较短，调研者往往只能观察到一些表面现象，难以跟踪了解调查对象个人的真实想法。

(2)互动影响。焦点小组访谈中，主持人的个性风格会左右讨论会的整个方向和气氛，部分参与者通常会观察主持人对各种意见的态度并力求自己与主持人保持一致，因此，主持人个人的倾向性会对参与者的心态产生不良的诱导作用。此外，进行调查总结时，主持人的主观偏见也可能使其歪曲调查结论。

(3)控制难度较大。焦点小组访谈由多人参与，每一个参与者都有自己特定的语言表达能力、方式和速度，主持人要把握住会议节奏，完全控制会议进程是比较困难的。

(4)可能产生群体抽样偏差。如果征集的参与者与目标市场不一致，则焦点小组访谈的结构就失去了普通代表性，必然导致调研结论的偏差。

(5)调查对象的个性影响。一部分调查对象可能不善言辞、性格内向；另一部分则可能比较喜好发表意见，争强好胜或压制别人，如果主持人对局面控制不力会形成“一言堂”的情况。

(6)光环效应。光环效应是指由于焦点小组中某些人具有较高的社会地位、名望或是公众认同的权威，由于访谈参与者面对面，其意见将会左右部分参与者，或使其他人担心因提出相反看法遭到嘲笑而屈从多数人的意见，导致调查结论的总体偏差。

(7)时间长、费用高。

8.5.4 焦点小组访谈的操作要点

焦点小组访谈的操作要点如下：①焦点小组最好由8～12人构成，人数太少则容易“冷场”，太多则较难控制讨论气氛及进程。②每组访谈时间控制在1～2小时较好，以不引起调查对象的厌倦为宜。③访谈对象应尽可能选择个人特征(职业、年龄、学历、兴趣等)类同的对象，以利于沟通和交流。④主持人不发表个人意见，也不得对他人观点表示赞成或否定，必须保持中立的态度。

8.5.5 焦点小组访谈的适用课题

焦点小组访谈的适用课题如下：①消费者心理与行为；②消费偏好；③促销方式效果测评；④新产品设计；⑤营销诊断。

8.5.6 常用访谈调查形式的比较

表8-4是常用的几种访谈调查形式的比较。

表 8-4　常用访谈调查形式

方式	个人深度访谈	焦点小组访谈	小组访问
性质	一对一	一对多	多对一
优点	灵活、深入	气氛活跃	详尽、严谨
缺点	易遗漏	难控制	气氛较紧张
适用	一般消费者、权威人士	一般消费者	社会名人、企业或政府主管
使用要点	1. 巧妙、流畅地转接问题 2. 根据对象特征表述问题	1. 保持单一发言原则 2. 参与者必须提建设性意见	1. 不适用于一般消费者访问 2. 组内应明确职责分工
应用	社会观念、心理动机调查	消费意见征询、营销诊断	企业管理类问题调查

8.6　拦截访谈技术

拦截访谈是指调查人员(单人或小组)在街头、商场等目标群体较集中的场所，寻找和拦截顾客或访谈对象，对其进行询问调查。拦截访谈是现代市场调研中常用的一种访谈方法，约占整个调查总量的30%。

8.6.1　拦截访谈的对象选择

拦截访谈的对象由调查课题和计划所界定，并通过调查人员的观察询问来鉴别和选择。通常有：①特定消费者群体；②普通公众；③指定区域居民；④具有某种外在特征的市民。

8.6.2　拦截访谈的调研流程

拦截访谈的调研流程如图 8-3 所示。

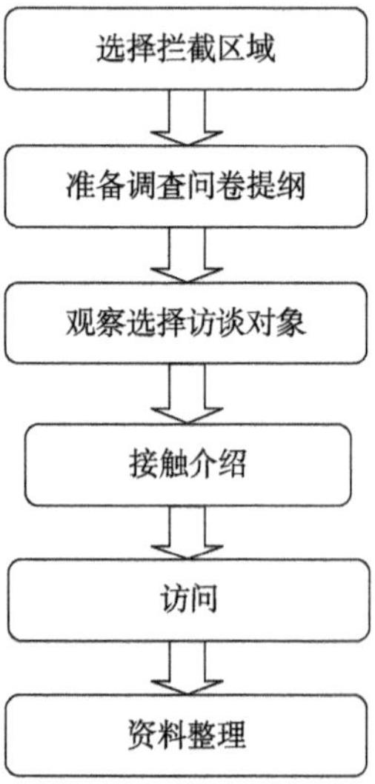

图 8-3　拦截访谈的调研流程

8.6.3　拦截访谈的优点

拦截访谈的优点如下：

(1)节省时间、费用。拦截访谈比个人深度访谈和焦点小组访谈耗费的时间短、费用低。

(2)较易寻找访谈对象。拦截访谈可根据调查对象的活动特征来选择拦截场所，操作比较简便、灵活。例如，调查居民对新鲜食品价格的反映，可直接到农贸市场拦截购菜的家庭主妇。

(3)调查速度快。拦截访谈相当于现场采访，不必特别预约时间或限定场所，也没有问卷调查所需要的“等待期”，比其他访谈方式获得调研结论的速度快。

8.6.4　拦截访谈的缺点

拦截访谈的缺点如下：

(1)样本代表性差。拦截调查所选择的样本多集中于某些地域，很难具有普遍代表性。此外，某些消费者活动频率高，被抽选的机率也高，并有被重复抽选的可能性。

(2)受环境干扰大。拦截调查的环境比较嘈杂，且调查人员无法控制，调查对象极易受到干扰或感到不安，在一定程度上会影响到调查的质量。

(3)拒访率较高。拦截访问的成功率常常取决于被拦截对象的个性和当时的情绪、心理状态，所选择的对象中许多人会因不愿耽误时间而拒访。

8.6.5　拦截访谈的操作要点

1. 选择适当的调查对象

(1)注意观察消费者特征及活动表现，应尽量选择容易受访的对象，如处于等待状态的消费者、群体活动的消费者、青年及老年消费者。

(2)应依据初步调查的结论(见第 2 章)来判断和选定调查对象。

2. 注意适当的询问方式

注意询问同一调查问题时应根据调查对象采用不同的表达方式，以调查对象易于理解为准。例如，在询问某品牌的市场采用率时，对专业人士可直接提出问题，而对普通消费者则应改为如“你的亲朋好友中购买这种品牌的人大约占几成”这一类较通俗的语言。

3. 选择适当的接触场所

(1)应尽量选择调查对象易滞留的场所，如商场休息厅、小吃摊点、美食城、娱乐场所等。

(2)应选择目标消费群活动相对集中的场所。例如，对高档轿车使用状况调查，可以选择车主或驾驶者经常停留的地点，如机场、火车站大厅前，夜总会、健身所门前。

4. 语言礼仪

调查人员作自我介绍时应尽量简明扼要，直抒来意，随时保持庄重大方、坦率真诚的态度，畏畏缩缩、吞吞吐吐则易引起对方的怀疑和警惕。

8.6.6　适用的调研课题

适用的调研课题如下：①日用消费品调查；②潜在消费群调查；③社会舆论及媒体调查；④知名度调查。

8.7　虚拟角色访谈

虚拟角色访谈是调查人员以特定名义或身份，在相关场所对访谈对象进行询问，在不显露真实身份的条件下接触调查对象。

8.7.1　虚拟角色访谈的调查形式

虚拟角色访谈形式多样，操作灵活。调查人员可依据相应的课题、环境、对象等因素设计实际的调研形式。在市场消费调研中，虚拟角色访谈常用于以下几种情境(表 8-5)。

表 8-5 虚拟角色访谈常用形式

调研内容	调查人员身份	调查对象
服务意识与质量	顾客	营业人员
贸易价格与条件	交易客户、中间商	工商企业业务人员
促销模式	顾客	营业人员
竞争营销信息	顾客、中间商	竞争企业业务人员
公用事业	消费者	机构工作人员
消费心理与行为	顾客	顾客

8.7.2 虚拟角色访谈的优点

虚拟角色访谈的优点如下：

(1)真实可信。由于调查活动是在调查对象不知晓的状态下进行，调查对象不受调查人员的影响，其心理活动通过言行自然表露出来，因而调查结果较真实可靠。

(2)时间灵活，操作便利。何时实施访谈，调查时间持续多长，这些都完全由调查人员把握，调研工作比较容易安排。

(3)调查对象容易寻找。适合虚拟角色访谈解决的课题，一般来说调查对象多有固定的活动时间、地点、方式，较易寻找。

(4)取得调查结论的速度较快。

8.7.3 虚拟角色访谈的缺点

虚拟角色访谈的缺点如下：①调查结论容易受调查人员个人主观看法和观察能力的影响；②因调查过程必须对调查对象保密，调查结论将不能通过重复操作的方式来检验或验证；③调查活动受特定时间、环境的限制；④难以控制调查对象的行为，调查活动有时会因调查对象的离开或无意识拒绝而中断；⑤调查人员的言行会对调查对象产生影响，调查对象的反应常常取决于调查人员的主观倾向性。

8.7.4 虚拟角色访谈的操作要点

虚拟角色访谈的操作要点如下：①调查访谈时应尽可能询问客观性问题，保持“中立态度”，防止调查人员以自身的观点影响调查对象，切忌诱导对方做出某种回答。②调查人员不可泄露真实身份，必须在确信对方不了解、不警觉的情况下方可实施调查。③调查结束后要及时详细记录访谈过程。

➤案例：友谊商场营业人员服务意识与素质调查

调研小组人员假扮“顾客”按事先拟定的问题逐个询问每一柜组的营业人员，并记录其回答内容及态度，然后进行统计评分，以测定各柜组的服务质量，见表 8-6。

表 8-6　友谊商场柜组营业人员素质测试表

专柜营业人员素质测试表		
柜组：	测试时间：	
素质类问题	回答情况	评分
能详细介绍这种产品的功能和特点吗(调查人员已事先了解产品)	准确详细，回答无误	10 分
	能说明主要特点	5 分
	回答含糊、笼统	0 分
这款时装是什么面料的(调查人员已记忆过面料配比)	迅速准确说出面料配比	10 分
	只说出大致比例，不准确	5 分
	不能答出或需翻看标签	0 分
态度类问题	回答情况	评分
我暂时不想购买，请拿给我看看；我试一下，行吗	热情真诚，鼓励顾客试用	10 分
	表情冷淡，仍给出商品	5 分
	态度冷漠，生硬拒绝	0 分
我能否试用(穿)一下(本商品是不宜试用的商品)	婉拒，道歉，说明原因	10 分
	说明原因，拒绝	5 分
	生硬拒绝或出言不逊	0 分

8.8　电话访谈

调查人员通过电话征询消费者意见是欧美国家常用的一种调研方法。我国市场调研公司中，电话调查方式的使用比率较低，主要原因是电话在我国的普及率还不高，农村地区尤为偏低。但近年来随着电信业的飞速发展，电话调查在城市居民调查中的采用率有明显上升趋势。

8.8.1　电话调查的优点

电话调查的优点如下：

(1)费用低廉。电话调查在各类调查方式中费用最低，调查人员不需要直接接触调查对象，从长期发展看，电信服务的费用还有不断降低的趋势，可节省大量访谈人员的差旅费、访谈费、入户费等费用。

(2)节省时间。电话访谈较其他访谈方式节省了大量行程时间，也降低了寻找调查对象而产生的工作量，并能迅速取得调查结果。

(3)操作简单，易于控制。电话调查人员只需按事先抽样的电话号码拨打，并按预定提纲提问即可完成调查工作。

(4)受调查人员的素质影响较小。电话调查采用的多是高结构性问题，基本上避免了调查人员职业素质的差异带来的调查误差。

8.8.2　电话调查的缺点

电话调查的缺点如下：

(1)信息容量小。电话调查一般须限制在较短时间内，否则会给调查对象造成不便，使其产生抵触情绪。此外，电话调查基本上采用选择式问题，备选答案多数也只能设置2～3项，因此，取得的信息量较小，不能进行深度访谈或询问开放式的问题。

(2)被拒绝率较高。电话调查常因被调查对象怀疑为产品推销而被拒访，此外由于调查对象不再面对调查人员，也减轻了调查对象拒绝访问的“负疚感”。从心理上讲，挂断电话也远比面对面拒绝对方容易，因而电话调查的被拒绝率较其他方式偏高。

(3)抽样框偏差。对大多数调研项目来说，拥有电话的家庭与实际目标群体在结构上可能存在明显偏差；由于电话号码本上所记载的个人(家庭)可能只是项目总体的一部分或小部分，这样以电话号码本作为抽样框就将导致较大的误差。

(4)无法出示背景资料或样品。由于无法向调查对象出示任何资料、图片、样品，也难以通过口头描述提示调查对象，故电话调查对大量的消费课题如广告效果、新产品测试等均不适用。

8.8.3 电话调查的调查技巧

电话调查的调查技巧如下：

(1)应首先询问鉴别性问题，以确定调查对象是否确实属于调查对象。例如，进行香烟消费调查，第一个问题是“请问你有吸烟的习惯吗”，如接电话人不符合访谈对象特征，应礼貌道谢并结束调查。

(2)电话访问问题的设计需充分考虑问题的可接受性，一般以简单的事实性问题或备选答案限制在3个以内的选择式问题为主，不宜采用其他较复杂的题型。

(3)电话访问的时间不宜过长，应以控制在10分钟内为佳，否则可能引起调查对象厌烦，挂断电话而导致前功尽弃。

8.8.4 电话调查流程

电话调查流程如图8-4所示。

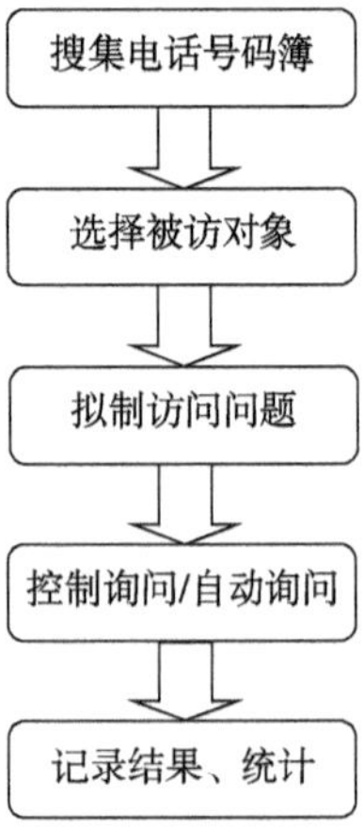

图8-4 电话调查流程

8.8.5 电话调查的操作形式

电话调查常用方式有两种，即访谈员控制询问和全自动电话访谈系统(computer auto-talk system，CATS)自动询问。前者由访谈人员接通消费者家庭或单位电话后，逐个提出问题并记录调查对象的回答。后者由CATS系统播放专业访谈员的录音来代替访谈员读出问题及备选答案，调查对象则将自己的答案通过电话上的拨号盘键入，CATS系统对其进行记录并适时统计。访谈员控制询问还可以采用部分开放式问题进行调查，而CATS系统则只能使用封闭式问题，但后者因无须访谈员操作，成本低得多。

8.8.6 电话调查的适用课题

电话调查的适用课题如下：①城市中、高收入群体消费模式调查；②耐用品消费跟踪反馈；③组织（企业、行政事业单位）调查；④企业固定客户调查；⑤服务质量跟踪；⑥民意测验；⑦媒体收视情况调查。

➢思考与讨论

1. 试比较个人深度访谈、小组访问、焦点小组访谈的优劣和适用条件。
2. 在超市中如何选择拦截访谈的场地？
3. 如何提高入户访问的成功率？
4. 拟对某美容院进行虚拟角色访谈。请思考应该如何操作，并设计一份虚拟角色调查记录表。

第9章

问卷调查

问卷调查也称问卷法，它是调查者运用统一设计的问卷向被选取的调查对象了解情况或征询意见的调查方法。调查者将所要征询的问题编制形成问题群(表)，并按统一规范印刷成类似"试卷"的文本，以邮寄、现场发放等方式让调查对象填答，从而了解调查对象对某一现象或问题的看法和意见。

问卷调查的主要特点是调查人员虽与调查对象有一定程度的正面接触，但不直接向调查对象询问，而是通过特别设计的调查工具(如问卷、日记簿等)向调查对象搜集信息，其优劣性介于访谈调查和间接调查之间。

问卷调查方法运用的关键在于问卷设计、调查对象的选择和环境控制三个方面。首先，问卷设计必须把握调查对象的心理特征，适合调查对象的文字阅读和理解能力；其次，调查对象的选择是否准确、调查时机是否适当对调查成功率和质量有很大的影响，需要依赖调查人员事前的经验判断和充分的准备；最后，调查过程中调查人员如何与调查对象进行沟通交流，并排除可能的干扰也是决定问卷调查效果的重要因素。

按照问卷填答的不同方式，问卷调查可分为自填式问卷调查和代填式问卷调查。自填式问卷调查(即由调查对象亲自作答)对文字设计技巧的要求较高；代填式问卷调查(即由调查人员根据调查对象的回答代填问卷)则对调查人员的语言交流技巧的要求较高，使用何种为佳具体要视调查对象和调查人员的文化层次和素质而定。

9.1 入户留置调查

入户留置，是由调查人员携带统一印制的问卷上门，当面交给调查对象，说明填写要求后留下问卷，约定回访时间，待调查对象填写完毕，再由调查人员按预约时间上门回收。

9.1.1 入户留置调查的流程

入户留置调查的工作步骤如下：①电话预约或书面预约；②表明身份和来意；③说

明问卷用途及保密承诺；④赠送礼品；⑤呈递问卷；⑥解释题意及答题方法；⑦约定问卷的回收时间和地点；⑧准时回收问卷并表示谢意；⑨统计整理。

9.1.2　入户留置调查的优点

入户留置调查的优点如下：

(1)回收率高。由于入户留置调查不必调查对象当面填写问卷，因此，不会由于调查对象事务繁忙而拒访，也不会因调查对象处理临时性事务造成调查中断，调查人员可按调查对象认为合适的时间、地点回收问卷，在很大程度上减少了调查对调查对象的影响。实验证明大多数调查对象都乐于接受这种方式的调查。同时，调查对象第一次接触和认识调查人员，从心理上比较注重自身的"社会信誉"，大多数调查对象能在预约时间前填写完成问卷。入户留置调查的接受率和问卷回收率在各类调查方式中均较高。

(2)有效率高。相比邮寄调查和其他形式而言，由于调查人员对问题内涵和答题方式当面解释和澄清，避免了因调查对象误解提问内容而产生的误差，因此，入户留置调查可获得的有效问卷的比例很高。

(3)详尽全面。入户留置调查给予调查对象的回答时间较充裕、灵活，调查对象完全可以自己安排空闲时间作答，因而可适当增加问卷容量，调查对象在填写问卷时也较认真，从实际统计情况看，入户留置问卷的质量是各类问卷调查形式中最高的。

9.1.3　入户留置调查的缺点

入户留置调查的缺点如下：

(1)费用高。入户留置调查需要调查人员亲自上门呈送和回收问卷，每一受访户需重复一次行程，某些课题还需向受访户支付一定的报酬，故调查成本较大。

(2)范围窄。其上门操作的方式决定了入户留置调查只能在较小的范围内进行，如要求跨地区或在全国范围实施，则调研公司必须在调查区域中设有分支机构或委托其他机构操作。

(3)调查时间相对较长。

(4)监控较难。由于受访户不是当面填写问卷，因此，调研者无法对其作答过程实施监控，调查对象的回答可能含有不真实的成分，也可能让人代答，从而产生统计偏差。

9.1.4　入户留置调查的操作要点

入户留置调查的操作要点如下：

(1)调查人员必须请调查对象当面浏览一遍问卷，对回答方式较复杂的题类应做详细解释，直至调查对象完全理解为止。

(2)调查人员只回答调查对象对问卷问题的疑问，不得对问卷内容或答案作任何倾向性建议或主观评价，并应婉拒调查对象提出的类似要求。

(3)回收问卷需按事先约定时间准时入户，切忌迟到或推迟。

9.1.5 入户留置调查的适用项目

入户留置调查主要用于搜集居民家庭消费方面的信息，实践中常与固定日记调查方式混合使用，但对调查对象和调研课题的条件有一定要求，在下列情况下比较适用：①调查对象比较集中的区域；②准确度要求高、信息容量大的课题；③存在“等待期”的课题(如对新产品试用反馈、产品使用效果调查等，必须在用户接触产品一段时间后方能进行)。

9.2 现场留置调查

与入户留置的区别是，现场留置是调查人员选择特定的场所(通常为目标群体较集中或人流量较大的区域)，将统一印制的问卷发给调查对象，请其当面填写，完毕后立即收回，不存在入户留置调查的“等待期”。它实质是拦截访问和问卷调查相结合的形式。

9.2.1 现场留置调查流程

现场留置调查的工作步骤如下：①表明身份，请求合作；②说明问卷用途及保密承诺；③呈递问卷和书写工具；④注意观察调查对象阅卷进度与表情；⑤解答调查对象的问题；⑥收回问卷；⑦赠送礼品并表示谢意。

9.2.2 现场留置调查的优点

现场留置调查的优点如下：①问卷即发即收，能迅速取得调查结果；②时间、费用比入户留置调查少；③操作较简单。

9.2.3 现场留置调查的缺点

现场留置调查的缺点如下：①有效率低。现场留置调查的环境不如入户留置那样舒适，调查对象难以详细阅读和理解问卷，填写仓促，可能存在敷衍的心理，问卷有效率比入户留置要低。②拒访率较高。现场留置的调查对象处于流动状态之中，心态及情绪不稳定，一部分调查对象会顾虑耽误时间而拒绝访问。③问卷容量不大。现场留置调查时间不宜太长，从而限制了问卷所能容纳的信息量。④抽样偏差。现场留置调查一般只能在特定区域内(如商场、夜总会等)进行，调查地域范围有一定局限性，取得的抽样框也可能存在一定的偏差。

9.2.4 现场留置调查的操作要点

现场留置调查的操作要点如下：

(1)发放调查问卷之前，应首先观察调查对象是否确为调研要求的目标对象，也可通过先问1～2个鉴别性问题来确定。

(2)在商场或超市调查时，如调研课题对调查对象无明确的限制，则可选择以下几类较易接受调查的顾客：①情侣或夫妻；②3名以上青少年群体；③无明确购买目的和欲望，随意闲逛的顾客。

(3)要防止与调查对象同行的其他人，如亲友、同事等随意插话或干预调查过程。出现此种情形时，调查人员应及时上前与同行者交谈，以其他话题引开其注意力，排除其对调查对象的干扰。

9.2.5　现场留置调查的适用项目

现场留置调查比较适合用于类似下列这些项目的调查：①商场(超市)内顾客调查；②机构内部调查；③展销会、产品演示会的客户调查；④一般消费者或公众舆论调查。

9.3　固定日记调查

日记调查，也称消费者固定样本持续调查。调研公司按一定的抽样方法取得调查样本后，与选定的消费者建立长期固定的合作关系，对其消费过程进行长期跟踪，记录并统计出消费者的活动特征与需求变化趋势。消费登记簿调查是日记调查最常用的形式之一。由于其良好的代表性与动态性，美国市场调查公司(M. R. C. A)、日本电通广告公司、央视索福瑞等都采用这一形式进行居民生活消费调查。我国北京广播学院市场信息研究所也从1995年开始在北京地区针对日用品和居民消费进行固定样本持续调查，并汇总成《IMI消费行为与生活形态年鉴》发表。

9.3.1　日记调查流程

日记调查流程如图9-1所示。

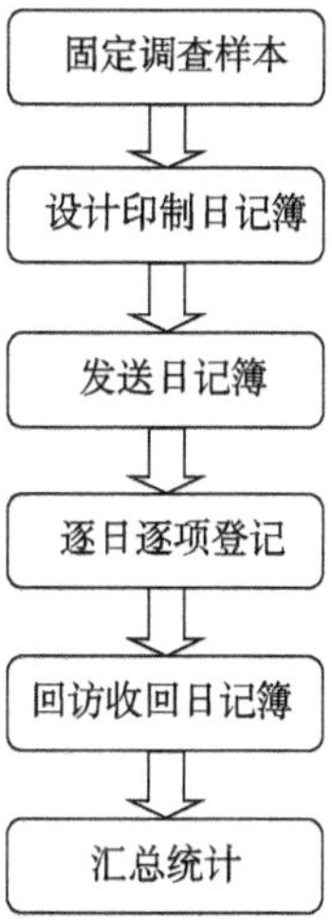

图9-1　日记调查流程

9.3.2　日记调查的优点

日记调查的优点如下：①准确、详尽。日记调查由调查对象逐日逐项及时记录活动内容或消费内容，调查人员可全面掌握调查对象的详细资料，且信息量大，数据准确、完整，对市场调研项目的参考价值很大。②及时。调查人员可从调查对象日记簿各项目的变化中及时获得调查内容的动态变化信息，有利于对调查对象个人和家庭的经济构成和变化趋势进行跟踪。③回收率高。日记调查多以付费方式进行，调查人员定期向调查对象支付固定报酬或赠送一定价值的礼品，且调查人员与调查对象在长期密切接触中建立一定的友谊，较易取得调查对象的配合。④样本稳定。有利于与固定调查对象建立长期良好的合作关系，可为持续调查和其他附加项目调查节省费用和时间。

9.3.3　日记调查的缺点

日记调查的缺点如下：①调查时间长。日记簿或消费登记表通常需要调查对象至少填写半年以上的消费数据，才可能获得较完整详尽的信息。②费用较高。日记调查需要向调查对象支付相当的报酬，以鼓励其参与。调查人员也需要保持一定频度的回访率，与调查对象建立一定的感情联系，才能有效维持调查的回收率。③工作量大。日记簿的填写比较繁琐，要占用调查对象一定的时间和精力，长期坚持比较困难。调查对象也容易因长期填写而产生厌倦感，敷衍了事。④变动率大。日记被访可能因调查对象中途退出、搬迁等原因无法继续调查。此外，更换或补充的样本如选择不当也会影响调查结论的代表性。

9.3.4 日记调查的操作技巧

日记调查的操作技巧如下：①固定调查样本之前，应对抽选出的样本户作一次初步调查，确定其是否具有典型性和代表性。②样本通常隔一定时间(半年或一年)须更换或补充一部分，确保完整性和动态性，消除调查偏差。③调查人员要进行定期走访，一般每周或每半月一次，了解和核实调查对象登记状况，并予以相关的指导。④为弥补样本变动对调查精度的影响，可同时对被访区域周围的零售网点进行销售量抽样调查，互相结合信息更为可靠。

9.3.5 日记调查的适用项目

日记调查较常用于下列课题的调研：①消费结构及其变化趋势；②消费者购买模式调研；③产品消费数量与频度；④广告与品牌效应；⑤新产品市场推广进程；⑥购买动机研究；⑦居民日常生活形态研究。

消费者调查日记簿基本格式如表 9-1 所示。

表 9-1 消费者调查日记簿基本格式

日期：							日记编号：						
产品	品牌			购买情况			主要用途	购买时间	购买地点	购买方式	购买因素		
	品牌名称	包装	规格	购买数量	单价	购买金额					指名购买	店员推荐	他人推荐
A													
B													
C													
D													
E													
……													

9.4 电脑问卷调查

电脑问卷调查是由调研人员在特定场所如商场、超市、快餐店等设立电脑访谈室，随机抽选顾客，将其带到访谈室电脑前，电脑预设程序向顾客逐页展示问卷，由顾客自行阅读问卷并输入答案。实际上是拦截访问和电脑辅助调查的结合形式。

9.4.1　电脑问卷调查流程

电脑问卷调查流程如图9-2所示。

9.4.2　电脑问卷的操作要点

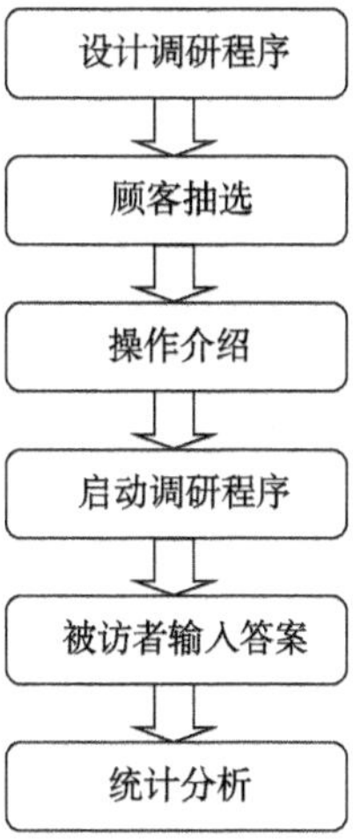

图9-2　电脑问卷调查流程

电脑问卷的操作要点如下：①电脑访谈室应设置在目标市场集中活动的场所，室内环境设计以简洁、大方为标准，座椅应宽敞、舒适，室内光线不可过于幽暗，陈设不可过于豪华，以免引起调查对象局促不安。②可与卖场促销相结合，或赠送小礼品、购物券以吸引和鼓励顾客参与调查。

9.4.3　电脑问卷调查的优点

电脑问卷调查的优点如下：

(1)操作简便，富有吸引力。调查人员不需要与顾客过多接触，电脑应答的方式使顾客有一定的新奇感，也有相当的吸引力。

(2)有效率较高。电脑程序可自动对顾客的答案进行检验，如调查对象回答有误或答案输入错误，电脑程序可自动校验并提示顾客修正。

(3)易于调查敏感性问题。用电脑问卷方式进行访谈调查，由于调查对象不与调查人员产生直接的语言交流而且多采用匿名形式，调查对象对回答诸如个人情感等较敏感的问题时的顾虑较少，也不会感到尴尬而拒绝回答，因此，这一方式常被用于涉及个人隐私方面问题的调查。

(4)费用较低廉。电脑问卷访谈不需要专门的访谈员，因此，节省了大量与之相关的调研费用。

(5)便于对内向群体的调查。对部分不善言辞或羞于与人交谈，个性内向的人来说，电脑问卷调查显然是更容易接受的调查方式。

(6)数据处理速度快。电脑程序可根据调查对象的回答自动在各类问题之间进行跳转，并迅速汇兑输入数据库，相比实物问卷节省了校对、编辑及录入的过程，数据处理的效率极高。

9.4.4　电脑问卷调查的缺点

电脑问卷调查的缺点如下：①电脑问卷调查需要占用调查对象较多的时间和精力，拒访率较高；②对部分调查对象来说，这种调查方式缺乏人际沟通和人性化交流，令人感到冷漠而产生抵触情绪；③因调查人员不直接询问和观察调查对象，无法对其回答的真伪程度进行判断和验证。

9.5　邮寄问卷调查

邮寄问卷调查是将设计印刷好的调查问卷通过专门的邮政机构(如商业信函公司、

快递公司)寄送给选定的调查对象，由调查对象填写后再寄回调研公司。邮寄问卷调查有两种操作方式，即一次性调研和重复性纵向调研。后者需由调查对象填写家庭背景材料，调查人员间隔一定时间定期给调查对象寄送问卷，并支付一定的报酬。

邮寄问卷调查运用的核心在于准确地选择调查对象，其前提是获得调查对象的数据库，然后根据对象数据来灵活地确定具体的操作方式。调研企业获得调查对象数据的方式通常有三种。一是利用邮政公司的顾客地址库和数据库来筛选调查对象；二是利用委托客户提供的顾客数据库；实践中还有一种比较简便有效的方式，即根据被调查群体的阅读倾向，选择几种他们普遍喜好的杂志报纸，与这些杂志或报刊出版商合作，将问卷夹带入杂志或报刊中一并寄送或销售给特定的读者群，这样做也能比较好地提高问卷的针对性和回收率。

9.5.1 邮寄问卷调查流程

邮寄问卷调查流程如图 9-3 所示。

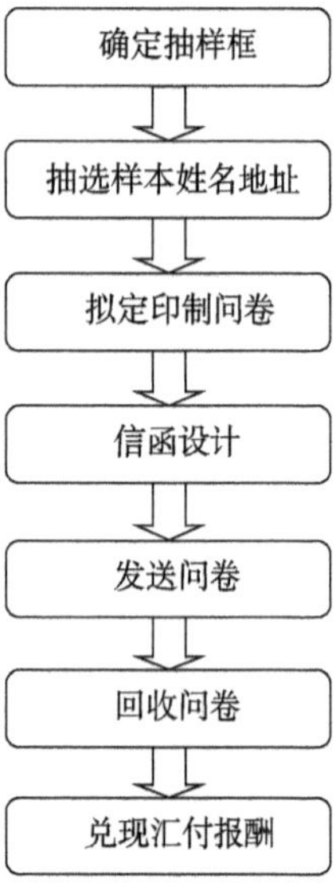

图 9-3 邮寄问卷调查流程

9.5.2 邮寄问卷调查的优点

邮寄问卷调查的优点如下：

(1)范围广。邮寄问卷调查的最大优点就是调查的覆盖面非常广，凡是邮政信函可送达的区域均可用此方式进行市场调研，这是接触式和半接触式调查手段难以企及的。

(2)费用低廉。邮寄问卷调查相比其他方式而言成本极低，据有关资料统计，邮寄问卷调查的单位调查费用仅相当于访谈调查的1/4～1/5。

(3)真实度高。由于调查人员不直接与调查对象接触，调查对象的回答不用顾忌调查人员的“面子”，故真实度相对较高。

(4)不受调查人员个人素质影响。邮寄问卷调查的问卷由专业人员事先设计好并统一印制寄发，对每一个调查对象均是相同的，不会像个人深度访谈那样因调查人员个人能力的差异而影响调查质量。

9.5.3 邮寄问卷调查的缺点

邮寄问卷调查的缺点如下：

(1)时间长。邮寄问卷可能会因邮政系统效率或调查对象个人的原因造成回收时间延迟。

(2)回收率低。这是邮寄问卷调查最显著和难以解决的缺陷。即使调查样本经过筛选并事先取得联系，其回收率通常也仅有 30%左右甚至更低。

(3)受消费者素质的限制。因调查人员不能现场对问卷进行解释，因而问卷的回复质量很大程度上取决于调查对象个人对问卷的阅读和理解能力，如受调查群体的文化素质偏低则可能降低问卷的有效率。

(4)控制较困难。邮寄问卷调查不能监控调查对象填写问卷的过程，亦无法复核问卷应答内容的真实程度，可能出现他人代答、调查对象以传闻作答或胡乱填写的问题。

9.5.4 邮寄问卷调查的操作技巧

邮寄问卷调查的操作技巧如下：

(1)调查人员可在各地邮政系统的商业信函公司处取得符合调查条件的一般消费者资料，也可从委托企业的顾客数据库内取得目标市场资料，从而确定抽样框。

(2)进行纵向调研时，须用信函提前联系所选的调查对象，征得同意后请其填写一份个人和家庭背景资料，可为调研公司今后进行固定样本持续调查和建立样本数据库提供依据。

(3)在邮寄问卷调查的问卷设计中，应注意一定要详细注明调查注意事项和问卷填写方法，以提高问卷的质量。

(4)调研公司可采用设置有奖征答的方式来提高邮寄问卷的回收率，每次调查还需增加30%～40%的样本量，以免回收率过低而影响样本的代表性。

9.5.5 邮寄问卷调查的适用课题

邮寄问卷调查的适用课题如下：①调研所需信息量较大的课题；②一般消费趋势调查；③居民家计调查；④市场面广、用户多的普通消费品。

9.6 德尔菲调查

德尔菲调查模式最初由美国兰德顾问咨询公司创立。首先用于技术方面预测，随后在世界上盛行起来，并成为现代市场调研的一种主要调查手段，其模式是由调查人员充当组织者，选定并联系相关领域的“专家”组成调研组，以函询方式反复轮番征求专家的意见，再匿名反馈给调研小组的各个专家，直到专家意见趋于一致，最后经统计汇总来搜集和提炼信息，得出调研结论。

9.6.1 德尔菲调查流程

德尔菲调查流程如图9-4所示。

9.6.2 德尔菲调查的优点

德尔菲调查的优点如下：

(1)背对背形式。德尔菲法采用专家之间互相匿名的形式进行调研，使每一个参与者能自由平等地发表自己的观点，同时能客观地吸收他人看法的有益之处，很好地弥补了焦点小组访谈中调查对象受群体倾向影响或受权威意见左右的缺陷，消除了焦点小组访谈的互动效应和光环效应，调研质量较高。

(2)统计性。调研组织者不仅咨询各个参与者的意见，也征询他们对市场发展和营销的数量估算，并按一定的统计方法将这些数量指标作综合处理，能取得较可靠的预测信息。

(3)反馈性。调研组织者通过反复和轮番征询调查对象的意见，可较好地消除参与

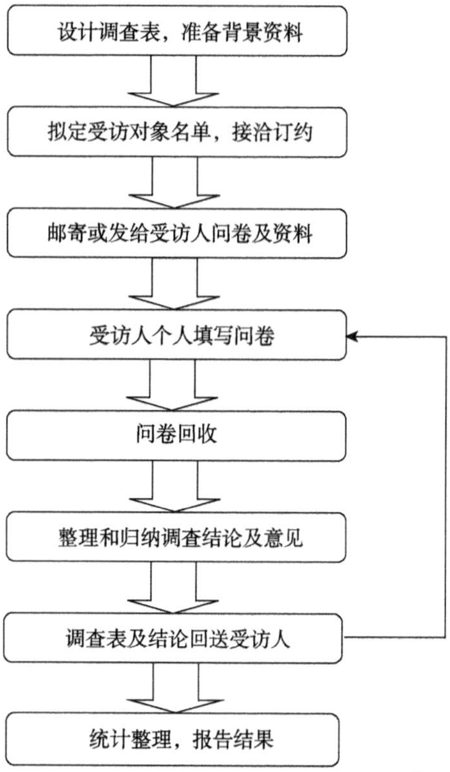

图 9-4　德尔菲调查流程

者个人的主观偏见，获得合理的调研结论。

(4)费用相对较低。

9.6.3　德尔菲调查的缺点

德尔菲调查的缺点如下：①时间长。需要反复寄送资料和征询、归纳调查对象意见才能得出最终结果，耗费的时间较长。②调研流程较繁琐。③工作量大。调查人员每次征询专家意见后，均要进行统计汇总，将调研意见归纳成文，并需完成大量的数据统计、资料准备和信息整理工作。

9.6.4　德尔菲调查的操作要点

德尔菲调查的操作要点如下：

(1)联系方式以函询为主，也可采用留置调查的方式进行。

(2)“专家”界定。调研组织者所选择的“专家”应是与调研课题相关的各类社会群体代表，但不一定是具有较高职位者或学术权威。通常在产品及市场调研中邀请的“专家”群体包括以下几类参与者：①产品研制开发者；②产品生产商；③产品销售商；④专柜、专卖店营业人员；⑤目标消费者；⑥本行业技术人员；⑦相关领域的学术权威。

9.6.5　德尔菲调查的适用课题

德尔菲调查的适用课题如下：①复杂的营销环境调研；②新产品投资及开发预测；③企业营运和管理分析；④企业经营战略和市场战略调研。

9.7　互联网调研

随着互联网及其技术在我国的普及，国际互联网对我国社会大众的影响力已深入生活的各个层面。20 世纪 90 年代末我国已拥有数千万计的网民，并且这一数量仍在以每年 100%以上的速度递增，网上购物、电子商务等网络营销手段也正以惊人的速度发展，与之相伴而生的是各种形式的网络调查也逐步成为许多咨询公司和网站搜集市场信息的重要渠道之一。美国的 ASI 市场调研公司、M. A. R. C 调研公司等数家大型调查公司都利用互联网进行在线用户的有奖调查。大型的网站如 SOHU、新浪等也经常利用网络交互系统对社会热点问题及消费趋势进行投票调查。

由于互联网的接触者大多数为中国最前卫的消费者与中青年群体，了解他们对于网上营销的态度和行为、征询他们对产品和服务的开发创意将为若干企业提供最具参考价值的资料，并可为大量的网络营销企业提供质量优良的潜在顾客数据库。目前，我国的一些著名企业如海尔集团、中国电信已率先采用网络调查形式。

与传统营销调研相比，互联网调研的方式有其显著的优势，操作手段也极为灵活多样。可以预见，互联网调研在新的世纪里将得到突飞猛进的发展。

9.7.1　互联网调研的优点

互联网调研的优点如下：

(1)调研效率高。传统调查从实地策划、执行到最终得到可供分析的数据库，包括组织、抽样、调查、录入、复核、分析、报告等诸多环节，一般需要 2～3 周时间，而在线调查多则七天，少则三四天。

(2)节省费用。网络调查节省了传统调研中访员培训、访员工资、问卷印刷、数据录入和复核、交通联络等方面的大量费用。

(3)可对访问者实施跟踪调查。专用的网络调查程序可以在调查对象填写问卷时记录其个人特征及 E-mail 地址等信息，从而便于对其实施跟踪调查。

(4)交互性强。人-机交流的信息反馈速度更快，访问方式更加灵活多样。

(5)实时过程控制。由于电脑调研程序在填写过程中实时控制和实时校验，最后得到的数据库是完整有效的，无须查错，可以直接用于进一步的统计分析。

(6)抽样广泛。网络的广泛开放性使网络调查可接触到几乎所有类型的调查对象，能更全面地了解消费者意见。

(7)避免了调查人员个人素质的影响。与邮寄问卷调查相似，网络调查的非接触性特征消除了调查人员不规范操作、个人偏见或调查过程中作弊产生的误差。

(8)展示性强。可以动态展示图片、文字资料，并加入声音、音乐等较生动的背景，视觉效果比较有吸引力。

(9)有利于二次调研。通过搜集调查对象的E-mail地址等有关信息，可以方便地进行第二次补充调查或进一步探访。

9.7.2 互联网调研的缺点

虽然互联网给市场调研提供了广泛渠道和大量的便利条件，但也存在不少缺点。从我国调研企业目前实践进程来看，互联网调研主要有以下几方面问题：

(1)上网普及率低。我国目前上网人数比率仍然不高，固定上网和长时间上网的人数较少，因而网络调研的样本量明显不足。

(2)抽样框的偏差。上网群体和接受调查的群体与调研课题所期待的对象或真实的目标市场可能存在较大差距，导致抽样偏差。

(3)人性化不足。网络调查的特征之一是调查人员与调查对象完全不接触，缺乏与调查对象的交流和沟通。

(4)问卷的信息容量小。网上问卷的问题数量一般限制在10题以内，问题过多会大大降低访问应答量。

(5)回答率低。网上调查需要耗费上网者一定的时间、金钱和精力，因此，许多人不愿访问调查网页或填写问卷。

(6)网络安全问题。调查对象因担心个人信息被泄露或滥用而拒绝接受调查。

9.7.3 互联网调研方式

利用互联网进行市场调研，需要借助一定的网络资源和硬件设备。网络调查的运作通常需要调研公司与网络服务商进行合作，其合作的方式基本上有三种。一是调研公司自设互联网服务器，并与内部数据库连接，直接收集、储存和分析调查对象的答案；二是租用拥有CATI装置的机构的CATI交互系统；三是直接委托大型网站如雅虎、CHINAREN等实施调查。

调研公司通过互联网进行调研所使用的工具主要有五种，即E-mail问卷、交互式问卷、在线小组讨论、专用网络调查搜寻软件及网上在线数据库(On-Line Database)。后两者基本上属于二手数据的调研，将在第10章中作介绍。

1. E-mail问卷调查流程

E-mail问卷调查的最大特点是样本选择的可控制性，只有收到邀请的人才能参加调查，调查人员可对网民群体和网络用户进行过滤筛选，选择出真正符合条件的对象并建立样本收藏室。此外E-mail调查由于样本的地址是可知的，因此，可能对问卷的完成情况进行监视或督促调查对象完成问卷，但也有部分网络用户可能因担心私人信息的泄露损害其利益而不愿意配合。E-mail问卷调查流程如图9-5所示。

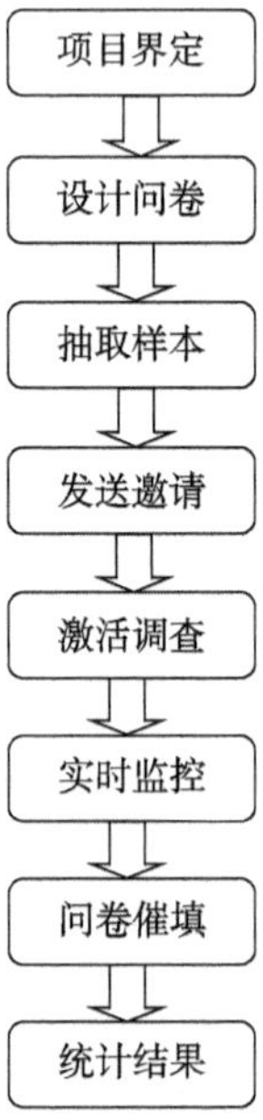

图9-5 E-mail问卷调查流程

2. 在线小组讨论

在线小组讨论实际上是由调研公司在网站上开设类似“聊天室”的专一话题讨论室或自由论坛空间，由调查人员充当主持人，邀请或吸引部分访问者进入，通过对其言论的搜集和分析来总结得出调研结论。

相对其他方式来说，在线小组讨论有其明显的优点：①由于进入者(小组成员)均采用化名形式，言论比较自由，调查结果较为真实可信。②调查对象在网上处于平等的地位，且不须面对面，因此，其讨论比传统小组访谈更深入透彻且无所顾虑。③调查人员也可以通过假扮“极端态度”角色的方式以调查搜集公众对某一事物的意见和反映。

3. 交互式问卷调查流程

交互式问卷调查流程如图 9-6 所示。

交互式问卷调查的特点是其程序可在调查对象填写后即刻进行统计，可迅速取得调查意见的分布频率，并予以汇总发布。

互联网调研可通过设置游戏、娱乐、有奖征答等方式来吸引访问者参与，有效提高回应率。但无法防止调查对象重复填写而导致调查偏差。某些接受调查者也可能仅因为对调查页面美观或中奖的可能性感兴趣，并不是企业调研真正需要的样本。

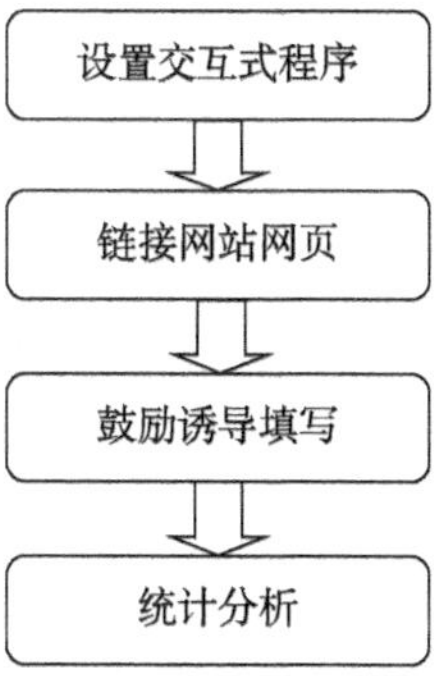

图 9-6　交互式问卷调查流程

9.7.4　互联网调研的操作要点

1. 回答真实性检验

互联网调研具有匿名性、非接触性和样本的随机性，因此，必须对调研问卷回答的真实性进行检验。主要采用的方式是在问卷题目设计时，设立一些形式不同而答案之间具有一定的逻辑关系(如个人收入与各项月支出的合计关系)的问题，从而使部分题目的答案之间可以互相验证，从而判断调查对象回答的真实程度。调查人员主要的检验内容有：①题目答案是否存在逻辑错误；②题目答案之间是否自相矛盾；③填写数值的范围是否合理。

2. 控制样本框与抽样偏差

设计调查问卷时，要在不同问题中设立一些巧妙而隐蔽的“校验项”，以验证调查对象的身份，并防止调查对象多次重复填写。

3. 提高调查课题的兴趣度

调查进程中可以设置一些有奖游戏、音乐、善意提醒等方式，鼓励调查对象参与调查活动。

4. 实时控制项目进程

可即时得到已回答的调查对象各题结果，发现问题，便于进一步调整，并可获取已回答的调查对象背景，检查完成情况。

5. 网页设计

问卷的网页设计须注重个性化和针对性，同时力求清晰、简洁、易懂，并能根据对问题的回答来判断是否跳答，使不同类型的调查对象所看到的问卷有不同的提问形式。

➤案例：微软公司对中国市场的调研——Windows 的诞生

20 世纪 80 年代中期，微软公司委托美国管理顾问咨询公司对其市场开发和产品发展战略进行调研分析，该公司邀请并征集了一批电脑行业的技术专家、营销经理，对全球电脑软件市场前景进行判断和分析。大部分参与预测者均看好中国大陆市场，他们认为：虽然电脑尚未进入中国居民家庭，在中国企业中也未得到大规模的应用，但其需求增长的趋势极为明显，已显示出巨大的市场潜力。市场扩张的主要障碍是应用平台软件尤其是中文软件的开发滞后，反应敏捷的微软公司立即利用了这一调研信息，一方面组织大量人才投资中文软件开发，并与中国内地的高等院校合作，成立微软中国公司及微软中国研究院。两年后开发出高水平的中文视窗软件——Windows 系列，这一软件产品几乎占据了同类产品市场的 90%，成为中国商用电脑和家用个人电脑的“标准”软件配置，为微软创造了巨大的收益和市场影响力。

➤思考与讨论

1. 德尔菲法与焦点小组访谈法各有何优劣？应分别在何种情况下采用？
2. 收集资料，撰写一份“互联网市场调查发展情况”报告。
3. 如何确认和控制电脑问卷的调查对象？

第10章

间接调查技术

10.1 间接调查概述

间接调查是非语言形式的调查方法的总称，它是通过一定的电子设备或小规模市场运作程式，跟踪调查对象的行为过程和对特定环境刺激的反应，系统记录人、物体、事件的行为模式的过程。其共同特征是调查人员不与调查对象发生直接接触和交流，研究者的调研行为与调查对象的行为之间不发生任何关联，两者之间不存在刺激-反应回路及其他方面的因果联系。因而调查对象的言行完全归属其心理或生理上自然的表露，不会受到调查人员及调研手段的影响，确保了调查结果的真实性和客观性。间接调查在日本、美国较为盛行，尤其在商场(超市)设计与管理中得到广泛运用。

10.1.1 间接调查技术的优点

间接调查技术与直接调查技术相比，具有以下明显的优势：①客观真实；②结论可靠，准确度高；③简便易行，可操作性较强；④直接搜集动态信息；⑤不会受到拒访的影响。

10.1.2 间接调查技术的缺点

相对直接调查技术而言，间接调查技术存在以下缺陷：①只能收集到调查对象的表征信息；②受环境及时间、条件的制约；③受调查人员和调查对象自身状态的影响较大；④时间长、成本高；⑤调查结论只能反映现状，难以衡量未来的趋势。

10.1.3 间接调查技术的分类

间接调查技术的运用比较灵活，调查人员需要结合时间、环境、项目要求来选择具体的调研方式，按不同的标准我们可将其划分为若干类型。

1. 按参与观察程度分类

1)完全参与

调查人员深入调查对象群体的生活和工作环境中去，与调查对象共同活动，这样可较深入地理解调查对象，但调查人员自身思想和行为可能影响调查对象，从而形成互动效应，从而影响观察结果。国外调研公司经常派调查人员充作营业人员，进入商场柜组来帮助委托的商场分析卖场氛围、观察顾客心理。

2)部分参与

调查人员与调查对象处于半接触状态，侧面了解企业的运作情况，国外常用“秘密购物”方式进行营业质量调查，这是这一类调研方法的常见操作形式。

3)不参与

调查人员完全置身局外，从旁观者角度进行客观的观察，不会对调查对象的言行产生影响。这种方式虽避免了互动效应，简便易行，但却难以深入了解调查对象的心理活动。单向镜观察是这类方法常用的工具之一。

2. 按调查过程的控制程度分类

1)自然观测

调查人员不扮演任何角色，只在特定地点观察调查对象无意识状态下的实际行为，如通过摄像仪观察行路人对某一户外广告牌的注视程度。这种方式虽简便且较客观，但随机性太强。

2)设计观测

调查人员设计一种模拟环境，诱导调查对象进入特定的受控环境，通过观察调查对象在此环境下的行为方式来搜集信息。例如，在超市或商场中增设几种饮料的免费品尝台，引导消费者参与品尝并从中选择满意的品牌。它在相同时间较自然观察能增大信息的收集量或加快信息的收集速度，有效降低调查成本，但由于受访环境是人为的，消费者的行为可能与真实环境下行为不一致。

3. 按调查结果的标准化程度分类

1)结构性调查

调研者事先设计好记录表格，由调查人员记录每位调查对象的活动信息，通常主要是记录调查对象的特征和行为的数据，如商场内消费者询问某品牌的频率、阅读广告介绍的次数等。这种方式取得的信息比较客观，但须对调研项目和调查对象有一定程度的了解，否则记录表格的设计可能产生偏差。

2)非结构性调查

调查人员只对调查对象行为的某些特征和兴趣点作定性的简单记录，它没有规范的记录格式，也不必填写准确的数据，主要用在初步调查或调查人员对观察对象不了解的情况下。

4. 按接触调查对象的形式分类

1)人员观察

人员观察的操作方式比较灵活，调查人员对调查对象有选择性和一定的判断和分析能力，调研信息的价值较高，但调查费用高，信息收集量较小。

2)仪器记录

在特定的环境中(如商场、咖啡馆内)，仪器记录比人员观察能取得更详细的资料，更方便易行，调查费用也较低。国外许多大型调研公司如 AC 尼尔森公司等都乐于采用这种方式搜集信息。其搜集的数据量比较大，信息客观真实；缺点是运用上有一定的局限性，对空间和技术条件的要求比较高。

5. 按取得资料的时间特征分类

1)时期调查

时期调查是指调查人员通过观察、寻找和记录消费者的“行为证据”来推断其过去的活动方式，其工作方式类似考古学家，如痕迹统计方法。有时也用两个时点上指标内容的差异来分析消费情况，如将某酒类空瓶回收量与市场销售量结合起来可推断出酒类非饮用消费的数量。

2)时点调查

大部分间接市场调查采用的都是时点调查，即记录市场或企业目前的状态，如企业会计账表的审计、某一时点的车流量统计，从而得到当前市场的动态信息。

10.1.4　间接调查的基本流程

间接调查技术的运用同样具有规范的操作程序和严格的调研企划，其操作流程可概括为七个基本步骤，如图 10-1 所示。

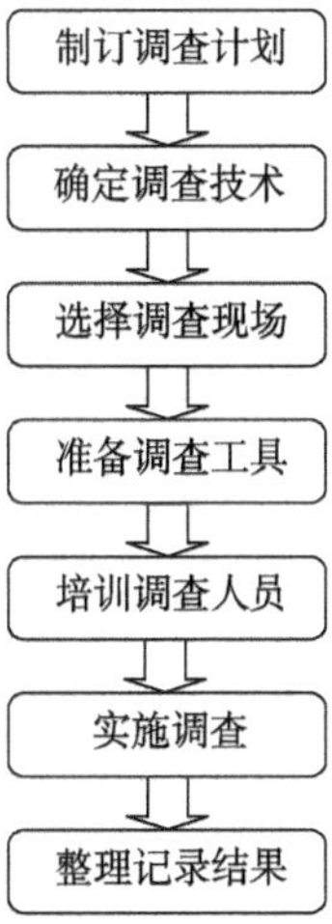

图 10-1　间接调查的基本流程

10.1.5　间接调查技术的使用条件

在市场调研中采用间接调查技术，必须具备下述的三个基本条件，否则间接调查将产生较大的偏差或是不可行的。

(1)可提取性：所需要的信息必须能从相应的调查手段产生的记录中取得或从记录中推断出来。

(2)可重复性：调查对象的言行必须是频繁重复的、有规律的，即调查对象的活动服从概率的大数定律。

(3)行为有限性：调查对象完成某一过程的时间相对短暂或局限在一定的空间范围内。

下面我们将对几种常用的调查操做方式做逐一介绍。

10.2　观察与记录调查

观察记录又分为人员直接观察和仪器记录间接观察两种。

10.2.1　人员直接观察

人员直接观察是指调查人员直接深入企业、卖场、各种展销会等调查对象集中活动的场所或其他特定的场所，观察和记录现场状态和调查对象的言行而取得第一手资料。

为防止对调查对象产生影响或干扰，确保观察信息的真实完整，调查人员通常需要扮演一定的角色，以某种虚拟身份进入调查对象活动区域，以便于隐蔽调查目的和选取较佳的观察角度。调查人员的身份可根据环境予以假定，某些特定场合下则需征得组织管理者的同意。实地调研中，调查人员经常扮演的角色如表 10-1 所示。

表 10-1 调查人员的角色扮演

调查对象	调研内容	调查人员身份
顾客、销售人员、卖场环境	消费动机、服务质量	一般顾客
		购物者
		营业人员
企业、竞争者	营销策略	交易客户
咨询者、投考人、报名人	需求心理	现场工作人员
		咨询者
经济现象	流量统计等	相关机构人员

10.2.2 人员直接观察操作方式

人员直接观察根据其具体的操作方式，可细分为单向观察、行动跟踪、账簿审计等形式。

1. 单向观察

单向观察是调查人员通过单向镜(如焦点小组访谈中所采用的形式)了解特定场景下消费者言行和表情。其关键是必须始终使调查对象处于不知觉的状态。我们在实践中曾将其用于下列市场调研。

1)产品调研：观察消费者使用某种产品的过程

我们通过观看部分洗烫店工人使用电熨斗的习惯动作，发现其电源插头因设置在电熨斗尾部，造成使用中电源线与电熨斗缠绕带来不便，生产商根据这一信息改进了设计，将电线插头用蛇形管置于电熨斗前端上部，解决了这一问题。经测试，大部分使用者更乐于接受新推出的产品。

2)购买标准调研：观察消费者的询问内容与顺序

调查人员在商场服装柜组连续进行数天“守候”，记录来访的顾客向营业人员咨询哪些问题、询问这些问题的顺序、是否成交等，从而分析出各种类型顾客的购买选择因素及对各种因素的重视程度，为专柜营业人员提供针对性的促销劝购方案。

2. 行动跟踪

调查人员在商场或超市内选择具有代表性的顾客，跟踪顾客的行动路线，在通道示意图上标出消费者的行走路线，以及顾客在这些路线上的停留点、接触商品的次数，以此分析消费者的购物形态，有目的性地调整商品的陈列和各个货架点摆放方式。尽可能向顾客展示更多的商品。调研实践中，行动跟踪常用于研究以下内容：①商品陈列和广告陈列效果；②顾客购物时间分配；③货架摆放方式；④卖场内服务功能区(休息室、读书架、儿童娱乐设施)的设置与定位；⑤卖场设计；⑥顾客选择模式；⑦储运及配送路线合理化程度。

3. 账簿审计

调查人员在委托方的配合下，随机核查委托企业的各类账簿及销售记录数据，分析企业的经营动态和物流瞬时状态。账簿审计可由调查人员在企业管理者的配合下直接进行，一些大型调研公司如 AC 尼尔森公司也用扫描仪为工具获取零售百货店的销售台账数据。账簿审计通常用于分析：①零售业内部物流合理性；②营运资金流转分析；③库存管理和商品配送效率分析；④购销效率与效益分析。

10.2.3　仪器记录间接观察

利用电子工具间接搜集市场信息主要有行为分析和定点流量统计两种方式。

1. 行为分析

行为分析是在特定场所安装各种电子设备，记录和追踪调查对象行为，以所记录的过程数据作为分析的基础。这类方法所搜集的信息准确、客观，操作方便，有助于对顾客或特定对象进行详细分析。但需要相关机构配合，且成本较高，难以普及。此方法常用的典型工具有以下三种。

(1)隐蔽式摄像录像机：主要用于特定商场或超市，用于分析顾客购物模式。

(2)广告视向测定仪：用于记录消费者阅读广告或媒体的方式、速度和频率。

(3)自动计量仪：可装在收音机、电视等传播媒介上，自动将调查对象的收听(视)频道、时间、更换率记录下来，美国统计联合调查公司、AC尼尔森公司均采用此设备进行电视频道和广告收视的调查。

2. 定点流量统计

定点流量统计是仪器记录中最常用的方法，调查人员预先选择好观测点及记录位置，然后记录各个时段经过观测点的调查对象数量，以此进行汇总分析。我国市场调研公司多采用人工记录方式，由调查人员预先做好统计表格，定点定时进行观测记录，此类方式搜集的调查数据客观真实，误差小。但由于人力成本较高，国外调研公司已基本采用电子流量计数器代替人工进行调查。常见的方式有以下两种。

(1)人工(自动)计数器。即调查人员手持人工(自动)计算器，蹲守在固定地点进行观察，当某一行为发生时，调查人员按下计数器按钮，从而统计出某种行为发生的频率。其常用的方式见表10-2。

表10-2　人工(自动)计数器统计

运用地点	调研内容	分析用途
特定路段	人、车流量统计	商店定位
商场	光顾者数量	固定顾客数量、购买率
特定广告位	广告阅读率	广告吸引力

(2)行为扫描仪。行为扫描仪调查由调研公司与商家或银行合作，向选定顾客群发放特殊的购物卡(信用卡)，当他们到装有扫描仪的指定商店购物时，其购买时间、产品项目、购买数量等信息将被自动逐条记录下来，调查人员只需定期回收这些购物卡，用电脑读出所存储的信息，即可分析出消费者购买行为的频率与变化。

行为扫描仪主要用于下列项目的调查：①品牌的试用率与重购率；②品牌消费频率；③广告、营业推广对销售量的促进效果；④品牌购买者特征。

10.2.4　观察法操作要点

保持“独立性”是观察调研的基本原则，即调查过程必须在调查对象不知觉的情况下进行，调查人员只能从侧面记录调查对象言行，如需要与调查对象接触，则调查人员应确保自己的言行不会对调查对象产生任何影响或诱导作用。同时，观察法需与其他方法结合起来使用，才能较深入地探测调研问题的实质。

10.3 实验调研

10.3.1 市场变量之间的因果关系

市场变量之间往往存在着某些因果关系，如产品销量与销售价格之间、人口数量与日用品消费量之间，其中一个因素的变动很大程度上会引起另一个因素的变动，实验调研就是采用特定的市场测试手段来了解市场变量之间的因果关联性及其相互影响程度。因此，实验调研通常又称因果性实验。

要证明两个市场变量 X 与 Y 之间存在因果关系，即 X 的变动是产生 Y 变动的原因，必须符合以下三个基本条件：①两个变量之间存在相关关系，即 X 的变动总是伴随 Y 的变动。②两变量的变动存在时间上的差异，X 的变动先于 Y 的变动。③不存在其他因素引起 Y 变动的可能性，即 Y 变动时只有 X 因素的变动而没有其他相关因素的变动。

在上述条件下，我们可将 X 因素的变动视为 Y 因素变动的原因，即 X 是导致和决定 Y 产生变动的重要条件之一。其中，X 被称为自变量或实验变量，Y 被称为因变量或效应变量。根据实验变量和效应变量存在因果关系的原理，我们可以根据调研目的，选择一组实验对象(如商场、目标消费群等)，对某一市场变数(如广告、包装等)的改变效果进行测试：操纵或改进实验变量，然后观察效应变量的变动方向与变动程度，从而取得调研结论。市场调研中，常用实验法对影响产品销售的因素和营销组合进行分析，来寻找促进产品销售的最佳的市场要素“组合点”。

10.3.2 实验法的要素

实验法的操作涉及四个方面的基本要素。

(1)实验者：主持和参与实验的市场调查人员。

(2)实验对象：参与测试的消费者。在实验室实验中，实验对象应具有一定的代表性，需要采用抽样判断甄选出来；现场实验中受测者多为随机“光顾”，处于不知觉的状态。

(3)市场变数：即实验法所测试的实验变量和效应变量。

(4)实验模型：即用以测量和计算实验效果的基本方法及公式。

10.3.3 实验的有效性

实验的有效性是指实验目标和实验内容不受到各类环境因素的影响。实验的有效性包括外在和内在两个方面。内在有效性是指所测量的实验结果能准确真实地反映实验变数的内在联系；外在有效性是指实验中测量结论具有普遍性，可以推广到现实的市场环境中。实验的质量取决于实验结论的内在有效性和外在有效性程度，实验的目标就是要探求外在有效性和内在有效性均较高的营销组合和产品组合。

10.3.4　实验方法的分类

根据实验环境的不同，实验法可分为实验室实验和现场实验两种。

1. 实验室实验

实验室实验，即实验对象在完全受控的特定环境下活动，所有引起效应变量变动的其他因素被排除，实验环境具有相当高的人工化程度，调查人员可明确判断分析出实验变量对效应变量的影响力。

实验室实验常用于对产品内部要素改变的测试，如产品包装改进测试、不同口味饮料适应性测试、同一产品不同广告记忆度的测试等。

实验室实验的内在有效性较强，能有力证明实验变量和效应变量之间的因果程度。但实验环境与市场实际环境有一定的差异，因此，其外在有效性较差，且具有明显的互动效应。例如，饮料品尝时，受测者评价后品尝的饮料口味时，味觉会受到前面已品尝过的饮料口味的影响。

2. 现场实验

现场实验是在真实市场环境下引入和操纵实验变量，如进行小规模的试销对比测试、广告投放测试。现场实验在自然的市场状态下进行，有较强的外在有效性，但由于存在大量不可控制的环境因素，难以避免其他因素的干扰，内在有效性较差。

现场实验是企业营销者和市场调研者经常采用的研究方法，除可以用于产品要素的改进测试外，还常用于营销组合的调整测试和新产品推广试探，如价格调整、款式改进、新产品试销等方面。

10.3.5　实验方法的应用

实际调研中，现场实验的运用范围较宽，最普遍的方法就是小规模的市场测试。即在选定的一组区域(场所)里，引入或改变某一营销因素，通过小范围内市场的反馈信息来评估产品上市推广方案或营销计划的可行性，协助营销经理对现有的产品和营销组合进行调整，做出正确的营销决策。市场测试为营销研究提供了以下帮助：①评估市场容量与市场潜力；②了解目标消费群的结构和特征；③寻求更有效的营销组合；④研判产品要素改进的效果；⑤研究价格、包装等营销要素的市场敏感度；⑥预测竞争者对企业营销策略的反应。

10.3.6　市场测试的程序

市场测试有受控测试、模拟测试、标准测试三类，其中模拟测试精度较高、费用小、速度快且保密性强，在实际调研中的运用日趋普及。市场测试的步骤如图 10-2 所示。

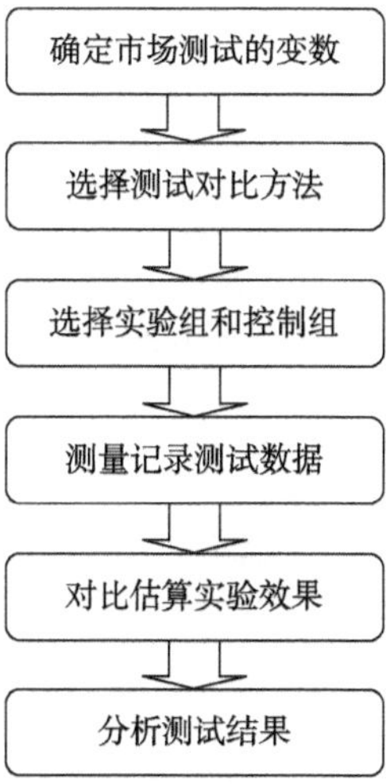

图 10-2　市场测试的步骤

1. 确定市场测试的变数

市场测试的变数必须保持唯一性，即每次或每阶段只能实验一个要素的变化对产品销售的影响力，测试期间其他要素必须保持不变。例如，在测试产品包装改进带来的效果时，其他诸如销售价格、产品规格、分销渠道等都必须保持以往的模式。

2. 选择测试对比方法

选择实验结果的测试方法时，需考虑到产品特征、地域环境、销售周期，以及实验单位(组)和控制单位(组)的可比性与内在差异等因素。环境条件不同的市场，其测试对比方法也不同。

3. 选择实验组和控制组

实验组是指引入或改变营销因素的一组单位，控制组则是指测试前后均维持原有市场要素不变的一组单位。这里的"单位"是指实验的广义对象，它可以是一群消费者、一片区域市场、一组商场或超市、一群观众、一组同类型的企业等。实验组与控制组的内在结构和个体特征要尽可能保持一致。调研实践中选择的区域或市场应符合以下条件：①具有普遍意义的代表性市场(单位)；②选中的市场区域应相对封闭，与外界其他市场的交流较少；③选中的市场的销售模式、广告促销等形式与其他地区类同；④实验和对比区域内应有足够的市场容量；⑤实验和对比区域内目标群体或消费行为的"发生率"较高。

4. 测量记录测试数据

调研者应切实制订出详细的测量记录方案，对记录时间、测量对象、测试时段等做出具体规定，确保测量数据的真实性。一般而言，产品的购买过程越复杂，消费周期和产品寿命越长，测试时间也越长。

5. 对比估算实验效果

通过对实验前后的数据进行对比，计算实验效果并使数据均衡化，可以推测出实验变量与效应变量的大体对应关系。在其他一切因素均保持不变的情况下，改变某一方面的市场(产品)要素后，产生的销售变化或市场变化(效应变量)可看做完全由实验因素变化导致的结果。

6. 分析测试结果

实验完成后，调研者必须对数据进行详细、彻底的分析。这些分析包括：①实验结论的真实度和可信度；②实验变量与效应变量的相关程度；③实验变量导致的效应变量的变动幅度和变动率；④实验组中各单位测量值的偏差度和离散度；⑤可能影响实验效果的其他因素；⑥实验误差。

10.3.7 实验方法的优点

实验方法的优点如下：①能有控制地分析市场现象之间的因果关系及相互影响程度；②数据真实，结论客观，获得的信息可信度高，实用价值大；③可以重复实验并进行定量化分析；④调研结果受调查人员素质的影响较小；⑤操作简便易行。

10.3.8 实验方法的缺点

实验方法的缺点如下：①时间长。现场实验的结论通常要经过数周甚至数月的测试才能取得比较客观的结论。②费用高。市场测试涉及广告、销售、实验区域的选择与协调的一系列工作，其成本很高。③实验环境控制较困难。调查人员很难完全控制现场实验的环境，消费者之间的传播效应、竞争对手的反应、对比产品之间的互动效应都会对实验效果的测量产生干扰。④对比单位不易选择或选择不当造成误差。要在实践中找到完全相同的实验单位和对比控制单位是困难的，实验单位和控制单位因地域、卖场环境、消费群体乃至企业信誉、服务意识的差异均会对效应变量产生显在的或隐含的影响，这种不一致可能导致市场测试的误差。⑤信息有限性。实验方法只能对市场现状进行分析，不能对非因果性现象和未来市场的变化进行判断和预测。⑥保密困难。市场测试或现场实验会暴露企业产品推广计划或营销计划的意图，引起竞争对手的注意并可能导致竞争对手的某些反应，尤其是营销策略方面的创意会招致较敏感的竞争者的模仿，由此可能对市场测试的效果产生影响。

10.3.9　市场测试的实验对比方法

市场测试的产品、时间不同，实验所采用的对比方法也有较大的区别。为便于描述实验对比的方法，我们先说明部分将使用的符号：R_1 代表实验组实验后的测量值(事后值)；P_1 代表控制组实验后的测量值(事后值)；R_0 代表实验组实验前的测量值(事前值)；P_0 代表控制组实验前的测量值(事前值)。

10.3.10　测试效果对比计算方法

1. 实验组事后测试

(1)含义：即对测试对象引入所操纵的变量后，仅做实验后的效果测试，如表 10-3 所示。

表 10-3　实验组事后测试

实验环节	实验组
前测	无
引入实验变量	有
后测	有

(2)实验效果＝R_1。

(3)特征。这种测试设计由于既未对实验单位做实验前测量，也没有与未进行实验的控制单位的数据对比，因此，不能了解其他外在因素是否对实验结果产生影响，因而也就不能确定实验结果(效应变量)与引入变量之间的因果关系是否有效。实践中这种测试应用较为普遍，但测试效果缺乏说服力，误差也比较大。

(4)应用。这种测试方法只能用于无参照事件或其他环境因素稳定不变的情况，如全新产品的市场前景调研、广告设计效果调研及促销投入效果调研等。

2. 实验组事前事后测试

(1)含义：选择同一组单位，先进行前期测量，引入实验变量一段时间后，进行后期测量，如表 10-4 所示。

表 10-4 实验组事前事后测试

实验环节	实验组
前测	有
引入实验变量	有
后测	有

(2)实验效果$=R_1-R_0$。

(3)特征。这种市场测试能明显体现实验前后期实验变量的变动幅度，对实验变量的变动效果的测量有了参照值，且不会因实验单位与控制单位之间的差距产生误差。但由于无法了解效应变量前期的变化趋势和市场规律，也不能排除其他外部因素的影响。如企业通过改变产品包装设计后，发现其销售量有了明显的增长，但销售量的增长有可能不是包装改进的效果，而是同期竞争者产品质量下降、价格上涨等原因，或正好处在产品逐渐进入销售旺季的时间。

(4)应用。非季节性、非周期性的产品，且其他因素保持稳定不变时可用其衡量市场测试的效果，如普通日用消费品的产品要素改进调研、管理模式调整效果的调研。

3. 控制组与实验组对比

(1)含义：对实验组引入实验变量，经过一段时间进行事后测量，而对控制组进行事前测量，实验中保持原状，如表 10-5 所示。

表 10-5 控制组与实验组对比

实验环节	实验组	控制组
前测	无	有
引入实验变量	有	无
后测	有	无

(2)实验效果$=R_1-P_0$。

(3)特征。由于控制组接受事前测量而实验组接受事后测量，故不会产生互动误差，也避免了事前测量的影响。但其前提是所选择的控制组与实验组的受试者层面和最初反应必须是一致的，现实中很难找到这样完全相同的两个组。此外，控制组缺少前期测量，因而实验效果可能归因于两个组的“历史”差异，影响实验结论的有效性。

(4)应用。由于存在上述优劣性，这一测试方法有效运用的前提是样本量必须达到相当规模，各样本单位的前期特征相似且非常稳定，实践中应尽可能采用随机方法抽取实验组样本和控制组样本。控制组与实验组的对比常用于企业广告促销活动效果研究、员工培训效果、生产作业线改进效果等方面。

4. 后期测量对比

(1)含义：选定控制组和实验组后，两组均不进行事前测量，实验组中引入实验变量，控制组在实验中保持原状，经过一段时间后对两组同时进行事后测量，如表 10-6 所示。

表 10-6　后期测量对比

实验环节	实验组	控制组
前测	无	无
引入实验变量	有	无
后测	有	有

(2)实验效果$=R_1-P_1$。

(3)特征。实验组与控制组均为事后测量，消除了事前测试产生的互动误差和实验过程产生的时间误差，且节省了事前测试的费用。但可能由于实验组与控制组的前期特征不同而产生选择误差。

(4)应用。实验组与控制组的事前特征必须一致是使用这一测试方法的基本前提。后期测量对比常用于季节性、周期性销售的商品，也用于消费者互动效应较大或可替代性较强的商品。

5. 控制组与实验组事前事后对比

(1)含义：事先分别对控制组及实验组进行事前测量，然后实验组引入实验变量，控制组保持原状，经过一段时间后再分别对两个组进行事后测量，如表 10-7 所示。

表 10-7　控制组与实验组事前事后对比

实验环节	实验组	控制组
前测	有	有
引入实验变量	有	无
后测	有	有

(2)实验效果$=(R_1-R_0)-(P_1-P_0)$。

(3)特征。控制组与实验组事前事后对比是最常用的市场测试方法，加上控制组的事前事后测量，有效地消除了时间及其他大部分外来因素的误差，尤其能很好地控制历史因素和事前测量的误差，测试效果较为理想，但不能消除互动误差。

(4)应用。消费者互动效应较小，而具有随时间变动特征的产品适合采用这类测量方法，如价格调整的促销效果调研、卖场广告效果调研等。

(5)改进。某些情况下，要寻找 R_0 和 P_0 完全相同的两个组是比较困难的，实验组与控制组常常在规模上、地域上存在相当差距。直接用上述公式测量实验效果将导致历史误差。此时，需要采用变动率的相对指标来测量。计算实验效果公式为

$$实验效果=(R_1-R_0)/R_0-(P_1-P_0)/P_0$$

6. 两控制组对比

(1)含义：通过引入第二个控制组，其中一个控制组进行事前测量，另一个控制组不作事前测量，可分别对事前测量的影响和时间效应带来的影响进行衡量，如表 10-8 所示。

表 10-8 两控制组对比

实验环节	实验组	控制组 1	控制组 2
前测	有	有	无
引入实验变量	有	无	无
后测	有	有	有

(2)实验效果$=(R_1-R_0)-[(P_{1-1}-P_{1-0})+(P_{2-1}-P_{2-0})]$。其中，$P_{2-0}$可取控制组 1 和实验组事前测量的平均值。

(3)特征。这种测试侧重于控制时间差异、事前测量对市场测试的影响，能较良好地排除这两类因素带来的测量误差，但仍不能消除历史等其他外在因素的影响。

(4)应用。主要用于含有周期性变动、前期测量对受试者互动影响较强的课题，如衬衫等经常重复购买的季节性消费品。

7. 所罗门四组对比

1)含义

所罗门四组对比实质上是上述几种方法的混合使用，其测试包括了四个组，其中两个实验组，两个控制组。第一实验组及第一控制组进行事前测量，第二实验组及第二控制组不测量事前值。实验完成后，同时测量四个组的事后值，再分情况进行讨论和比较，如表 10-9 所示。

表 10-9 所罗门四组对比

实验环节	实验组 1	实验组 2	控制组 1	控制组 2
前测	有	无	有	无
引入实验变量	有	有	无	无
后测	有	有	有	有

2)实验效果

如果$R_{2-1}=R_{1-1}$且$P_{2-1}=P_{1-1}$，说明事前测量不影响效应变量，则

$$实验效果=(R_{1-1}-R_{1-0})-(P_{1-1}-P_{1-0})$$

如果$R_{2-1}\neq R_{1-1}$且$P_{2-1}\neq P_{1-1}$，说明事前测量直接影响了受测者的反应，并与实验变量有交互影响。实验变量的交互作用和前期测量的影响是$(R_{1-1}-P_{1-1})-(R_{2-1}-P_{2-1})$。

$$实验效果=R_{2-1}-P_{2-1}$$

其中，R_{1-0}表示第一实验组的实验前测量值(事前值)；R_{1-1}表示第一实验组的实验后测量值(事后值)；P_{1-0}表示第一控制组的实验前测量值(事前值)；P_{1-1}表示第一控制组的实验后测量值(事后值)；R_{2-1}表示第二实验组的实验后测量值(事后值)；P_{2-1}表示第二控制组的实验后测量值(事后值)。

3)特征

所罗门设计基本上可控制和消除所有各种因素产生的测量误差，较为完善和精确，但实践起来较为繁琐，时间长，费用高。因此，在实际的市场测试中并不多见。

4)应用

所罗门设计的适用面极广，但因其时间、成本方面的缺陷，通常只在实验干扰因素较多，且各类误差易对实验结论产生重大影响的情况下或较复杂的调研课题中使用。

10.3.11　市场测试的障碍

市场实验中影响实验准确性，导致实验误差的因素很多，下面对影响实验效果的主要外在变量做出归纳。

1. 历史差异

历史差异主要是指表面规模和特征相差不大的实验组和控制组，由于其发展变化历程和内在因素存在着较大的差别，因而实际上具有不可比性。这些因素包括：①地理位置；②所处环境；③发展历史；④外在信誉；等等。

2. 互动效应

互动效应的来源有两个主要方面：①受试对象之间的相互影响，如预先购买的消费者的口碑传播、消费者之间的带动效应；②实验变量的引入受到原有环境的干扰，如实验时改进产品与原有产品陈列在一起，消费者因对原有产品更为熟悉和存在“趋利避害”的心理，同等条件下宁可选择原有产品。

3. 测量差异

测量误差产生于以下两方面：①测量方法、时间的差异，如商场不同时段的顾客流量差别很大；②调查人员的素质与责任心不足，工作质量下降。

4. 抽样框误差

抽样框误差，也称选择误差，即实验群体选择不准确。包括：①实验群体与市场的实际群体存在差异；②实验组与控制组存在差异。这类误差需要通过设计适当的抽样方法来进行控制。

5. 测试单位损失

实验组或控制组内某些单位中途退出或拒绝继续测试，使保留下来的群体的总体代表性减弱，可能发生市场群体中某一层面全部损失，导致测试偏差。例如，在进行商场促销测试中由于所有小型商场退出而降低了调查的有效性。

6. 时效性（时间误差）

测试单位的效应变量会随着时间的推移发生变化，使不同时点的效应变量值不能真实地反映实验变量的作用。例如，某些商品的销售具有季节性和周期性，事前测量时处于销售淡季而事后测量时已进入销售旺季，则实验效果中含有很大程度的“自然增长”因素，造成测量失误。

7. 成熟因素

成熟因素，即实验过程中受试者群体随着时间推移发生变化，如受试者在事前测量和事后测量时的心理、生理状态变化而改变对实验变量的反应。

8. 事前测量效应

事前测量对受试者的影响主要有两方面：①重复效应，连续两次以上的重复测试会增加受试者的“学习能力”，从而使其对以后各次的测试产生态度差异；②交互效应，事前测量造成受试者本身注意力和情绪的变化影响了事后测量的结果，如让受试者有意识多接触某种广告会引起受试者对相关产品的兴趣和注意力增强，从而影响了事后测试的准确度。

10.3.12 各种测试对比方法对误差因素的控制作用

上述七种市场测试对比的方法对产生误差的诸因素的消除程度不一，各有其利弊。调研者选择何种测试方法需要综合调研课题的目标、产品特征、实验费用等因素来确定，它们对产生误差因素的控制(消除)程度如表 10-10 所示。

表 10-10 各种实验法的优劣对比表

误差因素 / 控制效果 / 实验测试方法	历史差异	互动效应	测量差异	抽样框误差	测试单位损失	时效性	成熟因素	事前测量效应
实验组事后测试	差	好	—	—	差	差	差	好
实验组事前事后测试	差	差	差	—	差	差	差	差
控制组与实验组对比	差	好	—	—	—	—	—	好
后期测量对比	差	好	—	—	—	好	—	好
控制组与实验组事前事后对比	好	差	好	好	差	好	好	好
两控制组对比	差	好	—	—	—	好	差	好
所罗门四组对比	好	好	好	好	好	差	好	好

10.4 痕迹跟踪调查

10.4.1 痕迹跟踪的原理

痕迹跟踪源于刑事心理学，即任何事物或任何人经历一定的活动过程后，其行为虽已消失，但必定会产生或遗留某种“痕迹”，通过记录或追踪这一“痕迹”即可了解有关事物(人)的相关线索，获得这一事物活动过程的信息。市场调研所指的痕迹跟踪法我们可理解为对某些顾客消费活动的“残留物”进行观察、记录和统计，以此推断出市场消费的特征和状况。

10.4.2 痕迹跟踪调查的运用形式

痕迹跟踪调查的运用灵活多样，调查人员可根据所调查的市场或消费群体的特点来设计具体的调查方式，下面简单介绍一些常用的方法。

1. 垃圾物分析法

美国雷兹教授曾采用对垃圾物的统计分析来了解土珊市居民的消费结构和特征，他们每日在土珊市所收集的垃圾袋中随意取出两袋，然后将垃圾按产品类别进行分类，逐项登记每一类的品名、数量、规格、包装，并按月进行统计汇总。这种方法获取的信息真实可靠，还消除了非消费性购买产生的调查误差(如某些居民购买白酒只是为了酒橱装饰而非饮用)，往往比直接的市场实验更为有效。

这一方法被推广为“剩余物”分析法，即通过对顾客消费后的“剩余物”(如产品外包装、液体容器等)进行统计，可了解到居民对某些产品的消费频率及消费数量。

2. 损失分析

损失分析最初由日本调查人员所采用，它是通过对物品的磨损程度的观察来了解某些产品的使用频率，简单实用。例如，要调查某书受人们喜爱的程度，在无法了解书的销售量时，可以到各书店及图书馆中进行查阅，观察此书的磨损程度，从而可推断此书的翻阅频率，间接了解此书受读者关注的程度。

3. 票据统计

消费者购买某种商品或接受某种服务后，销售商往往会即时开具发票或付款账单，在商场或服务场所对这些“证据”进行跟踪统计，即可了解顾客的消费习惯。这种调查方式对餐饮服务业的调查尤为有效。我们为某酒吧作促销策划时，曾详细分析过每桌顾客的酒水单，发现多数消费者第二次要求增加酒水的时间多在 22：00 左右，因而将打折促销时间安排到 22：30 后能更好地延长顾客的消费时间并增加酒水销售额。

4. 内部数据跟踪

通常商场、超市会向大额消费或经常光顾的消费者发送折扣卡、优惠券、购物抵价券以刺激购买力，通过对各类抵扣券的回收量、回收频率及回收时间的统计，可对持卡消费者(多数是商店最稳定的顾客群)进行跟踪分析，了解其消费特征及购买习惯，为商店的促销计划提供参考。

5. 维修记录跟踪

一般情况下，产品使用情况及维护情况的信息不能直接在销售商处取得，在销售商的顾客资料记录不完整，入户调查因失去了抽样框也难以进行时，对维修记录的跟踪将是一个快速有效的途径。例如，对家电使用状态及零部件质量进行调查时，我们可直接对各个家电维修点和厂家售后服务部进行调查，通过翻阅维修更换记录，并按产品零部件的维修原因和类别进行统计，即可获取这类信息。

6. 回收追踪

我国的某些商品如书报类、家电类、家具类产品，其使用周期结束后，消费者通常不会直接丢弃“剩余价值”部分，而是通过社会物资回收系统进入旧货市场或二手市场，二手市场的统计调查也成为消费跟踪调查的有效方式。各类耐用消费品的更新率、各品牌消费品的使用频率及品牌更换趋势等重要信息均可通过回收追踪的方式取得。

10.4.3　痕迹跟踪调查的特点

痕迹跟踪调查是现代企业营销中常用的一种市场调查方式，具有诸多优点，它操作简单、方式灵活、成本低廉，所收集的信息客观真实、时效性强，且便于调研者进行系统的量化分析。但需注意的是，痕迹跟踪调查的抽样框有明显的局限性，所收集的资料不够完整、全面，仅能了解市场或商品的部分信息，实践中通常需与其他调查方式配合进行，此外，也不能推算其调查误差。

10.4.4 痕迹跟踪调查的操作要点

使用痕迹跟踪法时值得注意的是，所有的跟踪调查方式实质上是一种任意抽样的调查，所取得的数据仅是市场全部活动量的一部分。因此，以跟踪所获得的资料进行市场规模的估算时，必须结合产品及行业特征预估一定的“损耗率”，作为在此基础上推算市场实际规模的“上浮比例”。例如，白酒消费量的调查中，消费者实际饮用后的空瓶数量因挪作他用或破损，与空酒瓶的回收量之间是有一定差别的。通常我们会根据经验对调查数据上浮5％～10％来推算其实际消费量。

10.5 二手数据调研

10.5.1 原始数据和二手资料

市场调研取得的数据资料，按其来源可分为原始数据和二手资料两大类。

原始数据是调查人员或企业根据特定的调研问题，采用直接或间接调查技术取得的第一手市场信息，原始数据是当前市场调研所搜集的、独有的数据资料，反映了企业或市场目前的实际状态。其具有明显的目的性和时效性。

相对于原始数据而言，二手资料是指企业过去已搜集整理好的现存资料或由社会机构公开发布的可查阅信息，主要反映了已发生的事件或过去的市场状态，市场调研利用的二手资料，必须是其内容具有相对稳定性，对目前市场变化及企业营运仍具有较大影响力的信息资料。

二手资料调研，也称为桌面调研，即调研者根据市场调查的课题，有目的、有计划地搜集二手资料的过程。与其他直接收集原始数据的调研方式相比，二手资料调研具有完全不同的特点。

10.5.2 二手资料调研的优点

二手资料调研的优点如下：

(1)速度快。二手资料获取的是可利用的现成的信息，其搜集略去了直接调研的过程，且许多市场或营销方面的二手资料本身已进行了详细的统计汇总和指标分析，因此，调查所需时间较短，效率高。

(2)简便易行。二手资料的获取不需要借助专门的技术或由专业市场调查人员操作，调研者可直接通过媒体、互联网或图书馆查询，也避免了直接调研可能遇到的诸多难题，如调查对象拒访、抽样框难以确定、调查过程控制困难等。

(3)成本低。大部分二手资料仅需支付少量的咨询费用或查询费用即可取得，由政府或社会机构公开发布的信息还可以免费获取和利用，搜集成本大大低于直接调研。

10.5.3 二手资料调研的局限

二手资料调研的局限如下：

(1)适用性差。由于二手资料是为其他目的或其他调研课题所搜集的资料，其抽样方式、调查时间、测量方法都可能与当前问题不符，因而对本次调研不一定适用，常常需要调研者重新进行整理、归纳和提炼。此外，某些缺省的数据也难以查找或弥补。

(2)信息内容有限。二手信息的内容有限，多为宏观经济环境方面和生产技术方面的信息，很难真正获得直接对营销有指导作用的当前市场情报。

(3)时效性差。二手资料的搜集时间和发布时间通常间隔很长的时段。其数据多为过去一定历史时段的情况汇总，无法及时反映瞬息万变的市场情况。

(4)可信度无法证实。二手资料的调研者在搜集、统计、分析等过程中难免产生错误。此外，二手资料的搜集者、收集时间、搜集渠道等均无法核实，往往受到使用者的质疑。

(5)运用范围窄。某些实时性的调查课题，如新产品的消费者接受度调查、当前消费动态调查、服务水平反馈调查等，无法运用二手资料调研的方式完成。

10.5.4　二手数据的来源

二手资料可分为企业内部数据库和外部资料两类。企业内部数据资料及其来源如表 10-11 所示。

表 10-11　内部资料来源

部门和机构	资料内容
销售部门	销售单据、购销合同、客户名录、促销资料、售后服务资料、往来函电
财务部门	筹资计划、财务报表、股东报告
信息中心或统计部门	经营规划、各类统计报表
生产技术部门	生产台账、存货报告、产品技术资料
档案管理部门	规章制度、劳资档案
决策层	经营模式、发展战略、竞争策略

企业搜集外部市场信息的渠道如表 10-12 所示。

表 10-12　外部资料来源

资料来源	资料内容
公共图书馆、档案馆	企业名录、行业技术
行业管理部门、行业协会	竞争者信息、行业发展状况
竞争企业或同盟企业	竞争者信息、供方信息
国家行政管理机构	政策法规、企业名录、统计公告
地区信息中心	宏观环境、市场消费总量统计
专业市场调研公司	范围广泛
各类新闻媒体	市场需求、消费反馈
专业杂志资料	行业生产技术、市场动态、竞争者
互联网	世界市场、消费动态、行业技术发展

10.5.5　二手数据的作用

二手数据的作用如下：①可为设计调研方案提供大量背景材料；②有助于明确调研

主题和对被调研群体进行分类；③二手资料中有大量的调研报告、调查技术介绍、问卷设计技术资料等，可为调研者提供实地调研的备选方法和工具；④可能为调研课题提供现成的数据资料，并使调研报告更具有说服力。

10.5.6 二手数据的搜集方式

1. 资料调查

资料调查，即调研者直接通过公共信息渠道如图书馆、资料馆、档案馆等查阅获取，短时间内可取得所需的数据资料。

2. 咨询

调研者以付费形式向其他调研公司、行业管理部门、信息中心进行咨询，甚至可以进行委托调研，我国各省、市统计局的城市调查队和农村调查队均拥有专业调查人员和较齐备的数据库，可为企业提供相应的调研服务。

3. 网上在线数据库

国际互联网的建立将世界各国大量的企业、科研机构、政府组织和个人连接在一起，为市场调研的信息搜集工作提供了极大的便利。存放于互联网服务器上的数据库及网上交流的人群为市场调研提供了重要的信息源。

通过网上数据库搜寻二手资料，速度快，可查找的资料范围广，信息量大，且信息时效性较强，其搜索软件还能自动从大量数据中查找出满足调研者需要的特定信息项目。不足之处是许多数据库特别是市场营销数据库，均采用商业化运作，调查人员除支付上网费用外，还须按其公布的价格支付较高费用才能取得所需资料。我国调研企业的网上数据库中，一份市场调研数据报告的价格通常在 2 000 元左右，国外则更高。

网上搜寻二手资料的方式主要有专用网络调查搜寻软件和网上在线数据库咨询。

(1)专用网络调查搜寻软件。互联网的大量网络信息提供商均有其特定的网络地址，多按其内容赋予网址名或组织起来形成专题网站组，调研者可利用大型网络服务商提供的搜索引擎快速进入相关网站查询和搜寻所需的信息。

(2)网上在线数据库咨询。在线数据库是网络机构提供二手资料的另一类服务形式，通常以专题数据库目录、统计报告目录的形式向用户提供收费查询服务，调查人员必须首先向其指定地址汇入相应的款项，才能购买到所需的信息资料。

10.5.7 其他调查方式

1. 产品演示会调查

某些行业管理协会或地方政府经常组织同类产品展销会、交易会、演示会、产品推介会等，参加这类相关活动是企业研究当前和未来竞争者、搜集行业技术情报和了解行业发展动态的最佳时机。此外，我国一些省、市地方政府定期举办的地方产品展示活动(如大连的国际服装节、洛阳的牡丹节)也是搜集市场信息和行业信息的重要渠道。

2. 义务咨询活动调查

企业通过参与各类义务咨询活动、地方公共关系活动、社区公益活动等可广泛收集市场环境、需求、消费动态等方面的情报。

3. 促销调查

现代企业营运中，常常将产品促销活动与市场调研活动结合起来，在提高产品知名度及接受度的同时通过顾客的反馈来搜集市场情报，如海尔集团专门针对农村市场开发的强力洗衣机，其创意就是通过现场促销活动中农村顾客的反映得到的。

4. 寻呼台（信息台）调查

对电话寻呼台(信息台)寻呼用户的调查过去在国外比较盛行，近年来我国少数市场调研公司也开始采用这一渠道搜集特定调研课题所需的信息。其特点是成功率高、抽样便利。通常有主动调查和被动调查两种方式，前者是对寻呼台(信息台)所搜集的用户数据库进行检索，通过寻呼台发送调查问题，征集用户意见；后者是委托信息台对呼入电话的用户进行询问。但可能存在用户群体层面过于集中而影响样本代表性的问题。

5. 广告反馈统计

广告反馈统计是在视听媒体中设置一定的双向沟通点，如有奖竞猜、电话答题抽奖、电话节目点播等服务，利用广告对外传播，通过记录电话拨入者的应答率或对应答者设置电话自动询问来搜集相关信息。这类方式常用于媒体收视(听)效果调查及特定消费课题的调查，费用低、操作简单，但调查面较窄，也不能控制因样本重复产生误差的可能性。

10.5.8　市场调研方法的评估与选择

在调研公司进行实际课题调研时，常常会发生有关调研方式选择的争论。由于课题、时间、资源等种种因素的制约，调研公司很难尝试也不可能采用所有的调研方法或进行重复调研。理想的解决方法是首先从委托客户的需要出发，根据具体课题的要求，考虑效率与效益的因素，对市场调研方式进行综合评估和选择。

1. 传统调研方法的评估

市场调研中，最常用和最传统的调查方式主要有四类，即访谈调查、电话调查、邮寄问卷调查和留置问卷调查。下面我们从六个方面对其优劣性进行比较排序(序号按从优至劣顺序为 1～4)，见表 10-13。

表 10-13　调查方式的优劣性

评价指标	访谈调查	电话调查	邮寄问卷调查	留置问卷调查
时间	3	1	4	2
费用	4	1	2	3
容量	2	4	3	1
准确度	2	4	3	1
广度	3	2	1	4
回收率	2	3	4	1

值得注意的是，以上评价只是一般化的相对序位，每一类中具体的调查形式又具有不同的特点及适用条件，需根据其对特定调查课题的适应性来选择和灵活运用。

2. 评估选择依据

评估及选择适当的调研方式需综合考虑下列因素：①课题类型；②精度与误差；

③课题范围和容量；④耗费的时间；⑤成本费用；⑥人员及资源条件；⑦调查方式的适用性；⑧调查方式对调研内容的覆盖度。

3. 调查方式的选择和评估的步骤

(1)选择评估标准。在确定调查课题后，首先根据委托方的要求并考虑上述因素确定评估标准，一般采用的评估标准在3～5个。

(2)确定指标权重。确定各评估标准的重要程度，赋予相应的加权比例，加权比例(用α_i符号表示，$0<\alpha_i<1$)体现了各评价标准的重要程度，以及对调查方式综合评价的影响力。

(3)建立加权综合评分模型。

(4)调查方式综合评分＝$\sum\alpha_i$×调查方式的相应标准得分值。

(5)计算调查方式的综合评分并排序。

(6)比较各调查方式的序位，选择两种或两种以上综合评价最优的调查方式。

➤案例一：德国科隆超市的电子感应仪

德国科隆超市曾研制和采用过一种电子感应仪，电子感应仪的数个感应端头隐蔽铺设在超市过道及各个货架点前地面下，它能感应顾客体重的压力，并在顾客停留3秒后开始记录顾客停留的时间长度，同时进行计数，商场管理人员和市场调查人员在每天营业结束后通过查看电子感应仪的统计数据，就能了解到每一货品展示位的顾客光顾频率、平均停留时间等信息，为商场调整货架摆设及分析顾客流量提供数据。

➤案例二：冰淇淋新包装促销效果调查

在贵阳市区内调研时，我们注意到各个冷饮摊点尽管经营面积、经销品种、价格及服务态度上几乎没有差别，但不同地段的冷饮摊点的日常销售规模相差很大，很难找到完全无地段差别的经销摊点；而且冰淇淋是一种季节性特征显著的商品。因此，我们采用了控制组与实验组事前事后对比的改进方法进行市场测试，如表10-14可以较准确地测算出包装改进带来的销售增长效果。

表10-14　冰淇淋包装改进测试实验效果对比表

实验环节	中华中路摊点组(控制组)	中华北路摊点组(实验组)
前测(日营业额/元)	2 000	400
新包装投入	无	有
后测(日营业额/元)	2 400	600

$$实验效果=(600-400)/400-(2\,400-2\,000)/2\,000=+30\%$$

注意此处如误用第一种方式，则实验效果变为

$$(600-400)-(2\,400-2\,000)=-200$$

显然与实际情况相悖。

➤案例三：美国电台收听率调查

如何了解某一广播电台的收听率也许是个较为棘手的问题，美国NFO调查公司利用痕迹跟踪有效地解决了这一难题。他们先后派出大量观察人员，分别到各州交通要道和主要高速公路的大型加油站充当加油工，当每一辆轿车进入加油站等待操作时，调查人员迅速观察轿车驾驶座的仪表盘上收音

机频道指针，记录其停留的位置，由于每一个广播电台的频率是固定的，故通过统计指针停留位置的数量及比例即可获得有关收听率的基本信息。

➢案例四：冰淇淋销售的市场调研

笔者受公司委托曾对 2003 年夏季昆明市某品牌系列冰淇淋的市场占有率及各品种消费结构进行调研设计。初步调研中我们发现多数冰淇淋购买者有边走边吃的习惯，且所有冷饮摊点都设有专供消费者丢弃包装纸的塑料桶。因此，笔者采用了垃圾物分类分析的调查方式，要求所有调查人员在每日摊点结束营业前，对主要路段的冷饮摊点垃圾桶内的冰淇淋包装纸进行分检统计，通过持续 2 周的调查汇总，基本上推算出昆明市各冷饮品牌的市场份额和各类冰淇淋品种的消费比例。

➢思考与讨论

1. 简述二手资料调查的优缺点。

2. 以下调查项目应选择何种调查方法？

(1)确定某一区域(十字路口)车流量；

(2)计算某品牌啤酒的消费量；

(3)确定某商品包装改进的效果；

(4)测试消费者对某一则广告的印象；

(5)评估营业人员的服务态度。

3. 如何用痕迹跟踪法调查和搜集下列信息？

(1)某品牌洗衣机的质量和问题；

(2)某电视频道收视率；

(3)某娱乐场所的人气；

(4)某商场的消费者购买率。

第11章

调查问卷设计

11.1 调查问卷及其类型

市场调查问卷又称市场调查表(单)，它是调查者将所需要向调查对象了解的信息，以问题的形式集成在一起，按统一标准和规范印制，向被访的单位或个人展现并搜集信息的调查文档工具。市场调研活动的本质，就是根据委托客户的需求和目标，利用一定的手段和工具，对调查对象思想、态度和行为进行准确的衡量，提炼和获得调研项目所需要的信息，以此揭示事物的发展规律和变化的趋势，帮助委托客户做出正确的决策。调查问卷就是向调查对象搜集信息的有效手段之一。由于它具有简明、规范、客观、反馈快、保密性好等特点，成为现代市场调查中广泛运用的重要测量工具。据统计，运用市场调查问卷作为主要调查手段的项目占全部委托项目总量的60%以上，占整个消费类调查课题的80%以上。

以调查问卷为基础的市场调查活动，调查问卷设计的质量决定了市场调研的基本质量。如果将一次市场调研服务看做医院给患者进行诊断治疗的过程，那么调查计划是手术治疗方案，调查人员是医生，而调查问卷就是诊断仪器和手术设备，其质量和水平决定了医生能否准确地诊断病症，即调研结论的准确性程度，也决定了治疗的效果，即调研活动的质量与效率。

良好的调查问卷必须具备两个功能，一是要将问题准确、通俗地传达给调查对象并使其充分理解。二是要使调查对象能够接受并愿意如实回答。要完成这两个功能，调查问卷必须建立在严谨的心理学和行为测量方法之上。其设计是一个系统、逻辑、细致的工作过程，涉及语言学、心理学、消费学、统计学等多方面的知识体系，也是整个市场调研中技术要求较高的环节。要设计一份简明、周密、有效的调查问卷，必须遵循一定的原则和程序，运用一定的技巧，进行细致的策划并遵循科学的原理。

调查问卷可以是表格式、卡片式或簿记式。按照问卷的传递和使用方式不同，又可分为报刊问卷、邮政问卷、送发问卷、访问问卷、电话问卷等。按照问卷填答者的不同，可分为自填式问卷和代填式问卷。自填式问卷受调查问题的表述和设计质量的影响很大，受调查人员自身语言交流能力的影响不大；代填式问卷则反之。在具体运用中两者各有利弊，两者对比见表 11-1。

表 11-1　调查问卷对比表

类型	自填式问卷	代填式问卷
特征	文字表述设计要求高	调查人员表述能力要求高
内容	有敬语、前言、感谢词，调查对象特征项一般放在背页	不需要敬语、前言，调查对象特征项一般放在正页
格式要求	严格	不严格
回收率	较低	较高
回答质量	较低	较高
回答客观性	较高	较低
调查时间	较长	较短
调查费用	较低	较高

11.2　消费者态度的测量

11.2.1　消费者态度与行为的测量

市场调研的核心是通过调查消费者的事实、行为和态度来推断消费者的心理动机和需求趋势，从而指导企业的营销行为。一方面，消费者的需求通过购买动机反映出来，通过购买行为得以实现，通过使用或消费得以满足；另一方面，需求与动机、行为与态度之间存在着比较复杂的对应关系。市场调研就是通过对消费者的心理和态度及其强度的测量来预知消费者行为的趋向。消费者心理和态度之所以能够被测量，主要是基于心理和态度的投射性原理和差异性原理。即消费者对某件事物的认识和态度必须通过一定的行为和事实显现出来，而且不同类型的消费者具有不同的行为模式。例如，高收入消费者通常光顾高档品牌商场、出入高级俱乐部和私人会所，而低收入者更多选择到超市购物，社会交际活动也相对较少。行为差异性也是市场调查和行为测量的基础。

11.2.2　测量标尺的等级

消费者态度测量是通过一系列既定的程序，力图将消费者态度分解为多维变量，并利用量表工具使每一个变量类别化和定量化。实际调研中，对消费者态度进行测量和定位的标尺按其测量水平基本上可分为四种类型，即类别尺度、顺序尺度、间距尺度和比率尺度。下面分别进行讨论。

1. 类别尺度

类别尺度是将所有数据按某一定性标准进行分类，各类之间具有清晰的“边界”，且总体具有完备性和互斥性。可用类别尺度进行测量的概念，其特征是各数据之间不能互相比较、排序，也不能加减或乘除，如性别、产品品牌、产品功能、民族等。类别尺度是所有测量标尺中最基本的也是最低级别的标尺。

2. 顺序尺度

顺序尺度较类别尺度的测量水平高，数据之间不仅可以分类，也在特性上具有相对差异程度。用顺序尺度进行测量的概念，其数据能够区别等级或顺序，但不能表明绝对数量上的差异。因此，数据之间可以进行比较和排序，但不能进行加减或乘除运算，如个人学历层次、商品等级、职务等。

3. 间距尺度

间距尺度具有更高的测量水平，它包含了顺序尺度和类别尺度的特征。可用间距尺度进行测量的概念，其数据之间不仅可以比较和排序，还可以度量两个数据间的绝对差距，既能进行加减运算，能更清晰、精确地反映数据之间差异程度。但由于没有绝对的零点(基点)，数据之间不能进行乘除运算，如温度、考试成绩等。

4. 比率尺度

比率尺度是测量尺度的最高等级。除具有上述三种尺度的属性外，还具有公认的绝对零点(基点)，因此，可用比率尺度进行测量的概念，能作加减乘除各种运算，并能进行各种统计分析，如销售额、年龄、重量等。

对实际调查对象使用何种等级的测量，首先取决于被测量对象的特征，其次要考虑调研的目的和要求。

11.2.3 测量的程序

测量是指给被调研的事物的各个特性分配特定的数值，将调研变量数量化的过程。测量的前提是首先要明确测量的对象，建立测量的规则和分类标准，编制测量的参照尺度并界定每一个尺度的定义，然后评估测量误差，最后运用这一尺度完成测量工作。测量尺度的制定过程实际上就是问卷问题的技术设计过程。下面我们以消费层次量表工具的建立为例描述其基本的程序。

(1)概念界定。概念界定是明确需要调查和测量的主题，并根据初步观察或摸底调查的结论，对大量消费者行为进行分析和归纳，提炼形成具有某种共同特征的类别的基本概念。例如，拥有豪华私家车、居住别墅、经常打高尔夫球者通常有相对很高的收入，可归纳为高收入阶层。

(2)制定类别结构。归纳出被调研事物的全部类别，即对调查总体进行初步分类。例如，我们通过大量统计事实发现不同消费者随收入差距的增大而具有完全不同的需求特征和购买意向，根据消费特征的差异可将本地消费者大致划分为 5 个收入等级，即低收入、中低收入、中收入、中高收入、高收入。

(3)确定理论定义与表征定义。理论定义是在严格意义上对概念进行区别，如本地高收入者的理论定义是个人年收入 300 000 元以上者。表征定义是将理论定义转化成调查对象可观测的表面特征。事物类别的表征定义在市场调研中具有非常重要的作用，它使理论上的概念有了现实的可操作性。例如，本例中高收入者的表征定义为拥有 180 平方米以上商品房、30 万元以上的私家车、月生活费用支出不低于 8 000 元者。

(4)编制测量尺度。测量尺度是将表征定义具体化为量表工具。例如，我们调查确定高收入者的问题群如下：

请在符合你的具体情况的项目答案后打“√”。

1. 你的月生活费用：

1 000 元以下（ ）1 000～3 500 元（ ）3 500～8 000 元（ ）8 000 元以上（ ）

2. 你购买的商品住宅的面积：

50 平方米以下（ ）50～100 平方米（ ）100～180 平方米（ ）180 平方米以上（ ）

这里的 1 000 元以下、1 000～3 500 元、3 500～8 000 元、8 000 元以上就是测量尺度。

编制测量尺度的关键在于界定每一个测量区间的“边界”值。“边界”是指调查对象行为特征发生变化的临界点。

(5)运用测量尺度，设计问卷问题或访问问题，说明问题的回答方式。

(6)评估测量误差。量表设计完成后，需要对测量的系统性误差及随机性误差做出估计，评价市场测量的有效性和可靠性。例如，上例中须对应答者的个人因素、环境、调查人员个性等误差因素进行评估。

(7)通过实施调研活动，对量表进行统计分析，取得调研结论。

例如，我们对某校学生进行网络成瘾程度的调查。

(1)概念界定：调查主题是学生上网成瘾情况，主要体现在学生对网络的依赖程度和上网时间。

(2)制定类别结构：根据初步调查，按学生对网络的迷恋程度大致可以分为很高、较高、一般、较低、很低。

(3)理论定义。

很高：所有个人资讯均来源于网络，缺乏除网络外的其他交流渠道和生活方式。

较高：主要依赖于网络获得信息，上网占据了休息之外的大部分日常时间。

一般：上网主要与工作和学习相关，网络交流不多，个人资讯渠道多。

较低：上网的频率与时段均不固定，网络只是业余生活的补充。

很低：对网络缺乏兴趣，网络接触度较低。

(4)表征定义。

很高：离开网络感到无法生存，所有问题都希望上网解决。

较高：每天大量时间耗费在网络上，网络聊天较多。

一般：上网时间不固定，查资料。

较低：偶尔上网，下网很容易。

很低：空余时也基本不上网，不喜欢网上交流。

(5)编制测量尺度和问题的备选答案。

A. 每天起床首先打开电脑，不上网不知道该干什么。

B. 一天不上网好像生活中缺少点什么，许多事情可以在网上解决。

C. 有空时上上网，也可能做做其他活动。

D. 没事无聊了上上网，不过没多大意思。

E. 网络上太无聊，不如找其他人玩玩。

11.3 市场调查问卷的设计流程

11.3.1 调查题型分类

可供调研者选用的市场调查问卷的题型形式丰富多样，选择采用何种题型和提问方式有赖于具体调研课题的内容和调查对象的特征。题型选择的基本标准是能够迅速取得消费者的合作，便于应答对象的理解和统计分析的开展。市场调查问卷中的题型按不同的角度可分为不同的类型，其中主要的分类方式有以下三种。

1. 按题型特征可分为开放式、封闭式和量表式三类问题

开放式问题是由调查对象自己组织语言来回答有关的调查问题，即问题对调查对象没有任何限制。开放式问题的优点是：①鼓励调查对象充分表达自己的意见；②能为研究者提供大量丰富的信息，有时还可获得意想不到的发现；③可以深入详细地讨论和追问；④为封闭式问题提供设计参考。开放式问题的缺陷是：①答案离散度较大，难以统计分析；②受调查对象个性和文字表述能力的制约；③须用文字作答，费事费时，被拒绝率较高。

封闭式问题是由设计人员给出一系列备选答案，调查对象根据自身的情况在相应的选项上作记号。封闭式问题的优点是：①可以减少记录或填写误差；②数据的录入、编辑、统计、汇总十分便利；③调查对象易于作答；④问题含义清晰且对调查对象有一定的提示作用。封闭式问题在市场调研中应用最多，但也存在一些局限：①备选答案限制了调查对象的思路和选择；②答案的排列位置或顺序会产生一定的“首位效应”或“中间效应”，对调查对象的心理产生影响。

量表式问题是利用态度标尺或态度级差问题调查调查对象对某一事物的主观看法和意见倾向性。其内容侧重于调查对象意见的倾向程度而不是意见的具体内容。量表式问题的优点是：①能够了解调查对象的意见倾向强度；②所有答案均可数量化，便于统计分析和互相比较。量表式问题的局限是：①填写方式比封闭式复杂，易使调查对象产生误解；②难以了解调查对象意见倾向背后的原因，结论比较笼统肤浅。

2. 按回答方式可分为自填式和访问式问题

自填式问题由调查对象自己填写答案。其优点是：①节省时间和费用；②真实度较高。其缺点是：①回收率较低；②应答者的填写过程难以控制，可能由于调查对象的误解、他人代答等导致一定的误差。

访问式问题由调查人员提问，并根据调查对象的回答填写。其优缺点正好与自填式问题相反。回收率和有效率较高，误差小，但成本高，费时长。

3. 按调查内容可分为类别、行为、态度三类问题

类别问题主要用于调查应答者个人(家庭)特征或属性，以便对应答者进行分类，类别题虽简单易答但却是统计分析的基础。行为问题则着重了解应答者的行为方式，多用于调查事实性问题，如消费者的购物时间、地点、方式、已有的品牌等，是最常用的调查问题。态度问题的设计较为复杂，主要用于调查应答者深层次的心理活动和意见倾

向，通常需要采用特别设计的量表形式来完成。

11.3.2　市场调查问卷设计程序

市场调查问卷设计程序见图 11-1，每一步骤的内容和具体操作方式详述如下。

1. 确定主题

确定主题是调查问卷设计的第一步骤，也是整个问卷设计的基础。其主要目的是决定调查问卷在本次市场调研中的作用，以及确定调查问卷要承担哪些信息的收集任务。它包括下列工作：①再次向委托客户征询调查结论的用途，复述调查计划，确认客户所需的信息和调查主题。②确定调查课题类型和“项目边界”，即界定客户需要的信息的范围，进一步明晰调查问卷需要收集的信息的范畴、内容、重要程度。③分解调查项目，为每一调查项目选择和确定恰当的调查方式。同时确定哪些调研项目的内容、哪些调研方式须以调查问卷为工具来完成。

2. 问题分解

确定问卷所承担的调查项目后，逐一对调查问题进行分析，调研者必须要着重考虑以下几方面问题：①此调查问题是否适合采用问卷形式进行；②能否通过调查对象对问题的回答取得调研所需的信息；③调查对象是否愿意在问卷上回答此类问题；④问题的回答是否可限定在一定范围内；⑤问题的回答是否便于数据处理和统计；⑥所调查的项目内容需要多少个问题来承担；⑦此项问题是否便于特定的调查对象(如儿童、文盲)回答；⑧问题敏感程度如何，其设计是否需要特定的技巧。

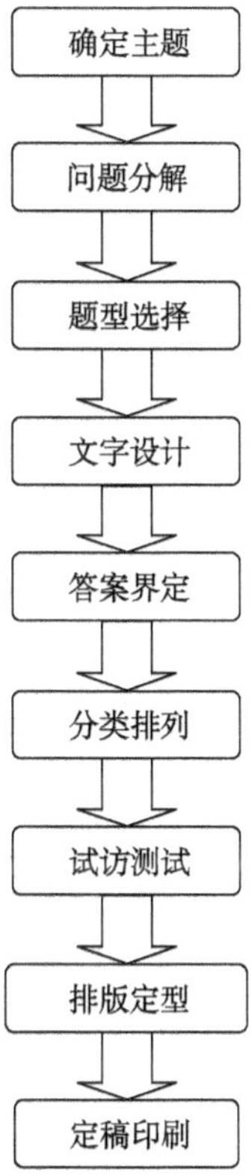

图 11-1　市场调查问卷设计程序

由于调查问卷需要占用调查对象较长的时间和较多的精力，且拒访率较高，故我们的原则是能够采用其他更低费用的方式调查的问题尽可能不出现在问卷上。在综合衡量上述因素后，需要确定进入问卷的每个调查项目需要几个调查问题来完成，问卷最终会包含多少个问题。

3. 题型选择

将调查项目转换成调查对象可接受的问题群是调查问卷设计中最重要的步骤。每一个调查项目内容均可用多种不同的题型方式表述出来，选择适当的题型是题型选择步骤所考虑的首要问题。题型选择的基本原则是便于作答、易于统计分析。显然，同一问题使用限制选择式比自由问答式更有利于调查对象回答，因为前者仅需调查对象在相应答案上做出标记，而后者则需调查对象用文字表述，对于文字表达能力不强、语言组织能力较弱的调查对象是比较困难的。

4. 文字设计

文字设计是确定调查问题的表述方式。需要考虑调查对象的可沟通性与可接受性，其最基本的原则是简明通俗。例如，某家庭电脑的调查问卷中的问题是：“你的电脑经常当机的原因是 CPU 超频使用或是主板桥接的故障?”显然这样的问题设计是不合适的，因为绝大多数用户都不是专业电脑技术人员，很难理解和回答这类纯技术性或专业名词过多的问题。

5. 答案界定

市场调查问卷的答案是产生市场调研结论的依据之一。为每一调查问题设置合理的答案范畴集中体现了问卷设计人员的专业技能，除必须遵循的一些基本原则外，某些难度较大的敏感性问题还需要问卷设计人员利用专门的技巧(见 11.5　市场调查问卷的前用题型特征及设计要点)加以解决。答案设计的基本原则如下。

(1)明晰：答案含义清晰明确，无二义性。典型的错误如问题“你是比较关注时尚的人吗?”，调查对象对这一问题中“时尚”一词理解因人而异，没有明确的界限和量度，因而失去了统计意义。

(2)覆盖：答案必须包含所有可能的情况。典型错误如某询问书报消费情况的问题：

你每月购买书报杂志方面的开支为(　)

a. 10～30 元　　b. 30～60 元　　c. 60～100 元　　d. 100 元以上

显然，如果调查对象的购买额在 10 元以下则无法选择相应答案。

(3)紧密：答案之间不可存在“空缺”。典型错误如询问消费者衬衫购买情况的问题：

你今年夏天购买的衬衫数量为(　)

a. 1 件　　b. 3 件　　c. 4～5 件　　d. 5 件以上

答案明显“漏掉”了购买 2 件的情况。

(4)互斥：答案之间不能存在交叉状况。典型错误如询问衬衫购买地点的问题：

你现在穿着的衬衫是在什么地方购买的(　)

a. 百货商店　　b. 专卖店　　c. 私营商店　　d. 服装小摊点

答案 c 中含有 a、b，答案划分标准不统一。

6. 分类排列

调查问卷的基本题型完成后，下一步工作是进行版面的编排。调查人员必须首先对所调查的问题进行适当的分类。各类问题的排列顺序与调研要求和消费者的心理接受度有关，不可随意排列。

通常将调查问题分为过滤性问题、特征性问题、适应性问题、敏感性问题和过程性问题。每类问题的位置安排有其内在的逻辑性和规律性。一般问卷的问题排列顺序如表 11-2 所示。

表 11-2　调查问卷的题型

问题	特点与作用	正确位置
过滤性问题	鉴别调查对象是否是调研所需目标对象	首位
特征性问题	了解调查对象的个人或家庭特征	次首位
适应性问题	易于回答的非敏感性问题，了解调查项目的一般性内容	按回答问题先易后难原则排列
敏感性问题	难以回答或涉及个人隐私的问题	拆夹在一般非敏感性问题中
过程性问题	调查人员的访问情况，评估调查人员的工作质量	最末

此外，还要尽可能遵守以下规则：①事实性问题放在前面，原因性问题放在后面；②认知性问题排在前面，记忆性问题排在后面；③行为、结果性问题放在前面，态度、

感情性问题放在后面；④趣味性较强的问题放在中间；⑤封闭式问题放在前面，开放式问题放在后面。

对于涉及调查对象个人收入、家庭、情感、政治态度等高敏感性问题，不适合直接询问，可采用迂回法或过滤法(详见 11.6.3　问卷题型设计的心理技巧)来进行访问。

7. 试访测试

调查问卷初稿设计完成后，在正式使用之前，尽可能随机选择一部分调查对象作小范围的问卷预先测试，问卷测试的目的是检查问卷内容合理性，查找可能出现的设计错误如答案遗漏、用词含糊、阅读困难、排列混乱等问题，以便进一步检查和修订。问卷试测应检查的项目有：①调查问卷是否适应回答者的能力；②目标群体对调查问卷的理解度；③问题的答案是否完备；④询问形式是否适当；⑤调查问题是否简明，用词是否清晰；⑥问题排列顺序是否恰当。

8. 排版定型

(1)排版要求：①问卷字号应在小四号字体以上，并留下足够的行间距和字间距以保持页面的清晰度及易读性。通常以正常视力者距离一尺左右能轻松阅读为原则。②字体一般以印刷标准体为主，尽量不用其他不规范字体、繁体和 POP 体。问卷填写说明及问题重点处以粗黑体或斜体加以提示和强调。③开放式问题应留下足够的空间以便于作答。

(2)内容要求：①问卷不可过长，通常邮寄调查或入户留置问卷的作答时间要在 1 小时之内；入户调查问卷和电脑问卷作答时间应控制在半小时之内；拦截访问或现场留置更短，一般不超过 15 分钟；电话调查问卷则需限制在 10 分钟以内。②问卷页数的设计要考虑应答者的感受，页数不可过多，问卷超过 4 页(特殊情况除外)，应答的正确率会大幅度下降。但也不可一味考虑减少页数而使调查问卷的页面外观视觉显得杂乱拥挤，影响调查对象的情绪。③问卷应尽可能使用高质量的白纸印刷，多页问卷应装订成册，使其看上去比较正规且便于使用。

问卷在修订完成正式排版付印之前，还需对问卷作二次测试，二次测试的目的是评估问卷形式的合理性，即问卷的外观设计是否对调查对象具有吸引力，是否方便作答。

9. 定稿印刷

定稿印刷期间，调查人员应实时进行跟踪和现场监督指导，以确保问卷印刷完整、清晰，装订正确。邮寄问卷还需按统一格式折叠装入信封内。设计者必须牢记：问卷的印制质量与问卷受重视的程度和应答率是成正比的。

11.4　调查问卷的结构与设计原则

11.4.1　调查问卷的设计原则

要在有限的版面内获取尽可能多的有效信息，必须对市场调查问卷系统安排、精心设计，首先要遵循以下基本原则。

1. 集中性

调查问题设置应围绕调研主题，精简扼要，突出调研重点，凡与调研项目所需搜集的必要信息无关的内容不列入调查问卷中，问卷设计完成后，调查人员应对每一问卷问题的作用进行详细分析，清除“多余”的题目。此外，可采用其他方法获取的信息，尽量不进入问卷内，每份问卷的问题总数量以不超过 30 个为佳。

2. 通俗性

调查问题的文字设计力求大众化与通俗易懂。一方面，问题的阐述要清晰准确；另一方面，要避免使用过于专业化的文字或生涩难懂的术语。例如，我国南方民间，许多消费者仍习惯以“斤”而不是“千克”作为计量单位，在向消费者提问时尤其要注意这些细节。我们在贵阳市商业区进行拦路访问时，就曾有部分调查对象因对“千克”概念不清晰而产生误答。

3. 统计性

调查问卷的设计应尽量使用可定量分析的题型，使之形式简明，便于统计。一般情况下，封闭式问题比开放式问题可理解性和可接受度更强。如必须使用开放式问题，也要尽可能对回答范围加以限定。例如，“你经常看书吗”这一问题设计就比较模糊，“经常”、“书”的概念完全因人理解而异，“经常”可以指每周、每天也可以是每月；“书”既可指业务书籍，也可指报纸杂志。正确的问题应是“你每天都看报吗”，这样既便于调查对象作答，又有明确的限定，便于统计。

4. 无偏性

调查问题应保持“中立”态度。要避免使用诱导性问题或提问含有明显的主观色彩。例如，在某次关于我国加入 WTO 的民众意见调查中有这样一个问题：“加入 WTO 后，将更大地促进中国经济的高速发展和人民生活水平的提高，你是否赞同我国加入 WTO?”这种设计含有明显的诱导成分，回答者可能会“随大流”选择赞同，实际上却持不同的态度，或者因“逆反心理”故意选择不赞同，两种情况都会导致调研信息失真。另一个不太显著的诱导性问题是“很多人家里都安装了空调，你家是否也打算安装一个”，这一问题犯了与上一问题同样的错误。

5. 客观性

市场调研问题设计的一个最重要的原则就是通过调查消费者的客观行为来推断消费者的真实意愿。因此，特别是有关购买意向方面的问题，应尽可能了解客观事实而不是直接询问主观意见。美国通用汽车公司曾对将推出的新款式轿车征询潜在用户是否喜欢，得到大多数消费者的肯定，但新款轿车上市后销售效果却不理想，“喜欢”与购买完全是两码事。前者是主观性问题，大多数顾客回答“喜欢”时只是考虑汽车外观，而是否购买则取决于价格、适用性、功能等多方面因素。

11.4.2 市场调查问卷结构

1. 市场调查问卷的基本构成

一份完善的市场调查问卷，至少应包括如表 11-3 所示的内容。

表 11-3　市场调查问卷结构

问卷结构	作用
卷首(尾)语	表明身份、说明来意、敬请配合、表达谢意
调查对象的特征项目	便于统计分析
问卷填写说明	提高问卷有效率
调查项目问题群	收集所需调查项目的信息
调查人员项目	考核调查人员工作效果
问卷编号	考核调查人员工作质量，便于统计和存档

其中，如果是代填式问卷，问卷上可省略卷首(尾)语，由调查人员直接向调查对象说明来由和身份，并请求对方配合；如果是自填式问卷，调查对象的特征项目应放在问卷背面，由调查人员通过观察自行记录，既可以节约一定的时间，又可以消除调查对象的顾虑。

2. 卷首（尾）语

问卷卷首语是调研者写给调查对象的一封短信，其形式应亲切诚恳、简明扼要，但内容上要涵盖以下几个方面：①称呼、问候语；②调查人员身份、调查组织单位；③调查目的和内容；④问卷对应答者的作用和重要性；⑤应答所需时间；⑥保密或匿名的承诺；⑦表示感谢。

3. 调查对象的特征项目

调查对象的特征项目对以后进行分类别的统计分析起着至关重要的作用，也是调研数据汇总的基础。调查对象的特征项目一般采用填空式或选择式题型，通常包括以下几项：①个人特征，如年龄、性别、籍贯、身高；②社会特征，如职业、单位、职位；③家庭特征，如婚姻状况、家庭人数、子女年龄。

4. 问卷填写说明

调查问卷必须注明详细的填写要求，如整个调查问卷采用同一种题型，填写要求可在卷首注明；如调查问卷题型较多，可在每一类题型前注明或在每一题前注明。填写说明的字体设计要比较醒目且与调查问题的字体有明显的区别。

5. 调查项目问题群

调查项目问题群是调查问卷的主要部分，约占整个调查问卷 85％以上的篇幅。一般可分为三个部分：第一部分多为关于调查者基本事实和特征的问题，比较易于回答；第二部分是细节性、意向性问题，回答难度略大；第三部分是较复杂的心理性、情感性问题，比较敏感也较难回答。具体问题的安排详见前述调查问题的分类排列部分。

6. 调查人员项目

调查人员项目一般印制在问卷背面，由调查人员自己填写，主要是记述调查过程和工作情况的内容，以便对调查人员的操作能力、工作质量及调查效果予以检查和审核。一般包括下列几项：①调查人员姓名、工作卡编号；②调查对象姓名；③调查对象地址、电话号码；④访问日期；⑤访问起始时间、终止时间；⑥访问地点；⑦访问中特殊情况及其处理(仅用于入户或现场问卷)。

7. 问卷编号

调查问卷的编号事先印刷在问卷首页右上角或末页右下角。调查人员一般按照编号区段领取调查问卷，统计员可根据编号迅速进行汇总、存档，并可迅速计算出每位调查人员的问卷回收率、有效率等指标，便于对调查人员的工作质量进行考核分析。

11.5 市场调查问卷的常用题型特征及设计要点

问卷调查是我国目前众多市场调研公司普遍采用的调查方法。但多数问卷的题型单一，设计呆板。不仅对调查对象缺乏吸引力，也使调查的内容受到局限。国内从理论角度对市场调查问卷题型进行详细阐述和归纳的著述较少。因此，笔者在此节将结合多年的实践经验，从系统的角度对市场调查问卷中目前常用的各种题型进行归纳和阐述，并力图对各种题型的适用范畴、设计要点及其优劣逐一进行详细分析。

市场调查问卷的设计中，可选择和运用的题型丰富多样，大致可分为三类，即封闭式问题、开放式问题和量表式问题。每一大类又包括若干类型，某些类型还有多种不同的设计形式。下面对基本的十余种题型及其常用来计算的统计指标逐一进行分析。

11.5.1 封闭式问题

1. 两项选择式

1)两项选择式的特征

两项选择式，即问题的答案被限制在两个固定选项中，回答者既不能多选，也不能不选，二者必选其一。

2)两项选择式的示例

(1)你有吸烟的习惯吗(　)

a. 有　　b. 无

(2)你赞同“金钱不是万能的，没钱是万万不能的”这句话吗(　)

a. 赞同　　b. 不赞同

(3)目前你是否会离职另择其他单位(　)

a. 是　　b. 否

以上例子中实际包含了两小类题型，(1)是穷尽性问题，答案非A即B，没有第三种选择；(2)是非穷尽性问题，即有些人可能只赞同(反对)原话中的一部分；(3)也是非穷尽性问题，如有的人可能“不确定”。

3)两项选择式的优点

两项选择式的优点如下：①备选答案被限定在两项之中，调查对象较易回答；②问题答案简明，比较容易询问和统计；③对于非穷尽性问题而言，其答案含有“强迫”归类的特点，有意识使“中立者”偏向一方，可以调查回答者的倾向性。

4)两项选择式的缺点

两项选择式的缺点如下：①非穷尽性问题忽略了大量的“中间”答案，难以了解调查对象对某一事物真实态度上的差别；②回答者只能选择肯定或否定两种情况，应用范围较窄。

5)两项选择式的设计要点

第一，两项选择题的答案含有"强制"性特征，因此，对于非穷尽性问题的设计要慎用。特别是对于回答者中可能存在大量"第三者"的情况下尽量不使用此类题型进行调查。例如，上例(3)中选择项忽略了很多人可能有"看看再说"的选择，易导致调查结论的失误。

第二，答案必须完备且互斥。如存在两项都可选或都可不选的情况，则不能采用此类题型。如：

你购买洗衣粉是到超市还是百货商店(　)

a. 超市　　　b. 百货商店

这显然是一个错误问题，应答者可能两者都不去(如在住宅附近便利店购买)，也可能两者都去。

6)营销调研中的应用

两项选择式主要应用于：①消费者个人(家庭)特征分类；②两种同类产品的"强制性"比较；③调查对象对商品(服务)的消费行为和事实。

7)常用统计分析指标

(1)总额：各答案的选择总量。

(2)结构：每个答案占被调查人数的百分比。

(3)比较：两类答案的应答人数之比。

2. 单项选择式

1)单项选择式的特征

问题罗列若干答案，但消费者只能选择其中一个。这是调查问卷中最常用的题型之一。

2)单项选择式的类型

调研中常用的单项选择题类有两种形式，即选择式和表格式。选择式是最常见的形式，如：

你属于哪一个年龄段(　)

a. 20 岁以下　　b. 21～35 岁　　c. 36～50 岁　　d. 50 岁以上

你使用的便携式电脑的品牌是(　)

a. 联想　　b. 清华紫光　　c. 东芝　　d. 日立　　e. 其他

你对柯达胶卷"情感篇"广告的看法是(　)

a. 喜欢　　b. 一般　　c. 不喜欢　　d. 没有看过

表格式实质上是将备选答案相近的多个单项选择题合并在一张矩阵形表格中。如：

请你选择并标记(打"√")出你所购买的化妆品的类型。

特性 / 商品	酸性	中性	碱性
面膜			
唇膏			
护肤膏			

3)单项选择式的优点

单项选择式问题的答案有限，有利于应答者选择，也比较容易统计分析。

4)单项选择式的缺点

因其难以罗列所有答案，如设计者对调研问题不够了解，可能“漏掉”某些重要的选项而将其全部归入“其他”项，造成多数应答者选择“其他”项，从而失去统计意义，影响分析结论。

5)单项选择式的设计要点

(1)所有答案划分标准必须一致，答案之间要严格满足互斥性。如：

你的职业是(　)

a. 干部　b. 军人　c. 学生　d. 企业职员　e. 行政事业单位职员

显然 a 答案与其他答案的划分标准不一，军人、企业职员、行政事业单位职员中既有干部也有普通职工(士兵)。

(2)如不能罗列所有答案时应设置“其他”项。如果问题的可选答案较多，设计者应根据初步调查的结果将主要的备选项目列出，不能罗列的答案须设置“其他”项以供填写。如上例。

(3)答案数应尽量控制在 10 个之内，即普通问卷的两行之内为佳，否则会增加调查对象的应答时间，也给人以眼花缭乱的感觉，造成调查对象厌烦或敷衍了事。

(4)全部答案应覆盖所有可能的范围。要防止答案的“遗漏”造成部分应答者无法选择。如：

你家中使用的照相机的价格是(　)

a. 500 元以下　　b. 500～1 000 元　　c. 2 000 元以上

这里遗漏了 1 000～2 000 元这一档次的答案。

(5)各备选答案的覆盖范围不得交叉。如：

你购买的手机是在(　)购买的

a. 品牌手机专卖店　　b. 通信器材商店　　c. 二手市场　　d. 其他

此题典型的错误是 b 答案包含了 a 答案(品牌手机专卖店也属于通信器材商店中的一类)，让应答者无所适从。

你每月的基本生活费用支出为(　)

a. 200 元以下　　b. 200～400 元　　c. 400～800 元　　d. 800 元以上

如某位应答者的生活费用正好为 400 元，则 b、c 两项均可选择，易造成统计失误。

6)营销调研中的应用

单项选择式主要应用于：①消费者个人属性；②品牌选择趋向；③消费者对商品的接受度；④同类商品评比选择。

7)常用统计分析指标

(1)结构：每一答案统计量占调查总数的比例。

(2)众数：频数最大的答案。

(3)加权平均值：对数量化的答案可计算其加权平均值，上例中关于每月基本生活费用支出的问题。

$$加权平均值 = \sum(组中值 \times 本组答案统计量)/答案统计总量$$

3. 多项选择式

1)多项选择式的特征

应答人在设计者给出的多个答案中，可选择一个以上适合其情况的选项。多项选择式也是调查问卷中最常见的题型。

2)多项选择式的示例

(1)你经常购买的香烟品牌有(　)

a. 红塔山　b. 万宝路　c. 剑牌　d. 中华　e. 黄果树　f. 其他

(2)近两年来，你接受过哪些方面的培训(　)

a. 外语　b. 计算机　c. 营销知识　d. 其他

(3)你光顾酒吧的原因是(　)

a. 休闲消遣　b. 寻找朋友　c. 赴约会　d. 休息放松　e. 其他

3)多项选择式的优点

多项选择式的优点如下：①多项选择式也属于比较典型的封闭式题型，比较容易进行统计分析；②较单项选择式和两项选择式能获取更多的信息。

4)多项选择式的缺点

多项选择式的缺点如下：①多项选择式的回答要麻烦一些，需要的时间也较长；②某些题目可能难以罗列出所有答案，因此，如应答者意见过于分散时会产生一定的统计误差。

5)多项选择式的设计要点

多项选择式与单项选择式基本相同，也需遵循下列设计原则：①一致性，即所有答案划分标准必须统一；②完备性，即不能罗列所有答案时应设置“其他”项；③数量，即答案数控制在 10 个之内为佳；④周密性，即答案应覆盖所有可能的范围；⑤互斥性，即各答案覆盖范围不得交叉或包容。

此外，在多项选择式用于商品之间的比较时，还应注意以下两点。

(1)各备选答案应属同一范畴或同一档次的事物，即各个答案之间要有一定的可比性，否则将失去统计意义。如：

在经济能力和时间均较宽裕的条件下，你打算(　)

a. 出国旅游　b. 购买高档家具　c. 投资股票　d. 其他

这一问题的答案之间缺乏可比性，不能真正了解消费者的选择和取舍倾向。

(2)注意备选答案的排位。备选答案的排列顺序会对应答者的心理产生一定的影响，往往排在前面的答案更易被调查对象选择，设计者应将备选答案按预估的情况有意识地打乱顺序。

6)营销调研中的应用

多项选择式主要应用于：①居民个人(家庭)消费支出投向；②品牌忠诚度；③消费行为特征；④产品整体形象比较；⑤市场占有率、产品普及率。

7)常用统计分析指标

(1)结构：各备选答案统计量在答案统计总量中所占的比例。

(2)比例：各备选答案统计量占调查总量的比例。

注意，两者的含义是不同的，前者反映了备选项目在所有项目中的影响力和竞争力，而后者只能反映备选项目的采用率和被接受的程度。

(3)众数：在各备选答案中频数最大的项目。

4. 填空式

1)填空式的特征

设计者在问题后留出一定的空间，指示应答者根据自身情况用简要的文字作答。

2)示例

(1)你使用最多的牙膏品牌是________。

(2)下一步你打算购买的家用电器是________。

(3)你目前从事的职业是________。

(4)请你写出四个你所知道的时装品牌的名称：______、______、______、______。

3)填空式的优点

填空式的优点如下：①填空式问题直截了当、简明清晰，便于调查对象作答；②可填写的内容比选择式问题灵活、详细。

4)填空式的缺点

填空式的缺点如下：①需调查对象用文字应答，较选择式要麻烦一些。②回答标准不统一。这是此类型问题最大的弱点，应答者对同一内容的表述方式可能完全不同。如上面第(3)例中有些应答者可能填写单位名称，有些可能填写行业名称，有些应答者甚至填写的是职务或职称名称。③应答者用文字描述答案，不便于分类统计。常常需要调查人员对答案进行判断和重新分类后，才能汇总分析。

5)填空式的设计要点

(1)填空式问题只能用于回答内容较简单、填写内容少的调查问题，否则会造成调查困难。例如，“你认为我们饭店应改进哪些服务项目”，此问题可回答的范围太宽泛，涉及内容过多，应答者可能不愿作答或随意填写一两项，不便于统计分析。

(2)问题的含义必须明白无误、清晰准确，不能使用可能产生二义性理解或过于宽泛的词汇。如：

您经常阅读的报刊是______。

这里的“报刊”的内涵过宽，难以回答。正确的问题应是：

您经常阅读的报纸名称是________。

6)营销调研中的应用

填空式主要应用于：①消费者个人特征问题；②消费事实调查；③对于答案不便分类或备选答案可能太多的问题；④详细消费数量或内容方面的问题；⑤消费者对产品特征的记忆度。

7)常用统计分析指标

(1)总量：主要答案汇总数量。

(2)结构：各类特征占调查总数的比例。

(3)平均值：定量问题所有答案(数值)的平均数及置信区间。

(4)离散度：定量问题所有答案(数值)的标准差或方差。

5. 顺位式

1)顺位式的特征

顺位式问题是设计者给出多个预备答案，由应答者根据自身情况按一定的规则对答案进行排序。

2)顺位式的类型

顺位式问题按其使用的具体形式又分为以下三类。

(1)极值题：即让应答者通过比较只选择出一项本人认为最重要的因素。如：

在旅游区选择住宿地点时，你首先考虑的是(　)

a. 价格　b. 服务　c. 环境　d. 便利　e. 档次

(2)限项选择题：即规定应答者通过比较选择出固定数量的答案。如：

你在选购西装时，主要考虑哪些条件？请选出你认为最重要的三项(　)

a. 品牌　b. 价格　c. 面料　d. 款式　e. 质量　f. 服务

(3)顺位填空题：即让应答者将比较各个备选答案得出顺序的序号赋予每个备选项。如：

你认为决定企业取得竞争优势的各个因素的重要性如何？请按从重要到次要的顺序将序号 1～4 填入每个答案后的括号内。

a. 人才(　)　b. 资金(　)　c. 技术(　)　d. 产品(　)

3)顺位式的优点

顺位式的优点如下：①能有效地衡量各个备选项目对应答者的重要程度；②为应答提供更多的选择余地，比其他题型灵活、详细；③可更深入地了解应答者的心理活动；④可了解应答者对同类事物的评估比较标准。

4)顺位式的缺点

顺位式的缺点如下：①统计工作比较复杂。特别是限项选择题和排序填空题，需要经过较繁杂的汇总和计算，才能得出较准确的结论。②回答难度较大。尤其是排序填空题，需要应答者进行多次比较，易出现无效填写的情况。③如不能罗列所有答案，则可能会因备选项的遗漏，导致极值题或排序填空题不能反映调查对象的真实意图。④不能调查两个备选答案之间的差距程度。⑤解释问卷和应答均需耗费较多时间和精力。⑥如果应答者人数过少或列举项目过多，则会出现统计量分散、难以确定顺位的问题。

5)顺位式的设计要点

(1)详细说明序号填写要求。设计者必须在题前着重注明排序的标准是什么、序号填写按倒序还是正序、序号能否重复及填写符号等(见上述例子)。

(2)控制答案数量。因为排序题需要应答者在各备选项之间反复比较，故答案数一般控制在 6 个之内为佳，增加 1 个答案，则应答者的思考量会成倍增加，不利于鼓励调查对象回答。

(3)注意答案的排列顺序。备选答案的排列位置会对应答者的心理产生暗示性的影响，往往排在前面的答案容易受到调查对象的重视，更容易获得靠前的序位。因此，要注意按实际可能出现的顺序将备选答案有意识地进行乱序排列。

6)营销调研中的应用

顺位式主要应用于：①影响消费的主要因素；②消费(购买)选择标准序位；③品牌比较序位；④最佳(差)品牌记忆程度。

7)常用统计分析指标

(1)平均序位：各备选项目的加权平均序位值。

(2)备选项目序位结构：各备选项目获得各类序位的数量占调查总量的比例。

(3)极值：平均序位值最高及最低的备选项目。

(4)众数：首序位和末序位最集中的备选项目。

(5)标准差：每一备选项目的序位值的标准差。

6. 数值分配式

1)数值分配式的特征

列出若干同类项目，让应答者给各个备选答案评分。

2)数值分配式的示例

请按你的印象，给下列自行车品牌打分(最高分 100 分，最低分 0 分，将分数填入答案后括号内)。

a. 永久( )　　b. 凤凰( )　　c. 飞鸽( )　　d. 金狮( )

3)数值分配式的优点

数值分配式的优点如下：①以分值来反映应答者对备选项目的总体印象，使文字形式数量化，便于运用统计方法进行汇总分析；②可详细了解各备选项目之间的差距程度。

4)数值分配式的缺点

数值分配式的缺点如下：①应答者的评分标准因人而异，可能不一致。例如，对产品较熟悉的专业人士往往评分较低，一般消费者评分则常常偏高。②应答者对分值的理解不一致会导致调查误差。例如，在产品综合评分中，一些消费者认为 70 分是比较良好的评价，而另一些消费者则认为 70 分只表明产品整体水平一般。③调查对象评价往往受外部因素(如广告、包装)影响，不一定了解产品(项目)的内在品质，结论可能偏颇。④调查结论比较笼统，如要了解调查对象对备选答案各方面特性的评价，则需要采用矩阵式类型题型来分项目评分，比较麻烦。⑤调查对象评分时，往往以某个答案的评分作为基数来进行比较，填写人设定的比较基础不同，评分结论也不同。

5)数值分配式的设计要点

(1)答案之间不能存在互相包容的关系。

(2)各备选答案应属于同一类型和档次的项目，否则评分将失去统计意义。如：

请给以下轿车总体印象评分(最高分 10 分，最低分 0 分)。

a. 宝马( )　　b. 奔驰( )　　c. 夏利( )　　d. 北京吉普( )

此题中 a、b 与 c、d 完全属于不同价位档次、不同用途的车型，相互比较没有意义。

(3)详细说明分值范围。数值分配式题型应详细规定出评分标准、分值范围，否则应答者会按自己习惯的分制给备选项目打分，造成统计紊乱。

(4)答案数应控制在 8 个之内为宜，过多则回答难度会显著增大。

6)营销调研中的应用

数值分配式主要应用于：①消费者意见差别程度；②产品总体评价；③品牌形象评估。

7)常用统计分析指标

(1)平均分：各备选项目平均分值。

(2)平均分离散度：各备选项目分值的分布区间及其标准差。

(3)极值：总分最高和最低的项目。

7. 配对式

1)配对式的特征

设计者给出两栏备选项目，左栏通常为同类事物名称，右栏则是与事实相关的属性、特征或内容，要求应答者根据自己的判定将左右两组答案的项目进行连线。

2)配对式的示例

例 1：

请将下列各产品与其对应的电视广告词用直线或斜线连接起来。

空调品名	广告内容
海尔	××，中国造
春兰	七种全新送风方式
远大	提高中国人的生活品质
美的	春天般的温暖
格力	原来生活是可以更美的

例 2：

请将下列品牌与相应的功效用直线或斜线连接起来，每一个品牌可和多个功效相连接。

药品	功效
芬格欣	止咳
白加黑	消炎镇痛
克咳	治感冒
斯达芬	抗病毒
	治肾病
	治肝病

3)配对式的优点

配对式的优点如下：①配对题可分析应答者对事物及其属性的接受程度和记忆度；②回答简便，节省篇幅；③可分析事物之间的关联程度。

4)配对式的缺点

配对式的缺点如下：①配对式问题的统计分析较复杂，需要较多步骤和时间。②在一个题中涉及的变量太多，应答比较复杂，花费时间较长。③右栏答案之间常常会相互干扰，尤其是例 1 的单项配对式题型，应答者往往采用排除法进行，某些答案连线只是因为排除的结果，应答者并不一定了解，可能产生不正确的统计结论。

5)配对式的设计要点

配对式的设计要点如下：①答案数控制在6组之内为宜，过多将增加调查难度；②需要详细说明连线要求；③备选答案左栏在右栏中必须至少有1个对应项目；④备选答案左栏各项目应属同类事物。

6)市场调研中的应用

配对式主要应用于：①品牌特征理解度；②产品、广告记忆度；③品牌产品关联度；④产品相对地位与形象评价。

7)常用统计分析指标

(1)项目结构：每一左栏项目所获得的右栏各答案的百分比。

(2)众数：各左栏项目所获得的最集中的右栏答案。

(3)正确率：各左栏项目正确连线的数量占调查总数的比例。

(4)正确率极值：正确率最高的左栏项目。

8. 倾向偏差式

1)倾向偏差式的特征

倾向偏差式是假定进行事物客观属性的“调整”，使其对应答者产生一定的“拉力”，了解应答者在调整过程中态度或行为的变化，寻找调查对象对事物态度发生转折的“临界点”，从而获得应答者对某种事物的评价信息和可接受度信息，分析调查对象的心理变化的深层原因。

营销调研中采用的倾向偏差式问题多由一组连续的追问的问题组成，统计并记录消费者的选择和购买方式的转折点。这一问题题型常用于市场营销中对竞争产品的调研。

2)倾向偏差式的示例

对某报刊的订购调查(按序提问，如调查对象回答否，则继续下一题；回答是则中止)。

—目前你是否固定购买《××日报》?

—据了解《××日报》要降价到每份8角，你是否订阅?

—如果《××日报》再降价到6角，你订阅吗?

—如果再降价到4角你是否订阅?

—降价到3角呢?

—你不打算订阅《××日报》，是否订购其他报刊?

当应答者在某个价位处转变态度回答“是”时，则可获得读者对此日报的心理承受价格，也说明了读者对此日报的总体评估。如读者直至最后一题仍不改变态度，则说明读者不订购此报的原因不是价格接受度而是出自其他方面(如读者对其内容不感兴趣等)。

3)倾向偏差式的优点

倾向偏差式的优点如下：①可比较便利地分析应答者对事物的接受条件和态度临界点；②统计分析较容易。

4)倾向偏差式的缺点

倾向偏差式的缺点如下：①设计难度较大；②问题过多，回答时间长；③如调查对象的回答未出现“临界点”，难以分析其真正的原因。

5)倾向偏差式的设计要点

倾向偏差式的设计要点如下：①须向调查对象说明事物某项属性改变时，其他条件保持不变。②可在最后一题设置“其他”项(如上例)以了解调查对象拒绝接受被调查事物的原因。③事物属性(条件)的调整应在客观上可实现的范围内。例如，上例中调查价格的调整不可能低于 3 角，因此，不需调查 3 角以下价格的应答情况。④注意避免设计成诱导性问题，倾向偏差式问题只改变事物的客观属性，不可掺杂调查人员的意见或主观评价。⑤问题的设置或提问要严格按照从高到低的顺序进行。

6)营销调研中的应用

倾向偏差式主要应用于：①品牌忠诚度调查；②消费者心理预期和承受度调查；③消费心理和行为临界点调查；④产品整体价值评估。

7)常用统计分析指标

(1)众数：统计频数最大的“转折点”。

(2)结构：各态度“转折点”统计值在调查总量中所占的比例。

9. 对比选择式

1)对比选择式的特征

应答者对给定的两个同类答案进行比较后选择其中之一，是比较典型的“强制性”选择题，对比选择式实质上是两项选择式的特殊运用形式。

2)对比选择式的示例

对你来说，名誉和金钱哪一个更重要(　)

a. 名誉　　b. 金钱

如果你需要购买洗衣粉，同样价格下你愿意选择雕牌还是汰渍(　)

a. 雕牌　　b. 汰渍

3)对比选择式的优点

对比选择式的优点如下：①能清晰地反映同类事物的比较选择倾向；②便于作答，容易统计。

4)对比选择式的缺点

对比选择式的缺点如下：答案范围过窄，不能真正反映应答者的实际选择，真实度、可信度不高。

5)对比选择式的设计要点

对比选择式的设计要点如下：①两答案必须是同一类型或同一性质的事物，否则没有实际意义。②须界定两个答案比较的前提条件，使两个答案之间具有相当的可比性，如上例中“同样价格”是两种洗衣粉可以进行对比的基本前提。

6)营销调研中的应用

对比选择式主要应用于：①消费选择倾向；②竞争品牌评价。

7)常用统计分析指标

(1)比例：两答案的统计量的相对比例(倍数)。

(2)结构：每一答案的统计量占调查总量的比例。

10. 配对完成式

1)配对完成式的特征

设计者提供一定的条件和线索，启发应答者回忆和联想，然后在给出的条件或线索之后写出与之相联系的内容和结论，以此测试应答者对事物的整体评估和记忆度。

2)配对完成式的示例

(1)请你根据记忆填写下列电视广告词的空白部分：

__________，真诚到永远!

一生不变，______之恋。

女人的问题女人办，________________。

今年我家不收礼，收礼只收______。

(2)你在家里接到一个产品推销电话时，你首先会____________。

(3)你认为拥有一辆宝马轿车的人应该是____________(职业)。

3)配对完成式的优点

配对完成式的优点如下：①能直观、准确地评估应答者对某项事物的记忆度；②有利于鼓励应答者充分发表自己的意见；③作答灵活，有激发应答者思维的作用；④能了解应答者的某些深层心理。

4)配对完成式的缺点

配对完成式的缺点如下：①需要调查对象用文字作答，文化程度不高的调查对象作答困难；②统计分析较复杂，需要调查人员作文字处理和分类汇总；③应答内容难以控制。

5)配对完成式的设计要点

配对完成式的设计要点如下：①尽可能减少需要应答者填写的内容；②明确限定作答范畴或给予相应的提示，否则会因应答者思路不一致导致统计困难，如示例(3)提示调查对象应填写的内容为职业名称；③避免问题中含有诱导性语句。

6)配对完成式的应用

配对完成式主要应用于：①产品整体形象调查；②品牌、广告影响力与记忆度调查；③消费态度与兴趣调查；④品牌认知度调查。

7)常用统计分析指标

(1)完整率：每一答案的填写完整的统计量占填写问题人数的百分比。

(2)完成率：每一调查项目的填写统计量占调查人数的百分比。

(3)结构：定性问题的各类填写答案占调查总数的比例。

(4)众数：在定性问题的各类答案统计量中所占比例最大的答案。

11.5.2 量表类问题

量表是用于测试调查对象态度和心理倾向的常用调查工具，实际调研中所运用的量表的类型很多，这里仅简单介绍几种常用的量表。

1. 图解评比量表

1)图解评比量表的特征

将调研问题的态度范畴以线段表示，以线段的两个固定端点为极端态度，中间按程度顺序连续变化，然后让应答者在量表的评价标尺上选择并标示出其态度位置。调查人员将答案转化为相对应的数值，即可统计和分析消费者的心理倾向。

2)图解评比量表的类型

图解评比量表按使用形式略有不同可分为以下三类。

(1)数轴式。如：

请对××产品包装进行评价，在你认为合适的位置上画圈。

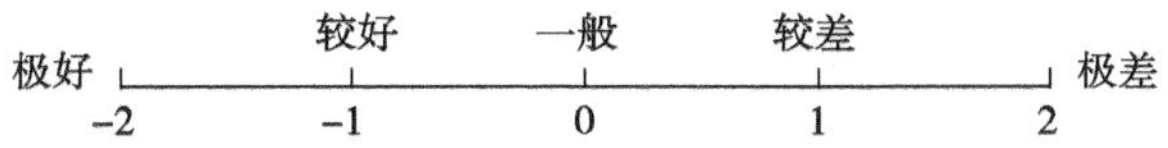

(2)列举式。列举式类似于选择题。如：

你认为××产品的性能可靠吗(　)

a. 完全可靠　　b. 比较可靠　　c. 不太可靠　　d. 不可靠
(+3)　　　　(+1)　　　　(−1)　　　　(−3)

(3)矩阵式。矩阵式实际上是将多个列举式合并进行，在市场调查中也比较常用。如：

请对××服装各方面特性进行评价。

评价 指标	非常好 4	好 3	一般 2	不太好 1	很差 0
品牌名称					
款式					
质量					
售后服务					

3)图解评比量表的优点

图解评比量表的优点如下：①能直观反映消费者态度的细微差别；②设计、使用均比较简便。

4)图解评比量表的缺点

图解评比量表的缺点如下：①不了解应答者的评估标准，可靠性不高；②应答者不熟悉产品时，往往倾向于选择中间答案，造成统计误差。

5)图解评比量表的设计要点

图解评比量表的设计要点如下：①量表中的标尺分值有时会影响应答者的选择心理，某些应答者可能会感到正值比负值好而倾向选择评价较良好的答案，因此，在实际制作问卷时，不可标出标尺分值，项目答案分值由统计员掌握即可。②要在题目前详细说明填写方式和使用的符号。

6)常用统计分析指标

(1)结构：每一答案统计量占调查总数的比例。

(2)众数：频数最大的答案。

(3)平均数：调查答案总数的平均分值。

2. 形容词量表（语义差别量表）

1)形容词量表的特征

由研究者针对调查项目主体选择一系列相反形容词组，对主体进行描述，然后由应答者在数轴量表上对每个测量的概念作记号，最后统计汇总所有的应答者对每一形容词评分的平均值，以此为基础做出“评价轮廓图”。

2)形容词量表的示例

你认为××商品住宅楼是

	1	2	3	4	5	
现代的						老式的
有吸引力						毫无特色
环境优雅						环境杂乱
设施先进						设施落后
结构合理						布局零散

3)形容词量表的优点

形容词量表的优点如下：①能全面而迅速地分析产品或事物各方面的优势和劣势；②可深入分析应答者对调查项目的深层心理“映象”；③结构简明，作答简单；④可靠性和有效性较高。

4)形容词量表的缺点

形容词量表的缺点如下：①缺乏统一的设计标准，对形容词的设置技巧要求较高。②应答者对事物的整体印象会影响各项目的评分，易产生“光环效应”。应答者的个性差异也会导致回答误差。③评分点数量的设置难以把握。④应答者不熟悉所调查的事物时，往往会选择中间答案，不能反映真实情况。

5)形容词量表的设计要点

形容词量表的设计要点如下：①评分点数量控制在5个或7个能取得较理想的测量结果，太多或太少均易造成统计误差。②要注意选择的形容词尽可能意义清晰且能促使应答者联想。

6)常用统计分析指标

(1)平均值：各形容词组的平均分值。

(2)加权平均值：各形容词组平均分值的综合加权平均值。

3. 李克特量表

1)李克特量表的特征

研究者对被调查事物给出一系列肯定或否定的评价，应答者对每一种陈述选择同意或不同意的程度。每一选择的答案对应着一定的评分。通过汇总消费者选择的答案的程度评分，来分析应答者对于事物的各方面的态度。

2)李克特量表的示例

请根据你对××冰箱的印象，选择你对下表中所列出的各种意见的态度(在空格内打“√”)。

态度 / 评价	完全同意 5	基本同意 4	无所谓 3	不太同意 2	反对 1
耗电量比较大					
取、放食品不方便					
断电长时间仍能保持低温					
价格相比较低					
外观造型比较优美					

3)李克特量表的优点

李克特量表的优点如下：①可迅速识别应答者对特定事物的态度；②应答简单，结构清晰；③便于统计分析。

4)李克特量表的缺点

李克特量表的缺点如下：①问题的设计比较费时费力；②答案总分数相同的应答者之间可能存在不同的评价。

5)李克特量表的设计要点

设计李克特量表时应注意：态度选择项之间密度不能过小。

6)常用统计分析指标

(1)项目平均值：每一问题的所有应答者的平均分数。

(2)总评分分布区间：各个应答者全部问题的分值之和的分布频率。

(3)总体平均值：全部应答者个人总评分的平均值。

(4)众数：每一问题被选择频数最高的答案。

4. 数值分配量表

1)数值分配量表的特征

设计者给定一个总分数(通常为 100 分)，并列出事物的各种特性，应答者被要求根据各种特性的重要程度，将总分数分配给各特性。分给每个特性的数值实际上反映了应答者对其重视的程度，以及此特性在各种特性中的相对重要性。

2)数值分配量表的示例

以下是女式职业装的 6 个特征，请根据你选择职业装时对这些特征重视的程度，将 100 分分配给每一个特征，填入答案后括号内。特征的重要性越强则分值越高。

面料(　)　　穿着舒适度(　)　　款式(　)　　耐用(　)

价格(　)　　做工质量(　)

3)数值分配量表的优点

数值分配量表的优点如下：①能清晰反映应答者对事物各特性方面的相对重视程度；②统计分析较容易。

4)数值分配量表的缺点

数值分配量表的缺点如下：①需要应答者不断在各个答案之间进行比较平衡并合计总分，回答难度较大。②易造成应答误差，尤其是答案项目过多时，很多应答者分配的数字之和可能超过 100 分。③总分的分配方式因人而异，分配标准不统一。备选项目的分值差异常常不能真实地反映项目之间的差异程度。

5)市场调研中的应用

数值分配量表常应用于：①消费者购买选择标准的序位调查；②产品特性的认知程度；③消费者对产品各个评估标准的重视程度。

6)常用统计分析指标

(1)平均分：每一特性的所分配数值的平均值。

(2)平均离差：每一特性的实际平均分与答案标准分的差距。

(3)平均极差：平均分最高与最低的两项特性的分值差。

(4)项目离散度：每一特性内部数据的标准差。

11.5.3 开放式问题

开放式问题的特征是设计者不给出答案也不限制回答的具体项目，仅由调查对象根据自己的主观意见用文字填写作答。

1. 开放式问题的示例

(1)请写出你对本饭店服务方面的感受。

(2)你认为我们提供的设备还需要改进哪些地方?

(3)你如何评价超前消费?

2. 开放式问题的优点

开放式问题的优点如下：①形式灵活，便于应答者充分发表意见；②有利于激发应答者的思维。

3. 开放式问题的缺点

开放式问题的缺点如下：①答案庞杂且难以定量化，需要统计人员进行较复杂的汇总分析；②回答问题的时间长、难度大，拒访率较高；③要求调查对象有较高的语言文字水平。

4. 开放式问题的设计要点

自由问答式问题应尽可能阐明调查问题的方向或重点，适当缩小应答范围，以便调查对象作答。

5. 市场调研中的应用

由于开放式问题题型的调查周期长、费用高，故在调查问卷中应尽量减少。其主要用在需了解详细信息的场合或较特殊的课题，通常在下列调研中使用：①对产品或服务的总体评价；②消费观念、审美价值等“感性”类问题的调查；③售后服务反馈。

6. 常用统计分析指标

(1)极值：极端意见分布状况。

(2)总量：主要意见统计汇总量。

(3)结构：各类意见占调查总数的百分比。

11.6 问卷设计技术

如何通过问卷了解调查对象的真实行为模式和心理活动特征，是调查问卷设计的核心问题。调查对象对问卷的认知程度、对所要回答的调查问题的兴趣，相当程度上决定了调查问卷的质量和调查结论的可靠程度。因此，一份优秀的调查问卷需要巧妙地运用各种设计方法和技巧，提高调查对象对调查问题的接受度，以获得有关调查对象真实心态的信息。

11.6.1　问卷设计基本技巧

1. 问卷前言的设计技巧

问卷的前言是问卷给予应答者的“第一印象”，其内容和版式风格的设计十分重要。调查问卷的前言除需要包含的内容(见 11.4.2　市场调查问卷结构)外，应注意遵循下列要点：①采用大号型的粗体字，并保持较大的行间距和字间距，使其清晰易读，有一定的权威性。②为避免对调查对象心理产生影响或倾向性诱导，应尽量不让调查对象知道调查人员真实身份和所要调查的主要内容(品牌、产品)。③问候语和前言尽可能口语化、大众化，避免学生腔或文人腔。④要用应答对象能理解的语言说明选择调查对象的理由，并强调调查可能给调查对象带来的好处。⑤简述抽样数量时可有意识扩大一些，这样可使调查对象产生“责任分散”的心理，减少其实话实说的顾虑。

2. 提问设计技巧

调查问题过于敏感、提问语气不当都会造成调查对象心理紧张，产生抵触情绪，回避或拒绝回答。因此，问题的设计特别是敏感性问题的设计除需要一定的技巧外，提问方式也要注意采用以下一些技巧。

(1)委婉。某些可能使应答者产生顾虑的答案，要注意使用较委婉的语气。例如，调查关于学潮的看法时，某些参与或支持学潮的人因害怕被追究可能会隐瞒真实想法。对此调查问题我们设计如下：

你认为学潮对社会的作用是(　)

a. 妨害经济发展

b. 引发社会动乱

c. 对社会各方面均有一定的影响力

c 答案表面上看是一种“中立”的选择，实际上选择 c 的人对学潮持拥护、同情的态度。

(2)替代。对可能使应答者感到尴尬的问题转化为另一种形式。例如，在调查个人收入问题时，一般情况下不宜直接询问调查对象的月收入情况，我们可代之以下面的提问方式。

每月的基本生活费用要花去你月收入的比例是(　)

a. 1/10 以下　　b. 1/10～1/5　　c. 1/5～1/2　　d. 1/2 以上

实质上每个城市的基本生活费用是相对稳定的，很容易获取这类信息。这样利用逆推法完全可以估算出应答者的收入范围。例如，某城市的个人基本生活费用在 400 元左右，那么选择 a 答案的人月收入在 4 000 元以上，可算中、高收入阶层了。

(3)模糊。故意模糊某个问题和答案，让应答者在心理“负担”较低的情况下表露真实的态度。例如，调查夫妻感情和交流程度方面的问题，不宜直接提问，可转化成这样一种询问方式：

你出差时间很长时，经常给家中写信或打电话吗(　)

a. 工作太忙，没有时间

b. 看工作情况而定

c. 定期打电话或发信息

其中，b是一个看似“中立”的答案，多数与另一方交流程度不高的人会很容易选择此项，实际上它反映了夫妻的关系比较平淡，与a答案并无本质区别。

11.6.2　问卷设计中应注意的问题

1. 避免一题多问

每一问题只包含一个内容。内含太多则会使调查对象无所适从。例如，“你的兄弟姐妹就业状况如何”这一问题实际上可能包括了两人或两人以上的情况，不便于回答，也难以统计。

2. 避免模糊问题

要避免询问模棱两可，即其含义可能产生多种理解方式的问题。例如，“你读书学习的时间多吗”中“多”的概念模糊不清，因人而异。对一般企业的职员来说，每周有3～5小时用于读书可以说读书时间较多了，而对以阅读、研究为主要活动的教师、学生，每周3～5小时的读书时间只能说太少了。

3. 避免无限定范畴的问题

问题变量太多、范围过宽会使应答内容失去控制而变得零乱，无法汇总和分析，缺乏针对性。例如，某饭店进行企业形象调查时曾设计的一个问题是“你认为××饭店如何”，这里的“如何”是指收费价格，服务态度，环境设施还是其他方面？问题没有明确界定其范围，应答者也只能按照自己的理解来处理，其答案也必然支离破碎。

4. 避免诱导性问题

调查问题中严禁带有倾向性意见或研究者本人的观点，否则会诱导应答者填写某一个答案，得不到真实的意见。例如，“假如你的收入提高了，你会购买更多的书籍吗”这类问题实际上在诱导应答者回答“是”，会严重影响统计的效果。

5. 避免消费者以传闻作答

无论是入户调查还是现场留置，问题的回答必须以调查对象的亲身经历为准，“听说”、“据说”之类的回答或他人代答均不能作为统计的依据。此外，也应尽量避免提调查对象难以了解的问题。例如，“你知道洗衣粉成分有哪些吗”，多数消费者是无法回答这一问题的。

6. 避免以意向或态度性问题来推测事实性结论

实际生活中，个人的偏好与实际的行为可能完全不同。调查问题的一个基本原则是尽可能提事实性问题，以事实来推测应答者意向，切忌用偏好类的问题来推测应答者的行为。例如，家用轿车市场调查中的问题：“你喜欢丰田轿车的××款式吗?”多数回答“喜欢”的消费者却不一定会购买，“喜欢”仅指个人偏好，而购买则需考虑价格承受力、使用费用等诸多因素。因此，不能用“喜欢”的消费者比例来推算此款轿车的市场潜量。

7. 避免使用太多的开放式题型

开放式问题需以文字作答，对调查对象文字能力要求较高，也不便于统计分析，因此，要尽可能减少。

8. 避免使用专业术语或学术语言

过多或过生僻的专业术语会增大应答难度。必须要了解的专业问题应尽可能用“大众化”、“通俗化”语言进行描述或解释。例如，在电脑调查中，“你的电脑显示器的分辨率是多少”使许多调查对象难以理解，而改为“电脑屏幕显示的画面细腻、色彩鲜艳吗”则要好理解得多。

9. 避免以否定句的方式提问

否定式的提问需要应答者变换思考角度，易使许多应答者产生误解或当做肯定式问题来回答，得到相反的结论。

11.6.3　问卷题型设计的心理技巧

对于比较复杂或调查对象不愿意接受的问题，需要考虑应答者的心理承受力，利用特定的心理学技巧来间接地了解所需的信息，市场调查问卷中常用的设计方法如下。

1. 拆分法

将复杂或困难的问题拆分为易接受的多部分问题，统计时再汇总综合。例如，对消费者收入问题的调查，可分别问几个日常生活费用支出，如商品房、轿车、电器等方面购买情况的问题，即可逆向推出近似的答案。

2. 迂回法

以另一种方式间接表达所提问题。例如，消费水平的调查经常询问的一个问题是“你经常打高尔夫球或外出旅游吗”，此问题的回答实质上已经反映了调查对象的消费能力和层次。

3. 过滤法（漏斗法）

过滤法，即用两个以上的问题配合进行操作，前一问题列出所要调查的问题的特征项；后一问题了解消费者对相似答案的接受度，而对要了解的真实问题用“其他”项进行掩蔽。如应答者对前一问题做出肯定回答，而后一问题选择“其他”项，则可判断出真实的结论。例如，我们在调查某地区的聚众赌博现象时曾设计了以下两个问题：

(1)你经常与多少人一同游戏或娱乐(　)

a. 自己一个人　b. 2～3 人　c. 3～5 人　d. 5 人以上

(2)你喜爱的娱乐活动是(　)

a. 与朋友聊天　b. 去各种娱乐场所　c. 棋牌活动

d. 外出旅游　e. 生日节日聚会　f. 其他

如应答者选择了(1)题的 c、d 答案及(2)题的 f 答案，则可断定应答者很可能在从事赌博活动。这里的“其他”项在 3 人以上参与的活动中实际上不可能有其他的解释。

4. 描述法

描述法是利用心理投射原理，以形象语言描述被调查主体的感性特征，通过消费者有倾向性的选择，了解调查对象对调查主体的认知和态度。例如，在某商品住宅小区的形象调查中设计这样一个问题：

你认为购买市中心××花园住宅楼的人多数是（ ）

a. 大公司老板　　b. 工薪阶层　　c. 暴发户　　d. 政府官员

通过应答者选择不同的答案，可反映出其对被调查的住宅楼形象与档次的理解和认知程度。

5. 定量金额分布法

假设给予调查对象一定数量的金钱，请其在既定的几个答案项目中分配开支，通过各项目的金额分布，可了解调查对象的消费选择模式。如：

假如你彩票抽奖获得 2 000 000 元，你打算用在下列项目中的钱是多少？

a. 购买住宅（ ）　　b. 购买轿车（ ）　　c. 外出旅游（ ）

d. 存入银行（ ）　　e. 其他投资（ ）

11.6.4 优秀问卷的评估标准

市场调研问卷的用途与内容不同，评价标准也不一致。从总体上讲，一份高质量的问卷应具有以下特征：①良好的卷面风格；②恰当的提问方式；③便于作答和统计。

➢思考与讨论

1. 阅读并指出下面调查问卷中存在的错误。

食品安全公众意识调查问卷

尊敬的先生、女士：

您好，我们是贵州电视台法制栏目，为提高我省的食品安全管理水平、更好地维护您的健康和合法权益，我们感谢您在百忙之中参加这次问卷调查，希望您能根据您的实际情况进行填写，本问卷采取匿名方式。谢谢您的支持！

注：将您选择的答案的字母写在“（ ）”内，或在您选择的选项下打“√”。

1. 您的年龄段是（ ）

A. 15～24 岁　　B. 24～40 岁

C. 40～54 岁　　D. 54～64 岁

2. 您的学历（ ）

A. 小学或小学以下　　B. 初中　　C. 高中（中专）　　D. 本科及以上

3. 您的工作单位是（ ）

A. 国家行政事业单位　　B. 企业　　C. 私营业主　　D. 执法部门

E. 学校　　F. 无业

4. 当您在超市或酒店遇上过期、劣质食品时，您会找下面哪一部门投诉（ ）（可多选）

A. 食品药品监督管理局　　B. 物价管理局

C. 技术质量监督局　　D. 工商行政管理局

5. 您选择食品时主要关心（ ）（限选两项）

A. 配料和成分　　B. 生产日期、保质期和有效期

C. 相关质量检验证明　　D. 食品的色泽、外观等感官方面

E. 其他（请注明）________________

6. 您通常购买食品的包装是（ ）

A. 无包装　　B. 塑料袋　　C. 纸质包装

D. 金属容器　　E. 密封袋或真空包装

7. 您主要是通过哪些媒介了解当前食品安全问题(　)

A. 报纸　　B. 电视　　C. 网络

D. 与他人交谈　　E. 政府宣传

8. 您通常采取什么措施来避免食品安全问题(　)

A. 不在马路市场、早/夜市吃东西　　B. 固定购买某家企业或某个品牌

C. 选择有包装的食品　　D. 尽量选择在家用餐、减少在外用餐

E. 关注媒体报道，选择推荐产品，避免购买黑名单上的产品

9. 在食品安全方面，您认为最不需要担心的问题是(　)

A. 蔬菜中的农药残留问题　　B. 食品中违规使用食品添加剂

C. 注水肉问题　　D. 病死牲畜肉问题

E. 非食用油(如地沟油、泔水油、垃圾肉油等)流入餐桌

F. 食物中毒问题　　G. 其他________

10. 对于食品添加剂，您的观点是(　)

A. 食品添加剂有害，不应在食品中使用　　B. 即使在国家规定的范围内，也应尽量少用

C. 用不用食品添加剂无所谓　　D. 为使食品更加美味，多添加些也可以

E. 对此问题完全没有关注过

11. 购买食品时，您最常遇到的食品安全问题是(　)

A. 食品过期问题　　B. 以假充真，以次充好问题

C. 虚假或错误标识问题　　D. 虚假或夸大宣传问题

E. 其他(请注明)__________

12. 您认为食品安全问题在哪个环节最突出(　)

A. 初级农产品生产环节　　B. 食品生产加工环节

C. 市场流通环节　　D. 餐饮消费环节

13. 您对“三绿工程”提倡绿色消费、培育绿色市场、开辟绿色通道了解吗(　)

A. 非常了解　　B. 了解一些　　C. 不了解　　D. 从未关注

14. 您认为绿色食品是(　)

A. 无污染、无公害、安全、优质、营养型的食品　　B. 绿色的食品

C. 在其生长、制作中不添加任何化学物质的食品　　D. 营养丰富的食品

15. 您认为造成目前食品安全问题众多的主要原因是什么(　)(限选两项)

A. 不法食品加工企业和个人利欲熏心　　B. 对失信企业和个人的惩罚力度不够

C. 各主管部门职责不明　　D. 各执法部门沟通不畅，缺乏有效的配合

E. 购买者对假冒伪劣鉴别能力不高　　F. 其他______________

16. 近年来，我国进一步加强了对食品安全的监管，加大了食品违法活动的打击力度，您认为我国的食品安全环境会(　)

A. 更加好转　　B. 一般　　C. 问题更多

17. 您认为当前提高食品安全水平主要应采取哪些措施(　)(可多选)

A. 加强政府监管　　B. 开展专项整治，严厉打击违法行为

C. 强化技术监管　　D. 发动全社会进行监管

E. 加强宣传食品安全知识，提高食品安全意识

2. 试设计一份“民营医疗机构患者满意度调查问卷”。

参考文献

伯恩 R J. 2005. 市场调研技术手册 . 卢嫄，孟朝晖译 . 北京：人民邮电出版社

陈启杰 . 2004. 市场调研与预测 . 上海：上海财经大学出版社

樊志育 . 1995. 市场调查 . 上海：上海人民出版社

范秀成 . 2004. 当代市场调研 . 北京：机械工业出版社

龚曙明 . 2005. 市场调查与预测 . 北京：清华大学出版社

海格 P. 2000. 市场调研 . 张天赐译 . 北京：中国标准出版社

萨德曼 S，布莱尔 A. 2004. 营销调研 . 宋学宝译 . 北京：华夏出版社

McDaniel Jr C，Gates R. 2005. Contemporary Marking Research(4th ed.). 范秀成，等译 . 北京：机械工业出版社

附录一　市场调研委托合同书范本

项目市场调查合同书

委托方(以下称甲方)：____________________

受托方(以下称乙方)：____________________

乙方受甲方委托，独家承担___________市场调研项目的全程运作。为明确双方责、权、利及相应义务，建立诚信互助之良好合作关系，顺利完成委托调查之项目，以达到为甲方制定营销整体规划和市场推广策略提供依据之目的，特订立本协议。

一、甲、乙双方经过协商一致，由乙方以书面报告或电子媒体的形式向甲方提供关于__________的市场调研报告，作为调研项目的委托结果和调研项目之完成。

二、调研项目内容、形式、验收标准和进度要求：详见合同附件。

三、协议酬金总金额和支付方式

1. 本合同酬金总金额为人民币___________(大写)元。

2. 本协议签订之日起_____日内，甲方付给乙方本协议调查费用总金额_____%的预付款，作为调查前期启动费用(人员组织、培训、初步调查、抽样测试等)。

3. 乙方按照本协议及附件之约定，如期完成项目并提交规定调查文档后，经甲方验收合格，甲方于验收合格之日起_______日内付清余款。

4. 费用总预算见《市场调查计划》。

四、乙方责任

1. 以甲、乙双方商定之市场调查计划(见合同附件)为基本指南，本着“客观、准确、及时、系统、反馈”之原则，按计划既定之时段、区划、数量及质量标准完成调查过程并提交相应文档。

2. 将调研项目的进程情况以及项目进行中遇到的问题及时向甲方报告。

3. 乙方保证在为甲方提供服务时，未经甲方书面同意，不把该服务项目的全部或部分工作委托给第三方。

4. 乙方保证提交甲方之数据、资料及任何信息没有侵犯任何第三方的知识产权及其他权益。

5. 乙方确保严守甲方公司及其他相关协作企业的全部商务秘密，同时遵守合同期间内不得承接其他同类产品企业的调研项目。

6. 乙方承诺在调研项目进程中接受甲方的监督检查。

7. 乙方应告知并要求参与本调研项目之雇员遵守本合同的保密规定及其他规定，若参与本调研项目之雇员违反本条规定，乙方应承担连带责任。

五、甲方责任

1. 甲方应按双方商定之市场调查计划(见合同附件)向乙方提供有关企业或产品的必要的真实信息、资料文档。

2. 甲方应按乙方要求之时间向乙方提供样品，以便乙方随问卷一并赠送给被调查家庭或个人。

六、知识产权及保密条款

1. 本调研项目的成果特指乙方因完成本协议项下市场调研工作而形成的所有原始数据、分析报告、调研结论。调研结论(报告)的所有权归乙方。但在约定的保密期限内，不得将上述报告、数据、结论向第三方提供并从中获利。

2. 保密期限约定为__________，自本协议签订之日起计算，保密期限不受本协议有效期的限制。

3. 在该保密期限届满后，乙方仍应尊重并保证不侵犯甲方因本调研项目获得之成果及其所附的一切权益。

4. 保密期限届满后，乙方对于报告中所涉及的基础数据，享有再次使用并提供给第三方的权利。

七、调研项目的进行和验收

1. 甲方有权对乙方为调研项目所做工作进行监督检查。

2. 乙方应按照协议及附件约定的方式及进度进行调研工作，并于____年____月____日前按照协议和附件的约定向甲方提交调研报告及有关文件。

3. 甲方在收到乙方调研报告之日起____日内按照附件约定的标准进行验收，验收不合格但甲方认为调研报告经过补充或修改能够达到约定标准的，乙方应在收到甲方通知之日起____工作日内按照甲方要求修改完成并提交甲方，否则乙方应承担违约责任。

八、违约责任

1. 乙方未按照约定日期完成调研项目并向甲方提交有关文件的，每逾期一天，乙方应向甲方支付本协议酬金总金额____%的违约金。

2. 超过协议约定时间____日(宽限期)仍未完成项目的，甲方有权解除协议。乙方除退还甲方已付酬金外，还应向甲方支付本协议酬金总金额____%的违约金。

3. 乙方虽按期完成任务，但提交的结果不符合双方所约定的标准时，若甲方认为调研报告经过补充或修改能够达到约定标准的，乙方应在收到甲方通知之日起____日(宽限期)内按照甲方要求修改完成并提交甲方，每延期一天，乙方应向甲方支付本协议酬金总额____%的违约金。

4. 乙方虽按期或在宽限期内完成任务，但提交的结果不符合双方所约定的标准时，视乙方违约，甲方有权解除协议，乙方除退还甲方已付酬金外，还应向甲方支付本协议酬金总额____%的违约金。

5. 甲方未按照第三款之约定向乙方支付调研项目合同规定费用，每逾期一天，甲方应向乙方支付本项调研工作酬金总值____%的违约金；逾期超过____日，甲方除继续履行协议外，应向乙方支付本协议酬金总金额____%的违约金。

九、争议的解决

因本协议引起的一切争议，双方首先应当友好协商解决，协商不成，可向本协议签订地法院提起诉讼。

十、报告文档

乙方应向甲方提交的全部文档如下：

- 市场调查计划；
- 消费者留置(入户)调查问卷；
- 市场调查统计分析报告；
- 市场调查综合分析及营销建议报告。

十一、市场调查计划由乙方提交并由甲方签字认可后，双方均不得擅自变更。

十二、本协议一式两份，甲、乙双方各执一份。

十三、本协议签订于____年____月____日，于签订之日生效，任何于协议签订前经双方协商但未记载于本协议之事项，对双方皆无约束力。

十四、本协议及其附件对双方具有同等法律约束力，但若附件与本协议相抵触时以本协议为准。

十五、本协议自签字之日起生效执行，有效期至调查计划所规定终结日止。

十六、未尽事宜由双方友好协商解决。

甲方签字：盖章　　　　　　　　　　乙方签字：盖章

年　　月　　日

附录二　市场调研计划范本

市场调研计划

委托方(甲方)：

受托方(乙方)：

一、调研目标

1. ______________________________

____

2. ______________________________

____

3. ______________________________

____

二、调研覆盖层面

1. 调查对象：

2. 调研区域：

3. 统计信息时段：

三、抽样方案：

1. 样本总量：

2. 抽样地点：

3. 样本特征、结构及配额

(1)消费者配额表

控制特性			比例	样本量	抽样地点
A	B	C			
A1	B1	C1			
		C2			
	B2	C1			
		C2			
A2	B1	C1			
		C2			
	B2	C1			

(2)中间商配额表

业态		类别	数量	主要对象	抽样地点
零售	商场	大			
		中			
		小			

续表

业态		类别	数量	主要对象	抽样地点
零售	超市				
	小摊点				
	专卖店				
批发	批发商				
	代理商				

(3)其他单位配额表

控制特性			比例	样本量	抽样地点
单位名称	单位性质	特征			
A1	B1	C1			
		C2			
	B2	C1			
		C2			

4. 回收率预估：　　　%

5. 总有效率预估：　　　%

6. 实际抽样数量：

四、调查项目与方案

序号	主项目	子项目	目标对象	调查方式
1	A	A1		
		A2		
		A3		
2	B	B1		
		B2		
		B3		
		B4		
		B5		
		B6		
3	C	C1		
		C2		
		C3		
4	D	D1		
		D2		
		D3		
		D4		

五、主要统计分析项目及指标

1. ______________________统计信息来源：A1、B5。

2. ______________________统计信息来源：C2、B3。

3. ________________________统计信息来源：
4. ________________________统计信息来源：
5. ________________________统计信息来源：
6. ________________________统计信息来源：
7. ________________________统计信息来源：
8. ________________________统计信息来源：
9. ________________________统计信息来源：
10. ________________________统计信息来源：

注意：1. 统计分析指数应根据初步市场调查之结论予以调整。
　　　2. 统计分析以预定目标市场为重点层面展开。

六、组织

市调总监：　　　　人；　调查人员：　　　　人；
企划人员：　　　　人；　统计分析员：　　　　人；
其他辅助人员：　　　人。

七、实施程序：A→J

序号	步骤	内容	需时/天
A			
B			
C			
D			
E			
F			
G			
H			
I			
J			

调查总时段：　　　　年　　月　　日—　　月　　日

八、市场调查费用预算表(单位：元)

项目	数量	单位费用	合计
策划与组织			
市场调查人员培训			
初步调查费			
问卷设计费			
问卷测试费			
问卷印制费			
访问费			
调查劳务费			

续表

项目	数量	单位费用	合计
交通费			
统计分析			
公共关系			
其他杂费			
总计			

甲方签字：　　　　　　乙方签字：

年　月　日

附录三　市场调研执行及控制计划

市场调查项目执行任务书

1. 调研课题：

2. 调查项目：

调查项目	预定时间	预定地点	抽样方法	调查方式
A				
B				
C				
D				
……				

3. 分工与责任

人员	数量	主要职责
项目总监		
项目组长		
督导组长		
调查(访问)人员		
现场督导员		
统计人员		
研究人员		
客户人员		

4. 执行地点：

5. 执行日程：　　　　年　　月　　日至　　月　　日

6. 调查执行分工

调查人员	调查对象(样本特征)	计划日访问量	使用问卷(表单)编号	使用工具编号	预支费用

7. 意外情况处理原则

8. 项目完成要求及质量描述

9. 注意事项

年　　月　　日

附录四　东方市场研究有限公司访问员工作守则

一、东方市场研究有限公司的兼职访问员，是从事为科研和市场服务的各种类型问卷的访问工作的。访问员在工作中必须树立质量第一的思想，自觉维护本公司信誉。在工作中杜绝一切虚假行为，认真负责地如期完成所承接的各项工作。

二、努力学习和掌握市场调查的有关理论、方法及技巧，不断提高业务水平。

三、保密原则

➢对所做项目中的商业秘密不向他人透露；

➢访问记录及附带资料除交还公司外不得向外透露；

➢不得抄录及复制问卷。

四、在进行访问前，要认真、耐心地接受培训，正确理解问卷，明确要求，熟练掌握问卷内容，对问卷的难点、重点要按督导有关规定去做。

五、当公司召集、培训时，如因特殊原因不能如约参加，应事先与督导联系。

六、服从督导安排，严格按照项目设计及抽样要求进行访问，在规定时间内保质、保量完成并交回问卷。如在访问过程中遇到特殊情况，应及时与督导联系，不得擅自处理。

七、访问过程中，必须穿戴整齐、谈吐文明、举止得体，要让被访者知道其访问是有利于社会及其本人利益的，同时也是有趣的，以取得信任和理解，便于开展工作。

八、每次进行访问时，必须佩戴访问员胸卡和带齐本人身份证以及有关的证明材料，要主动向被访者出示以上有关证件。

九、在访问过程中，要建立和保持融洽的气氛，要完整地记录被访者的意见，不能遗漏问卷应问的问题；要促使被访者说出心中想说的话，但始终保持中立态度，不能就问卷的有关问题发表意见，不能左右被访者的思路使之有压抑感和委屈感，也不能诱导回答与问卷有关的问题，要防止偏离问卷的内容，如被访者离题漫谈，不要急于追索答复。

十、每次访问，尽量一次完成。在访问结束时，必须检查一次访问记录，以免遗漏，如碰到遗漏或有疑问的地方，应及时补充询问。

十一、每次访问结束时，要真诚地感谢对方的合作和支持。

附录五　综合案例——TR 地区卷烟市场调查

一、TR 卷烟市场调查计划
二、卷烟市场经销商调查问卷
三、卷烟市场消费者调查问卷
四、TR 卷烟市场调查执行计划
五、调查人员问卷回收复核汇总表
六、TR 地区卷烟市场经销商调查统计分析报告
七、卷烟市场消费者调查统计分析报告
八、各年龄段消费者对比分析
九、TR 地区卷烟市场综合调研报告

TR 卷烟市场调查计划

委托方(甲方)：TR 地区烟草分公司

受托方(乙方)：贵州天问市场调查公司

一、调查目标

1. 了解 TR 地区卷烟消费者的消费特征、消费心理和购买行为模式，为公司制订销售计划、设计品牌结构和规划零售布局提供翔实依据。

2. 分析 TR 地区卷烟的消费需求动态和发展趋势，为公司制订按需订货计划提供依据和建议。

3. 研究各档次卷烟及主要品牌的市场形象和竞争状况，为公司执行集团的品牌推广战略、整合品牌形象及设计促销方案提供市场数据基础。

二、调查对象与覆盖层面

1. 卷烟零售户：全区 2 年平均销量前 120 位客户(约公司登记客户总数的 1%)。

2. 卷烟消费者：全区 10 个县、市、特区。

三、抽样方法及配额方案

1. 抽样方法

(1)卷烟零售户：交叉配额抽样，按照各县、市、特区的零售户数占 TR 市场零售户数的比例分配样本量(零售户资料由 TR 公司提供)。总样本量 120，抽样率 1%。

(2)卷烟消费者：配额抽样，按各县、市、特区人口数量的比例抽样，总样本量 1 348(TR 地区 2007 年统计人口为 377.82 万人，按贵州省疾控中心 2007 年 12 月的抽样调查结论，贵州省总吸烟率为 35.7%)，抽样率 1‰。

2. 配额方案

调查目标群县市	零售客户			普通消费者		
	零售户数/户	占比/%	样本量	人口数/万人	占比/%	样本量
TRS	1 570	12.9	15	39	10.3	139
JK	680	5.6	7	38.4	10.2	137
YP	670	5.5	7	22.51	6.0	81
SQ	1 310	10.7	13	14.16	3.7	50
SN	2 050	16.8	20	53.27	14.1	190
YJ	1 180	9.7	11	41.48	11.0	148
DJ	1 310	10.8	13	62	16.4	221
YH	1 420	11.6	14	44.6	11.8	159
ST	1 750	14.4	17	56	14.8	200
WS	230	2.0	3	6.4	1.7	23
合计	12 170	100	120	377.82	100	1 348

四、调查方法

1. 销售统计数据报表分析

2005～2007 年 TR 地区各县、市、特区各品牌(分档次)卷烟销量统计数据、客户分级销量统计数据。

2. 消费者现场随机问卷调查

由调查人员随机发放问卷并指导填写，现场回收。

3. 卷烟零售户现场问卷调查

由调查人员按预定目标和数量发放问卷并指导填写，现场回收。

五、调查项目

序号	主 项 目	子项目	数据来源
1	市场总体需求	(1)2005～2007 年总销量及其增长率 (2)2005～2007 年主要品牌销量及其增长率 (3)2005～2007 年主要档次销量及其增长率 (4)2005～2007 年主要品牌市场占有率	销售统计报表
2	目标消费者特征	(1)职业结构、年龄结构、收入结构 (2)档次 (3)数量 (4)集中性购买动机 (5)惠顾品牌	随机问卷
3	目标市场 消费状态	(1)购买频率及稳定性 (2)消费数量及变动 (3)消费场合、习惯 (4)购买渠道	随机问卷
4	消费者选择意向	(1)购买选择标准、选择因素序位 (2)消费渠道选择原因 (3)当前固定消费的品牌、惠顾原因 (4)未选购的品牌及原因 (5)可接受的价格幅度 (6)未来购买趋向 (7)主要品牌的评价	随机问卷
5	客户反映	(1)消费者数量、稳定性 (2)消费者结构变化 (3)品牌展示状况 (4)近三年品牌销售变动状况 (5)经常性卷烟缺口 (6)缺货品牌结构 (7)消费者指名购买率 (8)主销品牌之市场反映 (9)市场预期与进货计划 (10)希望提供的服务	随机问卷

六、主要统计分析指标

1. 目标市场特征结构比
2. 目标市场消费模式
3. 消费频率
4. 潜在市场容量
5. 各主销品牌市场占有率
6. 各主销品牌竞争变动
7. 客户结构与状况
8. 各主要品牌的市场评价
9. 消费者需求趋向
10. 消费者选择标准序位
11. 脱销缺货状况
12. 消费者选择影响因素与程度

七、调查组织

市调总监：2 人； 调查人员：30 人； 现场督导：5 人；
企划员：3 人； 统计分析员：5 人； 其他：2 人。

八、实施程序

序号	步骤	内容	需时/天
A	计划确认	市场调查计划讨论与确定	3
B	调查工具设计	问卷、访问表、统计表	3
C	调查选拔与培训	人员选聘、计划讲解、调查技巧培训	4
D	项目调整	市场初步分析、样本配额、项目增减	3
E	经销商访问	分销状况、中间商状况	4
F	问卷设计	设计、测试、确认、印制	3
G	入户访问一	寻求消费对象、问卷留置	2
H	入户访问二	问卷回收、补充询问	2
I	统计分析		3
J	综合报告		4
合计			31

九、时段

1. 调查时段：2008 年 4 月 1 日至 5 月 1 日
2. 统计信息时段：2007 年全年

十、市场调查费用预算表(单位：元)

项目	数量	单位费用	合计	备注
组织与监控			10 000	
策划与设计			15 000	
市场调查人员培训			2 000	
问卷设计费	2 份	500	1 000	
问卷印制费	1 600 份	1.5	2 400	
问卷测试费	50 人	5	250	
消费者访问费	1 500 人	10	15 000	
零售户访问费	120 户	15	1 800	
食宿补贴费	40 人	200	8 000	
交通差旅费	40 人	300	12 000	
统计分析	1 500 份	3	4 500	
综合报告		5 000	5 000	
公共关系	1 700 份	3	5 100	小礼品
其他杂费			20 000	督导费、通信费
总计			102 050	

甲方签字： 乙方签字：

二〇〇八年三月十二日

卷烟市场经销商调查问卷

尊敬的顾客：

您好！我们受 TR 地区卷烟销售公司的委托，为了改善和提高我们的工作，更好地维护您的合法利益，督促有关管理部门制定政策、改进工作，我们希望了解您对卷烟市场需求和销售服务的意见。您的意见我们会予以严格的保密，诚恳希望您能解除顾虑，耽搁您几分钟宝贵的时间协助我们完成这项重要调查！谢谢！

1. 每天到你商店购买香烟的消费者大致有

A. 10 人以下（ ）　B. 10～20 人（ ）　C. 20～50 人（ ）　D. 很不稳定（ ）

2. 到你商店购烟的消费者数量分布[请调查人员询问并将比例填入“（ ）”内]

A. 1～2 包（ ）　B. 3～5 包（ ）　C. 6 包～1 条（ ）　D. 1 条以上（ ）

3. 这两年来你商店购买香烟的消费者的数量

A. 越来越多（ ）　B. 越来越少（ ）　C. 基本没变化（ ）

4. 这两年来你商店购买香烟的年轻人

A. 越来越多（ ）　B. 越来越少（ ）　C. 基本没变化（ ）

5. 你要求进货的品牌经常出现缺货的情况吗？

A. 经常（ ）　B. 偶尔（ ）　C. 没出现过（ ）

6. 经常因配送不及时出现缺货的品牌是[请在“（ ）”内填写具体规格]

A. 黄果树（ ）　B. 贵烟（ ）　C. 遵义（ ）　D. 其他（请填写）__________

7. 消费者来你商店购买香烟时

A. 大多数指名购买（ ）　B. 一部分指名购买，一部分由你推荐（ ）

C. 主要由你推荐购买（ ）　D. 说不清（ ）

8. 你商店中目前销路最好的三种卷烟是（请询问后填写）

A. ______________　B. ______________　C. ______________

9. 你商店中销路最好的香烟近三年来

A. 最畅销的品牌一直比较稳定（ ）　B. 最畅销的品牌每年都有些变化（ ）

C. 最畅销的品牌一年内都有变化（ ）　D. 不确定（ ）

10. 今年来消费者对你商店中销路最好的香烟的不良反映比较强烈的是

A. 质量明显下降（ ）　B. 价格波动较大（ ）　C. 经常缺货（ ）

D. 其他______________

11. 你估计今年最畅销的品牌可能是（请询问后填写）

A. ______________　B. ______________　C. ______________

12. 你认为目前最需要公司改进的是

A. 加快送货速度（ ）　B. 满足订货的品牌规格要求（ ）

C. 加强打击假、私、非（ ）　D. 改善服务态度（ ）

E. 加强投诉处理效率（ ）　F. 保证所配送的卷烟质量（ ）

13. 今年你会增加卷烟的订货吗？

A. 会（ ）　B 不会（ ）

14. 请问您对本地烟草公司感到最满意的是：

15. 请问您对烟草公司最想提的要求和建议是什么？

消费者及调查人员信息(背页)

区(县)名：
乡镇名称：______________(城关镇/其他乡镇)
商店/门面名称：____________
商店业态：
　　大中型超市(　)　　小烟酒日杂店(　)　　小超市(　)　　小摊点(　)
　　其他(请注明________________)
经营者级别：重点(　)　　一般(　)　　特殊(　)
经营者姓名：__________经营者电话号码：________________
商店/门面详细地址：________________________
品牌展示情况：
1. 卷烟在店面的展示情况
店面主要位置展示的品牌
A. ________　　B. ________　　C. ________
2. 店面展示整洁度
A. 清洁、整齐　　B. 一般　　C. 混乱、肮脏

调查人员姓名______
调查日期　　年　　月　　日　　时至　　时

卷烟市场消费者调查问卷

尊敬的顾客：

您好！我们是TR烟草公司的调查人员，为了能更好地管理烟草市场，维护卷烟客户的合法利益，给您提供高品质的卷烟和更便利的服务，希望了解您购买和消费卷烟的需求情况，耽搁您几分钟宝贵的时间，谢谢！

1. 你购买香烟主要是

A. 招待客人（ ）　B. 自己吸（ ）　C. 帮单位采购（ ）　D. 其他（ ）

2. 一般你每天要抽多少包香烟？

A. 1包以下（ ）　B. 1～2包（ ）　C. 2～3包（ ）

D. 3～4包（ ）　E. 4包以上（ ）

3. 这两年来你周围朋友吸烟的情况是

A. 越来越多（ ）　B. 越来越少（ ）　C. 基本没变化（ ）

4. 你经常购买的香烟是什么牌子

A. 遵义（ ）　B. 黄果树（ ）　C. 贵烟（ ）

D. 其他品牌____________（请填写）　E. 外烟（ ）

5. 你选择这个牌子的原因是

A. 口感好（ ）　B. 质量稳定（ ）　C. 价格实惠（ ）　D. 知名度高（ ）

E. 档次高（ ）　F. 到处都能买到（ ）　G. 这里大家都吸这个品牌（ ）

6. 你经常购买多少钱一包的香烟

A. 3～5元（ ）　B. 5～10元（ ）　C. 10～15元（ ）

D. 15～35元（ ）　E. 35元以上（ ）

7. 你通常每次购买香烟的数量是

A. 一般按条购买（ ）　B. 抽完一包再买一包（ ）

C. 平时零买，过节或招待客人时成条购买（ ）　D. 很少买，基本是朋友送的（ ）

8. 你通常多长时间购买一次香烟

A. 每天都买（ ）　B. 2～3天（ ）　C. 每周（ ）

D. 半个月左右（ ）　E. 一个月一次（ ）

9. 你购买香烟的习惯是

A. 固定在一家比较熟的店买，质量有保证（ ）

B. 品质都差不多，随便在哪里都行（ ）

10. 你购买香烟通常在

A. 超市（ ）　B. 一般烟酒店（ ）　C. 自己家附近小店（ ）

原因是

A. 比较方便（ ）　B. 信誉好，假货少（ ）　C. 价格便宜（ ）

11. 如果其他品牌价格不变，你现在吸的香烟牌子价格上涨多少元时，你会转而购买其他牌子

A. 1元（ ）　B. 2～3元（ ）　C. 3～5元（ ）

D. 5元以上（ ）　E. 涨多少都无所谓（ ）

12. 以后你打算换一个牌子的香烟吗?

A. 打算换成____________　　B. 不打算(　)

13. 你对目前当地香烟市场比较满意的是

A. 品种齐全(　)　B. 假货很少(　)　C. 购买方便(　)　D. 价格稳定

14. 你认为目前当地香烟市场比较大的问题是

A. 品种太少，选择面窄(　)　B. 假货太多(　)

C. 想要的品牌常常买不到(　)　D. 价格混乱，真伪难辨(　)

15. 这两年来，你抽烟的情况是

A. 烟瘾越来越大(　)　B. 吸烟量逐渐减少(　)　C. 基本没变化(　)

消费者及调查人员信息(背页)

1. 年龄:

A. 20 岁以下(　)　B. 20～40 岁(　)　C. 40～60 岁(　)　D. 60 岁以上(　)

2. 性别

A. 男(　)　B. 女(　)

3. 职业

A. 行政机关(　)　B. 公共事业单位(　)　C. 企业(　)

D. 农业人口(　)　E. 私营业主(　)　F. 城镇无业人员(　)

4. 调查时间:　　年　　月　　日　　时至　　时

5. 调查地点:

6. 调查人员:(签名)

TR 卷烟市场调查执行计划

1. 样本配额及调查人员分配方案

调查目标群 / 地区	零售客户样本量	普通消费者样本量	合计样本量	调查人员分配	人均调查量	名单
TRS	15	139	154	3	51.00	××、××、××
JK	7	137	144	3	48.00	××、××、××
YP	7	81	88	2	44.00	××、××
SQ	13	50	63	2	31.50	××、××
SN	20	190	210	4	52.50	××、××、××、××
YJ	11	148	159	3	53.00	××、××、××
DJ	13	221	234	4	58.50	××、××、××、××
YH	14	159	173	4	43.25	××、××、××、××
ST	17	200	217	4	54.25	××、××、××、××
WS	3	23	26	1	26.00	××
合计	120	1 348	1 468	30		30

参与调查人员共 33 名，其中：

实地访谈调查员：30 名；现场督导员：1 名；项目总监：1 名。

2. 预计完成时间：4 月 13 日上午至 4 月 22 日上午。

3. 调查流程

(1)由当地烟草公司联络员介绍情况，先零售客户再消费者；

(2)选择被调查零售客户，确定地址、路线；

(3)以当地烟草公司工作人员身份，进行零售客户访问；

(4)回收问卷，问卷应在当日统一收回到组长处汇总；

(5)消费者调查：前提是必须是香烟习惯性消费者。

• 组内有当地人者，采用滚雪球法进行调查；

• 组内无当地人者，采用重点零售点处守点随机访问进行调查。

4. 调查要点

(1)消费者问卷应由调查人员读出后根据消费者回答填写；

(2)背页项目不询问调查对象，由调查人员观察后自行填写。

5. 注意事项

(1)公布现场督导员电话，在调查中每组调查人员每天至少两次电话向现场督导员汇报情况；

(2)编制调查人员电话本，每组调查人员每天均必须由组长统一调度安排，随时和组长保持联系；

(3)注意安全，有问题随时和当地烟草公司联络员联系；

(4)生活补贴为每人每天 60 元，交通费预先支付给每位调查人员，但调查人员须留好各类票据以便报销；

(5)如时间进度不一致，由现场督导员统一调配调度。

调查人员问卷回收复核汇总表

组名	姓名	回收问卷总数	消费者问卷		经销商问卷		有效问卷数量	实际调查量	计划调查量	总有效问卷数量
			有效问卷数量	废卷数量	有效问卷数量	废卷数量				
TRS小组	××	51	45	1	5	0	50	153	154	150
	××	51	44	2	5	0	49			
	××	51	46	0	5	0	51			
YH小组	××	35	30	1	4	0	34	177	173	171
	××	53	48	1	4	0	52			
	××	41	33	4	4	0	37			
	××	48	45	0	3	0	48			
JK小组	××	51	46	3	2	0	48	144	144	138
	××	47	45	0	2	0	47			
	××	46	40	3	3	0	43			
SN小组	××	73	70	0	3	0	73	210	210	208
	××	48	43	0	5	0	48			
	××	32	25	0	7	0	32			
	××	57	50	2	5	0	55			
DJ小组	××	56	53	1	2	0	55	236	234	231
	××	60	56	1	3	0	59			
	××	59	53	3	3	0	56			
	××	61	57	0	4	0	61			
SQ小组	××	31	23	0	8	0	31	66	63	63
	××	35	29	3	3	0	32			
WS小组	××	26	23	0	3	0	26	26	26	26
YP小组	××	45	42	0	3	0	45	89	88	87
	××	44	40	0	2	2	42			
YJ小组	××	75	70	0	5	0	75	159	159	159
	××	45	42	0	3	0	45			
	××	39	36	0	3	0	39			
ST小组	××	61	55	0	5	1	60	245	217	241
	××	76	70	0	5	1	75			
	××	53	50	0	2	1	52			
	××	55	52	0	2	1	54			
实际完成量		1 505	1 361	25	113	6	1 474	1 505	1 468	1 474
计划完成量		1 468	1 348		120					
完成率/%		102.52	102.81		99.17					
有效率/%			98.196		94.958					
总有效率/%		97.94								

TR 地区卷烟市场经销商调查统计分析报告

一、调查概要

为了解 TR 烟草局对 TR 地区烟草市场的渠道管理情况，我们分别在 TR 地区各县一些人口流动性大、零售网点密集的商业中心区，对 TR 地区卷烟市场经销商进行了抽样问卷调查。其中对 127 家经销商进行了访问，121 家取得成功，成功率达 95.28%，经销商中小烟酒日杂店的比例为 50.83%，接下来依次是小摊点 15.83%、小超市 14.17%、其他(专卖店兼营店)11.67%，最后是大中型超市，比例为 7.50%；经营级别为一般的经销商比较多，占 64%，重点经销商占 36%。由于经销商的配合，我们得到了相当丰富的数据和信息，并据此进行市场分析。

二、统计分析

第 1 题：每天到你商店购买香烟的消费者大致有

附表 1　TR 地区经销点日购烟人数分布

答案	A	B	C	D	合计
	10 人以下	10～20 人	20～50 人	很不稳定	
频数	7	39	43	33	122
频率/%	5.74	31.97	35.24	27.05	100

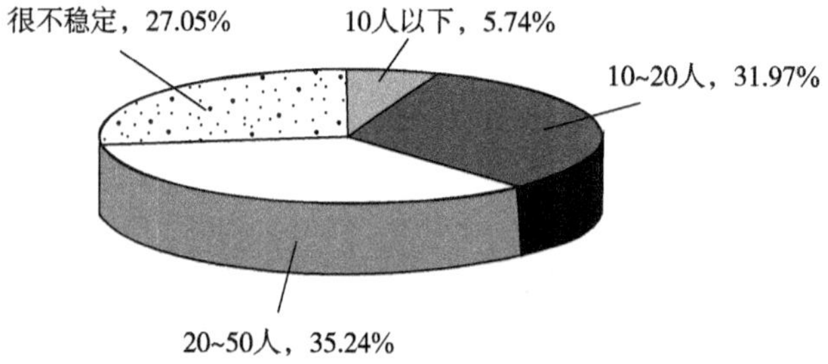

附图 1　TR 地区经销点日购烟人数分布

分析：商店中每天买烟的消费者人数集中在 10～50 人，占 67.21%；而商店买烟人数在 10 人以下的只占 5.74%。

第 2 题：到你商店购烟的消费者数量分布

附表 2　TR 地区消费者购烟数量分布

答案	A	B	C	D	合计
	1～2 包	3～5 包	6 包～1 条	1 条以上	
频数	118	67	63	80	328
总频数	9 135	924	791	944	11 794
频率/%	77.42	13.79	12.56	11.80	115.57

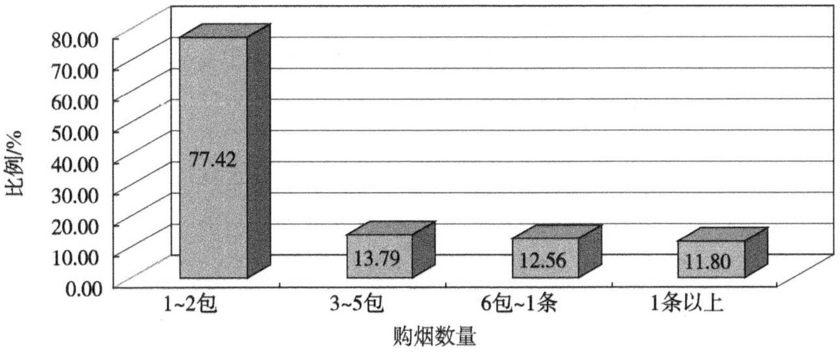

附图 2　消费者日均购烟数量分布情况

分析：有 77.42%的消费者在商店购烟数量为 1～2 包；消费者购买的卷烟数量呈下降趋势，而买 6 包～1 条和 1 条以上的消费者只有 12.56%和 11.80%。

第 3 题：这两年来你商店购买香烟的消费者的数量

附表 3　TR 地区香烟消费者数量变化情况

答案	A	B	C	合计
	越来越多	越来越少	基本没变化	
频数	45	14	62	121
频率/%	37.19	11.57	51.24	100.00

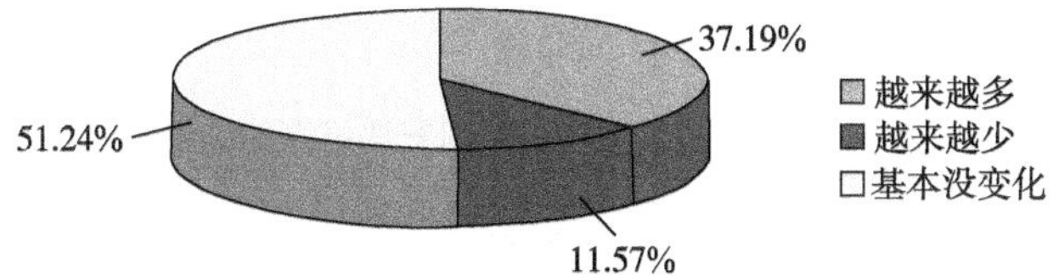

附图 3　TR 地区香烟消费者数量变化情况

分析：到商店购买香烟的消费者数量呈稳定状态，并有上升趋势；而销售出的卷烟越来越少的商店只有 11.57%。

第 4 题：这两年来你商店购买香烟的年轻人

附表 4　近两年 TR 地区香烟年轻消费者变化情况

答案	A	B	C	合计
	越来越多	越来越少	基本没变化	
频数	49	9	62	120
频率/%	40.83	7.50	51.67	100.00

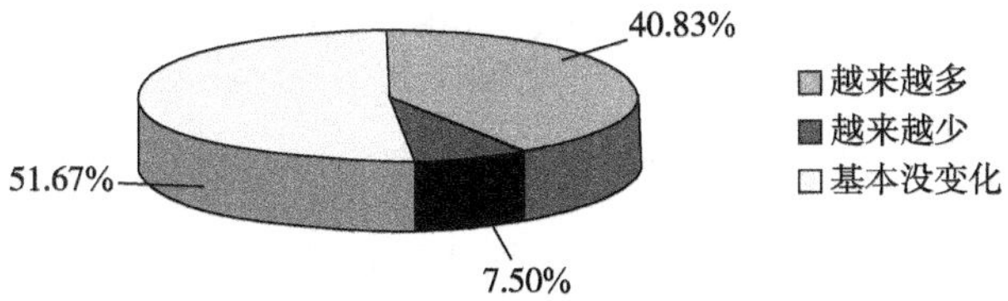

附图 4　近两年 TR 地区香烟年轻消费者变化情况

分析：近两年来大部分(占51.67%)的年轻人的吸烟情况基本没有太大的变化，也有较多部分的年轻人加入吸烟者的行列，证明年轻人这一市场还有较大的潜力。

第5题：你要求进货的品牌经常出现缺货的情况吗？

附表5　TR地区香烟经销商缺货情况

答案	A	B	C	合计
	经常	偶尔	没出现过	
频数	46	52	15	113
频率/%	40.71	46.02	13.27	100.00

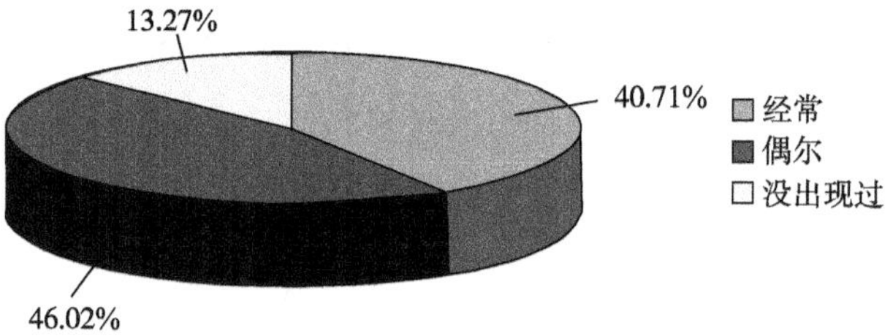

附图5　香烟经销商缺货情况

分析：大部分的经销商要求进货的品牌偶尔会出现缺货的情况(占46.02%)，较大部分经常出现缺货的情况(占40.71%)，只有较少的经销商没有出现过缺货情况(占13.27%)。

第6题：经常因配送不及时出现缺货的品牌是

附表6　TR地区香烟经销商因配送不及时缺货情况

答案	A	B	C	D(其他)				合计
	黄果树	贵烟	遵义	中华	芙蓉王	熊猫	其他	
频数	9	6	58	20	10	9	26	138
频率/%	7.44	4.96	47.93	16.53	8.26	7.44	21.49	114.05

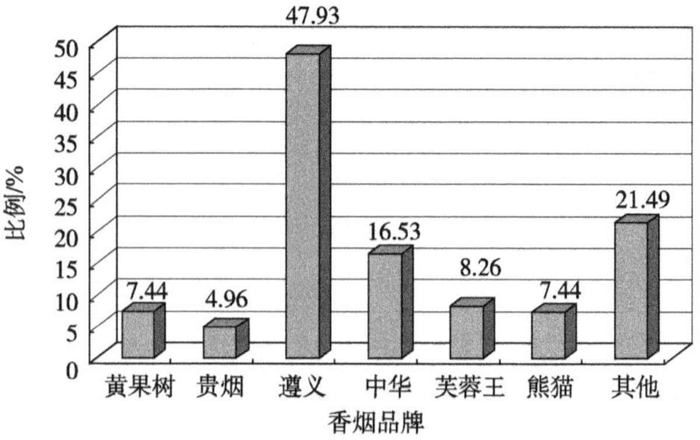

附图6　香烟经销商因配送不及时缺货情况

分析：遵义(47.93%)经常因配送不及时出现缺货的情况，中华(16.53%)因配送不及时出现缺货的情况也比较多。

第7题：消费者来你商店购买香烟时

附表7　TR地区香烟消费者购烟情况

答案	A	B	C	D	合计
	大多数指名购买	一部分指名购买，一部分由你推荐	主要由你推荐购买	说不清	
频数	91	27	1	5	124
频率/%	73.39	21.77	0.81	4.03	100.00

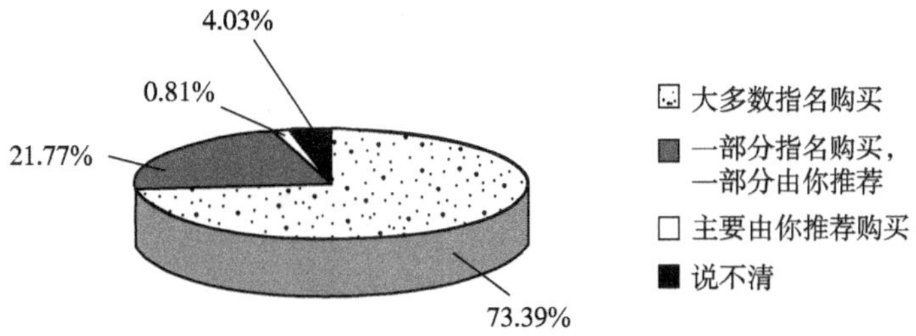

附图7　消费者购烟情况

分析：绝大多数消费者是指名购买，所占比例为73.39%，极少数消费者由卖方推荐购买或说不清，所占比例分别为0.81%、4.03%。

第8题：你商店中目前销路最好的三种卷烟是

附表8　TR地区香烟经销商认为目前销路最好的三种卷烟

答案	A	B	C	D	合计
	黄果树	磨黄	遵义	其他	
频数	104	89	85	71	349
频率/%	29.80	25.50	24.36	20.34	100.00

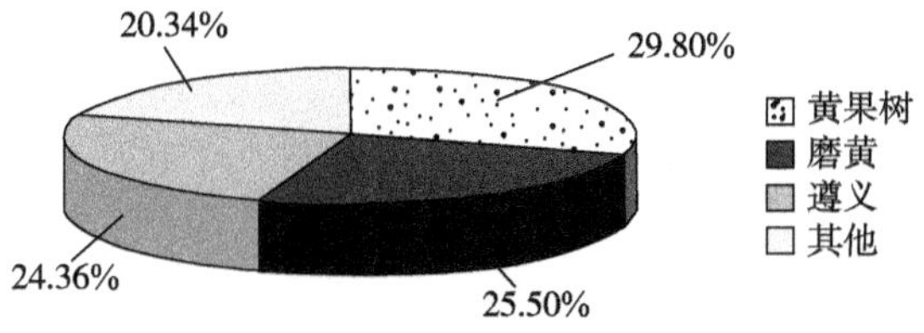

附图8　目前最畅销的香烟

分析：目前最畅销的品牌分别是黄果树、磨黄、遵义，它们所占比例分别为29.80%、25.50%、24.36%。其他品牌的比例为20.34%。

第9题：你商店中销路最好的香烟近三年来

附表9　TR地区香烟经销商认为近三年销路最好香烟变化

答案	A	B	C	D	合计
	最畅销的品牌一直比较稳定	最畅销的品牌每年都有些变化	最畅销的品牌一年内都有变化	不确定	
频数	95	6	3	16	120
频率/%	79.17	5.00	2.50	13.33	100.00

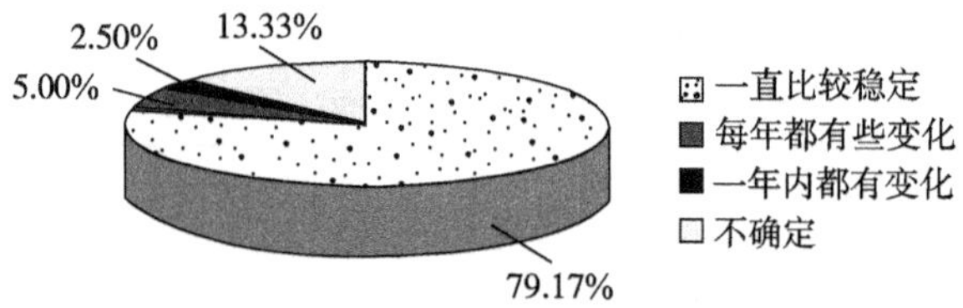

附图 9　经销商认为近三年最畅销香烟品牌变化情况

分析：最畅销的品牌这几年内都比较稳定，所占比例为 79.17%，不稳定的比例为 7.50%。

第 10 题：今年来消费者对你商店中销路最好的香烟的不良反映比较强烈的是

附表 10　TR 地区消费者对畅销香烟不良反映

答案	A	B	C	D	合计
	质量明显下降	价格波动较大	经常缺货	其他	
频数	8	11	49	41	109
频率/%	7.34	10.09	44.95	37.61	100.00

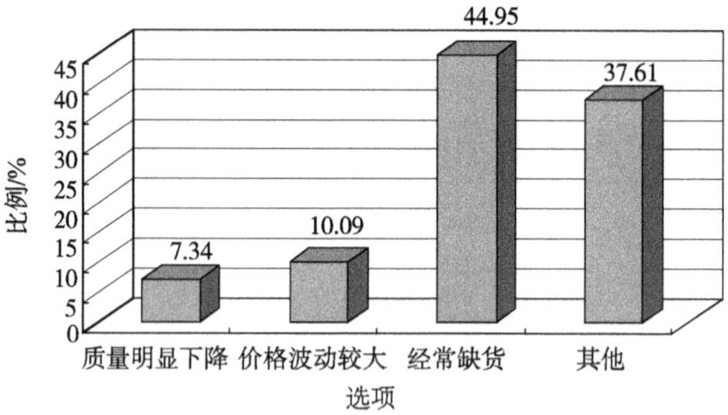

附图 10　消费者对畅销品牌不良反映情况

分析：不良反映最强烈的是缺货严重，比例为 44.95%，接下来是价格波动较大、质量明显下降。

第 11 题：你估计今年最畅销的品牌可能是

附表 11　TR 地区香烟经销商估计最畅销品牌

答案	最畅销的三种品牌			其他	合计
	黄果树	磨黄	遵义		
频数	91	79	77	76	323
频率/%	28.17	24.46	23.84	23.53	100.00

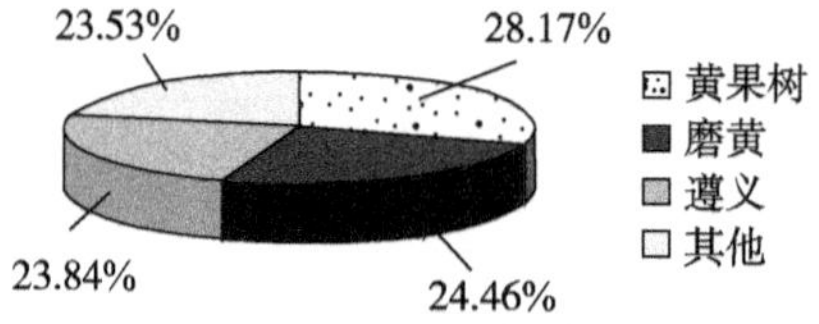

附图 11　经销商估计最畅销品牌情况

分析：在估计最畅销的品牌中黄果树、磨黄、遵义占据前三席，分别达到了28.17%、24.46%、23.84%，其他品牌只占到23.53%。

第12题：你认为目前最需要公司改进的是

附表12 TR地区香烟经销商对烟草公司改进意见

答案	A	B	C	D	E	F
	加快送货速度	满足订货的品牌规格要求	加强打击假、私、非	改善服务态度	加强投诉处理效率	保证所配送的卷烟质量
频数	30	82	50	14	12	27
频率/%	24.79	67.77	41.32	11.57	9.92	22.31

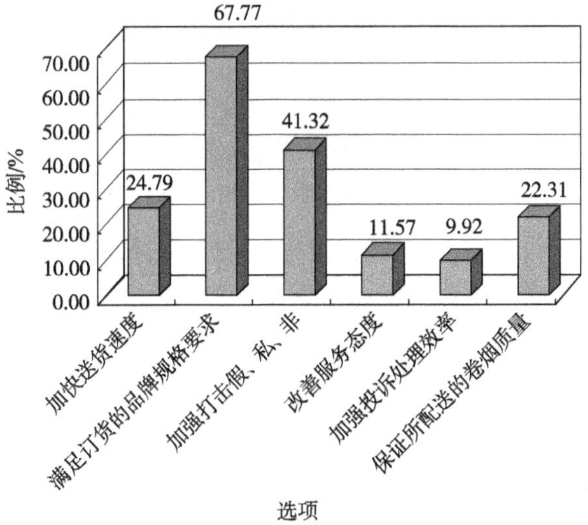

附图12 经销商认为公司需改进的项目分布情况

分析：满足订货的品牌规格要求与加强打击假、私、非比较迫切，分别为67.77%、41.32%。

第13题：今年你会增加卷烟的订货吗？

附表13 TR地区香烟经销商订货变化

答案	A	B	合计
	会	不会	
频数	42	76	118
频率/%	35.59	64.41	100.00

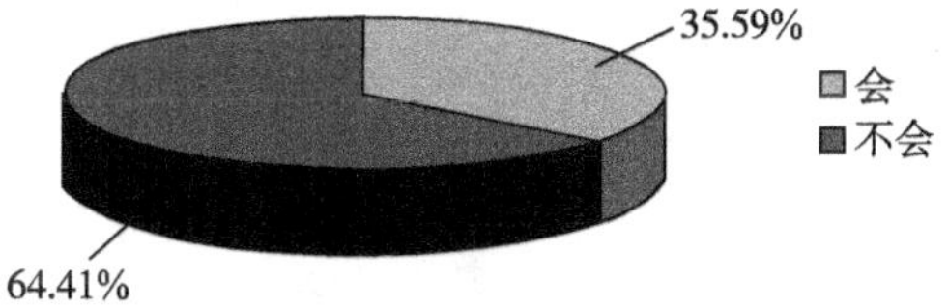

附图13 香烟经销商对是否增加订货的态度

分析：在今年，有64.41%的人不会增加卷烟的订货量；有35.59%的人则会增加订货量。

第 14 题：请问您对本地烟草公司感到最满意的是

附表 14　TR 地区香烟经销商对烟草公司满意情况

答案	A	B	C	D	E	F	G	H	I	J
	服务	态度	送货及时	新品上市快	补货及时	工作认真负责	质量有保证	品种齐全	管理良好	经常沟通
频数	22	55	23	2	3	4	4	1	1	4
频率/%	18.49	46.22	19.33	1.68	2.52	3.36	3.36	0.84	0.84	3.36

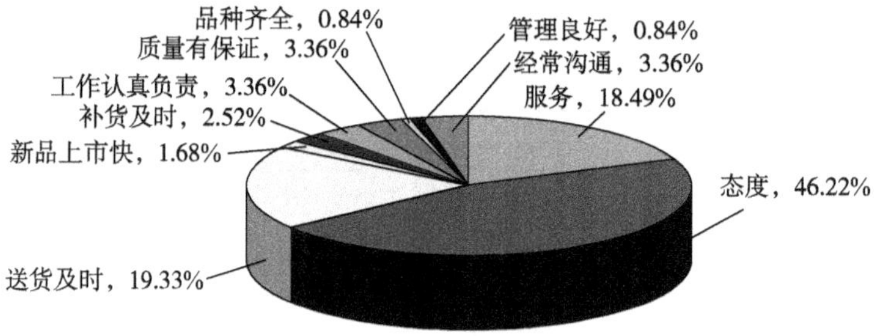

附图 14　经销商对烟草公司满意项目分布情况

分析：有 46.22%的消费者对本地烟草公司的态度感到满意，其次是送货及时、服务好、工作认真负责、质量有保证、经常沟通，仅有 0.84%的消费者同时认为品种齐全、管理良好。

第 15 题：请问您对烟草公司最想提的要求和建议是什么？

附表 15　TR 地区香烟经销商对烟草公司要求与建议

答案	A	B	C	D	E	F	G	H	I	J	K	L	合计
	按时送货	高档缺货	强制搭配	降低门槛	订货尊重客户意见	增加访问次数	结算不便	保障供货	销售目标与品种结构	包装问题	奖励优良业绩	无回答	
频数	11	12	19	1	14	4	4	27	13	2	1	8	116
频率/%	9.48	10.34	16.38	0.86	12.07	3.45	3.45	23.28	11.21	1.72	0.86	6.9	100.00

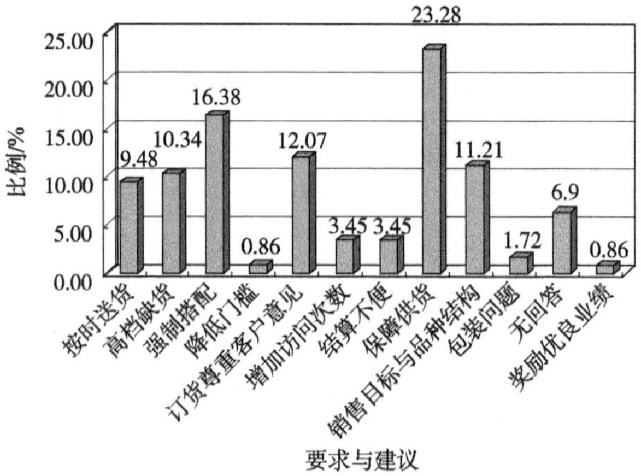

附图 15　经销商对公司的建议分布情况

分析：在对烟草公司想提的要求和建议中，有 23.28%的经销商认为保障供货最重要，其次的意见是强制搭配太强、订货应尊重客户意见、高档缺货、按时送货。

调查人员填报的背页信息

第1题：商店业态

附表16 TR地区烟草公司商店业态

答案	A	B	C	D	E		合计
	大中型超市	小烟酒日杂店	小超市	小摊点	其他		
					专卖店	兼营店	
频数	9	61	17	19	12	2	120
频率/%	7.50	50.83	14.17	15.83	10.00	1.67	100.00

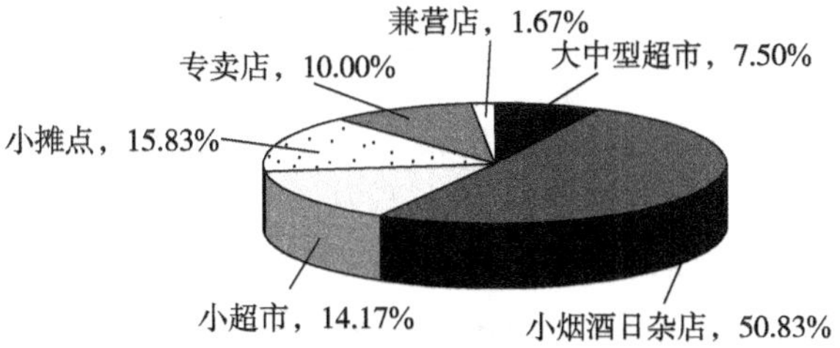

附图16 各经销商经营业态分布情况

分析：经销商为小烟酒日杂店的比例为50.83%，接下来依次是小摊点、小超市、其他(专卖店、兼营店)，最后是大中型超市，比例为7.50%。

第2题：经营者级别

附表17 TR地区烟草公司经营者级别

答案	A	B	C	合计
	重点	一般	特殊	
频数	44	77	0	121
频率/%	36.36	63.64	0.00	100.00

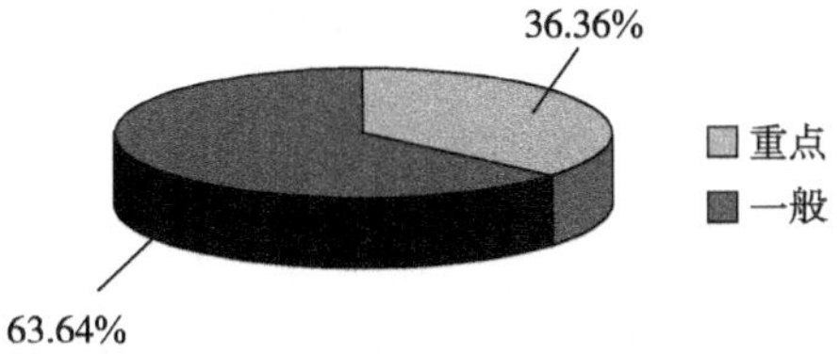

附图17 经销商经营级别分布情况

分析：经营级别为一般的经销商比较多，占63.64%。

第3题：卷烟在店面的展示情况

附表18 TR地区烟草公司商店店面展示情况

答案	A	B	C	合计
	摆放在非常醒目的位置	摆放位置不突出	摆放在极不显眼的位置	
频数	106	14	1	121
频率/%	87.60	11.57	0.83	100.00

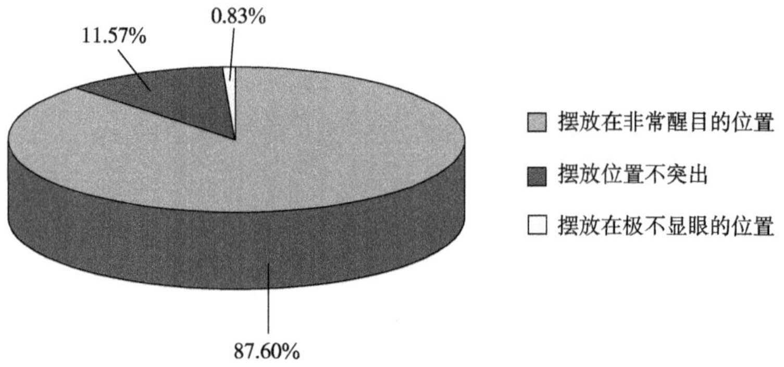

附图 18　经销商店面展示情况

分析：卷烟摆放在非常醒目的位置的占 87.60%，摆放位置不突出的次之，摆放在极不显眼的位置的为 0.83%，可见经销商比较注重卷烟摆放位置。

第 4 题：在展示区域中主要位置展示的品牌

附表 19　TR 地区烟草经营店主要品牌展示情况

答案	A	B	C	D	合计
	黄果树	遵义	贵烟	其他	
频数	91	76	32	164	363
频率/%	25.07	20.94	8.82	45.18	100.00

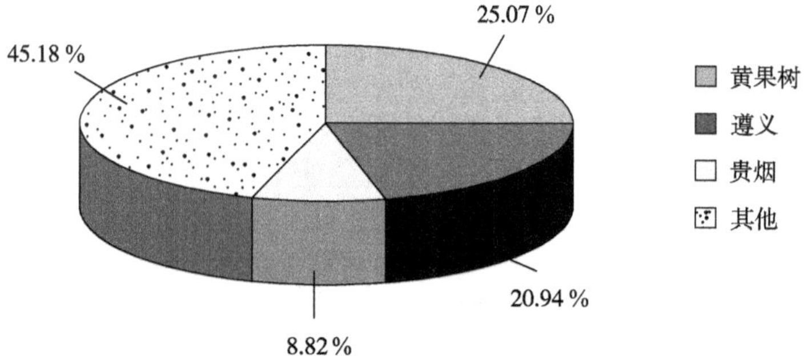

附图 19　展柜主要品牌分布情况

分析：经销商主要展示的品牌中黄果树比例占 25.07%，其次是遵义、贵烟，其他品牌(长征、红河、红塔山等)占 45.18%。

第 5 题：展示整洁效果

附表 20　TR 地区烟草经营店展示整洁效果

答案	A	B	C	合计
	摆放整洁，外观清洁	一般	胡乱堆放，外表积尘	
频数	70	49	2	121
频率/%	57.85	40.50	1.65	100.00

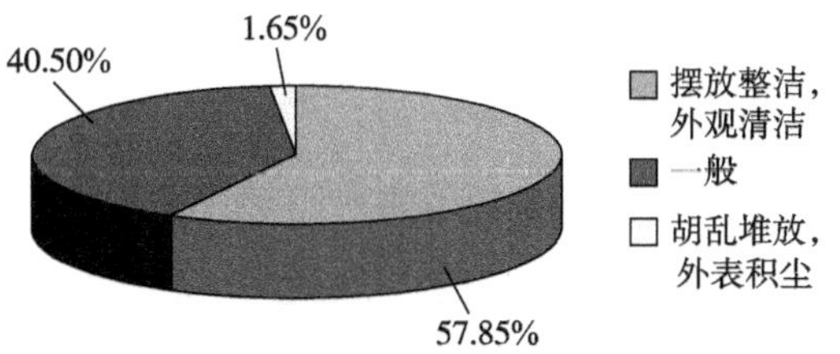

附图20　展台展示效果分布情况

分析：卷烟摆放整洁，外观清洁的占57.85%，一般的次之，胡乱堆放，外表积尘的为1.65%，可见不注重整洁的经销商比较少。

卷烟市场消费者调查统计分析报告

第 1 题：你购买香烟主要是

附表 21 TR 地区香烟消费者购买香烟的目的

答案	A	B	C	D	合计
	招待客人	自己吸	帮单位采购	其他	
频数	244	1 221	19	20	1 504
频率/%	16.22	81.18	1.26	1.34	100

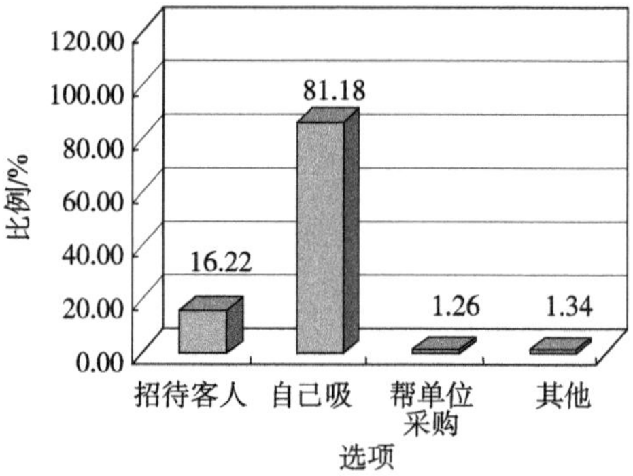

附图 21 消费者购买香烟目的比例分布

分析：自己吸是消费者购买香烟最主要的原因，占 81.18%；其次是招待客人，占 16.22%。

第 2 题：一般你每天要抽多少包香烟?

附表 22 TR 地区香烟消费者每天消费香烟的数量分布

答案	A	B	C	D	E	合计
	1 包以下	1～2 包	2～3 包	3～4 包	4 包以上	
频数	609	657	77	12	16	1 371
频率/%	44.42	47.92	5.62	0.88	1.17	100.00

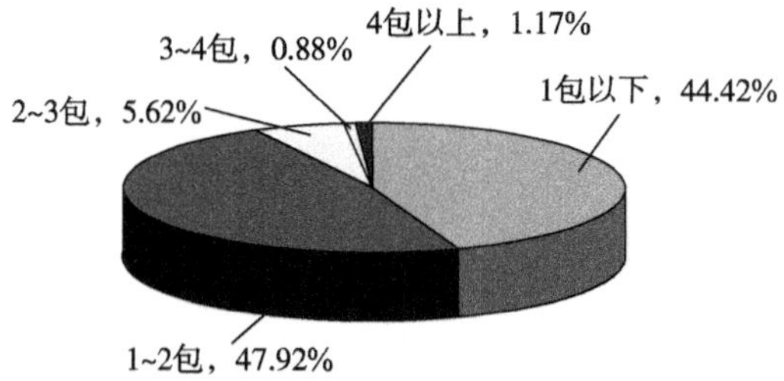

附图 22 消费者每天购买香烟数量分布比例

分析：消费者每天抽烟在 2 包以下的占了 92.34%；而抽 3～4 包的最少，只有 0.88%。

第 3 题：这两年来你周围朋友吸烟的情况是

附表 23　近两年 TR 地区香烟消费者周围朋友吸烟变化情况

答案	A	B	C	合计
	越来越多	越来越少	基本没变化	
频数	557	318	484	1 359
频率/%	40.99	23.40	35.61	100.00

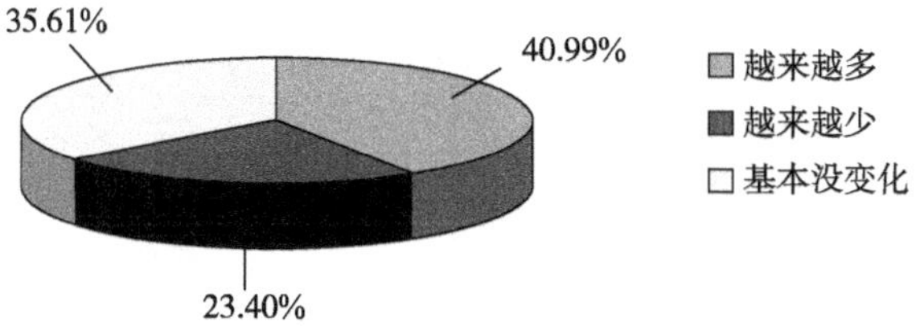

附图 23　香烟消费者周围朋友吸烟变化比例分布

分析：消费者抽烟呈越来越多的趋势，并处于稳定状态，而吸烟越来越少的只有 23.40%。

第 4 题：你经常购买的香烟是什么牌子

附表 24　TR 地区香烟消费者经常购买的香烟

答案	A	B	C	D(其他)			E	合计
	遵义	黄果树	贵烟	长征	白沙	其他	外烟	
频数	385	908	72	33	30	58	21	1 507
频率/%	28.25	66.62	5.28	2.42	2.20	4.26	1.54	110.56

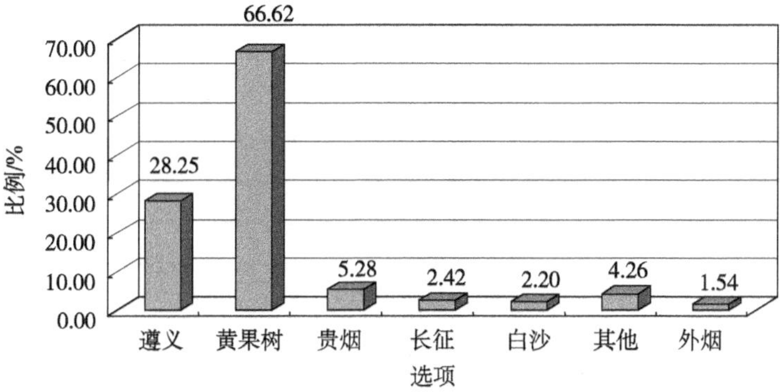

附图 24　消费者经常购买的香烟分布情况

分析：消费者经常购买的香烟品牌首先是黄果树(66.62%)，其次为遵义(28.25%)，最不常购买的是外烟(1.54%)。

第 5 题：你选择这个牌子的原因是

附表 25 TR 地区香烟消费者选择香烟品牌影响因素

答案	A	B	C	D	E	F	G	合计
	口感好	质量稳定	价格实惠	知名度高	档次高	到处都能买到	这里大家都吸这个品牌	
频数	738	460	605	124	57	254	159	1 363
频率/%	54.15	33.75	44.39	9.10	4.18	18.64	11.67	175.86

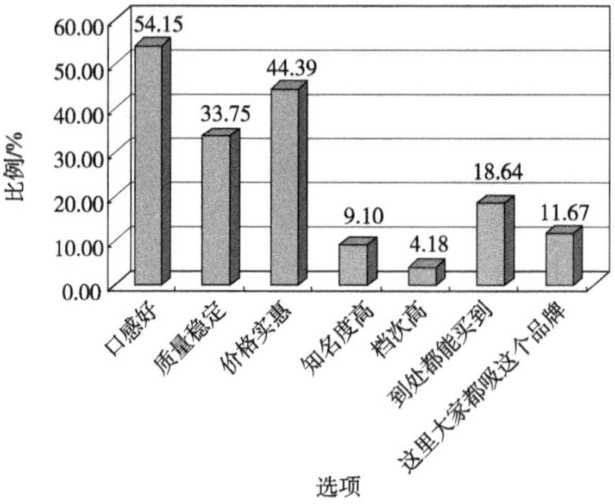

附图 25 消费者选择香烟品牌影响因素的比例分布

分析：消费者选择香烟牌子的主要原因是香烟的口感(占 54.15%)，其次是香烟的价格(占 44.39%)，再次是香烟的质量(占 33.75%)，而香烟档次对消费者选择香烟的影响最小(占 4.18%)。

第 6 题：你经常购买多少钱一包的香烟

附表 26 TR 地区香烟消费者常买香烟的价格

答案	A	B	C	D	E	合计
	3～5 元	5～10 元	10～15 元	15～35 元	35 元以上	
频数	363	589	262	77	30	1 321
频率/%	27.48	44.59	19.83	5.83	2.27	100.00

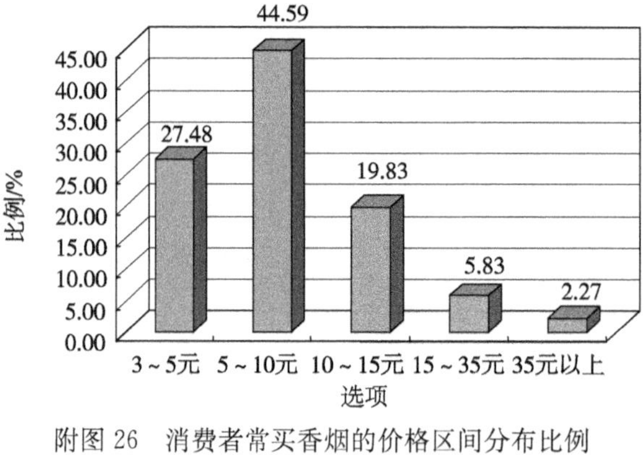

附图 26 消费者常买香烟的价格区间分布比例

分析：消费者一般接受的香烟价格为 5～10 元(占 44.59%)，最不能接受的价格为 35 元以上(占 2.27%)。

第 7 题：你通常每次购买香烟的数量是

附表 27 TR 地区香烟消费者每次购买香烟的包数

答案	A	B	C	D	合计
	一般按条购买	抽完一包再买一包	平时零买，过节或招待客人时成条购买	很少买，基本是朋友送的	
频数	252	965	167	23	1 407
频率/%	17.91	68.59	11.87	1.63	100.00

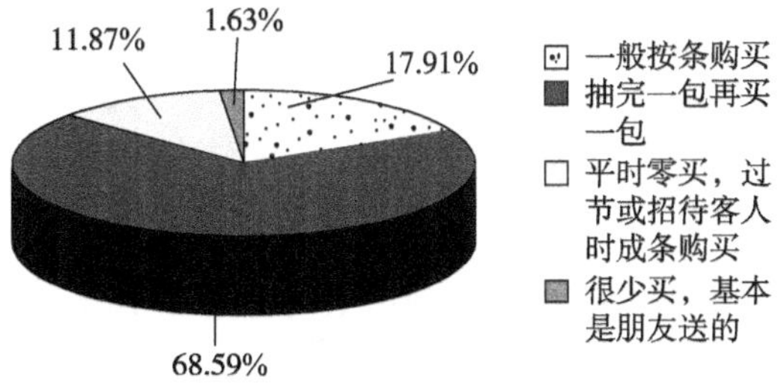

附图 27 消费者每次购买香烟的数量比例分布

分析：绝大多数消费者是以“抽完一包再买一包”的方式购买，所占比例为 68.59%，朋友送的占很少部分，比例为 1.63%。

第 8 题：你通常多长时间购买一次香烟

附表 28 TR 地区香烟消费者购买香烟的频率

答案	A	B	C	D	E	合计
	每天都买	2～3 天	每周	半个月左右	一个月一次	
频数	823	311	121	78	30	1 363
频率/%	60.38	22.82	8.88	5.72	2.20	100.00

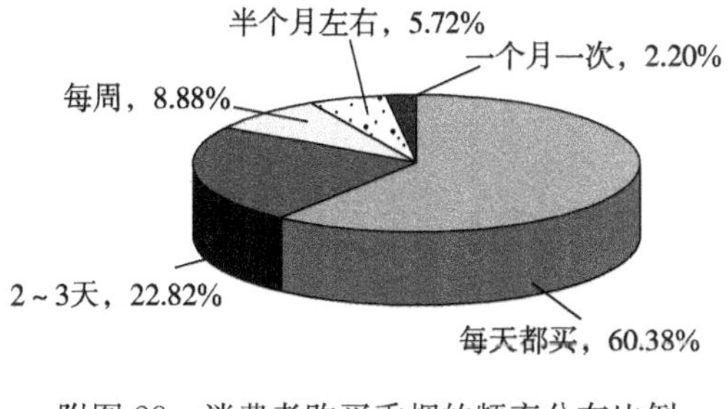

附图 28 消费者购买香烟的频率分布比例

分析：绝大部分香烟消费者是每天购买香烟，所占的比例为 60.38%。

第 9 题：你购买香烟的习惯是

附表 29 TR 地区香烟消费者购买香烟的习惯

答案	A	B	合计
	固定在一家比较熟的店买，质量有保证	品质都差不多，随便在哪里都行	
频数	553	809	1 362
频率/%	40.60	59.40	100.00

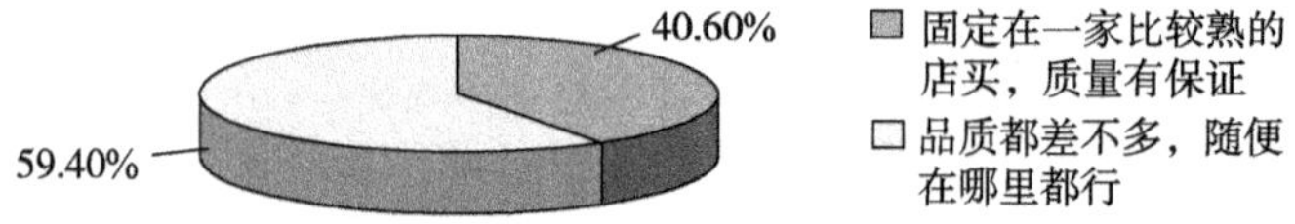

附图 29 消费者购买香烟的习惯

分析：大部分消费者购买香烟都没有固定的地点，所占比例为 59.40%，而在比较熟悉的店买香烟的比例为 40.60%。

第 10 题：

(1)你购买香烟通常在

附表 30 TR 地区香烟消费者购买香烟的地点分布

答案	A	B	C	合计
	超市	一般烟酒店	自己家附近小店	
频数	179	567	610	1 356
频率/%	13.20	41.81	44.99	100.00

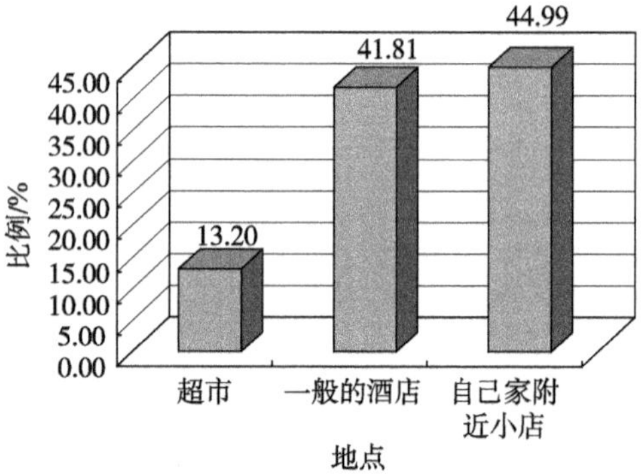

附图 30 消费者购买香烟的地点分布比例

分析：消费者通常在一般烟酒店和自己家附近小店中购买香烟，比例分别高达 41.81%、44.99%。

(2)你购买香烟通常所选地点原因

附表 31 影响 TR 地区香烟消费者选择香烟购买地点的因素

答案	A	B	C	合计
	比较方便	信誉好，假货少	价格便宜	
频数	949	332	73	1 354
频率/%	70.09	24.52	5.39	100.00

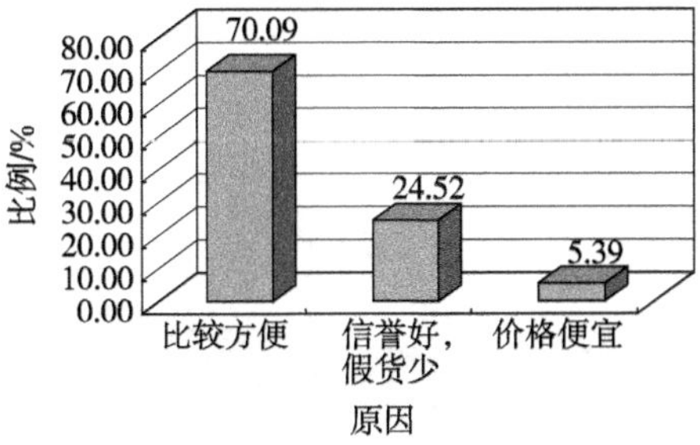

附图 31　消费者选择香烟购买地点的原因

分析：消费者购买香烟时主要考虑购买方便，高达 70.09%，接下来是信誉好，假货少，以及价格便宜。

第 11 题：如果其他品牌价格不变，你现在吸的香烟牌子价格上涨多少元时，你会转而购买其他牌子

附表 32　TR 地区香烟价格上涨幅度对消费者的影响

答案	A	B	C	D	E	合计
	1 元	2～3 元	3～5 元	5 元以上	涨多少都无所谓	
频数	382	362	162	179	265	1 350
频率/%	28.30	26.81	12.00	13.26	19.63	100.00

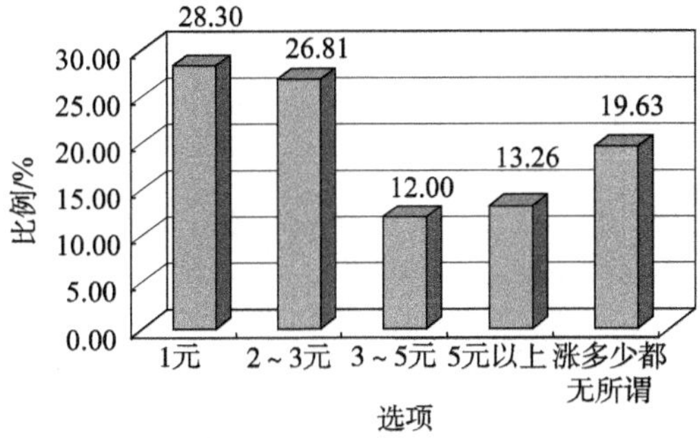

附图 32　香烟价格上涨幅度对消费者的影响

分析：涨价会转买其他品牌的消费者中，1 元的有 28.30%，2～3 元的有 26.81%，其他比例比较小，涨价会对大多数消费者产生影响。

第 12 题：以后你打算换一个牌子的香烟吗？

附表 33　TR 地区香烟消费者打算换香烟品牌的比例

答案	A						B	合计
	不知道换何种烟	明确所换香烟品牌前 4 位					不打算	
		贵烟	黄果树	遵义	云烟	其他		
频数	55	12	28	17	11	29	1 180	1 332
频率/%	4.13	0.90	2.10	1.28	0.83	2.18	88.59	100.00

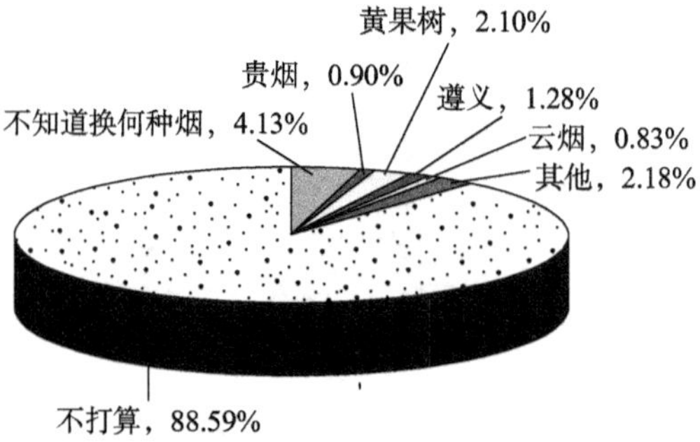

附图 33 消费者打算换香烟品牌的分布比例

分析：绝大多数(88.59%)的消费者对目前自己消费的品牌感到满意，品牌转换率很低，少部分变换品牌的消费者从其他品牌转向黄果树的居多数。

第 13 题：你对目前当地香烟市场比较满意的是

附表 34 TR 地区香烟消费者对当前香烟市场的满意情况

答案	A	B	C	D	合计
	品种齐全	假货很少	购买方便	价格稳定	
频数	243	273	659	430	1 605
频率/%	17.83	20.03	48.35	31.55	

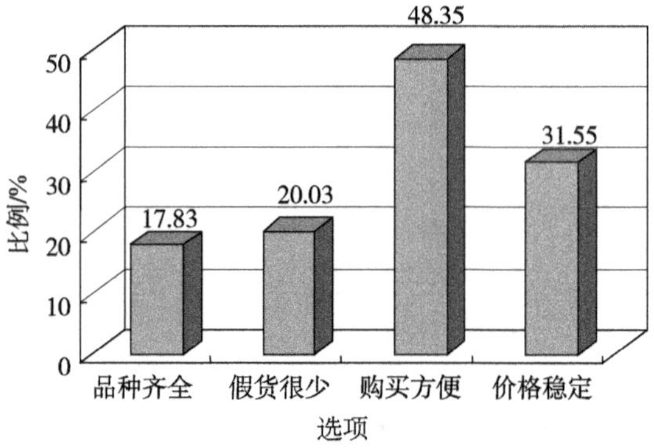

附图 34 消费者对当前香烟市场的满意情况比例分布

分析：在当地香烟市场上，有 48.35%的消费者认为购买方便，其次是价格稳定、假货很少，而仅有 17.83%的消费者认为品种齐全。

第 14 题：你认为目前当地香烟市场比较大的问题是

附表 35 TR 地区香烟消费者对当前香烟市场存在问题反映

答案	A	B	C	D	合计
	品种太少，选择面窄	假货太多	想要的品牌常常买不到	价格混乱，真伪难辨	
频数	322	351	370	273	1 316
频率/%	24.47	26.67	28.12	20.74	100.00

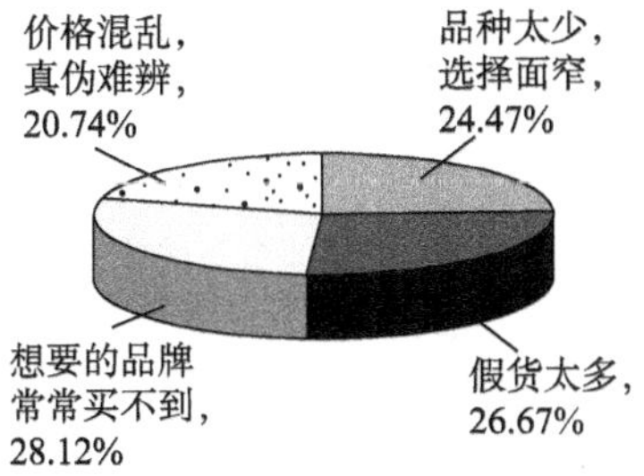

附图 35　消费者反映问题分布比例

分析：有 28.12%的消费者认为自己想要的品牌常常买不到，其次是假货太多，再次是价格混乱，真伪难辨，最后有 24.47%的消费者认为品种太少，选择面窄。

第 15 题：这两年来，你抽烟的情况是

附表 36　TR 地区香烟消费者近两年来的抽烟变化

答案	A	B	C	合计
	烟瘾越来越大	吸烟量逐渐减少	基本没变化	
频数	457	208	659	1 324
频率/%	34.52	15.71	49.77	100.00

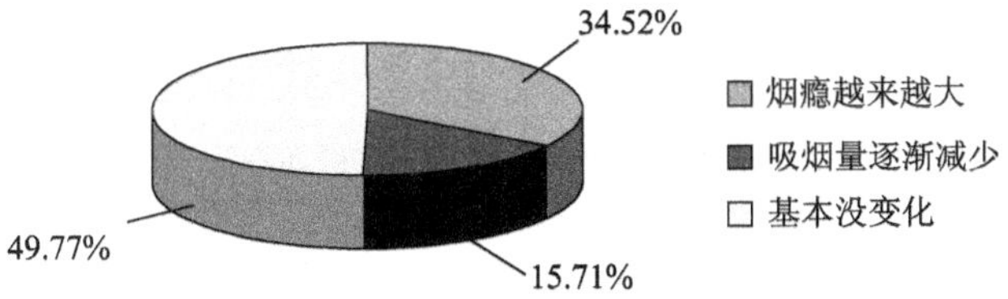

附图 36　消费者近两年来的抽烟变化情况比例分布

分析：近两年来，有 49.77%的消费者认为自己的吸烟量没有变化，而有 34.52%的消费者认为自己的烟瘾越来越大，剩下的则是吸烟量逐渐减少。

卷烟市场消费者调查统计分析报告(背页)

第 1 题：调查对象年龄大约在

附表 37　TR 地区香烟消费者的年龄分布

答案	A	B	C	D	合计
	20 岁以下	20～40 岁	40～60 岁	60 岁以上	
频数	85	912	321	45	1 363
频率/%	6.24	66.91	23.55	3.30	100.00

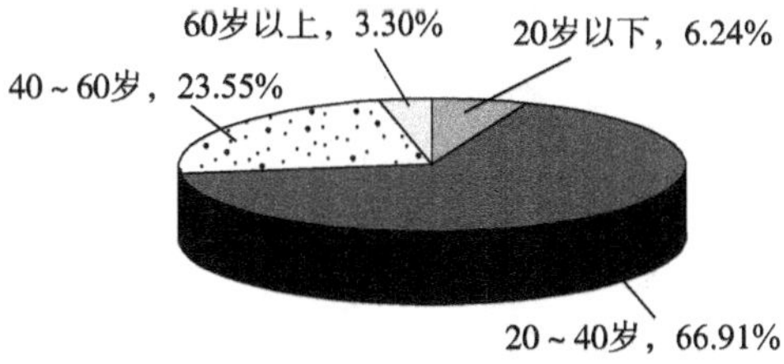

附图 37　香烟消费者的年龄分布比例

分析：卷烟消费者中，20～40 岁的比例为 66.91%，其次是 40～60 岁，20 岁以下和 60 岁以上的比例不到 10%，中青年是主要吸烟人群。

第 2 题：性别

附表 38 TR 地区香烟消费者的性别构成比例

答案	A	B	合计
	男性	女性	
频数	1 336	20	1 356
频率/%	98.53	1.47	100.00

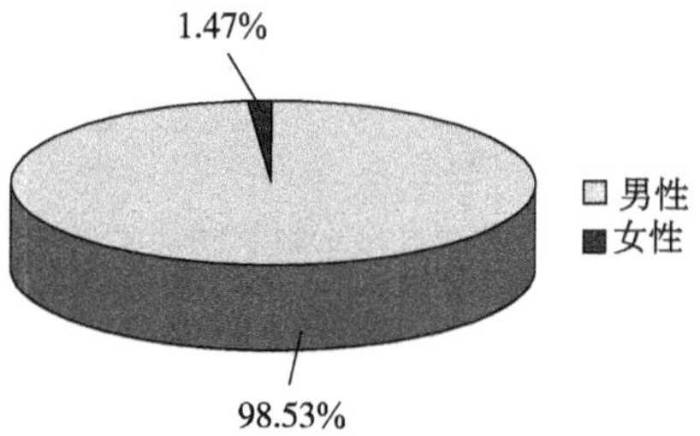

附图 38 香烟消费者的性别构成比例

分析：卷烟消费者中男性比例占 98.53%，女性仅为 1.47%，男性为主要消费者。

第 3 题：调查对象职业

附表 39 TR 地区香烟消费者的职业比例

答案	A	B	C	D	E	F	合计
	行政机关	公共事业单位	企业	农业人口	私营业主	城镇无业人员	
频数	145	144	157	238	437	237	1 358
频率/%	10.68	10.60	11.56	17.53	32.18	17.45	100.00

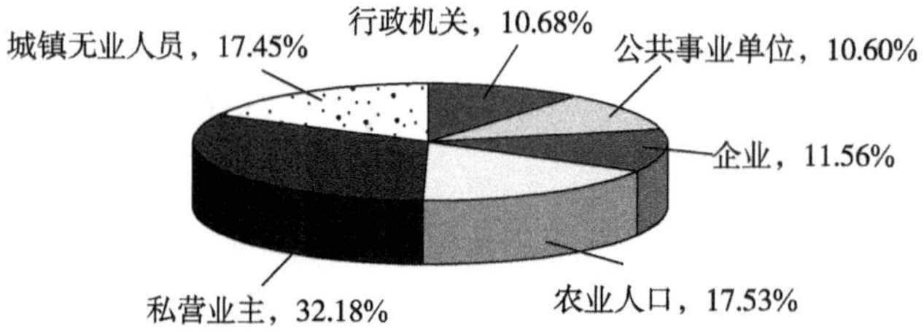

附图 39 香烟消费者的职业比例分布

分析：吸烟人群中私营业主比例为 32.18%，其次为农业人口和城镇无业人员且分布较均衡，企业、行政机关、公共事业单位都为 10%左右。

各年龄段消费者对比分析

本次调研中，消费者有效调查问卷 1 363 份。其中，20 岁以下消费者问卷有 85 份，占总体比例的 6.24%；20～40 岁消费者问卷有 912 份，占总体比例的 66.91%；40～60 岁消费者问卷有 321 份，占总体比例的 23.55%；60 岁以上消费者问卷有 45 份，占总体比例的 3.30%。

一、购买目的

各个年龄段消费者购买香烟的主要目的是用于自己吸，其比例都在 80%以上，其中 20～40 岁和 40～60 岁这两个年龄段的比例大于 90%，这可反映该年龄段的消费者工作和生活相当紧张，吸烟以缓解工作、生活压力。其次是用于招待客人，比例在 11%～20%，并且随着年龄的增长，该比例有一个先上升而后再下降的趋势。该趋势表明：20～40 岁和 40～60 岁这两个年龄段的消费者的日常交际相对较多。最后，帮单位采购和其他在各个年龄段的比例都很小，都在 4%以下。

消费者购买香烟更多是因为自己吸烟的习惯要求，而在消费者中中年人是主力军，进一步了解掌握他们吸烟的习惯的变化，能够更好地改善烟草的生产与销售工作。

二、日消费量

大部分消费者每天抽香烟的包数集中在 1 包以下和 1～2 包。其中，20 岁以下和 60 岁以上的消费者中大多数每天抽烟的数量在 1 包以下，比例分别为 62.35%、53.33%。其次为 1～2 包，比例分别为 32.94%和 40.00%。而 20～40 岁和 40～60 岁这两个年龄段的消费者则是每天抽 1～2 包的人数较多，所占比例分别为 50.17%和 48.13%；其次为 1 包以下，其比例稍低于 1～2 包的比例，反映出该年龄段的消费者生活压力和工作压力相当大。20 岁以下和 60 岁以上这两个年龄段的消费者每天抽烟数量大于 2 包的比例很少，均低于 8%，尤其是在 60 岁以上的人群中，由于大部分已退休，出于健康的考虑，抽烟量较少。

随着人们年龄的增长，生活和工作中压力的不断增加促使人们选择吸烟的方式来缓解压力，加上人际关系的需要，吸烟量不断增加；年龄进一步的增长，尤其是一些已退休的人会更加关注自己的健康，吸烟量又会有所减少。进一步细分消费者市场，进行不同的营销计划，能够扩展市场。

三、市场趋势

20 岁以下、20～40 岁和 40～60 岁这三个年龄段的大部分消费者周围有越来越多的朋友加入吸烟者的行列，其比例分别为 64.71%、40.59%、35.76%。由此，香烟市场还有很大的潜力；只有少部分的消费者周围吸烟的朋友减少，也有一部分消费者周围吸烟的朋友数量基本没有什么变化，而 60 岁以上的消费者周围吸烟的朋友数增多、不变、减少的比例相当，但减少的比例多于其他两者，可反映出该类人群的香烟市场基本饱和。

在不同年龄段消费者身边吸烟者的变化各有不同，总体上有微微变多的趋势。年轻人身边吸烟者往往越来越多，也导致了更多的年轻人加入了吸烟的人群之中，而中年人与老年人的变化更趋于平稳。那么在烟草的生产与销售中要根据总体趋势微增、各年龄段不同的变化制定不同的策略。

四、品牌畅销度

四个不同年龄段的消费者最常购买的香烟牌子是黄果树，黄果树香烟在不同年龄段消费者中普遍受到欢迎，20 岁以下、20～40 岁、40～60 岁、60 岁以上的比例分别为 67.06%、68.90%、55.34%、46.81%，占第二位的都为遵义，其比例分别为 20.00%、25.93%、30.41%、44.68%，但相比而言 20 岁以下和 20～40 岁的消费者购买黄果树的比例又高于 40～60 岁和 60 岁以上的消费者。其次常购买的为贵烟或其他品牌香烟，各个年龄段中购买外烟的比例是最少的，在 6%以下。

可以看出，黄果树香烟在不同年龄段消费者中普遍受到欢迎，人们对香烟牌子的选择有着较高的品牌忠诚度，所以应该加强这个香烟品牌的质量与销售管理，同时兼顾好其他品牌。

五、影响购买的因素

不同年龄段的消费者在选择香烟品牌时都看重口感好、质量稳定、价格实惠，只是不同年龄段侧重点不一样，其中香烟的口感是影响各个不同年龄段的消费者购买香烟时的最主要的因素，20 岁以下、20～40 岁、40～60 岁、60 岁以上的比例分别为 57.65%、56.15%、46.73%、38.89%。相比之下，40 岁以下的消费者更看重口感好；40～60 岁的消费者则看重价格实惠，口感好次之；60 岁以上的消费者口感好与价格实惠则都很看重，很少有消费者考虑香烟的档次。

年轻的消费者会以口感来作为选择香烟品牌的主要指标，他们买烟一般都是基于自己的收入水平和自己的习惯，并不会为了炫耀自己的等级高或自己的攀比心理而选烟。随着年龄的增长，该指标逐渐弱化，取而代之的是价格的实惠。在烟草生产把握好质量关、保证口感的同时，销售中的定价环节值得深刻研究。

六、消费香烟档次

不同年龄段的消费者购买香烟的价格多数集中在 10 元以内，40 岁以下的消费者又以 5～10 元居多，年龄越小比例越大；而 40 岁以上的消费者则渐渐地转向购买 3～5 元的香烟，其比例从 42%左右上升至 70%左右；购买高价格香烟的人数不多，且年龄分布也不十分明确。

不同年龄段的消费者对香烟价格的选择比较明显，随着年轻一代消费者的成长，随着他们收入的增加，他们相比于年长者会选择更高价格的香烟，应该相应地适当地提高香烟的结构。而对于现在多数的年长的消费者，应考虑他们对价格的承受力，从而降低香烟的结构。

七、购买习惯

不同年龄段的消费者在一次购买香烟数量时，有高达 64.44%的消费者会选择零买，20 岁以下的年轻人最明显；也有相当一部分中年人与老年人会选择按条购买，比例在 16.15%～26.67%，老年人相对于其他人群更加喜欢这样购买。所有的消费者中朋友送的情况很少，而平时零买，过节或招待客人时成条购买的人也相对较少。

八、购买频率

不同年龄段消费者每天都购买香烟的比例分布在 48.89%～62.06%，20～60 岁的消费者中每一天都购买香烟的比例是 55%～60%，随年龄的增加渐有上升；而 60 岁以上的消费者则仅占到50%左右。

购买香烟的时间间隔越长，购买人数的比例越少，相比较而言中年人更愿意每天购买。购买香烟间隔时间往往与一个人吸烟量有关，吸烟量越大间隔时间越短，相反吸烟量越小间隔时间越长。由此，各年龄段的消费者购买香烟的频率都很高。

九、影响购买地点的因素

各年龄段的消费者在选择购买香烟地点时大都认为只要品质差不多，随便在哪里购买都行，20～40岁的消费者中该比例占到60%～70%；也有不少消费者会固定在一家熟悉的店中购买，因为质量有保证，20岁以下、20～40岁、40～60岁、60岁以上所占比例分别为67.06%、60.40%、55.63%、55.56%。

随着年龄的增长，消费者有选择固定销售地点的趋势，但是该因素仍不是第一位的。因此，在香烟的销售环节中应该增加更多的销售网点，使消费者更加方便地购买香烟。

十、购买场所

消费者购买香烟的地方大都是一般的烟酒店或是自家附近小店，比例都在50%上下浮动；选择在一般烟酒日杂店购买的比例也相对较多，在40%～45%；而在超市购买的人数很少，都在18.07%以下。

在自己家附近小店购买香烟成为不同年龄段的消费者购买香烟时的首选，接着才是一般烟酒店，而为数不多的消费者选择在超市购买。购买的方便性是驱使消费者这样选择的首要原因，相对而言年龄越小更加看重信誉好、假货少，年龄越大更看重价格。购买香烟时的方便性，将深深影响香烟的销售，因此，消费者购买香烟的方便性值得深入考虑。

十一、对涨价敏感度

当其他品牌的香烟价格不变时，消费者所吸的品牌涨价对消费者的影响是很大的，对于相当数量的40～60岁和60岁以上的消费者来说即使价格上涨1元，他们也会转向买别的品牌，其比例分别为36.42%和47.73%；然而也有接近三分之一的20岁以下的消费者认为涨多少他们都会一直购买以前所吸品牌；20～40岁的消费者中有52.7%的人可以接受2元以下的涨价幅度。

涨价越高能够接受的消费者比例越少，这一趋势随着年龄的变大，影响越大。由此可知，价格对消费者的影响非常大，替代效应很明显，大部分消费者对香烟涨价较敏感，保持香烟价格的稳定将有利于香烟消费者市场的稳定。

十二、品牌忠诚度

四个不同的年龄段的消费者中，绝大多数都没有打算要换成其他牌子的香烟，其比例都在84.71%以上。在少数有打算换品牌的消费者中，选择黄果树、遵义、贵烟、云烟的较多。由此可见，大多数消费者对以前常购买的香烟的品牌有很高的忠诚度，做好现有香烟品牌结构很重要。

十三、对卷烟市场的反映

消费者普遍认为，当前的香烟市场给他们提供了很多方便，如品种齐全、假货很少、购买方便、价格稳定等。各年龄段的消费者中多数对当前的香烟市场最满意的是购买方便，20 岁以下、20～40 岁、40～60 岁、60 岁以上的比例分别为 42.35%、48.13%、50.78%和 42.31%。其他的比例相差不是很大，由此可以看出，当前的香烟消费市场已经给消费者提供了一定程度的便利，不过还是有待于进一步完善。例如，较少的 20 岁以下和 20～40 岁的消费者认为品种齐全，其比例仅为 15.29%和 17.25%，因此，香烟品种的丰富程度还有待提高。

十四、当前香烟消费市场存在的问题

消费者普遍认为，当前的香烟市场存在诸多问题，如品种太少，选择面窄；假货多；想要的品牌常常买不到；价格混乱，真假难辨。其中 20 岁以下和 20～40 岁的消费者认为最大的问题是当前的香烟市场经常缺货，想要买的品牌经常买不到，其比例分别为 30.59%、29.48%；而 40～60 岁和 60 岁以上的消费者则认为最大的问题是假货多，其比例分别为 28.66%、36.59%。由此可看出，当前的香烟市场应加强渠道管理，完善供货，加强打假力度，才能更好地保障消费者的利益。

十五、市场发展趋势

最近两年来，较多 20 岁以下的消费者的吸烟量越来越大，占 49.41%，可以反映出 20 岁以下的香烟市场还有很大的发展潜力。而大多数 20～40 岁、40～60 岁及 60 岁以上的消费者的吸烟量基本没变化，其比例分别为 51.74%、54.26%、54.35%，所以该市场较稳定。20 岁以下、20～40 岁、40～60 岁这三个年龄段的消费者中吸烟量有所减少的比例都是最小的，分别为 14.12%、14.24%、16.72%，相比而言，60 岁以上的人群吸烟量减少的比例稍大，为 26.09%，这与他们轻松的退休生活和出于对健康的考虑是密不可分的。

TR地区卷烟市场综合调研报告

一、TR地区卷烟市场调查概况

受TR地区烟草分公司的委托，为了解TR地区卷烟消费者的消费特征、消费心理和购买行为模式，为公司制订销售计划、设计品牌结构和规划零售布局提供翔实依据，贵州天问市场调查公司于2008年4月1日起开始对TR地区卷烟消费进行调查，在地区烟草公司的大力支持与各相关组织的共同努力下，圆满完成了此次调查工作。本次调查由30名调查人员以随机发放问卷并指导填写、现场回收的方式，分别到TR市、JK县、YP县、SQ县、SN县、YJ县、DJ县、YH县、ST县、WS特区进行调查。本次调研中，卷烟零售户总样本量130户，抽样率为1%，回收有效问卷121份，问卷有效率为93.08%；卷烟消费者总样本量1 386个，抽样率为1‰，回收有效问卷1 363份，问卷有效率为98.34%。本次调研研究了各档次卷烟及主要品牌的市场形象和竞争状况，为公司执行集团的品牌推广战略、整合品牌形象及设计促销方案提供了市场数据基础，分析了TR地区卷烟的消费需求动态和发展趋势，为公司制订按需订货计划提供了依据和建议。

二、消费者部分

（一）主要结论摘要

• TR地区香烟消费者从年龄上看以中青年为主；从性别来看，男性占消费总体的绝大多数；从职业来看，从业人员是目标群体的重要组成部分。

• 大多数TR地区香烟消费者每天消费香烟的数量都在2包以下，烟瘾特别大的消费者甚少。

• TR地区香烟消费者可接受的香烟价位不高，大部分消费者常购买的为中低档香烟，但消费者购买香烟的频率很高，且趋于稳定。

• 大多数消费者购买香烟时习惯零买，仅有少数偏老年的消费者习惯按条购买，且消费者的购买习惯基本稳定。

• 消费者选择购买何种香烟主要受价格、香烟质量、口感的影响；而购买是否方便是影响大多数香烟消费者选择香烟购买地点的主要因素。

• 大多数消费者对当前所选择的香烟品牌忠诚度较高，没有打算换成别的牌子；但他们对香烟价格是相当敏感的，若所吸品牌涨价，将会有很大一部分消费者转向购买其他品牌的香烟。

• TR地区香烟市场前景广阔，发展趋势良好。

• 烟草公司的管理工作水平高、服务好、很到位，品牌管理做得不错，但渠道管理尚存在一定问题，需要进行完善和探索更有效的模式。

（二）主要分析

1. TR地区香烟消费者以中年人为主，中青年是最主要的吸烟人群，香烟消费者中20～40岁的比例占到了67%，该年龄段消费者是香烟消费人群的主力军；相比而言，20岁以下的青少年吸烟较少；60岁以后，香烟消费者由于考虑到身体健康状况和经济状况的原因抽烟呈下降的趋势；后两者相加的比例也不到总体的十分之一，只占了极少的部分。

2. TR 地区香烟消费者中男性占绝大多数，其比例占 TR 地区全体烟民的 98.53%；而女性只占有极小的一部分，仅为总体的 1.47%。但从目前来看，现代社会生活中，女性也参与到各行各业中并起着越来越重要的作用，将会有更多的女性为了缓解工作、生活压力及广泛人际交往的需要而加入到吸烟者的行列，因此，该比例将会有上升的趋势，但男性仍然是全体烟民的主力军。

3. TR 地区香烟消费者中私营业主约占全体卷烟消费者的三分之一，是目标人群的重要组成部分；农业人口和城镇无业人员的比例相当，约为 TR 地区卷烟消费者总体的五分之一；其余的部分由比例相当的行政机关人员、公共事业单位人员及企业人员构成。从业人员因有较稳定的经济来源，以及工作和日常生活的频繁交际的需要，构成了 TR 地区香烟消费者的重要部分。

4. TR 地区大多数香烟消费者每天消费卷烟的数量集中在 2 包以下，每天消费 1 包以下和 1～2 包的人数相差不大，二者都在总体的 45%左右；而烟瘾特别大的，每天吸烟数量超过 2 包的消费者甚少。随着人们年龄的增长，不断增加的生活和工作中的压力促使人们选择吸烟的方式来缓解压力，加上人际关系的需要，吸烟量不断增加；年龄进一步的增长，尤其是一些已退休的人会更加关注自己的健康，吸烟量又会有所减少。

5. TR 地区香烟消费者可接受的香烟价位不高，大部分消费者常购买的为中低档香烟，其价格在 5～10 元，该部分消费者约占总体的 72%。常购买香烟价格在 35 元以上的消费者极少，还不到 TR 地区全体香烟消费者的 3%。目前，由于 TR 地区一些地区相对落后，经济欠发达，卷烟消费者的收入也不高，故消费水平提高缓慢，卷烟消费的档次也以中低档为主。

6. 消费者购买香烟的频率都很高，而且趋于稳定。不同年龄段消费者每天都购买香烟的比例分布在 48.89%～62.6%，且随年龄的增加渐有上升；而 60 岁以上的消费者也占到 50%左右。购买香烟的时间间隔越长，购买人数的比例越少，相比较而言中年人更愿意每天购买。

7. 大量消费者在一次购买香烟时是零买，少数偏老年的消费者是按条购买；且每一位消费者的购买情况是基本稳定的。不同年龄段的消费者在一次购买香烟数量时，有高达 64.44%的消费者会选择零买，20 岁以下的年轻人最明显；也有相当一部分中年人与老年人会选择按条购买，比例在 16.15%～26.67%；老年人相对于其他人群更加喜欢这样购买。所有的消费者中朋友送的情况很少，而平时零买，过节或招待客人时成条购买的人也相对较少。

8. 多数消费者购买香烟主要是讲究购买的方便性。消费者在选择购买香烟时都认为品质差不多，随便在哪里购买都行；20～40 岁的消费者中该比例占到 60%～70%；也有少数消费者会因质量有保证而选择固定在一家熟悉的店中购买。消费者购买香烟的地方大都是一般的烟酒店或自家附近小店，比例在 50%上下浮动；而在超市购买的人数则很少。购买的方便性是驱使消费者这样选择的首要原因，相对而言年龄越小更看重信誉好、假货少，年龄越大更看重价格。

9. 少数消费者在不同的场合会选择不同品牌的香烟，而多数是抽自己喜欢或能接受价格的香烟。当其他品牌的香烟价格不变时，消费者所吸的品牌涨价对消费者的影响是很大的。对于相当数量的 40～60 岁和 60 岁以上的消费者来说即使价格上涨一元，他们也会转买别的品牌。价格越高能接受的消费者比例越少，这一趋势随着年龄的变大影响越大。不同年龄段的消费者中，绝大多数都没有打算要换成其他牌子的香烟，其比例都在 84.71%以上。

10. 调查结果显示，最近两年来，有三分之一的香烟消费者的烟瘾越来越大，有近一半的消费者的吸烟量基本没变化，只有部分年龄偏高的消费者考虑到身体健康的因素吸烟量有所减少；并且目标群体周围的大部分朋友的吸烟量也呈上升趋势。由此可看出，TR 地区市场潜力巨大、销售发展趋势非常好。

（三）建议

• 可以适当调整香烟的结构以适应消费者对香烟价格的接受程度，同时应保持香烟价格的稳定。

• 在香烟的销售环节中应该增加更多的销售网点，使消费者更加方便地购买香烟。

• 适当丰富香烟的销售品牌，满足不同年龄段消费者的不同需要，同时又要加强对受到普遍欢迎的品牌的管理，才能更广泛地占有市场。

• TR 地区当前的卷烟市场应该完善供货，保障低档烟的货源充足供应；加强香烟品牌的质量与销售管理，多生产市场需要的低档烟，以便低收入烟民的消费。

三、经销商调查部分

（一）卷烟市场现状与潜力

随着我国国民经济的快速健康发展，居民生活水平的不断提高，人们的消费需求趋向多元化，消费观念发生深刻变化，健康和环保逐渐成为社会及消费者关心的主题，而烟草发展的外部环境受到日益严格的限制。但是伴随着社会竞争的加剧，人们在日常生活与学习工作中身心压力的加大，人们需要寻找更多的缓解压力的方法与途径，这使香烟的潜在市场增长充满契机。

1. 各零售商每天购烟消费者数量与一次购烟量

在零售商经营业态不同与经营环境的影响下，不同的经销商每天销售的变化有着不同的表现：从调查数据看，在零售商处每天购烟的消费者人数在 20～50 人的有 35.24%、10～20 人的有 31.97%、10 人以下的有 5.74%，还有多达 27.05%的零售商的消费者数量很不稳定(附图 40)。

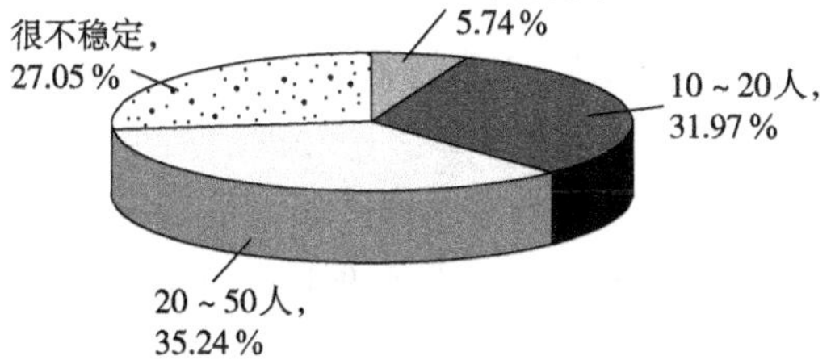

附图 40　每天的消费者数量

因不同的购烟目的、所购烟品种的不同、不同的吸烟量及不同的购烟习惯等因素的影响，每个消费者一次购烟的数量是不一样的。有 77.42%的消费者购买 1～2 包，13.79%的消费者购买 3～5 包，12.56%的消费者购买 6 包～1 条，1 条以上的有 11.80%(附图 41)。

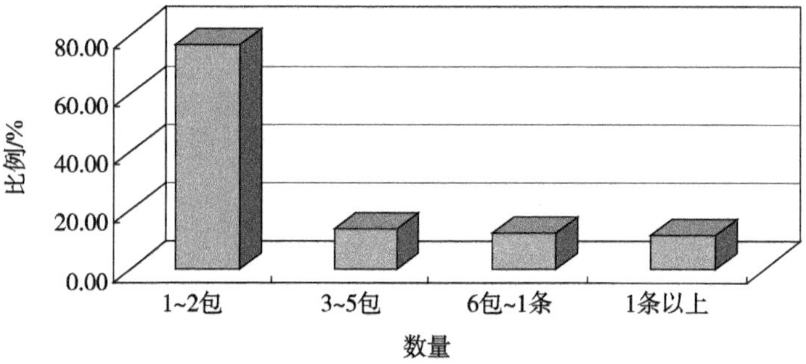

附图 41 消费者一次购买数量

2. 消费者变化

在被调查的经销商中到店中购买香烟的人数总体上呈上升的趋势，有 37.19%的经销商反映消费者的数量越来越多，只有 11.57%的经销商认为消费者的数量越来越少，其余的认为基本没变化。从消费者的年龄变化看，购烟的年轻人人数也是呈上升的趋势，经销商中有 40.83%的人认为越来越多，7.50%的人认为越来越少，51.67%的人认为基本没变化。

从数据反映看，目前 TR 地区烟草市场发展良好，未来将有更广阔的发展潜力，怎样相应地对管理、生产、营销环节进行统一整合并提高营运效率，将成为未来市场发展的关键因素。

(二)经销商对香烟品牌反映——消费者指名购买率

消费者吸烟有着这样一个过程，包括对各品牌的了解、认识、喜爱、忠诚，并体现在相应的香烟购买习惯上。调查反映大多数消费者购买过程当中指明购买的有 73.39%；一部分指名购买，一部分由经销商推荐购买的占 21.77%；主要由经销商推荐购买的消费者只有 0.81%；另外有 4.03%说不清。消费者对目前卷烟市场的品牌情况有相当高的认知度，消费者对所选择的品牌有高的认可度。

(三)经销商对卷烟品牌评价

1. 经销商品牌展示情况

经销商中有绝大部分人非常重视自己的香烟销售，87.60%的经销商把香烟摆放在非常醒目的位置，57.85%的经销商摆放整洁，外观清洁；也有一些经销商对香烟销售关心不够，其中 11.57%的经销商摆放位置不突出，40.50%整洁效果一般；只有少数经销商对香烟的销售工作不太在意，他们将香烟摆放在极不显眼的位置且胡乱堆放，外表积尘。在展示区域中主要位置展示的品牌：黄果树占 25.07%，遵义占 20.94%，贵烟占 8.82%，而其他品牌占 45.18%。

公司在渠道终端管理上是有效的，对保证烟草市场的形象起到了决定性的作用，同时确保市场良好的销售业绩，也为进一步开阔市场做好了铺垫。但是还有进一步提升的空余空间，应该在渠道的终端管理上进一步下苦功。

2. 经销商对卷烟货源供应评价

对经销商进货品牌缺货调查表明，经常缺货占40.71%，偶尔缺货占46.02%，而没有出现缺货的只有13.27%。因配送不及时出现缺货的品牌中遵义频率最高，高达47.93%；其次是中华，有16.53%；后面几位是芙蓉王、熊猫、黄果树、贵烟等(附表40)。公司的渠道终端管理有一定的问题急需解决，特别是在配货要求与配货及时上。

附表40　缺货品牌

品牌名	黄果树	贵烟	遵义	中华	芙蓉王	熊猫	其他	合计
频数	9	6	58	20	10	9	26	138
频率/%	7.44	4.96	47.93	16.53	8.26	7.44	21.49	114.05

3. 目前销路最好的品牌与今后的预测

我国烟草行业特有的地域封锁和地方保护主义使得香烟消费没有完全依照市场的价格规律和供给需求模型，我国的香烟市场具有较大的地域性。经销商反映目前销路最好的三种香烟是黄果树(29.80%)、磨黄(25.50%)、遵义(24.36%)，而其他品牌香烟的市场占有率只有20.34%(附图42)。并且79.17%的经销商反映最畅销的品牌一直比较稳定，只有5.00%与2.50%的经销商反映最畅销的品牌每年都有些变化或最畅销的品牌一年内都有变化，其他的经销商并不能确定。在经销商预测今后最畅销的香烟品牌中仍然是黄果树、磨黄、遵义，认同率高达28.17%、24.46%、23.84%，有23.53%的人认同其他品牌(附图43)。

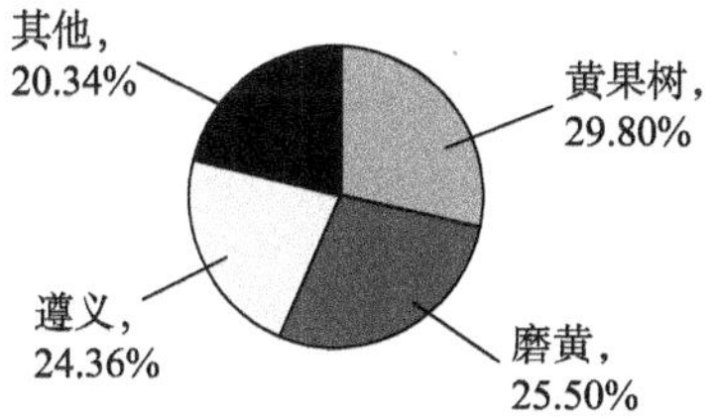

附图42　目前畅销品牌分布

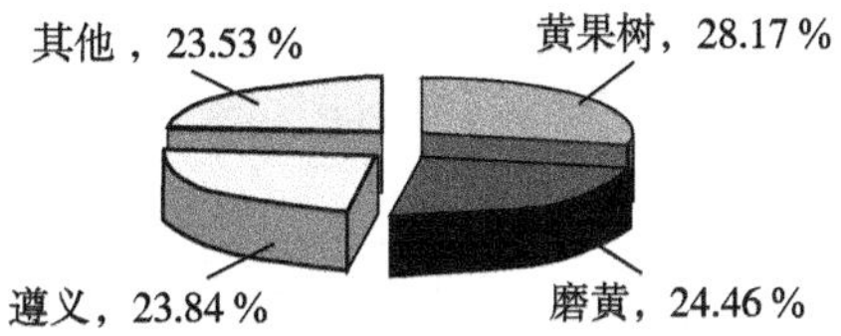

附图43　未来畅销品牌分布

公司对本土品牌的管理成效是突出的，得到了市场的高度认可。在目前良好的品牌管理基础上，公司应该进一步通过整合不同品牌背后的资源，包括生产资源、销售资源等，达到扩大品牌影响、提高品牌市场占有率的目的，从而提高效益，增强竞争能力。随着产品的同质化程度越来越高，品牌构建需要进一步融合地域文化背景，抓住消费者内心情感诉求，一方面通过把握消费者的消费文化和心理，强化品牌的亲和力；另一方面，弘扬品牌的地域文化氛围，建立使竞争对手难以模仿和逾越的核心竞争力。

4. 进货量改变计划

从经销商进货的计划上来看，有35.59%的经销商选择增加订货，说明尚有可进一步开发的市场潜力，其余的经销商出于多种因素考虑，暂时不会增加订货，公司应进一步做好与经销商对市场反映的沟通。

5. 经销商对烟草公司工作满意度评价

经销商中46.22%的人认为公司的工作态度最好，对送货及时与服务表现也很满意，有19.33%和18.49%的认同度。同时工作认真负责、质量有保证、经常沟通、补货及时、新品上市快、管理良好、品种齐全也得到大家的认可(附表41)。

附表41 经销商满意度评价

满意面	服务好	态度好	送货及时	新品上市快	补货及时
频数	22	55	23	2	3
频率/%	18.49	46.22	19.33	1.68	2.52
满意面	工作认真负责	质量有保证	品种齐全	管理良好	经常沟通
频数	4	4	1	1	4
频率/%	3.36	3.36	0.84	0.84	3.36

6. 经销商对公司的要求与建议

44.26%的经销商认为要在保障供货的同时按时送货，31.15%的经销商对强制搭配不理解，其他主要要求与建议有降低门槛订货、订货尊重客户意见、增加访问次数、结算不便、销售目标与品种结构、包装问题、强化专卖管理、保持价格稳定、奖励优良业绩、保障质量(附表42)。公司的总体工作表现是得到大家认可的，只是兼顾面做得不是足够到位，导致一些经销商对公司工作有意见。

附表42 经销商要求与建议

意见与要求	按时送货	高档缺货	强制搭配	降低订货门槛	订货尊重客户意见	增加访问次数	结算不便
频数	11	12	19	1	14	4	4
频率/%	18.03	19.67	31.15	0.86	12.07	3.45	6.56
意见与要求	保障供货	销售目标与品种结构	包装问题	强化专卖管理	保持价格稳定	奖励优良业绩	保障质量
频数	27	13	2	6	1	1	1
频率/%	44.26	21.31	3.28	9.84	1.64	1.64	1.64